清末民初印花税研究

(1903—1927)

李向东 著

河南人民出版社

序

李向东撰写的学术专著《清末民初印花税研究(1903—1927)》即将出版，作为他攻读博士学位的指导老师，得知这一消息自然十分高兴。同时，也因这一身份之缘由，当他提出要笔者为该书作序的请求时，似乎也没有理由推辞。

在攻读博士学位之前，向东已在河南南阳税务部门工作，对税务研究具有较深厚的兴趣，并有一些实际体验。故而在考取博士生之后，即以近代中国捐税作为其研究领域，经过大量查阅相关研究成果和史料，最终确定以清末民初印花税为题撰写博士学位论文。平心而论，向东的学术天资与禀赋并不十分突出，但他待人热诚谦逊，学习勤奋刻苦，治学严谨踏实，经过三年多的磨炼之后，学术研究能力得到显著提升，从而完成博士学位论文的撰写并顺利通过盲评和答辩，获得导师组的好评，随后也因此而进入高等院校担任教师。这部专著即是在其博士论文的基础上，经过不断修改完善所取得的研究成果，称得上是一部较为扎实且不乏参考价值的学术著作。

对于近代中国印花税的研究，学术界此前虽已有饶立新的《中国印花税研究》(中国税务出版社 2009 年版)和戴丽华的《民国时期印花税制研究》(江西人民出版社 2014 年版)两部相关著作出版，但向东即将出版的这部新著仍有其特色。与上述两书或综合性介绍整个近现代中国印花税，或论述整个民国时期印花税所不同的是，本书主要探讨的是清末至南京国民政府成立之前的印花税，尽管在研究时段上要短一些，但篇幅却并不小，尤其史料之丰富，论述之翔实，分析之深入，更是本书所呈现出的诸多亮点。作者充分发挥历史学研究的优良传统，在相关史料的搜集方面花费了很大功夫，注重利用档案文献、资料汇编、报刊等各方面史料,既为本书的论述奠定了较为坚实的基础,也为本课题研究的进一步拓展提供了资料线索。同时,结合清末至民初中国社会政治、经济、文化的发展演变,深入探讨印花税移植到中国的背景,详细考察印花税在清末从筹议至实践的艰难历程,以及民初印花税制体系的建立与演变。对于印花税征收的各方面实际情况,包括印花税征管机构与人事、印花税涉外困境、印花税税票案、印花税积弊与整顿、纳税人对印花税的态度等,都进行了较为深入细致的考察与分析。最后,还就印花税在清末民初实施的具体历程,结合历史与现实提出了不少具有借鉴意义的学术见解。可以相信,如果将这部体现历史学研究方法特色的印花税专著,与其他体现经济学研究专长的印花税著作相互参照,阅读之后应对近代中国印花税发展、演变及其影响的历史进程,获得较为全面的了解与认识。

当然,作为向东学术生涯中出版的第一部真正意义上的学术著作,本书也不可避免地存在一些缺陷与不足。相关研究者和广大读者的批评指正,不仅将使本书作者受益匪浅,而且也有助于促进该领域研究的进一步发展。相信在不久的将来还会看到向东更多更好的研究成果问世。著名历史学家章开沅先生曾说过:“历史是已经画上句号的过去,史学是永无止境的远航。”这是鼓励青年学者不停地思考、不断地探索,为新时期中国历史学发展贡献自己一份力量的金玉良言,愿以此与向东和史学界青年朋友们共勉。

朱　英

2015 年 4 月 5 日

目　录

绪　论

一、研究旨趣

茅茨深处隔烟霞，鸡犬寥寥有数家。

寄语武陵仙吏道，莫将征税及桃花。

从纳税人的角度看，税收无处不在，无时不有，历代民众生活在对税收的惶恐之中。税吏下乡、鸡飞狗跳的现象虽有点夸张，但却直接戕害时人的感受和记忆，在"缇骑四出"的年代，"休养生息""轻徭薄赋"的民生愿望简直是一种奢想，当税收征及桃花时，老百姓除了承受"纳税痛苦"的折磨之外，能做的只有用脚投票，但逃往何处依然是一个无解的命题。从国家建构的角度看，"国家存在的经济体现就是捐税"，一个国家实行什么样的赋税制度，按什么原则征集财货，不仅关系到国家政权能否有效地行使职权，而且关系到统治集团自身的兴衰。

在我国，数千年的华夏文明史也是一部悠悠税收史，历代赋税制度的变迁演绎着征纳双方的博弈故事。税收作为国家强制无偿地参与社会产品再分配的一种手段，总被认为是政府对纳税人利益的侵害，所触及的必然是纳税人的切身利益，从这个意义上讲，征纳双方天然地存在着对立，赋税从产生之日起，便启动了征纳双方的矛盾运动。虽然，"上完国课，下养老幼"的古训是人们求得心安的常识，但希图逃避纳税义务的想法却为众多人所常有，并且，逃避纳税义务具有普遍的感染性，因此在抵制政府征税的过程中，很容易产生集体行为，当税收规模及征收手段超出人们的承受力时，这种集体行为很可能产生颠覆性的社会变动。当然,历届政府为减少这种威胁,往往会适时做出相应的让步和变革,在国家需要和民生需求之间谋求平衡,即达到所谓的"拔最多之鹅毛,听最少之鹅叫"的较好状态,但这绝对是一种技术活,税制改革涉及的不仅仅是钱的问题,公平、正义、效率等无不体现在这种技术之中。

近代以来,随着社会的发展和现代化的起步,社会的剧烈变动刺激着国家对资源汲取的欲望,政府活动的不断扩张带来了公共支出的急速膨胀。在财政日窘和政务日繁的情况下,在应对国家危局和学习西方的双重作用下,晚清政府被迫启动了大规模的系列变革,中国财税体制由此发生了相当大的变革,引进西方财税体制、建立预决算制度、国地税分设等"制度嫁接"颇为热闹,改革旧税和开征新税成为这一时期的税政亮点。

众所周知,清末民初是中国近代经济法规的奠基时代,"在中国法律史上有着前驱先路的重要历史地位,对近代中国经济法制建设产生了重要影响",[①]近代税收法制也在此时得到了逐步确立,许多税种走进了那个动荡的社会,但大都遭到了时人的一致抗议,波折再三,有的税种最终确立了,有的则胎死腹中。只不过在林林总总的税种中,有的税种离我们个人的感觉很遥远(如遗产税、印花税等),而有的则与我们的生活息息相关(如利息税、个人所得税等)。但不论是哪个税种的开征,在民众的感觉中,都一样是"拔鹅毛"行为,在强国家弱社会的时代,民众只能默默承受着拔毛的痛苦;但在弱国家强社会的时代,鹅的叫声会很大,这就是为什么在晚清至民国初期,每议开征一种新税,如印花税、遗产税、营业税等,都有来自各方的阻挠。印花税就在这样的情况下被引入到我国的财税体制之中。

印花税是对经济活动和经济交往中书立、使用、领受具有法律效力的凭证的单位和个人征收的一种税,是一种具有行为税性质的凭证税。因纳税人主要是通过在应税凭证上粘贴印花税票来完成纳税义务,故名印花税。印花税票英文称 Stamp,与邮票同,早些年还有人称邮票为印花或邮花,可见二者的渊源。然而,就在这方寸之间,印花税较之其他税种,更具有传奇色彩,其移植与发展的过程更是充满着曲折和艰辛。

---

① 朱英:《晚清经济政策与改革措施》,华中师范大学出版社 1996 年版,第 209 页。

印花税历史悠久，据称创始于公元537年的东罗马，[①]此后还有人据此介绍称："东罗马创行印花税，西班牙、日耳曼、英吉利继之，法兰西、俄罗斯又继之，岁征自一万万至二万万，日本亦征至二千余万，行之欧亚，均大著成效。"[②]目前，普遍认为印花税产生于1624年的荷兰，有人称其为"荷西战争"的产物。[③] 当时执掌政权的统治者摩里斯(Maurs)为摆脱财政困境，拟议增税，又恐人民反对，便采用公开招标办法，以重赏来寻求新税设计方案，最终确定实施一种以商事产权凭证为征收对象的印花税，由纳税人持应税凭证到政府指定的地点缴纳税金，政府机关在缴税后的凭证上用刻花滚筒推出"印花"戳记，以示完税。

当时的情况是：首先，人们在日常生活中使用契约、借贷凭证、书立合同之类的单据票证及各种产权证照日益增多，一旦征税，税源较广，收入将会可观；其次，荷西战后不久，人们心里更渴望政府保护自己的合法权益，凭证、单据上由政府盖个印，就成为合法凭证，在诉讼时可以有法律保障，因而对缴纳印花税也乐于接受；再次，印花税与其他税种相比较，税负较轻，手续简便。因此，印花税被西方经济学家誉为税负轻微、税源畅旺、手续简便、成本低廉的"良税"。此后，欧美各国竞相效法，18世纪已得遍行。1854年，奥地利政府对"印花"进行了重大改革，印制发售了形似邮票的印花税票，由纳税人按照税法规定的税额购买粘贴于应税凭证上，并规定完成纳税义务是以在票上盖戳注销为标准，世界上由此诞生了印花税票。

印花税于晚清时期被介绍到中国，成为近代中国引自西方的第一个税种。从1889年开始，有人即提议开征印花税，清政府在此后的二十年间，曾先后两度试办，但效果并不理想，并没有实现其财政目的。中华民国成立后，1912年即颁布了《印花税法》，次年正式开征。后经数次整合，使印花税制初具规模，但其间的经历与波折、税收规模与征管方式的变化、纳税人的负担、社会群体的反应等诸多问题尚待进一步的探究。同样，一路飘摇历经百年的印花税，目

① 黄敬尧：《法国印花税章程》，《皇朝经世文三编》卷24，《近代中国史料丛刊》第76辑，第376页。

② 《论实行印花税》，《盛京时报》1908年9月6日。

③ 吴言：《荷西战争的产物》，《税收与社会》1997年第11期。

前作为地方税收中的一个小税种逐渐长大,发挥着越来越重要的服务经济与社会的职能。但是,随着实践的不断深入,现行的印花税又越来越多地显露出其自身的问题和不足:一方面,其作为税收而存在的合理性屡遭质疑;另一方面,印花税制度本身也不无缺陷,在下一步的税制改革中,如何以史为鉴来解决和弥补这些不足,仍是一个值得注意的问题。

本书希望通过对这一时期印花税制的历史考察,探究该税种的税制演变、税收规模及税负等相关问题,分析其在实际征管过程中的利弊得失,并通过对纳税人"纳税痛苦"的实际状况分析,梳理纳税人抵制税收的根本动因,把握中国税制现代化的多难历程及其历史必然,旨在说明:虽然征纳双方天然地存在着对立,逃避纳税义务是任何社会中普遍存在的经常性行为,但依法治税永远是一个良性与和谐的追求。同时希望表达的是,作为从西方移植过来的第一个税种,印花税从拟议到开征,历经数十年的不懈探索,这其中既有清末民初国家权威丧失的原因,也有社会力量不断变动的因素,更有西方列强的野蛮干预等。从国家建构层面上讲,一个基本道理是:国家主权对于税收法制的现代化至关重要,国家权威的构建与稳定的国内国际环境是社会发展的必然前提,政府权威的丧失带来的不仅是税收征管的难题,它极有可能动摇国家建设的根基,摧毁经济基础之上的上层建筑。

二、学术回顾

(一)研究概况

1. 国内研究概况

1949 年以前,财税问题的研究已引起了众多专家学者的关注,如贾士毅所著《民国财政史》(两卷本)和《民国续财政史》(七卷本)对民国的财政税收等问题记录详尽,史料价值弥足珍贵。吴兆莘、李权时、胡善恒、朱偰、周伯棣、丘东旭、徐祖绳等分别从不同的角度,对中国税收制度进行梳理和检讨,颇为周详,或多或少地涉及了印花税的问题与分析,但因非专论,故所占比重不大。仅有很少一部分人关注到了印花税问题,如李鸿球的《论北京政府财政部发行新印花税票》(《晨报》1924 年 9 月 1—5 日连载)、蔼庐的《印花税之理论与实际》(《银行周报》602 号,1929 年 6 月 4 日出版)、薛光前的《改良中国印花税刍议》(《财政评论》1940年第3卷第4期)、杜岩双的《我国印花税制史之研究》(《直接税月报》1941年第1卷第4期)等,当属较早的印花税研究和评论,具有极高的学术价值和参考意义。

新中国成立后,特别是20世纪80年代以来,财政税收问题的研究逐渐繁荣,研究成果不断涌现,尤其是近年来,对税收问题的研究日益兴盛。在述及与印花税问题有关的著作中,较为重要的研究成果有马敏、朱英的《传统与近代的二重变奏——晚清苏州商会个案研究》及刘增合的《鸦片烟税与清末新政》,前者通过翔实的档案史料,介绍了晚清时期开办印花税时,苏州商会和各地商会这种"在野市政权力网络"在抵制印花税征收过程中的具体表现,再现了印花税开办的艰难和官商之间的互动关系;后者以学者独到的眼光和深厚的史学功力,就清末开征印花税的原因与初试情况进行了详细的考察和分析,并先后发表了数篇极具史学价值的论文,[①]专门详述了晚清财政变革动因及清末印花税筹议与实践的细节和整体,考察细腻,见解独到,极显功力,极具参考意义。

在印花税史的专题论著中,段志清、潘寿民的《中国印花税史稿》精选了自清朝至今实贴印花税单证票照492份,重要印花税法规273份,附图3700余幅,较为详细地记录了百年中国印花税史的发展演变,并以其职业习惯敏锐地捕捉到税收要素在印花税制发展历程中的各种变动与社会政治经济之间的关系,至为难得。饶立新、曾耀辉合著的《中国印花税与印花税票》一书,不仅概述了清代、民国、解放区和新中国建立初期及现行的印花税制、印花税票的种类等内容,而且附列了100余幅印花税票插图,其中许多印花税票图样为首次公开披露。著者还从最近收集到的印花税票实贴单据,详细论证了中国1899年就印制了第一套印花税票,且清代就确实试办过印花税的史实,突破了中国第一套印花税票是在1903年以后印制及清代没有真正试办过印花税

① 刘增合:《清末印花税的筹议与实践》,《安徽史学》2004年第5期;《清末财税制度转型中的困境——以印花税的推行波折为中心》,"近代中国的知识与制度转型"学术研讨会论文,广州,2004年12月;《清末禁烟时期的印花税》,《中国经济史研究》2006年第2期;《由脱序到整合:清季外省财政机构的变动》,《近代史研究》2008年第5期;《西方预算制度与清季财政改制》,《历史研究》2009年第2期;《清季财政改革研究疏论》,《安徽史学》2011年第2期等。

的原有观点,进而赋予该书以学术价值的亮点。书中还补充了证券(股票)交易印花税知识和2001年版印花税票(国家重点建设项目印花税票)等,使资料更加完善。该书初版时曾被誉为"国内首部系统介绍印花税制和印花税票的书"。2009年,饶立新的博士论文《中国印花税研究》出版,系统地介绍了印花税在中国的发展历史、我国现行印花税的中外比较以及未来的改革路径等。此外,他还分别著文,对我国现行印花税制、印花税票进行了颇有见地的评析,提出了人事凭证开征印花税的历史借鉴和具体设想,[①]充分展现了作为一位业内人士扎实的理论功底和对税收的精准感悟。

论文方面,丁进军的《从档案看清政府两次批准试办印花税的时间》(《集邮》1995年第9期),项定才的《清末仿行印花税管窥》(《税务与经济》1997年第3期),李玉的《晚清印花税创行源流考》(《湖湘论坛》1998年第2期),蔡焕钦的《清代何时开征印花税》(《收藏》2001年第2期),陈勇的《晚清印花税探析》(《江苏商论》2004年第10期),纪宗安、陈勇的《赫德与晚清印花税》(《学术研究》,2004年第6期),李金铮、吴志国的《清末官方与民间社会互动之一瞥——以1908—1911年天津商会反对印花税为中心》(《江海学刊》2006年第6期),戴丽华的《清末试办印花税失败的原因分析及启示》(《江西财经大学学报》2013年第3期)等文章分别对清政府试办印花税的有关问题进行了深入研究和考证。张生的《南京国民政府时期的印花税述评(1927—1937年)》(《苏州大学学报》1998年第2期)、王建都的《中华民国时期的印花税》(《文史精华》2000年第4期)等文章,分别对南京国民政府时期的印花税实施情况进行考察分析。近年来,又有一批硕博论文不断问世,仅2013年就有一篇博士论文和两篇硕士论文,[②]专业有别,视角不同,方法各异,见解颇多,

① 饶立新:《人事凭证开征印花税之探讨》,《税务研究》2001年第3期;《完善我国现行印花税制的历史借鉴》,《税务研究》2001年第12期;《新中国印花税票概览与评析》,《税务研究》2004年第11期;《印花税面面观——纪念中国开征印花税100周年》,《中国税务》2009年第3期;《印花税国际比较》,《涉外税务》2009年第12期;《中国清代印花税票版本简考》,《江西财经大学学报》2010年第6期;《中国现行印花税票评析与建议》,《江西财经大学学报》2011年第6期等。

② 戴丽华:《民国时期印花税制研究》,江西财经大学2013年博士论文,已由江西人民出版社出版;于兵:《民国时期印花税法制变迁刍议》,西南政法大学2013年硕士论文;柳建明:《中国近代印花税法研究》,湘潭大学2013年硕士论文。

使得该项研究更趋丰满。

2. 国外及港台研究状况

针对晚清和民国时期印花税征收问题的研究,海外著述并不多见,但可以见到通过财政问题而涉及税收问题的研究者和研究著作,如法国著名汉学家白吉尔教授的《中国资产阶级的黄金时代(1911—1937)》、美国学者阿瑟·杨格的《1927—1937年中国财政经济情况》及帕克斯·小科布尔的《江浙财阀与国民政府》、孔飞力的《民国时期中国的地方税收与财政》、日本人木村增太郎的《中国财政论》和长野朗的《中国的财政》等著述中,都或多或少地涉及当时的税收问题,从中还是可以看到一些印花税发展的微弱影像来。2005年出版的台湾学者林美莉的《西洋税制在近代中国的发展》一书,对晚清至民国时期先后引进的五大西洋税种(所得税、利得税、遗产税、印花税及营业税)进行了税理评述,颇有见地,为本书的写作提供了诸多有益的借鉴。

(二)突出特点

1. 开征原因及时间的考证

一是关于晚清开征印花税的原因分析。前人对于印花税开征的原因分析较多,归纳起来,主要有罗掘财政收入苛政说、仿行西方财政体制说等。但很少论及社会经济发展对税制建设的影响。其实,任何一个税种的开征停征,都与当时的经济发展状况密切相关,与人们的生活方式、社会习俗密切相关,印花税的开征亦是如此,而这一点不能忽略。

二是关于开征印花税的时间考证。究竟印花税何时举办实行,民国迄今的财政类专著、辞书中多有涉及,但说法不一。前人多以为晚清时期间有施行之处,惟贴用较少,收数不多,终清之世,未能著效。[①] 吴兆莘在其《中国税制史》中称:"印花税税则,清末已有公布,而未见实施。……民国二年,京师首先开办。"[②]认为终清之世,印花税迄未实行者不独吴氏,国民政府财政部编纂

① 贾士毅:《民国财政史》(上),商务印书馆1934年版,第224页;黄绍绪主编:《重编日用百科全书》(上),商务印书馆1934年版,第1623页;张一凡等主编:《财政金融大辞典》,上海世界书局1937年版,第398—400页;黄孝庚:《最近财政概论》,成都四川印刷局1937年版,第172页。

② 吴兆莘:《中国税制史》(下),上海书店1984年版,第261页。

的《财政年鉴续编》也认为印花税是在民国成立后才逐渐开征的。近世仍有人认为:“我国的印花税是1912年北洋军阀政府首先开征的。”[①]近年来,有许多专家学者根据历史资料或印花税票实物的鉴别,专门撰文探讨清末印花税的创行问题,大多倾向是1903年清政府试办未果,光绪三十三年十一月初四(1907年12月8日)清政府第二次试办印花税,当为中国正式开征印花税的日期。有关晚清仿行印花税的具体时间的考证方面,刘增合在其先后发表的论文《清末印花税的筹议与实施》(《安徽史学》2004年第5期)、《清末财税制度转型中的困境——以印花税的推行波折为中心》(广州2004年12月学术交流论文)、《清末禁烟时期的印花税》(《中国经济史研究》2006年第2期)等文章中做了详细的考察和分析,颇具说服力。

此外,有人认为:“始于清顺治四年(1647)的契税尾已有印花税的某种性质,当视为印花税在中国的最早形态。”[②]而早在晚清时期,盛宣怀就认为:“印税之法始于中国,而盛于泰西”,中国早先实行的税契、牙帖“即为外国印花税之祖”。[③] 其实,契尾(契税的一种)与印花税有相同的地方,契税是指在土地、房屋权属发生转移时,向取得土地使用权、房屋所有权的单位和个人征收的一种税,系对不动产交易时所征收的一种行为税,亦称房田契税,最早起源于东晋的“古税”,至今已有1600多年的历史。[④] 清顺治四年时规定:“凡买田地房屋必用契尾,每两输银三分”。康熙四十三年,田房税银“用司颁契尾,立簿颁发,令州县登填”,将征收实数按季造册报部查核。该法于雍正十三年废止。乾隆元年,又恢复契尾,后又更详细规定了契尾格式,“民间置买田房产业,令布政司多颁契尾,编列字号,于骑缝处钤盖印信,仍发给各州县,俟民间投税之时,填注业户姓名契价契银数目,一存州县备案,一同季册申送布政使司查核。

① 《财政年鉴续编》(上),时事新报1945年版,第39页;刘澄:《税收概论》,经济管理出版社2004年版,第203页;孙翊刚:《中国赋税史》,中国财政经济出版社1987年版,第418页;《经济大辞典·财政卷》,上海辞书出版社1987年版,第274页;《辞海》(上),上海辞书出版社1987年版,第1078页等。

② 李玉:《晚清印花税创行源流考》,《湖湘论坛》1998年第2期。

③ 盛宣怀:《愚斋存稿》卷三,《奏疏》三,《近代中国史料丛刊续编》第13辑,第124页。

④ 蒙丽安等主编:《国家税收》,东北财经大学出版社2006年版,第242页。

如有不请粘契尾者，经人首报，照漏税之例治罪”。[1] 民国初年公布的《契税条例》明确规定，“缴纳契税以贴用特别印花方法行之”。[2] 可见，契税与印花税有着某种相似的联系，其性质与印花税并无明显不同，且存在着重复课征的现象。民国时期，人们要取得土地房屋所有权，须纳三种税：一为契税，二为土地登记税，三为印花税。“一税三征，殊违租税原理”，有人即建议：“既有印花税及土地登记费，契税即应取消，与土地登记费合并……方可免除重复征收而收划一整齐之效”。[3] 此中也道出了“税上加税”的问题。我国现行的税法中，契税与印花税在不动产交易中也存在重复课征的问题。但印花税与契税的根本区别在于课征对象的差别，“契税为不动产转移税……印花税为动产转移税”，[4]可以将契尾视为印花税的最早形态，但不能把二者等同。认为印花税属中国首创，其实际意义并不大。

也有人提出另一种说法：中国的印花税最早可以追溯到 1885 年，其根据是《中国海关创业文献》的记载：中国海关于 1885 年上半年在上海创办了一种“派司”（英语 pass 音译而来，即“进口货物报关签证单”的简称），以便利商人（特别是洋商）在中国进口货物验关缴税之后好再出口，可享受退税和再出口的签证。上海江海关税务司设计了“派司”式样，并规定“派司”上必须贴用“印花”或“印纸”的完税证，方认为有效。当时海关税务局提出“派司”制度，曾由上海江海关税务司征询上海总商会（外商组织）。然事隔数月，28 家洋行大多数不同意此项“派司”制度，总税务司慑于洋商气焰，不敢“操切从事”，“派司”制度未能实行，此项印花也就搁置不用了。[5]

从目前的研究状况和资料分析，笔者颇赞同以下观点：“终清之世，未能普遍开征。”[6]有人提出：“1903 年 1 月，晚清政府接受总税务司赫德的建议，开始在中国开征，但试行仅三个多月，便从缓办理，1907 年 12 月，清政府重拾印花税旧案……事实上，晚清时候印花税就已在局部地区进行了试征，但由于种

---

① 朱偰：《中国租税问题》，商务印书馆 1936 年版，第 582—584 页。
② 李权时：《现行商税》，商务印书馆 1930 年版，第 22 页。
③ 朱偰：《中国租税问题》，商务印书馆 1936 年版，第 592 页。
④ 晏才杰：《租税论》，出版地不详，1922 年版，第 22 页。
⑤ 齐银昌：《印花税史》，《北方经济》2002 年第 12 期。
⑥ 杜岩双：《我国印花税制史之研究》，《直接税月报》第 1 卷第 4 期，1941 年 4 月。

种原因,终清一代,未能在全国顺利推广”,①这种分析和论述是合理的,因此,这里在时间定义上,即以1903年为印花税的开征之期。

2. 法律文本的解读

从所能见到的史料和学者的研究看,对印花税法历史演变的考察一直是个重点。从晚清到民国乃至现在,印花税法制随着社会的发展在不断地修正完善,期间经历了晚清试办时长期的酝酿争执、北京政府时期政治动荡下的艰难波折、南京国民政府前十年的大力推行、抗战时期的混乱与整顿以及新中国成立后的不断变化等阶段,因此,对印花税法规制度的解读始终是学者考察的重心。

3. 税收文化的拓展

研究印花税史必然要关注印花税票。印花税票与邮票一样,具有赏心悦目的外形和丰富的内涵,具有有价证券的特性和一定的保值增值功能,深受许多集藏爱好者的青睐,成为世界范围的艺术收藏品。1991年11月,国际集邮联合会将税票类展品作为一个专门类别,纳入集邮竞赛级参展内容,而被誉为“税票王子”的印花税票,其集藏和研究热日益增温,收藏品市场上的印花税票品的交易也日渐活跃。众多藏友在欣赏玩味的同时,也为研究印花税史、弘扬税收文化提供了前所未有的探索空间。正是在这种情况下,一批专门研究印花税票的书籍相继问世,对印花税票的印制、种类及其价格行情等进行介绍,资料翔实且可读性强,已成为税收文化建设和拓展的一个亮点。

(三)存在问题

1. 研究重点不均衡

一是晚清时期的研究成果较多,从开征时间、原因到实践,均有学者涉猎考证;二是南京国民政府时期(1927—1937年)的研究相对较多,无论是著书立说还是实物搜集,均有突出成就,析之原因不外乎:晚清为印花税初创时期,其历史原因及社会背景自然是人们分析考察的焦点所在,而南京国民政府时期则是一个具有研究魅力的时代,向为学者所关注;而对于北京政府时期,由于政局动荡、战争频仍等原因,研究相对不足,似有断续之感,不能全面地反映

① 陈勇:《晚清印花税探析》,《江苏商论》2004年第10期。

印花税史的演变过程。从过程上讲，北京政府时期的印花税发展史，实际上起着承上启下的重要作用，本应该是一个重要课题，惜之无多。

2. 制度文本与实践脱节

从目前研究看，论者多注重印花税法规的演变及其原因分析，结果重于过程，大多没能从国家、社会和人的立体角度出发，对其实施过程中的艰难与波折进行考察论证。然而从制度文本到税收实践却有很长一段路要走，国家要凭借政治权力强制无偿地取得财政收入，必然要与纳税人发生冲突，甚至发生外交纠纷，尤其是在中央权威不足、社会经济不发达、纳税意识不强的情况下，这种冲突极有可能被激化，甚至引发社会革命，历史上的这类事件并不少见。因此，研究印花税史，不能仅注重国家财政需求而忽略民众的反应，否则，能看到的仅是水面上漂浮的一层油，下面激荡的几多潜流则不可知，最终陷入从文本到文本的思维模式。

3. 独立的研究空间有待拓展

印花税从其被引入中国至今，虽历经百年，但仍未像关税、盐税、所得税等税种那样成为众多学者关注的对象。对印花税的研究，大多依附于经济史、财政史或税收史的大体系中，没有形成独立的研究体系，即使有专门的研究著述（如前述），大多还属资料性质，或从票证收藏的角度进行介绍，而对印花税史的理论评价、财政作用、征收过程的细节考察分析较少，对税收体系现代化等深层次的考察尤显缺乏，亦即史料价值较高，学理分析不足，可以说，印花税成为大视野下被忽视的小税种。好在近几年的研究正在迎头赶上，学术气氛日渐浓烈。

三、概念界定

1. 税收的分类

世界各国的税收制度不同，税种的名称不同，分类标准和方法也各不相同。常用到的分类名称有以下几种：

以征税对象为标准，可以将税收划分为流转税、所得税、资源税、财产税和行为税等。我国现行的税收体系中，属于流转税的税种主要有增值税、消费税、营业税、关税等；所得税主要有个人所得税、企业所得税等；资源税主要有资源税、土地使用税等;财产税包括房产税、车船使用税等;行为税包括印花税、屠宰税等。行为税是对纳税人某种特定行为征税,即对于经济行为,如财产之创设、转移、变更、消灭或价格的变动所产生之利益而所征之租税。按照民国时期的划分,行为税包括登记税、印花税、交易所得税等。

以税负能否转嫁为标准,税收可划分为直接税和间接税两种。直接税是由纳税人直接负担,不易转嫁的税种,如所得税、利息税、财产税等;间接税是纳税人能通过提高价格等方式,将税负转嫁给他人负担的税种,主要是对商品征收的各种税,如消费税、营业税、关税等。但二者尚有互相转换的可能,并非绝对。如印花税作为直接税的一种,有时也可以转嫁其负担。

按照税收征管和使用权限分类,税收可以划分为中央税(亦称为国家税)、地方税和中央地方共享税三类。收入直接划归中央政府的税种是中央税,划归地方政府的税种为地方税,收入归中央和地方共享的税种则成为中央地方共享税。印花税在新中国建立前,一直属于国家税,最先为中央专款,而后由中央政府设局于各地,直接进行征收管理,以防截留。

晚清至民国时期,印花税的归属类别大致属行为税、直接税、中央税。印花税的行为税性质在多数学者的表述中,又有不同的称谓:有称之为流通税的,认为其征收方法,“特别适用于流通税,故印花税与流通税结不解缘,而一般人之观念中,遂混二者为一”;①有称之为交通税的;②亦有人将印花税分为广狭二义,狭义的印花税仅对“民事上及司法上之证书及凡可提出法庭而作证据之一切财产及权利关系之书契”课税,属于行为税,而广义的印花税则有规费、消费税的性质;③也有称之为转移税的,认为“凡租税之以法律上之财产转移为征收对象者,皆称为转移税”,将转移税译称行为税不妥,指出:所谓转移,并非指人或物由一地点至他地点之行动,而是“法律上无空间性私权之变更”,故一般译行为税者,但见其外表之行为而未能翻译其真义,即:“法律上之转移”,“或直译为流通税或交通税亦有望文生义之嫌”。④

---

① 周伯棣:《租税论》,文化供应社 1944 年版,第 161 页。

② 罗介夫:《中国财政问题》,上海太平洋书店 1933 年版,第 254 页。

③ 徐祖绳:《比较租税》,商务印书馆 1930 年版,第 158 页。

④ 朱偰:《中国租税问题》,商务印书馆 1936 年版,第 561 页。

印花税亦称为凭证税。因为印花税系课征于一切财产及权利关系所设立之单据、契约、簿册等可用为凭证者之税收，凡在此类凭证上购贴印花，即正式确定其凭证权利义务之效力，能享受国家法律之保障，故印花税亦称凭证税。[①]

由于印花税的课征对象是在经济交往中所书立契约、簿据及有关的凭证等，没有凭证，即使有某种行为，也不能课税，其范围相当有限，因此有人提出，“应扩大推行之于一切民事商事之行为关系”，甚至“凡刊载于报纸杂志书籍之上的广告，以及招牌与公共告贴，均应缴纳印花税，广告类应课以比例税率，招牌告贴类应依所占之面积与地位课以分等之税率”。[②] 上述建议，其实质仍限于经济活动领域内，仍属商税范畴。但其后便涉及了人事凭证、产权证照等许多民事领域，印花税的课征对象则演变为商事、人事、产权等所书立或使用的凭证，因此可以说印花税又具有属于规费和消费税性质的特征。

2. 印花税的名称

印花税自引入以来，名称各异，见诸文字的有“印花”“印花纸”“印纸”“印花票”“印花官纸”“印花票纸”等多种称呼。陈璧在《饷需孔亟请仿行印花税之法以集巨款而济时艰折》中称“印花”或“印花纸”；1902 年外务部、户部在《遵议试行印花税并原拟办法七条疏》中称“印花”或“印纸”；1902 年袁世凯《遵旨仿行印花税法谨拟试办章程折》中称“印花票”“印花”等；1907 年度支部在《遵旨研究印花税办法酌拟税则章程折》中称“印花”“印花票”或“印花官纸”；1909 年度支部在“印花票制成请颁发各省试办”的奏折中称“印花票”和“印花票纸”；清政府向日本定制的六种面值的印花税票，所印全称为“大清国印花票”；在美国定制并颁发各省开征使用的三种面值印花税票上，所印全称为“大清印花税”。总之，上述文献、文物资料对印花税票尽管称呼各异，但所指实为同一税事。

3. 研究范围的界定

由于税收的征收主体是全民利益的代表——国家，因此在行文过程中，仅

① 丘东旭：《我国租税政策之研究与批判》，福建合作印刷工厂 1945 年版，第 158—159 页。
② 曹国卿：《中国财政问题与立法》，正中书局 1947 年版，第 99 页。

将“国家”的概念定位于具有法统地位的晚清政府、北京政府,而与后者曾经一度并存的广州军政府等原则上不作为“国家”处理,虽然当时他们也实行了一系列的税制改革,也开征了印花税,但由于其规模更小,且存在时间较短,因此不对其做专门论述。

在研究时限上,以晚清政府第一次试办印花税为开端,以南京国民政府建立为下限,意在以“国家—社会”的互动关系为视角,探讨印花税移植中国的艰难历程及其制度奠基与初步发展的脉络,至于其后的发展状况留待将来能力许可时再做补充。

第一章

历史的机遇:印花税移植中国的背景

印花税的引进和开征,原因和条件是多方面的,一是从国家层面上讲,赋税的首要目的就是满足财政的需要,当政府财政陷入困境时,开征新税往往成为解决问题的主要途径之一,以实现所谓的"财政原则",当然,开征新税要以国家权威为后盾;二是从社会层面上说,印花税与契约的社会遵信度密切相关,它反映着税源的广度和深度,亦即契约化程度决定着印花税能为国家提供财政支持的大小;三是从人的角度看,税收的开征需要生活于一定社会秩序下的多数个体的认可,或者说征税者具备有征收印花税的能力,而纳税者也具有缴纳税款的能力和为公共财政支付税款的意愿。

近代中国的半殖民地化是在内忧外患的双重作用下形成的,那段屈辱的历史同样承载着救亡图存的记忆。在创巨痛深的打击后,清政府中的一部分官僚已意识到自强、求富的紧迫性,他们试图通过洋务运动来中兴衰弱的封建王朝。然而,衰朽的封建体制不可能为复兴开辟一条笔直的通道,却将自身拖入了无休止的财政困境之中。为挽救财政危机,清政府被迫采取了一系列的财政整理措施,包括改良财政制度、举借内外债、增加捐税等。正是在这一历史条件下,开征印花税被提上了议事日程,尽管这一历史机遇中蕴含着诸多痛苦和无奈。

近代中国的政治、经济日渐发生着深刻的变化。随着商品经济的发展,其赋税征收、管理制度也发生了相当大的变化。在其经济结构逐渐由农业向工商业过渡的过程中,税收体制亦由农业税制向工商税制转变,从"税农"转向

"税商"。作为中国税收体制近代化的初步尝试,晚清政府在财政极其困窘的情况下,引进了具有现代特征的西方税种,尽管大多还只是停留在推介阶段,但毕竟为中国现代税收体系的建立和发展奠定了基础。

第一节　经济活动的契约化过程

鸦片战争之后,西方列强凭借其坚船利炮,与清政府签订了一系列不平等条约,将中国卷入了世界资本主义经济体系,成为他们商品倾销和原料掠夺的绝好市场,从而打破了中国原有的经济结构。无可否认,这一过程是曲折的、痛苦的,但客观上也为中国经济的发展提供了条件。随着国内外经济交往的日益频繁,不可避免地存在着违约的风险,契约的应用随之增多。经济活动的契约化是征收印花税的前提,契据、凭证、账簿等的应用与经济活动的频繁程度密切相关,这是印花税课征对象的基本载体。

一、商品经济的发展

(一)市场网络的扩大

鸦片战争后,清政府被迫开放五口通商,市场规模逐渐扩大。从 1842 年起至 1927 年止,中国共计开设商埠 103 处(包括约开商埠和自开商埠),除现今属于蒙古人民共和国的 2 处之外,涉及现今上海、天津、重庆三个直辖市和 23 个省、自治区,主要分布在沿海、沿江、沿铁路线和边界地区。[①] 这些商埠不但成为对外贸易的中心,成了列强输出资本、倾销商品和原料掠夺的据点,而且成了国内的商业中心。这些商埠的出现和存在对周边广大地区具有较强的辐射能力,形成了为数众多大小不等的经贸区域,为商品经济的进一步发展提供了条件。

在中国漫长的封建社会中,自然经济具有顽强的生命力,却同时与市场有

① 严中平等编:《中国近代经济史统计资料选辑》,科学出版社 1955 年版,第 41—48 页。

着紧密的联系,并逐步形成了包括地方小市场、城市市场、区域市场和全国性市场的市场体系。在对中国农村市场的考察中,有学者提出,每个基础市场服务区域的辐射力呈正六边形的结构,集镇位于中央,每天贩夫走卒穿梭其间。大多数基层市场区域的范围可以让最边远的村民能够不费力地步行到集上——这段距离为3.4到6.1公里。每个基层市场体系作为另一个更大结构的子系统而存在。特别是在基层集镇和中间集镇或与其有直接联系的更高层次集镇之间,存在着商品和行商有规律的运动。[①] 尽管数据的设定值得推敲,但集市的存在和数量的增加却是不容怀疑的。如此类推,在不同的地域范围内,城镇集聚能力、地理位置、经济基础与发展水平的差异,形成了多等级多层次的空间特性,多层次的城镇中心也就形成了多层次的经济腹地以及多等级、多层次的网络结构,而整个社会则处于一个大的商业市场网络之中当属无疑。

(二)交通运输的发展

交通运输条件决定着贸易流通的规模和程度。从铁路运输看,1876年,全国铁路通车里程仅15公里,而1895—1911年,就新筑铁路9253.83公里,铁路运力不断提高,全国火车客流量到1915年已达92211万人次,载货运输量为22.5亿吨。[②] 公路运输方面,自1901年出现汽车以后,到1922年全国已有公路8000公里。水运方面,截至1900年,我国已拥有各式轮船约480艘,最重要的是,民间船只打破了外资与清政府的垄断,取得了内河航运的合法地位,大中型船运企业开始兴起,相继出现了以张謇的大达轮步公司、四川省属官商合办的川江轮船公司以及三北航业集团等为代表的一批企业。[③]

水陆交通条件的改善,为经济发展提供了条件,加快了商品的流转速度,特别是为那些大宗农产品、煤炭的运输提供了便利。如东三省在当地铁路未建时,大豆及豆制品的输出为数极微,1890年,其输出总额仅37万两,后因铁路的发展,输出量逐年增加,1900年输出总额为547万两,1910年即达3669

---

① 施坚雅:《中国农村的市场和社会结构》,中国社会科学出版社1998年版,第21—26页;王庆成:《晚清华北的集市和集市圈》,《近代史研究》2004年第4期。

② 严中平等编:《中国近代经济史统计资料选辑》,科学出版社1955年版,第180—194页。

③ 吴申元:《中国近代经济史》,上海人民出版社2003年版,第131—152页。

万两。[①]

(三)区域经济的发展

19 世纪以前,中国已形成了三个主要经济地带:东部发达地带、中部发展中地带和西部不发达地带。而每个地带又各有其特点。以长三角为代表的东部发达地带,以其便利的水运系统,在腹地农业的支持下,得到了快速发展,成为近代中国的工商金融和文化中心,中西部欠发达地区成为东部的粮食、工业原料供应地。在东部经济的带动下,中西部地区逐渐形成了相对集中的农产品生产基地,特别是 19 世纪末以后,这种情况更加明显,如东北地区成了生产大豆和小麦的主要区域,山东、河南成了烟草和花生的集中产区,河北、江苏、湖南、湖北成了棉花的生产中心,江浙、广东等地成了蚕丝的生产中心,茶叶生产区域集中在皖、闽、浙、赣、川、滇等省,内蒙古则是我国最大的盛产皮毛的畜牧区,闽浙赣是主要的甘蔗与水果产区。[②] 在这些区域内,经济作物的规模化生产,促进了农业生产的商品化。

吴承明曾就农产品的商品率和商品量进行专门的量化分析,指出:我国粮食的商品率 1840 年约为 10%,1895 年约为 16%,1920 年约为 22%;棉花的商品率 1840 年约为 27%,1894 年约为 33%,1920 年约为 42%。[③] 从农产品的商品量来看(如表 1),1840—1894 年 54 年间,粮食、棉花、茶叶、蚕茧四项商品值由 1.92 亿两增至 4.66 亿两,年增长率为 1.65%,可见农产品商品化的速度很慢。倒是在 1894 年以后,其商品化的速度很快,年增长率在 4% 以上。从表中我们还可以发现,除粮食外,其他都是与出口有关的商品,因为早期推动农产品商品化的,主要是茶、丝、棉花、大豆等的出口。

再从市场的商品量分析,全国国内市场的发展尽管缓慢且不均衡,但至少可以说其商品化是在逐年增加,尤其是 1894—1908 年,市场商品量的年增长率已达 4%,1908—1920 年更是达到了 11% 以上。[④] 这其中,一方面是国内贸易与国际贸易的迅猛增加;另一方面,新兴工业的发展与手工业的繁荣,推动

① 章有义:《中国近代农业史资料》第二辑,三联书店 1957 年版,第 133 页。

② 张九洲:《中国旧民主主义时期的经济变迁》,河南大学出版社 1999 年版,第 341 页。

③ 吴承明:《我国半殖民地半封建国内市场》,《历史研究》1984 年第 2 期。

④ 吴承明:《吴承明集》,中国社会科学出版社 2002 年版,第 280 页。

了市场的发展。可以肯定的是,无论从商品的量上说,还是从其质上分析,商品经济在逐步发展着。

表1 农产品的商品化 (单位:规元)

	1840年前		1894年		1919/1920年	
	商品量（万担）	商品值（万两）	商品量（万担）	商品值（万两）	商品量（万担）	商品值（万两）
粮食	23300.0	15533.3	37250.0	37250.0	52683.0	105366.0
大豆	—		1644.7	1905.5	4744.2	12155.6
棉花	211.2	1277.5	270.8	2715.0	876.2	11277.5
烟叶	—		400.0	1470.5	638.0	4477.6
茶叶	315.3	2433.0	386.9	5330.0	276.7	6110.3
蚕茧			72.3	1275.5	217.8	5527.2
合计		19243.8		49946.5		144914.2
罂粟	—	—	32.5	9413.3	15.0	38990.0

资料来源:吴承明:《吴承明集》,中国社会科学出版社2002年版,第278页。

据海关统计,同治七年(1868),我国对外贸易值125108千两,至光绪二十一年(1895),总额增至314990千两,较同治七年增加151%。其中,进口值171697千两,较同治七年增加171%;出口值143293千两,较同治七年增加131%。到1913年第一次世界大战前夕,贸易总额增至973468千两,其中进口值为570163千两,出口值为403306千两,即较1895年的总额又增加209%,其中,进口值增加232%,出口值增加181%。① 从国内贸易货值的统计看,1872年,各口相互贸易总值为2.52亿关两,1894年上升到4.42亿关两,增加75%。② 尽管上述统计的口径和数据不完全一致,但从总体看,一方面,国内外贸易无论是商品率还是商品量,一直呈增长趋势;另一方面,中国依附世界经济的程度逐渐加深。

(四)新兴商人群体的崛起

近代以来,为师夷长技和挽回利权,在这个悲剧与希望并存的时代,出现

① 孔士谔:《进出口贸易》,商务印书馆1938年版,第1—5页。

② 张九洲:《中国旧民主主义时期的经济变迁》,河南大学出版社1999年版,第422页。

了一批进行现代化尝试的士大夫,他们"以杀人武器开始起步",使"机器来到了古老而血腥的土地",[①]先后创办了一批近代军事工业和民用工业,从而开始了中国工业化的艰难之旅;私人资本也在夹缝中挣扎出一条曲折之路,创办了一些现代意义上的民族资本主义企业。从甲午战后至辛亥革命前,由于新式企业利润的刺激以及"设厂自救"的基本诉求,特别是抵制美货和收回利权运动的推动,在清政府为实行新政而采取一系列奖励和保护政策的作用下,中国资本主义工商业出现了一次发展高潮,新兴商人群体开始崛起。

商人群体是伴随着新式商业持续发展、旧式商业向新式商业转化、商业资本向产业资本转化而不断发展壮大的,商业社团组织的出现标志着资产阶级队伍的发展、壮大和阶级意识的不断提高。[②] 大量商人团体的出现,"对于增强商人的主体意识,加强商人的组织程度,发挥对地方事务的参与和管理,起了有力的推动作用"[③],其中包括对团体内部成员纳税义务履行的监督和管理等,当然,也包含有对征税问题有组织的抵制等。

上述分析旨在说明:商品经济的发展加速了经济活动的契约化步伐。随着经济交往的日益频繁,为降低投资经营风险,就需要一个能够对经济活动起到约束性的制度规范。既然"所有的经济活动都可以看作是一种交易,所有的交易都可以看作是一种契约",[④]那么,契约无疑是经济发展过程中保障安全、降低风险的最佳选择,无论是在商海遨游的精英们还是偶做点水状的普通百姓都不能弃之不用,都必须如期履约。商品经济的发展提升了人们对契约的遵从度,契约的应用为印花税的开征提供了前提条件。

二、契约化过程及其障碍

在中国农耕社会中早已孕育了相当成熟的契约关系,世代通行的信用原则是"空口无凭,立字为证",即把那些称得上经济交往的活动用文字表述出

① 李志宁:《大工业与中国:至20世纪50年代》,江西人民出版社1997年版,第57—79页。
② 张九洲:《中国旧民主主义时期的经济变迁》,河南大学出版社1999年版,第431—438页。
③ 朱英:《中国早期资产阶级概论》,河南大学出版社1992年版,第227页。
④ 聂辉华:《交易费用经济学:过去、现在和未来——兼评威廉姆森〈资本主义经济制度〉》,《管理世界》2004年第12期。

来，订立书面合同。可以说，契约一开始就伴随着对诚信的倡导和对欺诈的防范。西周中期的铜器铭文是有文字可证、有实物可考的最早的契约，至汉代，契约发展已相当完备，其种类之多反映出契约的订立已遍及民事交往的很多领域。[①] 经过历代的发展和演变，到明清时期，各种名目的契约，从内容到形式，包括技术处理等诸多细节，已经发展到十分繁复和精细的程度，常见的如土地房屋等不动产的买卖、典当、抵押，甚至包括人身的买卖、役使等。

（一）契约的应用

专家指出，明清以来土地的立契买卖已成主流，在借贷、租佃等方面，契约的应用也非常广泛，[②]各类典籍中亦不乏其例，如土地房产的买卖、租佃、典当，甚至婚姻的缔结等行为，较多地以契约形式进行规范。"法律契约使家庭与家庭之间的交往能以有条不紊的方式进行。土地、劳力和信贷交易长期以来表现为非人格化的契约模式。"[③]

黄宗智在对清代与民国时期法律和习俗的比较研究中发现，契约，包括债约、土地交易及商业往来的合同、婚约、分家析产合约等不但被广泛运用，而且被正式的司法体系所承认、许可和约束，"契约在帝制时代就得到了广泛的应用"。[④] 李金铮在分析民国时期长江中下游地区借贷的信用方式时，将私人、店铺借贷的信用方式分为三类：信用借贷、抵押借贷和预卖赊借三类，基本涵盖了农村发生借贷关系时所采用的惯常手法，从另一方面也说明了契约在借贷关系中的运用。[⑤]

在工商业交往中，大多以簿据签字为凭，已成为日常交易的惯例。严谔声对民国时期上海的华洋商事习惯进行了调查，并将其分为定货、提货、退货、押汇、抵押、佣金、票据、契约、债务、买卖、运输、证券、账册、租赁、营业等数十类，

---

① 李晓英：《汉代契约研究》，《史学月刊》2003 年第 12 期。

② 李文治：《明清时代封建土地关系的松懈》，中国社会科学出版社 1993 年版；章有义：《明清徽州土地关系研究》，中国社会科学出版社 1984 年版；杨国桢：《明清土地契约文书研究》，人民出版社 1988 年版。

③ ［美］吉尔伯特·罗兹曼：《中国的现代化》，江苏人民出版社 2005 年版，第 161 页。

④ 黄宗智：《法典、习俗与司法实践：清代与民国的比较》，上海书店 2003 年版，第 112 页。

⑤ 李金铮：《民国乡村私人、店铺借贷的信用方式——以长江中下游地区为中心》，《中国社会经济史研究》2002 年第 4 期。

从其分类情况不难看出对于契约的应用和尊重。[1] 经济活动的频繁促进了契约化的发展,有人因此断言:"契约已成为民事主体得以确立的工具。"[2]那种传统的"一手交钱、一手交货"的交易方式逐渐为新型的信用体系所替代,新兴的近代企业在其运行中必然需要大量产品交易的信用合约,如生产合同、购销合同、仓储合同、运输合同等,同时,新型财务会计制度的建立,账簿、凭证的广泛应用,也为其后印花税税目的设置与扩张提供了准备。

围绕土地的买卖和租佃,契约关系曾经异常发达,但由于工商业历来附着于官府,而未能像欧洲近代的工商业那样从封建体制的边缘独立发展起来,因此契约关系始终被禁锢在一个有限的范围内,最终未能发展到使社会形态契约化的程度。[3] 我们也必须承认,近代国民虽有契约概念,但距源于契约关系的一套成熟了的权利义务观念还相差很远。

(二)契约化的障碍

由于"契约关系始终被禁锢在一个有限的范围内",并非所用的商事民事活动都需要契约。在一个熟人社会中,契约的运用并没有想象的那样普遍。

1. 熟人社会与面子

据20世纪初的调查,在许多地方的租佃关系中,契约并非要件,如直隶,"北平近郊多要契约书,其它地方很少以此为必要";湖北,"大部分只用口头,若到三十亩或五十亩以上,才用契约书";察哈尔,"关于一切租借成立,多由双方当事者以口头约定……惟近十余年来,内地人民来垦殖者渐多,往往利用习俗,逞其奸猾伎俩,或因自己获利无多,颠倒原议,或因税捐骤增,迫令对方负担",其结果,"忠诚者常被愚弄,而争执之发生在所难免,故近来已渐弃口头之约而趋成文之约";山西,"有数处风俗淳朴,人民无欺诈之虞,故租地时,只需口头互约,不必立契,惟近年来,书面立契之风渐盛"。[4] 由此看来,如果不是受到愚弄,农民"订约"的习惯较难形成。

---

① 严谔声:《上海商事惯例》,上海新声通讯社出版部1933年版。

② 杨振山、孙毅:《近代民事主体形成的条件与成因》,《中国政法大学学报》2005年第7期。

③ 李留澜:《契约时代——中国社会关系现代化研究》,社会科学文献出版社2006年版,第273页。

④ 章有义:《中国近代农业史资料》第二辑,三联书店1957年版,第121—123页。

农村信用借贷,大多数地区通行的小额短期借款不需书立字据,只凭保人或借款人的信誉即可。如湖南,数额细小,借期又短者,由借贷双方直接成立,多用口约,不要任何手续;浙江平阳、淳安等地也多如此。[①] 在浙江嘉兴县,"乡民向镇上富户借钱,只觅一介绍人即可,无需成文契约",[②]再次说明,凡事订约的习惯远未形成。

"与其它前现代化的国家相比,中国家庭相互之间的关系,更多的是借助得体的介绍人和中间人来沟通的。"[③]其中,涉及一个问题,无论是口头约定还是书立契约,往往需要第三方即中保人的介入。[④] 杜赞奇将其称为"习惯法中的权威结构",中人如果威望较高,借贷时往往不必签订契约。[⑤] 事实上,正是由于这些乡村"精英"和"权威"的存在,在"面子"的支撑下,不但弱化了契约在交易中的地位,而且巩固了长盛不衰的言传信用体系。

在商业交往中,契约的应用相对较多,但也不是都用契约来规范交易行为。我国商人素重信用,口头订约每与书面订约无异,"可资依据",直到 1930 年代,上海的商事习惯仍是如此,"对于素熟之客家,及有信用之客人,均凭口头说合,一言为定,否则亦有订立契约,作为凭证者",在具体的交易中,"如果著有声望,信用素孚,彼此可以信托,亦有口头成交"。[⑥]

社会生活方面,诸如家庭中的分家析产问题,人们习惯在亲族中,特别是娘舅中寻找中间人和本族威望较高或辈分较长的人,共同主持分家析产,一般不书立字据。而婚姻的缔结更是在媒人的撮合下,用一场酒席即可代替婚书契约,如有纷争,媒人和其他见证人就可进行裁判,一旦违约,真正受到影响的是当事人的声誉,由此形成的舆论甚至会影响其日后能否顺利嫁娶等问题,所

① 李金铮:《民国乡村私人、店铺借贷的信用方式——以长江中下游地区为中心》,《中国社会经济史研究》2002 年第 4 期。

② 《嘉兴之经济状况》,经济讨论处编:《中外经济周刊》第 182 号,1926 年 10 月。

③ [美]吉尔伯特·罗兹曼:《中国的现代化》,江苏人民出版社 2005 年版,第 161 页。

④ 李金铮:《20 世纪上半期中国乡村经济交易的中保人》,《近代史研究》2003 年第 6 期。

⑤ [美]杜赞奇:《文化、权力与国家——1900—1942 年的华北农村》,王福明译,江苏人民出版社 2004 年版,第 131 页。

⑥ 严谔声:《上海商事惯例》,上海新声通讯社出版部 1933 年版,第 68、71、72 页。

以立约为凭的做法,尤其在农村并不常见。[①]

由此可以看出,近代中国契约化的社会基础远未形成,大多数交易仍是和熟人打交道。“中国商人进行交易,历来大多需要某种私人交易或亲缘集团结成纽带。同完全陌生的人做生意是非常别扭的。”[②]熟人社会的习俗使契约化程度受到限制,对中保人的敬畏远比对契约的遵信更具效力,其背后隐含的是对“面子”的依附和对契约的冷淡,这种做法和选择有效也有用,但是,对权威的认可和对面子的崇信最终使得契约的效力显得有些苍白。

2. 纠纷判定的道德法则

在熟人社会中,中间人常常具有监督履约和矛盾调处的功能。一旦爽约,违约方所承受的不仅是经济上的损失,而且还有来自社会关系方面(如舆论、资信、人际交往等)的诸多压力。后者对违约方日后的影响不可估量,且往往与调停人的面子、势力成正比关系。

在城市,许多商事纠纷并不都依赖政府的法律,而是靠商会的居间调解,“商会在调解商事纠纷方面所作的努力及显著成效,不仅受到商人的欢迎和赞誉,而且也获得官方的首肯。商会理案,不仅具有合法性,而且逐渐具有一定的权威性,它继承了中国传统司法制度中调处息讼的通行做法,但其民间法庭的意味转强”。但是商会理案一般不援引成文法,一是因为继承了清代民事司法审判“以礼入法”“准情酌理”的传统,以传统伦理道德作为调处息讼的指导原则;二是因为清代法律系统基本上是民、刑不分,诸法合体,缺乏独立的民事法规,因此,在具体理案时,往往无从具引成文法律条文进行仲裁。在一般情况下,商会依据传统行规、商家通例以及传统道德规范“秉公断案”。[③] 虽然这种以传统行规和道德规范为据进行裁判的做法具有某种模糊性和落后性,但其强调折中、调和的传统道德伦理,“以和为贵”的伦理信条和碍于情面等“人格化因素”,往往具有较强的约束力并能够为大多数人所接受,道德法

① 湖北省政府民政厅编:《湖北县政概况》,汉口国华印务公司1934年版,在该书1—6册中,均有相关描述。

② [美]帕克斯·M.小科布尔:《江浙财阀与国民政府(1927—1937年)》,蔡静仪译,南开大学出版社1987年版,第8页。

③ 马敏:《商事裁判与商会——论晚清苏州商事纠纷的调处》,《历史研究》1996年第1期。

则远胜于冷酷但精确的法律条文。

3. 文化教育的制约

契约主要是以书面文字形式表现出来的,在教育水平不高的近代中国,尤其在农村,文盲的大量存在,直接影响到契据的书立和遵守,而诚信一旦缺失,处理违约的工具便只能在脆弱的“良心”表达中选择,有时甚至是靠人们的主观臆断做评判。

根据有关调查,直到1933年时,湖北省全省的儿童入学率尚不足20%,枝江、光化等地的保甲长多不识字,可以想见其对于“一切政令,未能领悟”的状况。正因此,农民之间的经济活动不可能用契约来进行规范,在租佃、借贷之时,根本无法书立契约,“民间不识字之农民,于借贷时,取竹杆劈破,各执一半,以半边当存根,以半边当文券,迨还钱时,视其所持之破杆符合,即如数还钱”。[①] 又如广东琼崖,“黎人不识文字,虽间有识之者,亦不识契约之为何物。故批租及买卖订约等等,均以竹片刻纹以计之”。[②] 此种现象必然制约着契约的应用。

由此看来,经济的发展和契约的大量运用,为印花税的开征提供了条件;而契约化过程中存在的障碍性问题,却又使印花税的课征空间极度狭小。所以,直至南京国民政府时期,印花税一直推广不力,收数无多。

第二节　晚清政府的财政危机

社会经济的发展并不等于国库的充裕,相反,还可能因此而导致国家职能的迅猛扩张并带来公共支出的快速膨胀,德国著名经济学家瓦格纳将这种政府职能不断扩大以及政府活动持续增加的规律命名为“政府活动扩张法则”,民国典籍中将其翻译为“国家职务增加律”[③],社会与经济的发展是这一扩张

① 《湖北县政概况》,汉口国华印务公司1934年版,第14、1186、1274页。

② 章有义:《中国近代农业史资料》第二辑,三联书店1957年版,第123页。

③ 何廉、李锐:《财政学》,商务印书馆1935年版,第42页。

法则的原动力。而面对"千古未有之大变局",清政府不得不在困境中履行其日渐增多的社会职能,然而,巨额的战争赔款、救亡图存所需的巨额投资、战争与灾荒的肆虐等却将清政府拖入了财政危机的深渊。为了缓解财政危机,清政府采取了一系列近代化经济对策,虽然最终没能保住大清皇帝的宝座,但至少是推迟了帝国寿终的时日。

一、财政收支

晚清时期的财政状况呈现出由困难走向危机的趋势,大致可以甲午战争为分界,甲午战争之前可算作是财政困难时期,战后则是财政危机时期,财政危机直接将帝国送入坟墓。

(一)收支概况比较

从鸦片战争到甲午战争的50余年内,晚清政府的财政在不计其他因素的情况下,至少说在数字上还是依然有盈余的,还没有达到严重亏损的程度。鸦片战争前的1838年,政府的财政盈余尚有506万余两,1839年还达到551万余两。可在战争期间及此后将近10年时间内,清政府的财政盈余再也没有达到500万两。[①] 从1840年开始,清政府的财政盈余年年递减,但即使在1853至1863年间,户部银库仍然年增19万两。年年有余的现象,按照传统的"以最大限度存银子"作为评判国家财富的标准来衡量,清政府应该还算得上有钱,至少不是入不敷出的贫穷国家。[②] 但是,按照学者的分析,在不同的时期里,"巨额的财政亏空、国库的严重空虚"一直存在,鸦片战争后的10年里,财政亏空总计已达1100万两。[③] 到甲午战争前,经过"同光中兴"的经营,财政状况有所好转(如表2)。从中可以看出,1885—1894年的10年间,清政府的财政收入多维持在8000多万两的水平,支出一般维持在7000余万两,财政累计已结余银达5986万两,财政收支总体平衡并有盈余,看不出财政危机的迹象。但自甲午战后,晚清政府的财政便陷入了入不敷出的境地,尽管期间的岁入增长较快,但社会动荡及动荡之后的新政所引发的新开支更是增长迅速,致

① 唐贤兴等:《晚清政府贫困化与中国早期现代化的受挫》,《文史哲》1998年第2期。

② 陈志武:《治国的金融之道》,《经济观察报》2006年10月23日。

③ 周育民:《晚清财政与社会变迁》,上海人民出版社2000年版,第67页。

使晚清财政在其最后的15年一直处于巨额亏空之中。

表2　晚清岁出岁入统计

年　份	岁入(两)	岁出(两)	结余(两)
1885	77086466	72865531	4220935
1886	81269799	78551776	2718023
1887	84217394	81280900	2936494
1888	88391005	81967737	6423268
1889	80761953	73079627	7682326
1890	86807562	79410644	7396918
1891	89684854	79355241	10329613
1892	83364443	75645408	7719035
1893	83110008	73433329	9676679
1894	81033544	80275700	757844
1899	101566000	110000000	-8434000
1903	104920000	134920000	-30000000
1909	263219700	269876432	-6656732
1911	296960000	381350000	-84390000

资料来源依据：周育民：《晚清财政与社会变迁》，上海人民出版社2000年版，第237页；申学锋：《清代财政收入规模与结构变化述论》，《北京社会科学》2002年第1期；张九洲：《中国旧民主主义时期的经济变迁》，河南大学出版社1999年版，第392—393页。

据周育民的分析，尽管甲午战前的10年间财政尚有盈余，但清朝财政的实际状况并没有像统计表中所反映的那样乐观，在没有财政准备金的管理体制下，这些财政结余十分有限。① 张九洲在分析这一问题时认为："这只是账面上的略有盈余，而且，支出部分也只是计算的经常项目，一些临时性的费用都没有列入，如河工、军费等。"②如将这些一并计算，财政收支形势要糟糕得多。据估计，甲午战争结束之初，财政赤字已不下1500万两。③ 而上表所列

① 周育民：《晚清财政与社会变迁》，上海人民出版社2000年版，第238页。

② 张九洲：《中国旧民主主义时期的经济变迁》，河南大学出版社1999年版，第387页。

③ 彭泽益：《中国社会经济变迁》，中国财政经济出版社1990年版，第667页。

后四个年份的统计数据则相当痛苦,以收支规模的急剧扩大和严重的入不敷出为特征,光绪二十五年(1899),晚清政府的财政收支相抵已实亏 840 多万两,到 1903 年,收支间的亏额已达到 3000 万两。张九洲据此认为,晚清政府的财政到甲午战后急剧恶化,已由“困难挣扎”而陷入了“万劫不复”的绝望境地,尤其是宣统在位的几年里,收支急速膨胀,到 1911 年,清政府的岁入岁出已迅速扩张到近 3 亿两和 3.8 亿两,亏额更是高达 8400 余万两,[①]已较 1899 年扩张了整整 10 倍。可以说,甲午战争和庚子之乱给晚清政府的财政以致命打击,这一重击直接将清王朝送入坟墓,将帝国献给了民国。

陈锋认为,“光绪年间的岁出与清代前期相比,已有较大幅度的增加。岁出的增加,主要是由于新增款项使然。但由于统计本身存在着一些问题,盈余未必可靠,与入不敷出的纷纷陈词亦不吻合”。[②] 在其统计的 11 个年份中(如表 3),也不是年年亏损,其中有 6 个年份是有盈余的,只有 5 个年份亏空,但从该统计来看,盈亏相抵,尚亏空银 634391 两,财政亏空的结论毋庸置疑。同时据赫德的统计,甲午之后岁出为 10112 万两(其中各省行政费 2000 万两,陆军军费 3000 万两,海军军费 500 万两,京城行政费 1000 万两,旗饷 138 万两,宫廷经费 110 万两,海关经费 360 万两,出使经费 100 万两,河道工程 94 万两,铁路 80 万两,债款开支 2400 万两,准备金 330 万两),与岁入 8820 万两相比,赤字达 1292 万两之多。[③]

表 3　同光年间户部银库收支统计　　(单位:两)

年　度	进 银	出 银	盈(+)亏(-)
同治　十二年(1873)	11274430	11623012	-348582
光绪　十七年(1891)	14245372	13052961	+1192411
二十年(1894)	13381524	14154824	-773300
二十三年(1897)	15540824	15142508	+398316
二十四年(1898)	18359330	18010663	+348667

① 张九洲:《中国旧民主主义时期的经济变迁》,河南大学出版社 1999 年版,第 385—393 页。
② 陈锋:《清代财政支出政策与支出结构的变动》,《江汉论坛》2000 年第 5 期。
③ 《中国海关与义和团运动》,中华书局 1983 年版,第 64—65 页。

续表

年 度	进银	出银	盈(+)亏(-)
二十五年(1899)	14543209	15258046	-714837
三十年(1904)	12941234	13639395	-698161
三十一年(1905)	15962259	15483844	+478415
三十二年(1906)	17344061	17045029	+299032
三十三年(1907)	16076821	15347679	+729142
三十四年(1908)	16502019	18047513	-1545494
合 计	166171083	166805474	-634391

资料来源:陈锋:《清代财政支出政策与支出结构的变动》,《江汉论坛》2000 年第 5 期。

不管数据间的误差有多大,基本上能够反映出一个事实,那就是:甲午战争之前,清政府的财政尚可勉强度日,甲午战后则陷入了前所未有的财政危机之中,已经背上了巨额赤字的沉重包袱。可以说,清朝财政赤字的真正起点是甲午战争,并从此陷入了难以自拔的境地。

(二)财政支出的扩张

从国际比较看,世界各国政府职能一直呈扩大范围趋势,财政支出具有普遍扩大的趋势。法国的财政支出,1860 年时为 20.8 亿法郎,到 1912 年时已扩大到 47.4 亿法郎;英国从 1866 年的 6500 万英镑扩张到 1900 年的 11800 万英镑;德国 1881 年时财政支出仅为 5.5 亿马克,到 1914 年时已膨胀至 30.2 亿马克;美国 1840 年财政支出为 2400 万美元,1910 年跃升为近 7 亿美元;日本 1868 年为 2000 万日元,1912 年上升到近 6 亿日元;俄国 1808 年为 1.1 亿卢布,1913 年已达 23.8 亿卢布。不独扩张性的帝国主义如此,连"以和平政策为事"的中立国瑞士,其财政支出也呈扩张趋势。1850 年时,瑞士联邦政府的国用总额为 6.7 百万法郎,1900 年增至 102.7 百万法郎,1914 年增至 105 百万法郎。由此足以说明公共支出的增长实为普遍现象。①

晚清财政支出的膨胀已"迥非乾隆年间可比"。据户部所办光绪七年(1881)的奏销来看,"以各省陵寝供应、交进银两、祭祀、仪宪、俸食、科场、饷

① 何廉、李锐:《财政学》,商务印书馆 1935 年版,第 42—48 页。

干、驿站、廪膳、赏恤、修缮、河工、采办、办漕、织造、公廉、杂支等十七项为常例开支;以勇营饷需、关局经费、洋款、还债息款等四项为新增开支;以补发旧欠、预行支给两项为补支预支,以批解在京各衙门银两一项为批解支款"①,军费、洋务、赔款和债务等已成开支中新增的主要部分,其中更主要和更为痛苦的财政支出项目则是对西方列强的各种巨额赔款和由此而转化的外债,这是其他国家所少有的。

自鸦片战争以至清末的60多年间,大小赔款约100多次,有因战争失败而成立的,也有因教案和其他问题而成立的;有由中央政府偿付的,也有由地方政府偿付的。根据统计,仅战争赔款本息总额就达10亿两上下。② 仅还清甲午和庚子这两笔赔款,清政府就要付出本息银12亿两以上,每年要支出赔款银2800万两,相当于当时清政府每年财政收入的三分之一。1903年全年支出款项13490余万元,其中债务费(包括庚子赔款的本息)就达4460余万元,占岁出总额的33.1%。③ 光绪十一年(1885)至二十年(1894),清政府债务支出所占岁出的比例还不算太高,平均比例约为4.3%,最高时亦不过6%(合计偿还外债本息银为3440万两左右,最多的一年偿还451万余两)。甲午之后,清廷需款日亟,外债举借与偿还的数额均迅速增加,债务支出所占总支出的比重亦随之上升,每年用于偿还外债的支出即达二千三四百万两,均占当年岁出的1/4强。④ 赔款支出不单是财政上的沉重负担,加剧了晚清政府的财政危机与经济崩溃,而且是西方列强强加于中国人民的政治经济锁链,严重制约了近代中国民族经济的振兴,阻碍了中国近代化的进程,烙记着中国近

① 席裕福、沈师徐:《皇朝政典类纂》卷161,国用8,《近代中国史料丛刊续辑》第89辑,第2311—2312页。

② 对外赔款是学者们讨论的热点,众多史家对此已有深入的研究,但具体赔款总额似难定论。周志初、吴善等认为近代以来,中国应偿付的赔款本息总额约为17.6050亿海关银两,实际支付额为13.3548亿海关银两(《中国近代赔款数额的考察》,《扬州师范学院学报》1994年第3期);王年咏认为近代中国共有8笔战争赔款,总值为13.75亿元,折合库平银10.45亿两(《近代中国的战争赔款总值》,《历史研究》1994年第5期);相瑞花认为其总值约为13.263亿元,合库平银9.568亿两(《试析近代中国的战争赔款》,《青海师范大学学报》1999年第1期);袁成毅专门就对日赔款做了探讨,指出近代中国三次对日赔款,额达76542万元(《中国近代对日战争赔款述论》,《历史档案》2000年第1期)。

③ 张九洲:《中国旧民主主义时期的经济变迁》,河南大学出版社1999年版,第387—388页。

④ 陈锋:《清代财政支出政策与支出结构的变动》,《江汉论坛》2000年第5期。

代历史上的耻辱,每个有良知的中国人都不能忘记!

二、财权下移

晚清政府中央财权下移在政治上的体现就是地方割据态势的形成。在近代中国,列强入侵的加剧,使得中国在国家主权丧失的同时,皇权也受到了分割,中央政府的自身力量和社会整合能力受到了严重削弱,民族矛盾、社会矛盾的交织和连续不断的动乱,更使晚清中央政权的社会控制能力和协调能力进一步降低。[①] 在镇压太平天国起义和兴办洋务的过程中,地方势力逐渐崛起,洋务派的主要代表及地方督抚更是挟洋自重,扩展势力,俨然成为集大权于一身的地方军阀,地方独立倾向日趋明显,并最终发展到东南互保,划界自守的局面。清廷在其统治的最后十年被迫实施新政,企图藉以重新集权,但由于中央与地方之间在权力分配及关系调整上始终未能调和,最终导致清王朝的土崩瓦解,并将"一统天下的专制财政体系中孵化出了大大小小的地方财政"作为一笔遗产赠送给了民国政府,"留下了一个民国政府既想解决又无法解决的中央与地方财政关系的难题"。[②]

(一)就地筹饷的肇端

鸦片战争前,全国财政机构在中央由户部统理,在地方为布政使司负责。各省的布政使司只是中央财政机构的分支,不是独立的一级财政,更不是地方督抚的下属。地方的各科常例开支须经户部核准核销,项有定制,数有常额,中央拥有对地方财政的控制权和对全国财力的统一调配权。但自太平天国后,这种控制权被打破。清政府为了缓解财政压力,不得不谕令地方就地筹饷拨解,"无论何款,赶紧设法筹备,以资拨解"。[③] 而且,随着战事的扩大,财政支绌,饷需急迫,"无论何款,迅速筹备"的类似谕旨频颁,财权下移已成定局,"中央虽握财政机关,不过拥稽核虚名,无论田赋、盐茶,一切征榷,悉归地方督抚……内而各局院,外而各行省,乃至江北提督、热河都统,莫不各拥财

---

① 刘伟:《中国近代政体发展史》,华中师范大学出版社 1998 年版,第 162 页。

② 周育民:《晚清财政与社会变迁》,上海人民出版社 2000 年版,第 3 页。

③ 《清实录·文宗实录》40,卷 67,中华书局 1986 年版,第 876 页。

权”。[①]

各省督抚打着“就地筹饷”的旗号,不仅采取盐斤加价、开辟厘金的办法筹款,沿海省份还首开以海关收入作担保向外商举借外债的先河,打破原来各省不得指拨关税的定制。咸丰三年(1853),苏淞太道吴健彰为雇募外国船炮攻打上海小刀会起义,向上海洋商借款12万余两库平银;咸丰四年(1854),两广总督叶名琛为镇压天地会起义,向美商旗昌洋行借款26万两;咸丰七年(1857),闽浙总督王懿德为镇压福建小刀会起义,以“本埠及其它贸易港口的关税为担保”,向福州英商借款50万两;自咸丰十一年(1861)到同治四年(1865)间,江苏、福建、广东等省先后至少向英、美各国洋商举借12笔外债,借款总额达1878620两。[②] 太平天国后,“就地筹饷”逐步向“就地筹款”演变,进一步扩大到各省筹划海防、举办洋务的活动中。从光绪九年(1883)至十年(1884),为筹办广东海防,经两广总督张树声和湖广总督张之洞之手,先后借洋款五笔,共700余万两,均“粤借粤还”,被纳入“就地筹饷”的范围。自洋务运动兴起,洋务派举办的民用工业也多采用“就地筹款”的方法,招募商股,举借外债。在军事行动方面,左宗棠西征时,为摆脱协饷不足的困扰和“为购买枪炮之需”,就地筹款,变协饷为举借外债的办法,于1867—1881年间先后6次举借外债,委派胡光墉于上海筹商借款本金达1595万两。此法虽解决了用兵的当务之急,但却成为“政府募集外债之始”,也体现了中央财政控制力的下降,封疆大吏参与借款实际上也表明地方自主权力的上升。[③]

清政府一方面要依靠地方大员来镇压农民起义和兴办洋务,另一方面,借债本为“权宜暂借济用”之计,仅仅作为地方的临时性支出,“即令事出万紧,仍令该省自行设法归楚”,[④]并不牵扯中央财政,因此也就采取了默认的态度。甲午战后巨额的赔款又使得清政府的态度由默许而变为利用,将为数甚巨的本应由中央财政支付的赔款、借款硬性摊派给地方,即所谓的外债摊还。根据

---

① 刘锦藻:《清朝续文献通考》卷68,国用6,浙江古籍出版社1988年版,第8244页。

② 马金华:《晚清中央与地方的财政关系——以外债为研究中心》,《清史研究》2004年第1期。

③ 徐珂编:《清稗类钞》第4册,度支类,商务印书馆1917年版,第26页;马陵合:《试析左宗棠西征借款与协饷的关系》,《历史档案》1997年第1期,第106—111页。

④ 中国人民银行总参事室编:《中国清代外债史资料》,中国金融出版社1991年版,第79页。

统计,各省摊解额光绪廿一年(1895)为库平银9219000两,光绪廿八年(1902)增至47724000两,比清政府交于外国银行的本息银数还多收库平银250余万两。[①] 外债摊还虽然使中央财政暂时渡过一大难关,但却使筹款重心由中央移向地方,直接激化了中央与地方财政收支上的矛盾,加速了中央财权的下移和财力的外倾。正是这种默许和利用的做法,使得清政府的中央财权急速滑落,终成尾大不掉之势。

（二）解饷协饷的式微

中央财政与地方财政的划分以起运、存留为标志,到晚清时期已徒有虚名。解协饷的拖欠、截留现象在鸦片战争前已时有发生,自咸丰朝之后变得更为严重。咸丰九年(1859)上谕称:"山东等省积年欠解京饷银两,为数甚多",旧欠新欠竟达648万两之多。[②] 此后欠解依旧,上谕频频,除不断饬令地方大员将欠款"扫数解齐,毋得迟延干咎","毋得饰词延宕,致误要需"外,几近于哀求:"当此需用孔亟,各该督抚等具有天良,无论如何为难,总当依限速解,力顾大局。"[③]此种现象并不因中央苦口婆心的劝导和哀求而停止,欠解、截留现象日益严重。

在协饷欠解的情况下,过境协饷也常遭过境之地截留。咸丰三年(1853)正月曾谕令:"嗣后各督抚务当先其所急,于饷银解经本境,赶即派委妥员护送",不得随意截留。[④] 但地方大员并不听命,如:"徐州粮台奏拨之款内有陕西银四万九千两,为河南截留,仅解还银一万四千两。"[⑤]到光绪元年(1875)底,各省关所积欠协饷已达2740万两。[⑥] 这种现象,其意蕴是多方面的:第一,在户部银库空虚的情况下,京饷的欠解及屡催罔应,意味着中央财政的困厄。第二,中央财政支绌,先前那种遇有要需由户部直接拨银的情况已经鲜见,不得不更多地依赖各省的互相协济,而此时地方财政同样匮乏,地方大员难保不"专顾本省",将协饷的解交放在次要的地位,协饷的欠解甚至截留也

① 徐义生:《中国近代外债史统计资料》,中华书局1962年版,第25页。

② 刘锦藻:《清朝续文献通考》卷69,国用7,浙江古籍出版社1988年版,第8260—8261页。

③ 《清实录·穆宗实录》51,卷329,中华书局1987年版,第355—356页。

④ 《清实录·文宗实录》41,卷82,中华书局1986年版,第25页。

⑤ 《清实录·文宗实录》41,卷114,中华书局1986年版,第785页。

⑥ 《左宗棠全集·奏稿六》,岳麓书社1992年版,第376页。

就毫不奇怪。第三,上述情况不仅标示着中央财政与地方财政的竭蹶不遑,而且是财权外倾、中央财政失控、运转不灵的重要标志。①

晚清政府财权下移标示着中央财政对地方财政的失控。从本质上讲,中央对地方财政的失控,亦即意味着中央集权的财政体制的瓦解。晚清时期的财权下移与其财政危机关系密切,互为因果,它加速了中央权威的衰落,进而导致整个国家的行政功能由低效进入混乱状态。

正是在中央财权下移、财政支出不断扩张的情况下,为维持中央收支平衡,杜绝地方势力对中央财源的截留与侵占,采用新的财税管理体制、开辟新的中央税源已迫在眉睫,印花税因此而进入了晚清当局的视野。在众多的西洋税种中,印花税因其征收手续简便,税源较广,易于管理,加之与契税有着千丝万缕的联系,既有一定的实践经验,又易于为人们所接受,于是,便成为晚清政府另辟开源蹊径、摆脱财政困扰的理想选择。只是由于同样的原因,也由于税收征管技术等因素的制约,印花税的开征并未解除晚清当局的财政危机。

三、财政失策

甲午战争以后,清政府因为“偿款过巨,息借洋款,每年筹还本息约须一千五六百万两,各路防军又未能尽撤,需饷亦繁”,②财政危机日益加深。为了缓解“司农仰屋”的窘状,清政府不得不寻求解决办法,开源节流,以图补救。但最终的结果表明:节流有效但有限,开源不足更不利,财政的目的没实现,却使帝国的大厦轰然坍塌。

(一)紧缩开支

甲午战争后,户部即提出缩减财政开支的计划,主要包括以下措施:

1.“核扣中外俸廉”

光绪二十年(1894),户部以“筹饷紧要”,提出将在京王公以下满汉文武大小官员的俸银和外省文武大小官员的养廉,按实支之数一律核扣三成,“统归军需动用”,从1895年施行,1896年续核扣一年。1897年又因“部库艰

① 陈锋:《陈锋自选集》,华中理工大学出版社1999年版,第366—367页。

② 《清实录·德宗实录》56,卷370,中华书局1987年版,第846页。

窘”，故户部奏准，该年凡京官应得俸银，文职自五品以下，武职自四品以下，仍照全数开支，其文职四品以上，武职三品以上，照案再行核扣三成。外官应得养廉，文职自府经历县丞以下，武职自都司守备以下，仍照全数开支，其文职州县以上，武职参将游击以上，照案再行核扣三成，并京俸外廉均拟再行接扣一年。据户部称，这三年间的核扣数额可得银 300 万两。[①]

2. “提扣放款减平”

所谓“提扣放款减平”，即发放经费及薪饷时，“库平一两，内核扣减平六分为京平一两”，将库平一两改按京平一两支放，每两可扣六分。在筹办慈禧六旬庆典和甲午战争爆发后，王公百官宗室的俸廉已经实行提扣。1897 年，户部又规定：“各省自本年 7 月起，无论藩运道库及各局处所额支旗绿各营俸薪、饷干、米折、养膳，并各项经费、津贴、口粮，暨一切正杂各款，凡向支库平者，每两核扣六分，统按二两平发给；其由旗绿各营内挑练之兵，所支饷糈本较额兵为优，亦应核扣六分，以归一律。”此法推行，预计每年可“节省八九十万两”。[②] 按照周育民的统计，京师提扣，光绪二十年（1894）为 80 万两，光绪二十三年为 98 万两，二十四年为 112 万两，二十五年为 98 万两，平均每年提扣约 90 余万两，加之各省节省银约 90 万两，每年节省银约 180 万两。[③]

3. 裁汰兵勇

1895 年 6 月，户部奏称，全国综计各省兵勇尚有八十余万人，岁需饷银约三千余万两。为减少开支，奏请将全国绿营兵裁汰七成，勇营裁减三成。此方案若果执行，每年可节约饷银 1000 余万两。但结果并不理想，甲午战前，绿营兵约 45 万人，应裁 31.5 万人，实际所裁尚不及应裁人数的五分之一，勇营的裁撤也不理想，全部军饷每年开支仍在 3000 万两左右。[④]《辛丑条约》签订后，为支付赔款，清政府又进一步裁减兵员和津贴，裁减虎神营、骁骑营和护军营的每年 140 余万两的津贴；神机营经费及步军营每年约 120 余万两，酌情裁

① 朱寿朋：《光绪朝东华录》（四），中华书局 1958 年版，第 3895 页。

② 朱寿朋：《光绪朝东华录》（四），中华书局 1958 年版，第 3968—3969 页。

③ 周育民：《晚清财政与社会变迁》，上海人民出版社 2000 年版，第 340—341 页。

④ 荣禄：《遵议更新兵制疏》，《光绪财政通纂》卷 40，北京图书馆出版社影印室辑：《清末民国财政史料辑刊》23，北京图书馆出版社 2007 年版，第 559—563 页。

减;满汉官员、八旗兵丁原来每年米折银100余万两从1901年起暂行停支。[①]

4. 减少投资

在打紧开支的理念下,清政府用于近代事业的投资明显不足。清政府虽有过大规模的借款,但主要用在军事上,用于经济发展和实业建设的数目很少,以1877—1890年为例,清政府共有25次借款,其中用于军事目的的有13次,占借款总额的71.84%,而用于实业的借款才5次,仅占总额的8.97%。[②]在政府应该投资的基础设施中,铁路建设没有也不可能受到重视,到1911年时,全国共有铁路9618.1公里,其中由各国直接投资建筑的有5192.8公里,间接投资修建的有3759.7公里,中国资本修建的仅665.62公里,仅占6.9%。[③] 在甲午战后创办的洋务企业中,总投资金额不过376万两,而战前清政府最后投资规模最大的企业汉阳铁厂(耗资568万两),到战后也因财政困难而难以为继。[④] 此后,清政府再也没有财力兴建近代化的大企业了。

晚清政府紧缩开支的做法造成的结果是:一是由于减少或停止了公共福利与建设的投入,使本就蹒跚的近代化步伐因得不到政府的有力支持而陷于困顿,近代军工和民用企业在市场竞争中,常处于劣势地位,不仅自身发展艰难,也不能为政府提供更多的财政支持,从而形成恶性循环。二是减少支出只能在有限的范围内取得有限的效果,却使既得利益者深恶痛绝,如大规模扣减俸饷的做法使本就"刻薄寡恩的俸禄制度"更加缺情少意,而所涉人员要么是高官,要么是兵勇,得不到他们支持的政策必然扭曲,甚至可能将他们推向体制的对立面。

(二)广开财源

晚清政府广开财源的途径有多种,除了采用大量发行官票、宝钞和大钱等金融手段外,甚至不顾廉耻公然设赌大行彩票等,但最重要的莫过于捐纳、借债和重税等基本的财政手段。

---

① 张九洲:《中国旧民主主义时期的经济变迁》,河南大学出版社1999年版,第390页。

② 严中平:《中国近代经济史(1840—1894)》,人民出版社1989年版,第721页。

③ 许纪霖、陈达凯:《中国现代化史》(第一卷),三联书店1995年版,第177页。

④ 汪敬虞:《中国近代工业史资料》第二辑(上),科学出版社1957年版,第469页。

1. 失控的捐纳

捐纳,是一种公开卖官鬻爵制度。按清制,捐纳分为暂行事例和现行事例。暂行事例可捐实官,余为现行事例,如捐贡监、虚衔、封典等。捐纳价格依品秩而定,且规定极严。1826年,清政府还专门制订了捐纳条例,规定了官爵封典的具体价格。近代以来,晚清为弥补财政亏空,不惜大兴捐纳事例,使得捐纳的规模、程序、流品以及捐纳人员的铨选等逐步失控。据统计,太平军起义前,110万有功名和官衔的人当中有35万人是捐纳者,占总额的32%;太平军起义后,145万有功名和官衔的人当中有53万人是新近捐纳的,占总额的36%,在官吏和有官衔的人当中,捐纳者的比例更高达66%。[①] 由此可见晚清捐纳规模冗滥不堪的程度。

捐纳虽是一种卖官行为,却并非人人都可捐官,如盗匪、仆隶、倡优等不准报捐,商人虽可报捐,但往往受朝廷猜疑、抵制。道光年间,某商人报捐知府并获得实缺,道光帝接见他时,知道他是商人出身,便将他革职,“汝原是做买卖的,做官恐做不来,还是去做买卖的好”,并命户部退还捐银。[②] 但咸同以后,捐例泛滥,商人捐官到处可见,甚至以前一直不准捐纳的仆隶等亦趁晚清捐纳失控之际,捐钱买官,致使晚清官僚队伍的整体素质愈发恶化。

捐纳失控的直接表现是缺少员多。以四川为例,从知府、知州到知县的正印官不过59缺,到同治初年,“奉部牒来候补者千有余人;捐纳者十之六,军功者十之三,科甲十之一耳”。[③] 面对这种局面,捐纳者不得不争相钻营,“至各省候补官员拥挤不肖者专以逢迎奔竞为能,而真才反多沉滞”。[④] 这些人一旦获得实缺,便大肆贪污中饱,连本带利地收回捐官成本。

捐纳制度的失控,使晚清政府在政治上吏治更加腐败,经济上,则属饮鸩止渴,文化上,更是斯文扫地,徒然病国伤民,使清王朝的统治肌体由腐朽而溃烂,最终走向崩溃。

---

① 费正清:《剑桥中国晚清史》(下),中国社会科学出版社1985年版,第618—619页。

② 徐珂编:《清稗类钞》第4册,度支类,商务印书馆1917年版,第30页。

③ 鲁子健:《捐纳——清代的卖官鬻爵制度》,《文史杂志》1999年第6期。

④ 王延熙、王树敏:《皇清道咸同光奏议》,《近代中国史料丛刊》第34辑,第1072页。

2. 失信的内债

在中国漫长的封建历史上,国君拥有至高无上的权力,臣民只有向其完税纳粮的义务,绝无向君主放债并限期偿还的理由。鸦片战争之后,尽管西方国家发行公债已很普遍,但很长一段时间内清政府对此仍了解无多,甚至讳莫如深。在"息借商款"前,出任安徽巡抚的陈六舟曾上疏条陈,其中有"令民称贷公家,春借秋还"一条,结果却因此遭降职处分。[①] 随着西学东渐的深入,加之清政府财政危机日益加重,这种认识才逐渐改观。

光绪二十年(1894),户部因"海防吃紧,需饷浩繁",提出了"以息借洋款之法,施诸中国商人"的"息借商款"之法,并认为"各商民具有天良,但使本息无亏,当无不踊跃从事"。这笔借款属试办性质,拟筹目标为100万两,以银号、钱庄为募借对象,借期2年半,年息7厘。到1895年5月停办时,已募集总额1102万两,[②]远超其预期目标。"息借商款"是中国近代史上第一次由政府出面向民间借款,可以看作是"中国历史上发行公债之嚆矢"。其停办的原因是"种种弊端导致商人绅士强烈不满"所致,不肖官吏藉端敲诈勒索,"苛派抑勒之风,迄未尽绝","胥吏之婪索,暮夜之追呼"。[③] 可以想见,在没有经验可循的情况下,初次试办"息借商款",弊端无可避免,而早已腐败的吏治肌体内寄存着的毒素决定着"藉端敲诈勒索、中饱私囊、苛派抑勒"的病毒随时都会发作。

1898年2月,清政府为偿还甲午赔款,决定发行昭信股票,计划发行3种面额为100两、500两和1000两的股票,共合库平银1亿两,年息5厘,期限20年,前10年付息,后10年本利并还。但由于期限长,流弊多,工商业者不堪负担,啧有烦言,因此官绅莫不观望推托,成绩欠佳,到戊戌政变停发时,实

① 徐珂编:《清稗类钞》第4册,度支类,商务印书馆1917年版,第26页。
② 千家驹:《旧中国公债史资料》,中华书局1984年版,第1—5页。
③ 朱英:《晚清经济政策与改革措施》,华中师范大学出版社1996年版,第23、27、28页。

际募集额不足2000万两,不到预计总额的五分之一。[①]

清政府发行的其他公债还有1904年的助国公债、1908年的赎路公债、1909年的富签债票等。1912年,清政府在覆灭前又决定发行"爱国公债"3000万元,年息6厘,期限为9年,前四年付息,后五年每年还本五分之一,但由于局势急转,公债只发行了1160万元,清王朝即告垮台。其他地方性的公债如直隶公债、安徽公债、云南公债等等,为数更多。[②]

发行公债本为一国政府遇有紧急财政支出时的救急措施,以不牺牲国民利益为前提。但纵观晚清时期的公债发行,却存在着相当多的硬伤:一是大量发行公债的经济条件尚不成熟,脆弱的民族资本尚处于初发阶段,资本原始积累严重不足,数以千万计的公债无异于杀鸡取卵。二是金融机构不健全,中国第一家近代化银行中国通商银行1897年才刚刚创立,即承担起发行债券的重任,实属力微负重,对金融业的发展几近于扼杀,致使众多银号、钱铺倒闭歇业。三是债务观念尚未形成,在还款的处理上,往往采用记功、议叙、报效、移奖等封建惯常做法,怠于偿本还息,或移作他用,或抵偿税金,直接侵蚀民间资本,表现出对资本信用的无知,直同于搜刮和掠夺。四是贪污盛行,流弊甚多,中央筹款不足,地方受累有余,对民族资本的发展是一种阻碍,对贪污腐败是一种助长,进一步加深了社会危机和财政危机。

3. 失利的外债

从财政意义上讲,能得到外债的资助以求自身的发展,不失为一种有效的途径,但清政府自有外债以来,却一直在循环着借债还债的故事,在重利息、高折扣的盘剥下,还要承受着巨大的镑亏损失,财政上的负担日渐沉重。

晚清政府甲午战前的外债总额为4599万两,其中3428万两用于军费开支,约占外债总额的74.54%,实业投资额4705640两,占10.23%,消费性支

① 有关昭信股票实际发行额的估计,论者意见不一:胡宪立、郭熙生估计为2000万两(胡宪立,郭熙生:《中国早期公债——晚清息借商款与昭信股票》,《郑州大学学报》1994年第6期);周育民认为1000万两左右(周育民:《晚清财政与社会变迁》,上海人民出版社2000年版,第349页);孙广棠认为不足500万两(孙广棠:《抗戈集》,中华书局1981年版,第169页);朱英、张九洲等认为不足2000万两(朱英:《晚清的"昭信股票"》,《近代史研究》1993年第6期,张九洲:《中国旧民主主义时期的经济变迁》,河南大学出版社1999年版,第391—392页)。

② 周育民:《清末内债的举借及其后果》,《学术月刊》1997年第3期。

出,如修建颐和园及三海、南海等,用去450万两,占9.78%。[①] 如果说这三项大的支出还算投资建设的话,战后对外借款则直接与战争赔款有关,已丝毫不具备借债发展的意义了。1895—1912年清政府共向外借款110次,数额在12亿两以上,这些借款不仅期限长、利息高、折扣大,而且还带有强烈的政治奴役性,如参与中国海关管理、铁路管理等。[②] 西方列强以此为契机,开始了瓜分中国的狂潮。

在失信的国内债券市场中,清政府显得力不从心,只好转求于国外市场;国外的债务负担又使其难以承受,清政府以摊还欠款的方式将这种债务负担转嫁于国民。光绪廿二年(1896),户部向朝廷建议,在欲开源而源不能骤开,欲节流而流不能骤节的情况下,将应偿还本息1200万两的俄法及英德借款向各省摊派,请旨饬各省将军督抚,"无论何款,俱准酌量提划。各照分认数目,按期解交江海关道,汇总付还俄法、英德两款本息"。[③] 从此摊派便无休止,进一步加重了中央与地方间的矛盾,财政危机由此而转变为政治危机。

4. 失序的税政

我国历史上的国家治理往往将"轻徭薄赋"作为良政的衡量标准,力图"在低税率中寻求道德荣誉",以"从士大夫集团那儿赢得一部分好感"。[④] 但当财政困难发生时,"寻求道德荣誉"的追求常常为加税、摊派所代替,开征新税、加重旧税成为政府的最大爱好,并可能因此而使税制陷于无序状态。

一是新税项的开征。开征新税是最直接的集财手段,近代以来开征的新税主要有:

厘金。1853年为筹措镇压太平军军费,江北大营帮办军务雷以諴于扬州附近的仙女庙、宜陵等处对米商实行捐厘助饷,每米一石捐钱五十文,税率大体为米价的1%,名曰"捐厘",即厘金,这个"征于无形而民不觉"的"商民两便"之法,[⑤]到1861年时已推行至全国19个省份,其收入规模不断扩大,占岁

① 陈锋:《清代财政支出政策与支出结构的变动》,《江汉论坛》2000年第5期。

② 张九洲:《中国旧民主主义时期的经济变迁》,河南大学出版社1999年版,第392页;周育民:《晚清财政与社会变迁》,上海人民出版社2000年版,第323—329页。

③ 沈桐生:《光绪政要》卷22,《近代中国史资料丛刊》第35辑,第1180—1182页。

④ [美]吉尔伯特·罗兹曼:《中国的现代化》,江苏人民出版社2005年版,第65页。

⑤ 雷以諴:《请推广捐厘助饷疏》,《近代中国史料丛刊》第84辑,第6429—6432页。

入的比重已达16%以上。此后，厘金税率不断提高，有的则达10%以上，税目也扩展到盐税、茶税等税种之内，收入不断攀升，成为此后历届政府极为重要的财政来源，这个严重阻碍经济发展的恶政危害中国长达80年之久。

洋税。即海关税。鸦片战争之后，被迫开放五口，随后开放口岸逐渐增多，为了表示与中国旧关的区别，称之为洋关。洋税包括进口税、出口税、子口税、复进口税、洋药厘金及船钞等。随着中外贸易的迅猛发展，关税亦大幅度增长。1861年，收入为490万两，1874年增至1400万两，1887年即增长至2008万两，到1911年更是达到3600万两，成为近代以来历届政府重要的财政支柱。

鸦片烟税。包括洋药税和土药税。洋药是指从外国输入的鸦片，土药是指国产的鸦片。鸦片战争因之而起，其后鸦片输入愈发扩大，1857年进口已达6万多箱。清政府于咸丰七年（1857）准予暂时对鸦片"量予抽捐"，次年又准其鸦片按"洋药"进口，并按值百抽五的税率计算，每百斤鸦片抽税银30两，并征厘金80两，共计税银110两。到1911年，清政府又进一步对鸦片规定"税厘并征，每百斤增收二百五十两"，即每百斤实征税厘360两。土药税厘于光绪七年（1881）由李鸿章奏准开征，"土药不论价之高低，每百斤征收40两"。1897年，各省鸦片产量约达10余万担（每旧担100斤），约合1000余万斤，其税每年就达400余万两。1911年，清廷又规定"土药百斤加征230两"，即每百斤征税银270两，如此，则每年收入即达2700余万两。[①] 经由海关征收的鸦片税占海关总收入的三分之一以上，约占财政收入的10%，可见"清朝财政被鸦片毒化的程度"。[②]

二是旧税的加重。整顿旧税是一种简便有效的增收办法。

在旧有的赋税体系中，田赋占有绝对的数量，国家财政在很大程度上由农民提供。为筹措更多的财政收入，清政府不得不打破"永不加赋"的祖训，在田赋上寻找摆脱财政困境的途径。田赋正供的增加有违祖制，所以只能在银钱比价变动与银价兑换过程中实现，暗中变相增加。此外，田赋附加则漫无边

① 张九洲：《中国旧民主主义时期的经济变迁》，河南大学出版社1999年版，第377页。
② 周育民：《晚清财政与社会变迁》，上海人民出版社2000年版，第241页。

际,名目繁多,耗羡、平余、津贴、捐输、亩捐、田捐、借征等等,不一而足,加上漕粮改折,农民的负担不断增加。

盐税作为清政府财政收入的一大项,近代以来,税率不断提高。鸦片战争前,税率一般在每斤课税1—3文;太平天国起义之后,课税最低的山东已增至2.5—4文,大部分地区均在10文以上,高的达20文,增加了10倍多。正税之外,又加征盐厘,使清政府此项收入直线上升。道光二十一年(1841),全国盐税收入为495万余两,同治十二年(1873)达663万余两,光绪十八年(1892)1365万余两,光绪末年已达2400万两,在宣统末年的财政预算中,盐税收入为4500万两,可见其增加之速。[①]

其他如茶糖、烟酒加厘,当铺加捐,牙税、契税等税率都不同程度地提高。从历史的角度看,这种趋势一直在延续着。

这些新税的扩充和旧税的加重与晚清政府的财政需求有着直接的关系。周育民在分析新税收入的绝对量时认为,茶厘虽然加抽20%,但茶厘的总收入却呈下降趋势;土药加捐后,土药捐由甲午战前的220万两下降为180万两;盐斤加价后增收估计为156万两,但同期盐课盐厘未见增加。"这些新增捐税并没有给清朝财政带来多大的好处。"但我们不能否认一个事实:清王朝确实"把一个年收入只有四五千万两银子的国家财政在短短的七十年中扩张到了三亿两,并把这种扩张力传到了民国"。[②] 而这种扩张力的本源多来自税收,而税收的扩张无疑与税率的提高和新税的开征成正比。

从税收性质看,新增捐税以间接税为主。间接税的特点是利用转嫁而使消费者负担税额,"间接税多而直接税少,不问负担能力,专问消费若干,而生活必须品又无法加以限制,于是平民负担重,富户负担轻,贫弱者辗转沟壑中,而富有者反对于国家毫无直接负担"。[③] 这种违反税收公平原则的做法无疑是对民生的折磨。厘金的推行更是危害极深,尤其是一些地方政府任意增设关卡,致使"卡若栉比,法若凝脂,一局多卡,一卡多人,只鸡尺

① 张九洲:《中国旧民主主义时期的经济变迁》,河南大学出版社1999年版,第380—381页。

② 周育民:《晚清财政与社会变迁》,上海人民出版社2000年版,第3页。

③ 朱偰:《中国租税问题》,商务印书馆1936年版,第667页。

布，并计起捐，碎物零星，任意扣罚，行旅愁叹，衢路荆棘”，[①]严重阻碍了中国资本主义经济的发展。同时，由于关税自主权的丧失，近代中国资本主义经济举步维艰。

在清政府开源节流的诸多措施中，节流导致投资不足和官员的离心离德，开源的“四失”之策更是弊窦丛生。面对如此众多的弊端和财政困境，清政府不得不从西方的财税理论中寻求解决财政危机的套路，引进西方财政管理制度和西洋税种成为一种追求。“向其它政府学习管理方法的时候，一个政府学得最快的莫过于从人民的钱包里搜刮金钱的方法。”[②]在开征新税和加重旧税仍不能满足其需要的情况下，清政府把眼光转向了西洋税制。通过一些仁人志士的引介，这个取微用宏的印花税便成了急于罗掘的清政府增税解困的殷殷期盼。

第三节　转型中的财税体制改革

直至晚清，中国的财政一直处于有财无政状态，士大夫习惯于道德仁义之说，而“讳言货殖，讳言财币，一若以为偶语及此，便足以玷及终身，辱及子孙也者。虽其间或有一二工心计善度支之徒，出乎其类，拔乎其萃，而当时贤豪迸之，后世史家讥之，于是乎财政一科，历数千年以至于今，尚无一良法美制以利我国家，以福我人民”。[③]“天子不问有无，大臣不问钱谷”相习成风，自标高洁之名而忘立国之本。但随着西方资产阶级经济财政理论在中国的传播，这种观念逐渐得以改变。在“内而百务丛脞，外而强邻环攻”的环境中，清政府被迫向财政管理现代化迈出了一小步。

---

① 刘锦藻：《清朝续文献通考》第49卷，征榷21，浙江古籍出版社1988年版，第8037页。

② ［英］亚当·斯密：《国富论》，唐日松等译，华夏出版社2005年版，第607页。

③ 陈汉杰：《最近中国财政与借款》，华丰印刷局1918年版，第1页。

一、改革之机

(一)西学东渐的深入

鸦片战争后,国门洞开,一大批外国驻华官员、传教士及商人来到中国。他们给中国带来了无法言传的傲慢与偏见,在坚船利炮主使下审视着中华帝国的贫穷与落后,并开始对中国内政外交指手画脚,意外地为中国的近代化起到了启蒙作用。他们在向中国介绍西方先进的科学技术和制度的同时,越来越多地关注到中国的现实问题,财政管理体制更成为他们关注的焦点之一。最为著名的如李提摩太、赫德等人,他们都对中国的财税管理制度提出过相应的思考和建议。李提摩太在其主办《万国公报》期间,曾以大量的篇幅介绍西方的财税制度和管理理念,赫德更是以其总税务司的显赫地位和便利条件,在传播西学的同时从事着海关税收制度建立和完善的具体工作。英国驻上海领事查密森(著有《中国财政考》)、日本学者松岗忠美(发表有《论清国财政改革之急务》)等都曾对晚清财政状况进行过深入的研究,并提出了财政改革的具体建议。税务司荷兰籍官员阿拉巴德(著有《理财便览》)更是在分析了当时中国所面临的巨额债务问题的基础上,系统地阐述了中国税制改革必要性和紧迫性。[①] 他们的声音虽然大小有别,但无疑对清政府的财税体制改革起到了一定的推动作用。

随着中外交往的日益增多,一批官员开始了走向世界的漫漫征程。他们在了解西方的过程中,更加留意西方发达的经济原因,如郭嵩焘等人对西方财政理论的理解和介绍,引起了众多人士的强烈兴趣。受其影响,此后的许多驻外使节都比较留心西方的各种政治学说和财政理论。与此同时,清政府为加强同西方的联系,不定期的出洋考察活动也日渐增多。走出国门的这批人士不同程度地关注到了西方的财政制度,如清皇室贝子载振在1902年周游欧西时,对西方各国税制做过详细考察,尤其是对英、法、比、美、日等国的印花税较为留心。[②] 在拟议开征印花税之时,清政府还专门派员考察外国印花税的开

① 马金华:《民国财政研究:中国财政现代化的雏形》,经济科学出版社2009年版,第20页。

② 载振:《英轺日记》,顾廷龙主编:《续修四库全书》第583册,上海古籍出版社1995年版,第768—814页。

征情况,意图对西洋税制做一全面了解和感性认识。

洋务运动兴起之后,洋务派官员除了兴办企业之外,建立各种新式学堂和派遣留学生、翻译和编著西方经济学著作等活动,有力地促进了西方科学技术与社会学说在中国的传播,引起了许多先进知识分子对西方经济理论的兴趣,尤其是甲午战后至辛亥革命年间,由中国人翻译或编著的西方经济学著作已达80种上下,影响较大的有严复译的《计学》、梁启超编写的介绍外国经济学说史的《生计学学说沿革小史》、陈炽的《续富国策》等,不少内容都涉及资本主义的理财理论,对中国人了解和学习西方的财政制度,改变中国传统有财无政的局面起到了推动作用。

戊戌变法期间,资产阶级改良派就试图仿行西方的做法对清朝的财政制度进行改革。如康有为在《应诏统筹全局折》中,提出了中央设立"十二局"的主张,其中就有专司财政的度支局。度支局掌管的项目内容就有银行、纸币发行、印花税、证券、公债发放等。显然,这个新的理财机构与过去的清廷财政机构在职能上就有很大不同,具有了近代资本主义的色彩。

20世纪初,随着清末新政的推行,要求仿效西方资本主义经济制度改革的呼声更高。刘坤一、张之洞在著名的"江楚会奏"中提出了一系列的新政改革主张,其中亦包括财政改革在内。在当时思想界影响很大的康有为、梁启超等相继发表文章,提出了财政改革的主张。这些思想和主张,毫无疑问对晚清财政制度的改革起了思想上的推动和启蒙作用。

大量西方财税理论著作的翻译和出版,使国人对西方财政学说和税收理论有了进一步的了解,西方财税理论在中国的传播,尤其是那些能够为清政府解决财政危机的建设性建议引起了当局的关注,极大地推动了清末财政体制改革的步伐。印花税制的引进就是这种"西学东渐"的产物。

(二)文化教育的发展

洋务运动至清末新政期间,新式学堂的建立和留学生规模的扩大标志着晚清文化教育的较快发展。

新式学堂的建立其实质已成为西学在中国传播的媒介,其规模的扩大也证明了西学传播的广度和深度。在洋务新政和维新思想的驱动下,建立新式学堂、培养新式学生已成为社会的共识,尽管期间也经历了各种各样的抵制,但发展新式教育的势头已不可挡。到1905年,中国的新式教育体系已经初具规模,学生人数从1902年的6912人猛增到1905年的258876人,[①]到1912年时已跃升为2933387人,学堂数也由1904年的4222所猛增至1909年的52348所。[②] 中国新式教育的快速发展为西学的传播提供了条件。

从洋务运动首次派遣留学生开始,留学生这一群体便负载着民族复兴的重任蹒跚前行。为了寻求救国救民的良策,在国家主导、各界参与的洪流中,他们的足迹遍布世界。据统计,仅1896—1905年留日学生就有15000多人。[③] 虽然规模尚不能说很大,但他们亲眼目睹了国外的先进制度,亲身体验到国外的新气象,能够真正学习到外国走向强大的经验,并把这些先进制度、先进经验带回国内,变革国内的旧制度、旧体制。如果说兴办新式学校的潮流在意识形态领域为接纳新制度创造了环境的话,那么出国留学的潮流为新制度的引进创造了条件。在办新学和留学潮流的推动下,又掀起了一股宣传西方文化的潮流。

在介绍西学的过程中,在开启民智的诸多路径抉择上,最有效最便捷的办法莫过于报刊的创办。维新运动期间,办杂志曾一度成为时髦,旋因政变而顿挫,新世纪之后,革命派、改良派以及众多的民间人士竞相通过报刊来宣传各自的政治主张,当然也涉及了西方财政经济理论知识的传播。如《东方杂志》《申报》《大公报》《盛京时报》等报刊先后都登载过不少介绍印花税、所得税、营业税等西洋工商新税的文章。

另一方面,新式学堂不断发展,留学生人数不断增加,师生群体日渐壮大,各种学历证书、资格证书日渐增多,加之出国游历、国内游历的频繁,各种护照被广泛使用。从人事凭证的使用和管理方面看,对学历证书、出洋护照等凭证征收印花税显然将是一笔不小的收入,也为开征人事凭证印花税提供了条件准备。

---

① 桑兵:《晚清学堂学生与社会变迁》,广西师范大学出版社2007年版,第62页。

② 桑兵:《晚清学堂学生与社会变迁》,广西师范大学出版社2007年版,第137—139页。

③ 张宪文:《中华民国史·第一卷》,南京大学出版社2006年版,第39页。

二、改革之策

(一)分设机构,加强中央集权

1903年4月,清廷于户部外特别设立财政处。上谕称:"从来立国之道,端在理财用人。方今时局艰难,财用匮乏,国与民俱受其病,自非通盘筹划,因时制宜,安望财政日有起色。着派庆亲王奕劻、瞿鸿禨会同户部,认真整顿。"[①]设财政处的目的是通盘筹划全国财政,虽然在成立后的几年间,财政处并未开展实际工作,但这个机构的设立标志着清末财政体制改革拉开了帷幕。1906年财政处并入度支部,由度支部接管综理全国财政的权力。

1906年5月,清政府成立税务处,由铁良、唐绍仪分别充任普办、会办税务大臣,规定凡关系税务以及总税务司申呈册报各事宜,应经由该处核办,"各海关所用华洋人员统归节制"。[②] 海关原来"管辖之权属总理衙门",至此归税务处,税务处是由外务部和户部分设出来的一个机构。1908年4月,税务处还成立了一个税务学堂,着手培养本国的高级海关税务人员,准备接管由洋人控制的海关行政权。税务处的设立,标志着晚清财政行政机构的改革进入了初步的实施阶段。

1906年9月,针对"今日积弊之难清,实由于责成之不定","名为户部,但司出纳之事,并无统计之权",即权限不分、职责不明、名实不符等问题,为"厘定官制",将户部改为度支部,以财政处、税务处并入。[③] 这种官制上的变更,虽是"仿行宪政"的需要,但同时却标示着清廷统一财政管理的企图。新改设的度支部,不但"综理全国财政",管理一切财政事宜,而且"可随时派员调查各省财政",以冀将已分散下移的财权逐步收归中央。

1909年,清政府设立清理财政处和督办盐政处。清理财政处的职责主要是:清查、统计全国财政出入款项,调查财政利弊,并负责财政预、决算的编制及册籍造选、稽核。为了使清理财政处的工作得到顺利进行,还在各省设清理财政局,协助中央清理财政处,专管本省的清理财政事宜。督办盐政处的主要

---

① 朱寿朋:《光绪朝东华录》(五),中华书局1958年版,第5013页。
② 朱寿朋:《光绪朝东华录》(五),中华书局1958年版,第5513页。
③ 朱寿朋:《光绪朝东华录》(五),中华书局1958年版,第5577—5579页。

任务是:对全国盐政事务进行统一管理。宣统三年八月,盐政处改为盐政院。

上述"三处",皆归度支部领导,"一部三处"的设立,使中央财政管理的事权得到了表面上的统一。

(二)设立银行,建立公库制度

清朝的财政机构,原来是行政管理和钱物保管与支出不分,即出纳、会计、保管三合一,无论中央与地方皆然。如户部和各省布政使司本是财政管理机构,但自身又掌管着货币和物料的保管权。这种财务行政与财物保管、支出三合一的做法,弊端很多。

1904年清政府决定创办户部银行,"以为财币流转总汇之所"。1908年,户部银行改名为大清银行,作为管理官款出入的国家银行,经理国库事务及公家一切款项,并代公家经理公债票及各种证券。1910年资政院会同度支部订立的《统一国库章程》中又规定:国库分总库、分库、支库三种,总库设于京师,分库设于各省,支库设于地方;凡国库,由库支大臣管理,其保管出纳则由大清银行任之;国家收支各款,均须汇总于国库。为实施这一公库制度,大清银行还先后在天津、上海、汉口等20多个地方(主要是省会城市)设立了分行或分号50多处。1907年,邮传部设立交通银行,"将轮路电邮存款改由该行经理,一切照各国普通商业银行办理"。[①] 该行的出现标志着财政特别会计的公库由此建立。在清政府设立银行,以经理国库收支的同时,各省也纷纷设立官银钱号和省银行,参与经理省库业务。

清政府通过设立银行,以图建立统一的公库制度,但由于当时各省财政并未统一,各自为政现象严重,所以,统一的公库制度远未形成。但是新兴的货币信用机构的建立和参与公库业务,极大地便利了财政资金的调度和运用,无论在财政上还是经济上都具有积极意义。

(三)清理财政,试办财政预算

1906年9月,清政府宣布实行预备立宪。不久,御史赵炳麟奏请,由度支部制定中国预算、决算表,[②]以期全国财政归于统一,但无结果。光绪三十四

① 刘锦藻:《清朝续文献通考》卷65,国用3,浙江古籍出版社1988年版,第8216—8218页。

② 沈桐生:《光绪政要》卷3,《近代中国史料丛刊》第35辑,第72页。

年(1908)五月,赵炳麟又上《统一财权整理国政》的奏折,提出制定预算表、设立各级财政机构和划分国家税与地方税的奏请。适逢清政府宣布9年立宪预备期及逐年应行筹备事宜,关于财政问题的主张才有了回应。基于试办全国预算决算的基础首在清理财政,度支部于是年底奏定清理财政办法六条,接着又拟定了《清理财政章程》,设立了清理财政处,地方各省也相继成立了清理财政局。宣统元年二月,各省清理财政局陆续开局。此后,各省编定、刊布的《财政说明书》,以及度支部编定的《宣统三年全国岁入岁出总预算》,正是循着这一政策导向,执行《清理财政章程》而完成的。

1910年清政府在清查各省财政收支的基础上,决定试办全国财政预算。首先由各省文武大小衙门局所预算次年出入款项,编造清册,送清理财政局,由清理财政局汇编全省预算报告册,编竣后经督抚核准上报度支部;在京各衙门亦按照度支部颁定册式分别编制成各自的次年出入款项预算报告。度支部据此编制成了宣统三年岁入、岁出总预算,经内阁会议政务处核议,送资政院开会议决。但该预算案"不符合事实的东西太多,而资政院复核时的修正,也缺乏根据,所以,这个预算案虽然编成并获得了通过,可是在实践中是不可能行得通的"。[①] 尽管其中存在有诸多问题,但清理财政、试办预算的做法在中国近代财政史上的进步意义是不容置疑的。

(四)划分税权,拟设中央地方税系

清政府在决定清理财政、试办预算时,希望通过划分国家税与地方税来改变财政混乱状况,藉以削弱地方督抚的权力,从而解决中央财政危机。赵炳麟在其《统一财权整理国政》奏折中,建议在编制预算时,划分国家税收和地方税收,增设地方财政官吏,直接隶属度支部,这就是中国近代史上首次提出的分税制。会议处奏称:"今该御史以财政散漫,一切政治皆有空言而无实效,奏请将国税、地方税划分两项,而统其权于度支部,深合立宪国之通例,亦为中国办事扼要之图,自应酌量筹办。"[②]但如何划分国家税与地方税,中央政府并没有划定统一标准。"受不同的西方财税理论影响和地方割据势力的左右,

① 张九洲:《论清末财政制度的改革及其作用》,《河南大学学报》2002年第4期。

② 朱寿朋:《光绪朝东华录》(五),中华书局1958年版,第5956页。

参与清理财政的官员、地方督抚、宪政编查馆官员和资政院议员,进行了广泛热烈的讨论,提出了种种不同的划分标准,成为我国划分国地两税之滥觞。"①清政府派出的考察团到西方国家考察后,也于同年拟出划分国、地税的议案。到宣统年间,各省谘议局纷纷提出划分国、地税的建议,一时间要求分税的呼声甚高,但这些讨论均限于方案阶段,虽然粗定了中央税和地方税体系,但并未付诸实践。在当时确定的税制框架中,印花税作为拟议开征的一种新税,被列为中央税收,以防地方干预和截留。但由于该体制尚处于未完成阶段,直至清亡,仍沿旧制,由地方征收赋税,余额解缴中央,不能自足的省份由中央补助。如清宣统三年(1911)各省岁入33594万余元,岁出17236万余元,其中,盈余省份余额17490万余元由地方送缴中央,不足省份不敷款额1132万余元由中央协济。②

"传统君主下的改革,需要国家权力集中,只有权力集中才能有效地统一分配社会资源,应付改革过程中出现的各种问题。如果中央不能对地方行使支配权,也就不能起到宏观调控的作用。"③当时的清政府既没有足够的中央权威,也没有使分税制得以实行的思想基础,因此只能是一种设想,最终在辛亥革命中成为泡影,也反映了这一时期人们在接受西方文明的过程中所产生的"全面移植"与"嫁接不能"的问题,但它毕竟是首次把一种比较新型的经济管理制度引入到处于文明震荡与过渡形态的社会机体中,由设想到方案的确立本身就是一次历史的跨越,多少促进了晚清财政制度向现代化的迈进。

上述财政制度的改革,只是清末新政的一个组成部分,所以在改革任务繁重和头绪纷杂中,财政制度改革的科学性和实效性等方面受到一定的局限。但是,这些改革在一定程度上促进了中央财政的统一,有利于各项新政的推行;在财政管理上,开始了近代形式的国家预算编制,提出了分税制的计划,确定了近代财政科层管理的体制,促进了晚清财政制度现代化的发展,并为后来民国初年的财政管理培养了一批优秀人才。特别是那些参与晚清财政制度改革的有关人员,等于经历了一场实践演练,并成为民国初期理财的骨干力量。

① 龚汝富:《近代中国国家税与地方税划分之检讨》,《当代财经》1998年第1期。

② 贾士毅:《民国财政史》(上),第一编,商务印书馆1934年版,第35—36页。

③ 朱英:《晚清经济政策与改革措施》,华中师范大学出版社1996年版,第188页。

如民国初期的财政总长陈锦涛就是清理财政处的帮办,接任的熊希龄曾任东三省财政正监理官,次长章宗元为清理财政处总办之一,赋税司司长曹葆珣、参事刘泽熙也是清理财政处帮办,库藏司司长钱应清、公债司司长陈威也分别担任过浙江清理财政局副监理官和清理财政处闽浙科坐办。直到1917年前后,在北京政府中央和省级政府中担任财政系统要职的官员,如李景铭、周宏业、雷多寿、杨寿枬、胡大崇、熊正琦、袁永廉、景凌霄、唐瑞同、王芳、乐守纲等都先后在清理财政处或清理财政局、度支公所担任过监理官等要职。① 李景铭后来在民国北京政府时期曾任印花税总办达十年之久,为中国印花税制的建立和发展做出了较大的贡献。

小　　结

由上述分析可以看出:经济交往中契约的应用,近代工商业的发展,各种人事凭证的大量运用,为印花税的开征提供了条件;由于中央财力极度匮乏,寻求新的税源也成为政府摆脱危机的一种重要手段,开征印花税有其必要性。随着近代西方经济理论在中国迅速传播,中国人向西方学习的过程已由简单技术引进(器物层)上升到了相关的社会支持系统(制度层)和人们的价值观念、文化气质等(思想层),一系列近代化的举措被移植到中国,尤其是西方财政制度的引介和尝试,使中国近代财政税收和金融管理体制得以初步确立。晚清政府正是运用这种手段,为其极度匮乏的财政注入了一针兴奋剂,使得夕阳的余晖多少显得有些灿烂。

"无可否认,近代中国社会在许多领域中明显出现从传统向近代的过渡转化,实际上始于19世纪末20世纪初,而这种转化与清政府实施的新政策及其改革措施有着密切的联系。"②从实践看,甲午战后经济政策的推行加速了中国近代化的步伐。但是,近代化的经济改革,无不体现着另一个重要的命题:在主权不完整的情况下,摆脱危机的步履是如此的蹒跚,以至于每走一步

① 张九洲:《论清末财政制度的改革及其作用》,《河南大学学报》2002年第4期。
② 朱英:《晚清经济政策与改革措施》,华中师范大学出版社1996年版,第2页。

都极其艰难,充满艰辛;财权下移产生的统治危机,使每一项政策的推行,几乎都在一片抵制声中潮起潮落。

由于财政危机继续存在,加上财政支出的继续扩张,开辟新税源成为晚清政府的当务之急,印花税的开征被提上了议事日程。

一种可能与一种渴望的叠加,为一种制度的运行提供了一个交互平台。"制度绝非凭空从某一种理论而产生,而系从现实中产生者。惟此种现实中所产生之此项制度,则亦必然有其一套理论与精神。理论是此制度之精神生命,现实是此制度之血液营养,二者缺一不可。"①现实与理论为开征印花税提供了机遇。

① 钱穆:《中国历代政治得失》,三联书店 2005 年版,第 48 页。

第二章

艰难的探索:晚清印花税的筹议与实践

晚清试办印花税,系为首创,艰难之处,自然颇多,从酝酿到实施,前后时断时续地筹议了近二十年,早在光绪十五年(1889),先由李鸿章、奕劻等人提议举办于前,光绪二十二年(1896)御史陈璧、二十四年(1898)出使大臣伍廷芳等人又奏请开办于后,并经总理衙门陈奏,命驻外各国使臣汇集各驻在国之印花税章程,至光绪二十八年(1902)外务部与户部协议,经总税务司赫德等人筹拟,联衔上奏,拟呈开办印花税七条,以期从速实行,初步完成了印花税制的基本框架。是年底(1903年初),在袁世凯等人的倡议下,终以印花税办法、章规各"八条",禁例"十条"为税法依据,开始第一次试办。然而,在中央权威丧失殆尽之时,政令推行阻力重重,加之官民均不甚了解印花税为何物,且枢府大臣亦多持异议,故推行未果而归缓办。光绪三十三年(1907)因议禁鸦片,为资抵补,筹办印花税之举乃趋于具体。度支部奏准拟定《印花税则》十五条、"办事章程"十二条,其施行得敕许,而通令各省。翌年五月,度支部与直隶总督协商,自八月起,先于直隶省试办,但反对之声不绝,推行效果不佳,征收数额极其有限。

有学者对晚清试办印花税的功能概括为以下四种:1901年前后清廷为筹措赔款,印花税作为重要的开源措施被提出,承担了赔款功能;1902年中英加税裁厘谈判期间,为筹补厘金裁撤后的税源空缺,而使其具有了抵补功能;1903年后清廷在袁世凯的促动下,复议此税,为筹款练兵,该税被赋予了筹措兵饷功能;1907年以后则又被赋予了裁撤鸦片税厘后的抵补功能。① 此种论断,甚为恰切。从晚清拟征印花税的过程看,其罗掘俱穷时病急乱投医的思路非常明显,无论是为筹措军费、赔款抑或是抵补税款缺口,无不显示出帝国现代财政理论的欠缺以及为摆脱财政困窘而移植西方税制的迫不及待。

第一节　长时间的朝野筹议

任何一项税种的开征,首先是满足国家的财政需求,其次是通过改革调整征纳双方之间、纳税人之间、国家眼前利益与长远利益之间的关系。晚清开征印花税的提议,首先是从实现财政目的、满足军费需要开始的。

太平天国运动以后,清王朝的财政危机刚刚得到缓解,又面临着严重的边疆危机,左宗棠西征、中法战争又使得晚清政府的财政支出进一步膨胀,这期间,又因日本出兵台湾而产生了海防危机。1875年,清政府决定创办南、北洋海军,巨额的军费支出又使清政府的财政更加困顿。为解决海军经费"捉襟见肘"的困难,李鸿章提议开征印花税,但未能引起足够的重视;其后,为筹措甲午、庚子赔款,印花税先后被提上议事日程,并历经长达十余年的纷论,终于在世纪之初草树印花税法的基本框架。

一、朝野之议

印花税在最初的筹议过程中,由于大多官民对此了解无多,因此,筹议仅在士大夫阶层间进行。从时间段上划分,印花税的拟议过程大体可分为三个阶段:

(一)筹措海军经费的初次提议

光绪十五年(1889),直隶总督兼北洋大臣李鸿章为筹措海军军费,首先

① 刘增合:《清末财税制度转型中的困境——以印花税的推行波折为中心》,"近代中国的知识与制度转型"学术研讨会论文,广州,2004年12月;《清末印花税的筹议与实践》,《安徽史学》2004年第5期。

提出试办印花税的提议。

1888年北洋水师组建完成后,即面临着经费短绌的问题。光绪十五年八月二十九日(1889年9月23日),李鸿章在《拟试行印花税》条陈中称,扩充海军,筹款实最紧要,然而,“苦于经费不充,未免捉襟见肘,难期速效,愧悚莫名”,“各省厘税杂捐无籍可稽者不少”,并且“近年农部极意搜括,各省无不报之款,亦即无盈余之数,即使照议饬行,恐不过以一纸空文回复,必无实济”,因此建议开征印花税,以解急需,“拟仿东西洋印花税一项,令各口试行,或可渐集成数”,并拟具细则,以备采择,同时声明,“事关创举,闻者以为烦扰,推行或有窒碍,祇可姑存是说”,并于筹费条末仍“声明恐于中国政体不合,如不谓然,即请删去”。[①] 此建议得到了时任海军衙门会办的奕劻的大力支持,他在九月二十五日(10月19日)的奏折中称,“筹费之难,几于无可设措,惟有仿照外国筹费之法,酌开一周转之饷源,庶不虞其无继”,自然便归于开征印花税的正题上来,并说印花税一法,在西洋各国通行,“传闻英国每年征税可得英金五千三百余万圆,法国征税可得二千七百余万圆。洋商之在外国者,奉行惟谨。中国如仿照办理,可先试行于各口之洋商,并与洋商贸易之华商,一切银票、收单、税单、揽载单子、口税三联单、护照、电报、契券之属,均以国家印花纸为凭。其纸由臣衙门仿照西式,用机器制成,汇发各省,由各该督抚转饬办理,按年复销。若日久行之无弊,再推广于内地”。具体办理时,应“全照西法办理,方能收效。其与中国政体间有不合者,拟设法变通,总期有益无弊”。实际上是沿着李鸿章的想法,先于各口岸试行,但他未忘自己的职责,随后即强调,如果“积有成效,专备海军之用”。这份“仿照西法用印花税以备海军经费”的奏折引起了清廷的重视。光绪帝批示“下所司议”。总理衙门在咨询赫德后,遂于十一月十六日(12月8日)上奏称:“今欲另立名目,骤加税项,徒烦辩论,断非口舌所能争,赫德所称各国必不允从,诚非虚语……臣等公同商酌,印花收税就目前而论,似难遽议施行。”由于阻力太大,“下所司议”后,经总理

① 吴汝纶:《李文忠公(鸿章)全集》海军函稿三,《近代中国史料丛刊续编》第70辑,第3466页。

衙门的议复,第一次印花税之议草草收场。[①]

(二)筹措甲午赔款的再次提议

时隔七年,甲午战争后,巨额的赔款使清政府的财政雪上加霜。为开辟财源,筹措赔款,开征印花税之议又起。

光绪二十二年六月十四日(1896年7月24日),湖广道监察御史陈璧建议引进西方税制,奏请创办印花税。他在上疏中称:"户部竭力筹饷,岁有的款者,只扣存廉俸一百二十余万为一大宗。裁兵折漕未能遽举,烟斤、烟酒加抽无几,捐输既成弩末,息借又作罢议,计岁增出款且二千万两,是所筹者未及十分之二三也。而善后大端陆续待办,皆不容缓,于此欲求岁筹巨款确有把握,不病商不扰民之策,则惟有仿行印税一法而已",并指出印花税"今则遍行各洲,无国无之",有经验可借鉴,因此建议"饬总理衙门电交出使各大臣,将各该国现行印花税律例章程详译一分,并取现用各种印花纸列粘于册,注明用法,限三个月驰奏进呈御览,然后发交户部速筹兴办。不过一年,可以试行,既纾目前之急,又除从来之弊"。其征收方法也极简便,"令民间买国家所制之印花纸,以粘贴于各项契券、字据暨各项发票、收单,以为纳税之证",同时对印花税票的印制、发行及检查方法进行了说明,"其造之之法,应于京师设厂,购办制纸,制印机器,雇匠创造。其纸则中藏纹理,其印则细极毫厘,以杜作伪。如一时开厂未成,可仿日本造钞之例,令英厂暂行揽办,严立合同,防其偷漏,俟官厂能制,即行自办。其行之之法,应取各国税则,参较详定,务从简便。先行颁示天下,然后于各省会城普设督销局一所,为总卖印花纸之地,将此项印花转发民间各市镇代为零卖。每百两中,铺户应得一两,官收九十九两。其查之之法,应严定漏私罚款律例。凡一切契券、字据不用印花,发票、收单不粘印花者,皆同废纸,事发照例议罚。遇有词讼,官不为理。又,印花既经粘贴,应即行勾抹,以禁再用,其有已贴而未勾者亦行议罚",他还根据国外收入情况的比较,做出了自己的估计:"今外国此项岁征,英则九千余万,俄则三千余万,法则有二千余万。若以中国之大,人民之众,仿而行之……约计每岁所征

① 《清实录·德宗实录》55,卷274,中华书局1987年版,第663页;《拟仿外国筹费之法试办印花纸税》,中国第一历史档案馆:《光绪朝朱批奏折》第77辑,中华书局1995年版,第248—249页。

当不下数千万，则不特洋债易于清还，善后易于举办，藉此首免税契，次停捐纳，次罢抽厘，举从来欲除而未能之弊逐渐廓清，全局转机必在此矣。”①足见他对开征印花税抱有极大希望。这份奏折内容详尽，使印花税正式进入清政府开拓财源的视野。虽然清廷未即照办，但却得到了一定的响应，其奏折中所提主张亦成为其后开征印花税的重要参考范本。影响所及，至今在许多财政史著作中，陈璧一直被认为是中国倡办印花税第一人。

总理衙门认为印花税利国便民，宜可仿办，议复清廷，接受了陈璧的建议，遂电各出使大臣，汇集各所在国现行印花税律例和具体做法，详译一份，限期驰奏，以备参考。驻外使臣遵旨，对所在国的印花税进行搜集整理，陆续函寄回国，以供国内参考研究。从张之洞的函电中，可以看出当时中央乃至督抚大员已开始关注印花税：“光绪二十二年，总署曾电各驻使，译抄各国印花税章程。英、法、德、俄、日本各钦使，皆已抄送总署，甚确。洞亦函托各使抄寄鄂，故亦有之。”②

紧接着，盛宣怀于光绪二十二年（1896）十月在《胪陈自强大计疏》中，认为印花税是“所费甚少而所益甚大，便国便民”的两得之道，且“中国地广人繁，不患推行之不远，特患开办时坚持不力耳”，并拟出试办印花税办法四条：一是“中国开办之初，应由总理衙门、户部督饬总税务司仿照邮政，先从通商口岸办起”；二是“查明旧章，田房、地产、税契，仍归藩司，先用印花办起，可期涓滴归公”；三是“富商如行店领帖、盐务运单、典商当票、公司股票、庄号汇票、分析议单、商贾合同之类，仕绅如考取、捐纳、补授、升任、请封、议恤之类，先用印花办起”；四是“印税所取，务从极轻极减，疏节阔目，不加苛察，但认定无印花者为私，官不理直”，进一步阐明了印花税的实质作用和试办设想。③

江苏补用道程仪洛向督抚建议，印花税“最便于民而所收至广”，并列举印花税具有“十便”：印纸（即印花税票）随处可买，“无留难之苦”；印纸刻具

① 《徇需孔亟请仿行印花税之法以集巨款而济时艰折》，陈璧：《望岩堂奏稿》，卷一，《近代中国史料丛刊》第10辑，第61—64页。

② 《致西安行在军机处》（光绪二十七年四月初十日），苑书义、孙华锋、李秉新编：《张之洞全集》第10册，卷245，电牍76，河北人民出版社1998年版，第8580页。

③ 盛宣怀：《愚斋存稿》卷3，奏疏三，《近代中国史料丛刊续辑》第13辑，第122—123页；《皇清道咸同光奏议》（一），卷6，《近代中国史料丛刊》第34辑，第291—294页。

钱数,一目了然,“无蒙混之弊”;印纸颁自户部,照票价核收税款,“无侵蚀之患”;各省设员按时稽查各铺户账簿之外,“别无检核骚扰之端”;严立章程之后听人自便贴用,“无督责催促之事”;商民常购印纸备用,税款已先入官,“无征求勒索之病”;一切契据未贴印花,不受法律保护,商民“不肯吝小赀以贻后患”;印花税轻税重罚,遇有告发,受者同罚,商民“不肯惜微费以取重罚”;与厘金、常税不同,此税完纳在买卖既成之后,“民尤乐从”;外国人在与华商交易时,华商缴纳印花税,“外国人亦必暗纳此税”等,并认为以上“十便”,“皆各国通行之成效”,如果中国仿行,“纵初行之始,风气未开,微有窒碍,但使持之以大信,久之必可相安,以视抽厘之弊,不可同年而语矣”。[①] 此说后遂为伍廷芳借用阐发,为清廷所看重。

1898 年 1 月 24 日,维新变法运动领导人康有为在总理衙门接受“五大臣问话”,问及筹款之法,康答:(仿行)日本之银行纸币,法国印花(税),印度田税,以中国之大,若改变制度,可增加财政收入十倍。1 月 29 日,康有为上《应诏统筹全局折》,在这一纲领性的变法文献中,康有为提出设立专司财政的度支局,建议开征印花税,认为“西人新法,纸币、银行、印花、证券、讼纸、信纸、烟酒税……皆至万万,多我所无,宜开新局专任之”,提出“今宜大筹数万万之巨款,立局以造纸币,各省分设银行,用印度田税之法,仿各国印花之税,我地大物博,可增十倍”;7 月,康有为上书《奏请裁撤厘金折》,再次提出推行印花税建议。[②] 梁启超则就各国通行的税种,列举中国可以仿行的十种,即所得税、家屋税、营业税、酒税、烟税、糖税、登录税、印花税、遗产税和通行税,认为除了所得税须待以后暂且缓办外,其他皆立可试行,并估计印花税初办之时,可得 200 万两。[③]

1898 年 3 月,谭嗣同在戊戌变法前夕,于《湘报》第 9、10 号上发表《试行印花税条说》一文,主张免除厘金,仿西法行印花税,认为印花税“最合中国之古法”,有八大益处:一是印花税“尤便利商,无抑勒冤辱”;二是“局员司巡无

① 席裕福、沈师徐:《皇朝政典类纂》卷 95,征榷 13,《近代中国史料丛刊续编》第 89 辑,第 336—337 页。

② 李济琛等:《戊戌百年祭(1898—1998)》,华文出版社 1998 年版,第 753—756 页。

③ 赵丰田:《晚清五十年经济思想史》,《民国丛书》第一编,上海书店 1989 年版,第 273 页。

中饱”;三是“自买印花税票于行店,无缴纳釋镐之弊”,可简便手续;四是“货无隐匿”,可杜绝漏税;五是“沿途省去立局卡之劳费”,节省商民经费;六是“惟出口及到埠一查验而已”,可减少重复查验,事简易办;七可“无留难阻滞,时速而商利自捷”,便利商民;八是“票轻于携带,无补水补数挑剔之弊”,“八利具而厘金之弊去,弊去而上下交足”。他建议先在湖南岳州(今岳阳)试行一月,行则推行全省乃至全国,不行则废止,“公私无所损”。印花税票由省城官署精纸精造,面值分为十钱、百钱、千钱,以票幅大小区别,票面上加盖巡抚或印花税局公章,“必精审分明莫能伪”,伪造者以伪造信印论,“杀无赦”。印花税票应注明出处,一以防伪,一以查验。主张印花税票视同钞票使用。他还经过周密考虑,提出推行印花税制度的具体程序及施行办法。① 谭嗣同的主张得到了湖南巡抚陈宝箴的支持。但这种以“杀无赦”为代价的征税行为和管理逻辑无论是理论上还是实践上都是行不通和不可取的,尽管其本意在于减少阻力以便于推行新税,但其中隐含的是维新派为变法而急于求成的浮躁心态,也未必不是维新失败的原因之一。

光绪二十四年(1898),出使美日(日斯巴尼亚,即西班牙)秘国大臣伍廷芳乘着维新变法的东风,也上奏清廷,请实施印花税,重申陈璧的前议。伍廷芳 1896 年奉旨出使美日秘国,1907 年出使美国、墨西哥、秘鲁、古巴四国,驻美长达八年(1897—1902,1907—1909),对西方税制颇有研究。早在 1896 年冬出使美国之前,伍在拜访翁同龢时,就曾建议开征印花税:“谓必可行,大氏契据五千元征二十五元,多则递减。”②出使后他参考国外理财书籍,认为中国可以仿照西方各国,试办印花税,藉此开辟利源,纾解财政告匮、筹款维艰的困境。光绪二十四年四月十三日(1898 年 6 月 1 日),他呈递《请仿行各国印花税折》,指出:“近岁以来,度支告匮,偿费无出。复谋称贷,转瞬期至,又须清还。而重振海军,创办诸务,在在需款甚殷。臣参考外邦理财之书,为中华自强之计,惟印花税一事可以试办。”因为印花税“其取之也廉,故民不困;其积之也多,故利最广”,“下不病民,上可利国,较之他事,似为易行”,并且具有

① 许啸天:《谭嗣同集》续编,上海群学社 1927 年版,第 32—38 页。

② 翁同龢:《翁文恭公日记》,顾廷龙主编:《续修四库全书》第 574 册,上海古籍出版社 1995 年版,第 197 页。

“十便”:取之甚微,“所征者不过毫芒”,“千百取一”,人们自然“当所不吝”“民必乐从”;轻税重罚,可使贸易之人“必不吝小费而罹重罚,互相稽考,可杜奸欺”;杜绝中饱,“无委员检核之繁,无胥吏假手之患”;易于管理,“税价值列于纸上,一目了然,无从隐匿,中饱之弊,不祛自绝”;手续简便,“听民间领购,无所用其抑勒”;税源较广,“商民相信,必多购印纸以备用,预缴印税以纳官,奉上急公,自然而致”等(此“十便”与程仪洛所称的“十便”大抵相同),所以人们“当闻命乐从,即彼梯山航海之伦,亦必相安无事”。为避免因骤然推行引起纷扰,他建议在通商口岸先行试办,“推崇简易,不尚烦苛,于筹款之中,仍寓便民之意。俟成效既著,逐渐通行,以顺民心,自无窒碍”。最具吸引力者,一是此税可暗中征及洋商,稍为挽回利权,“各国通例,此项为内地税,与关税无涉,外人无从借口,他国民人经商我国,我既任保护之责,即有征税之权。通商之埠愈多,印花之数愈旺,不劳口舌,利赖无穷”;二是对税收结果看好,“欧洲此税,岁数千万。我亦渐次推广,库储既足,应办诸务,均可次第举行”,对于迫切需要筹款以济时艰的清政府来说,似乎也看到了印花税的美好前景。光绪皇帝当即命“下所司议”,经总理衙门议定试办章程,光绪皇帝以“从之”批示。[1] 然而,由于那场轰轰烈烈的义和团运动袭来,政局突变,此议便被搁置。

(三)庚子之后的第三次提议

庚子之后,巨额的赔款使清政府的财政陷入了万劫不复的深渊,关税、田赋、厘金等大宗税项已失去扩张潜力,清政府乃决定仿效西洋税制来拓展财源,同时,由于中英裁厘加税谈判的展开,印花税之议又起。

还是在两宫“西狩”途中,清政府就发出了痛改弊政的谕旨,要求官员们“各就现在情形,参酌中西政治,举凡朝章国故,吏治民生,学校科举,军政财政”等情,考虑“当因当革,当省当并”,限期奏报。[2] 1901 年 4 月,清政府成立督办政务处,作为规划“新政”的机构,开始了长达十年并卓有成效的“清末新政”,印花税也因此而正式在中国落地并生根发芽。

---

① 《清实录·德宗实录》57,卷 418,中华书局 1987 年版,第 476 页;丁贤俊、喻作凤编:《伍廷芳集》,中华书局 1993 年版,第 55—57 页。

② 朱寿朋:《光绪朝东华录》(四),中华书局 1958 年版,第 4602 页。

光绪二十七年六月初五(1901 年 7 月 20 日),两江总督刘坤一、湖广总督张之洞联合会奏,即著名的“江楚会奏”因势而生。刘坤一和张之洞在详细研究了西方的印花税章程之后,再次提出了引进西洋税种印花税的主张,“外国征商之政,除烟酒洋药外,大率皆无关税,其巨款全在印花税……今日筹款,似可仿行”,并且,“洋关见拟加税,外人必欲免内地厘金”,因此,“若行印花,尚可借资抵补”,指出了开征印花税的必要,同时提议,“应请敕查各国章程,斟酌妥办”。不过,奏折中又称,中外情形不同,“中国商贫民苦,本业既微薄,转移亦少,如契约、合同、股票、汇票、期票、提单之类,皆属有限”,而且英国初行印花税之时,尚多梗阻,“中国初办之时,隐匿必多”,因此主张“推敲过细,不免纷扰。只可稍为从宽,不求算无遗策”,但也必须“十年八年以后”,等到“稽核之法渐周”,才能“日臻畅旺”。[①] 该建议虽属实情,但不免与清政府急需筹款以解燃眉的迫切愿望相背。这就产生了另外一个不能不说的问题——“江楚会奏”的真实意图。

刘增合认为,张之洞是在以“后论否决前言”的手法“淡化清廷对印花税的希望”,[②]颇具新意。张之洞在给刘坤一的电文中称:“至印花税,此电内断不宜提。若提及此,部中将指此为有着巨款,责令即日开办,则亩捐、房捐等事,皆将沽名不办,是外省自窘之道也。只可先赶筹目前必得之款,再催定议速办印税。……此节亦甚要紧。”[③]似可看出封疆大吏们为自保本省利益而密谋于暗室的小动作。他在给清廷的电稿中又如法炮制地称:“至印税一事,中国筹饷自可举办……惟印税门类甚多,其商务一类与厘税有干涉。……印税若行,即须酌免厘金。……此事颇繁密,初办亦甚烦扰,隐匿轇轕,一二年内断不能多,十年以后当可较旺。此等事仍须从画城镇乡村细图、查户口、设警

---

① 《两江总督刘坤一、湖广总督张之洞会奏》,《刘坤一张之洞江楚会奏变法三折》,《近代中国史料丛刊续编》第 48 辑,第 165—167 页;席裕福、沈师徐:《皇朝政典类纂》卷 95,征榷 13,《近代中国史料丛刊续编》第 89 辑,第 337 页;刘锦藻:《清朝续文献通考》卷 47,征榷 19,浙江古籍出版社 1988 年版,第 8017 页。

② 刘增合:《清末印花税的筹议与实践》,《安徽史学》2004 年第 5 期。

③ 《致江宁刘制台》(光绪二十七年七月十四日),苑书义等编:《张之洞全集》第 10 册,卷 246,电牍 77,河北人民出版社 1998 年版,第 8622 页。

察起。若细图成,户口清,警察设,则印税可行,丁捐更可行矣。”[①]电文中透露出几点问题:一是推行印花税即须酌免厘金,而厘金是清政府的重要收入,开征印花税能否替代厘金,一直是朝野人士的疑问,骤然酌免厘金绝非理财之道;二是火上浇油地说“华商钱少”,“中国商贫民苦”,“抽税即不能多”,愈发让清政府怕失厘金而后印税又收入不旺,得不偿失;三是设置时间障碍,“十年以后当可较旺”与清政府等米下锅的急迫思路不一致,加重了清廷对开征印花税的疑虑;四是设置技术障碍,提出了“从画城镇乡村细图、查户口、设警察起。若细图成,户口清,警察设,则印税可行”,明显是给“军机处的热情浇冷”,画城镇乡村细图、查户口、设警察等均为当时尚未举办的新政大事,难度极大,从而使军机处望而却步,只得寻求“速得巨款”之他途,张之洞的“韬晦和老谋之术于此可见”。[②]

由此看,清政府对开征印花税仍是迟疑不决,张之洞的自保目的已经实现,可以说,“江楚会奏”对印花税的开征推动不大,倒不如在袁世凯支持下的直隶候补道陆树藩上外务部代奏的条陈影响大,从某种意义上讲,陆树藩的条陈是清廷第一次试办印花税的直接推动因素。

光绪二十八年(1902)初,陆树藩提出停房捐、亩捐,改行印花税的主张,他认为:“各省遵筹赔款,百计张罗,或拟收房捐,或拟收丁税,此外似无良策。……若改行印花税,较为平易近情。如民间婚帖、借券、合同、执照、发票、收条、银洋钞票等类,凡关银钱出入者,无一不可逐项收税。其数极微,集款实巨。况婚帖征税,赖婚之案尠矣;借券缴税,赖债之讼息矣;合同征税,反悔之争灭矣;执照征税,名器慎重,假冒之弊绝矣;发票收条征税,生意轇轕之事鲜矣;银洋钞票征税,赝鼎之患去矣。种种有益于民,民必乐从易举。较之房捐、亩捐,不诚有天渊之别耶。”[③]正是此一条陈,引起了更为广泛的议论,使清廷开征印花税的信心大增,印花税的引进步伐大大加速了。光绪二十八年二月

---

① 《致西安行在军机处》(光绪二十七年四月初十日),苑书义等编:《张之洞全集》第10册,卷245,电牍76,河北人民出版社1998年版,第8580页。

② 刘增合:《清末印花税的筹议与实践》,《安徽史学》2004年第5期。

③ 《直隶候补道陆树藩上外务部代奏条陈》,席裕福、沈师徐:《皇朝政典类纂》卷95,征榷13,《近代中国史料丛刊续编》第89辑,第338页;刘锦藻:《清朝续文献通考》卷47,征榷19,浙江古籍出版社1988年版,第8017页。

初八日(1902年3月17日),回銮不久的光绪皇帝就颁旨,谕令外务部和户部详细核议具奏,准备试办印花税。

光绪二十八年二月二十六日(1902年4月4日),外务部依此致函总税务司赫德,"印花税事,各国章程不一,中国现欲仿行,自须详加考订",让赫德"妥筹办法申复",以凭核办。[①] 赫德对此早有预谋,当即参酌西方各国税法,拟定了开办印花税"大略七条",很快即于三月初一日(4月8日)做出申复,对开征印花税提出了自己的看法:一是可行的原因,"凡属纳税之事,无论何人,均不乐从,惟若使所办之事,与民有益,所征之款又为数甚微,且不扰累,即不难使人信从,而易集巨款,此印花税可行之实意";二是试行的步骤,"英国印花税办理多年……名目甚多,头绪纷繁……自与民情风俗相符,若易地而行,恐有不浃洽之处",因此,"拟创开办者,不能骤跻于此,必须先定一简便方法,俟有端倪,再为进步";三是对陆树藩"停房捐亩捐而行印花"的条陈提出了修正主张,"有房有地者,即系积有银钱之凭证,此等人家略纳捐款,虽孤寡当亦无损",亩捐一项,"若果办理得人,以中国地方之大,即可全停他项一切税厘",对停办房捐、亩捐持反对态度,陆树藩虽然对行印花税"胸中必有卓见,且应如何开办,如何推广各层,必较外人洞悉,惜其尚未叙出",因此,他参酌英国印花税法,将印花税分为赴官署当堂领票粘贴和在官准之局所、铺户买票粘贴两种,拟就入手办法七条,对其征收方式、课税对象、试办地点等做了初步设计。[②]

该办法"七条"实际上具有了印花税法的性质,对印花税开征的诸多要素进行了初步设置:一是税票印制,由户部总管其事,拟定一通行的印花税票式样,每张注明定价十文,印妥后由户部分发各地方官照章领卖贴用。二是课税对象,通用印花征收范围包括:婚帖、借券、合同、发票、收条、银票、钞票、当票、招贴、考卷、禀帖、民局寄送信函及报关单等13种,不贴印花以犯法论,遇有诉讼,不能视为凭据。三是税率设定,对于需亲赴官署当堂领票一类,由户部订

① 外务部:《劄总税司抄录各国印花税章程开具办法节略申送本部由》(光绪二十八年二月二十六日),台湾"中央研究院"近代史研究所藏外务部档,馆藏号:02-13-007-01-028。

② 赫德:《申复印花税一事陆道于办法尚未详叙兹举两端即系入手办法谨开具节略数条由》,台湾"中央研究院"近代史研究所藏外务部档,馆藏号:02-13-007-01-042。

定册簿两项,分存根、正照两截,分发各地方官领用,对买卖房产、田地交易行为进行登记管理,按卖价纳税,正照贴于契上,每簿用完即将存根缴还户部;所列13种应税凭证,采用定额税率,贴用印花一张,税额十文。四是征税方法,对于不必当堂领办者,由各地方官于属境内择殷实可靠便民之铺户,发给部颁印花,作为官准售卖之局所,每月底将所领印花、所卖价银开单报名交价。五是税票划销,凡贴印花者须在印花及原纸骑缝处注明日期,未注明者与无印花同,复用已注销印花以犯法论。六是开征地点,拟请先在顺天府所属州县试行,俟有端倪,再次第推广,如此择地试办,与户部相距不远,一切事宜可以随时妥定,不致与地方无益,与百姓有损。

该"办法七条"实际上成为后来中国印花税的立法基础。外务部将该申复略加整理后,于光绪二十八年三月二十三日(1902年4月30日)行文户部,经外务部与户部反复磋商,于四月二十一日(5月28日)正式上奏清廷,即"清外务部户部遵议试行印花税并原拟办法七条疏"(参见附录1)。

奏疏中详细缕析了陈璧、伍廷芳、刘坤一、张之洞、陆树藩、赫德等人关于开征印花税的各项主张,并在此基础上提出:"理财之要者,务在取民之不扰,尤在行法之得人。印花税诚为各国通行,不妨仿办。而在今日,民情尚隔,元气未纾,揆度情形,只可视为筹款之一端,不能期以丰财之速效。凡事起于简要者,其终必达于精详;始以苛细者,其究必成为丛脞。"因此也沿用前议,先从沿江沿海各省试办。"其有应商税务司之处,即由各关道妥与商酌,逐渐推广,以冀畅行无阻。"对于印花税票的印制,主张"先由户部审定印花式样,购置机器造制印纸,数月之后,即议开办",印花税的课征对象方面,则认为"赫德申呈酌拟婚帖、借券、合同、发票、收条、钞票、银票、当票等项。内婚帖一项,中国与东西洋礼俗不同,势难尽人而取,恐滋纷扰,应从缓办,其余各项应增、应减及价目等差,应由沿江沿海各省督抚会商,妥定划一章程"。最后的落脚点乃在于"章程务须简明核实,果使各省通行,一切杂捐次第裁除,庶几国用既纾而民情亦无不顺矣"。[①] 光绪皇帝朱批"依议",同时要求各省督抚对此

① 外务部:《会奏议复道员陆树藩印花税条陈由》(光绪二十八年四月廿一日),台湾"中央研究院"近代史研究所藏外务部档案,馆藏号:02-13-008-01-023;《外务部会同户部议定开办印花税章程》,《光绪政要》卷28,《近代中国史资料丛刊》第35辑,第1746—1747页。

提案迅速进行讨论，印花税呼之欲出。

外务部遂将陆树藩原奏及谕旨于四月二十五日(6月1日)咨行各部及南北洋大臣、各督抚“钦遵办理”，[①]并札饬总税务司赫德转饬各关税务司“查照钦遵”。[②] 四月二十九日(6月5日)，户部在给外务部的咨文中称：“印花税一项，既奏明由户部审定式样，制造印纸”，希望外务部“转电出使英国大臣，即将英国行用印花各项纸张式样咨取全分，赍送外务部转送户部，以凭仿办。”[③]

与此同时，在外务部与户部的共同督促下，各地方官员对开征印花税拟议也日渐增多。两江总督刘坤一将外务部咨文及日本印花税章程转发给所属司道详加研究，要求“妥议章程，刻日禀复核夺”，金陵厘捐局在禀复时认为：“印花税一法，虽不敢必其尽善，究属害少利多，且集款亦巨，故各国行之者伙”，并声称“本司道于未奉宪札之前，早经筹划，以备他日之用。今既奉有饬议之文，又经督同熟悉税厘情形之本总局文案委员张倅景祜、瓜泗厘局委员施令以镗、瓜州统捐局委员季令澍生再三讨论，按照部奏各项，其有立法而未周者，酌量补之，其有可行而未备者，酌量增之”，经过斟酌，提出了几点建议：一是提出了“税必宜轻、罚必以重”的原则，使人“乐于输纳”和“不敢轻于隐漏”。二是试办区域不能仅限于沿海沿江之地，“川省业已开口通商，长江一带，声息相通，往来汇划纸据繁多”，河南则“界乎直、东、江、皖、楚五省之间，境地则到处毗连，生意则往来如织”，因此建议除甘肃、新疆、云贵等省外，其余各省宜同时并办，以期一律而免参差。三是对课税对象进行逐项详细的分类说明，对其性质、适用税率等都作出了设计，为印花税的实际操作提供了依据。刘坤一对其批示：“察核所议，持论平允，拟章亦复有条不紊，皆切实可行。惟事属创始，考究不厌精详，仰候抄折饬札宁、苏派办处及镇、沪两关道再行查酌，如有

---

① 外务部：《会奏议复道员陆树藩条陈印花税一折录旨抄奏知照由》(光绪二十八年四月廿五日)，台湾“中央研究院”近代史研究所藏外务部档案，馆藏号：02－13－008－01－027。

② 外务部：《会奏议复道员陆树藩条陈印花税一折录旨抄奏知照由》(光绪二十八年四月廿五日)，台湾“中央研究院”近代史研究所藏外务部档案，馆藏号：02－13－008－01－028。

③ 户部：《奏明印花税一项请转电出使英国大臣即将英国行用印花各项纸张式样咨取全分赍送仿办由》(光绪二十八年四月廿九日)，台湾“中央研究院”近代史研究所藏外务部档案，馆藏号：02－13－008－01－030。

应行增损,即就宁局拟章内逐加登注,如所见相同,亦即具复,以凭核办。"①

此后,苏州牙厘局、江宁布政使江南派办处、江苏布政使江苏派办处、苏州派办处等,均在金陵厘捐局禀复的基础上,对印花税的实施提出了各自的主张,使印花税的税制框架得到了进一步的完善,为印花税法的出台做了准备。

地方督抚中,江西巡抚李兴锐是较早关注印花税者之一。庚子议定后,为筹措赔款,他就电奏军机处:"印花税若各省一律举行,不难骤盈千万巨款",对印花税的前景极为乐观。② 外务部会奏之后,咨文于光绪二十八年五月十二日(1902 年 6 月 17 日)传至江西,李兴锐积极响应,当即"行司道查照核议",并于七月十四日(8 月 17 日)电请外务部将总税务司赫德所拟开办大略七条"抄录寄示,以便参考核议"。③

对开征印花税最具推动力者,当属时任直隶总督兼北洋大臣的袁世凯。作为晚清继李鸿章之后清政府倚重的股肱之臣,袁世凯很大程度上发挥了清末新政的领头羊作用,在推行各项措施方面不遗余力。袁世凯除了此前的支持外,在接到外务部的咨文后,当即"行局遵照",经悉心酌议后,于光绪二十八年七月,拟出"办法八条、章规八条、禁例十条,腹地应贴印花名色十五种、商埠应贴印花名色二十八种,拟即作为直隶试办印花税暂行章程。印花票价六等,除审择印花票式,向日本商购印纸外,拟合先将试办章程咨请核定",咨呈外务部,"请妥定见复,以凭奏请开办"。④ 同年十二月初一日(1902 年 12 月 30 日),袁世凯会同兼管顺天府府尹徐会沣、顺天府府尹陈璧联衔会奏,向清廷上《遵旨仿行印花税法谨拟试办章程折》,奏折中称:"印花税票各国通行已久,商民利便,实为进款一大宗。今国家财政艰难,百端待理,固应急为仿行,用资挹注。部臣原议,请从沿江、沿海试办,直隶系属濒海之区,自应妥筹

① 《金陵厘捐局司道等复江督刘制军议行印花税文》,席裕福、沈师徐:《皇朝政典类纂》卷 95,征榷 13,《近代中国史料丛刊续编》第 89 辑,第 338—343 页。

② 《江西巡抚李兴锐致军机处电》,中国人民银行总行参事室编:《中国清代外债史资料(1853—1911)》,中国金融出版社 1991 年版,第 951 页。

③ 《陆树藩条陈印花税已奉旨依议请再将赫税司七条抄示由》(光绪二十八年七月十四日),台湾"中央研究院"近代史研究所藏外务部档案,馆藏号:02-13-008-02-030。

④ 袁世凯:《议定印花税章程拟即作为直隶试办印花税暂行章程请妥定见复以凭奏请开办由》(光绪二十八年七月初一日),台湾"中央研究院"近代史研究所藏外务部档案,馆藏号:02-13-008-02-001。

试办,以开利源。当饬筹款局司道妥议具复,并由臣审定票式,饬向日本印纸官局订制纸票,分期交足。兹据筹款局司道详拟办法章规各八条,禁例十条,并分别腹地、商埠两等以定价值,开设总局、分局各所以广销场。……今举行此税,诚不敢谓确有把握,然取民者不过铢累之微,于公家实有无穷之益。第令酌中西之势推广,量予变通,先求简易,不为苛细,待有成效,再逐渐推广。……其有未尽事宜,容当随时修改,俾臻妥善。"光绪二十八年十二月初六日(1903 年 1 月 4 日)奉朱批:着照所请,先行试办。[①]

至此,经过长时间的筹议,晚清政府终于完成了开征印花税思想上的准备,开始了印花税的第一次试办。

(四)民间议论的补充

所谓"民间",并非指下层民众,而是指那些在野的与西方文明比较接近的人士。他们较为注重时务,对印花税有所了解,便将其作为自强之道,极力主张推行开办,他们对印花税的推介作用不容忽视。但这些主张并非从社会发展或国家财政的角度出发,大多是在参酌西法的基础上,与其他税种进行比对之后,从减少积弊和维护自身利益出发而做出的初步判断,蕴含着对裁厘的急切盼望。由于印花税初拟试办,还没有引起更多人士的注意,这里仅选择部分有代表性的人物作以概述。

当清政府准备实行新政向各省督抚和社会征求改革建议时,张謇便立即响应,写出了近两万字的《变法平议》,列举了兴革事宜四十二条,供朝廷采择。其中,他提出征收印花税以取代厘金的改革思路,这是开征印花税之议都要提及的核心问题,似乎与"裁厘加税"的时势相一致,仿佛印花税一旦开征就能够裁撤厘金一样,引起了许多商业人士的浓浓兴趣。他的主张并没有新意,只是参与到了开征印花税议论的行列而已。"厘捐之病商也,虽西人亦日议去之,中国之士乃欲代以印税",也认为"英之印税,法密如荼,骤而行之,势且大扰",与前议基本一致,但他否认开征印花税"民不知其便",认为"裁厘卡以行印税,俾民感动于上知我之疾苦也,则疑阻之心减矣"。然而不无疑问,

① 袁世凯:《遵旨仿行印花税法谨拟试办章程折》(光绪二十八年十二月初一日),廖一中,罗真容整理:《袁世凯奏议》,天津古籍出版社 1987 年版,第 681—686 页。

若裁厘局,代而行之的印花税征收不及厘金之数,"谁执其咎?"因此,采用之法,需先于产地落地税寓行之,具体做法是:各省将五年内各物品进出地及经过处所收厘金统计汇总列表,然后取其平均数,"匀经过厘于产地、落地加收三成,寓于每张印花之内,产地和落地各收其半。令各府州县赋税官饬各业立税会承领总数,行用印花",警察加以稽查检视,这样"下省一切船头查舱红钱黑费则予之中而不尽,上省一切局卡员司丁役薪费,则于取之外而有余",对于外销货物而言,"若运贩出口,另有新关收税,亦给印花",①其收入可观,又剔除了许多弊政,利大于害,应即试办。当然,他不可能预料到,旧税未除又加新税的伤感多少有来自于他的呼吁之功,裁撤厘金的道路依然漫长,终清之世未能实现。

吴桐林在给汪康年的书信中谈及裁厘加税时曾说:当年创设厘税,"原以暂救燃眉",但是实际情况却是"眉燃多年终未能救其急",并且导致了更为严重的后果,"因救急而兴厘税,因厘税而困商民,商民困而国势弱",所以,为今之计,"诚宜亟裁厘税,以纾商困,为第一要义"。但裁撤厘金阻力重重,"说者往往以裁减厘税,有碍饷需为虑,不知中国现有无本之二大利在,中国若能认真举行,其利无尽"。他这里所推崇主张兴办的"二大利",其一是举行邮政,其二即开办印花税。对于开征印花税,他乐观于印花税潜在的税源和可能的税额,但困惑于当局者尚未做出相应的判断,他指出:"(外洋)无论何项生理,交易既成,必粘贴印花一纸,按货物贵贱量定税则,由厘分至钱两填于印纸之上,买卖在二员(元)以下者免之。民间有此可免关税稽察阻碍等弊,故民皆乐从。今能仿此法附邮政而行之,一年小效,三年大效,其入款必有过于厘税者,其利孰甚。可惜当代之主持其事者,不能急其所急,为可慨也。"②

此外,一些商会人士也对开征印花税提出了各自的看法,后文还要述及。这些主张,都是以商民的利益为根本,从裁减厘税的角度出发,提出开征印花税以代之的一种设想。事实上,厘金的巨大诱惑力不可能让本已罗掘乏术的晚清政府弃之不用,而以成效尚未可知的印花税来替代。因此说,开征印花

---

① 《张季子九录·政闻录》,卷二,第11页,《近代中国史料丛刊续编》第97辑,第70页。

② 上海图书馆编:《汪康年师友书札》(一),上海古籍出版社1986年版,第353—354页。

税,可行,但以裁撤厘金为交换条件而行之,其阻力之大自不待言。此外,社会人士所关注的往往是结果而非过程,他们对开征新税所需的一切条件和技术以及与之配套的制度建设并不一定都十分清楚,其论往往限于清议,或者叫正确的废话,亦可称之为民意,虽然声音微弱,但对印花税的开征确实起到了一定的推动作用。

二、赫德之力

英国殖民主义在中国的总代言人赫德(Robert Hart,1835—1911)在华50年(1858—1908),掌管中国海关长达45年(1963—1908)之久,对近代中国的财政、外交、交通等诸多方面的影响,无人堪与其匹。[①] 他对中国开征印花税起到了相当大的作用。

至于是不是赫德最早将印花税介绍给中国的,尚待进一步的考证,但中国海关在上海创办的"派司"制(即进口货物报关签证单的简称)却与他不无联系,虽然最后没能顺利推行,但可视为印花税在中国的最早萌芽。

(一)初次准备的落空

光绪十五年九月二十五日(1889年10月19日),奕劻奏请仿行印花税的奏折,光绪帝批以"下所司议",意即要求总理衙门广泛征求意见。总理衙门在议及此事的过程中,无疑会向总税务司赫德征询意见。赫德也极愿意参与中国仿行印花税的筹议工作中,这一点在他与中国海关驻伦敦办事处的金登干之间的往来信件中,能够突出反映出来,诚如几天之后,即1889年10月27日,他在写给金登干的信中说道:"总理衙门正采纳我原来的关于印花税以及土鸦片税的意见。要把这些想法形成行之有效的东西,我期望度过一个有趣味而又忙碌的冬天。我在下次邮件中可能向您提出几个有关'印花税'的问题。"[②]该信中至少透露出了几点:一是赫德此前已经做过开征印花税和土药鸦片税的建议;二是他对中国仿行印花税所倾注的热心,使他"期望度过一个有趣味而又忙碌的冬天";三是总理衙门已经在奉旨"下所司议"后,征询过他

---

① 文松:《关于赫德评价问题》,《历史教学》2005年第1期。

② 《赫德致金登干函》(1889年10月27日),陈霞飞主编:《中国海关密档:赫德、金登干函电汇编(1874—1907)》第五卷(1889—1893),中华书局1994年版,第114—115页。

的意见,所以下次邮件可能向金登干提出有关印花税的问题。

正是这种热心,使他几天之后的11月3日,就又迫不及待地给金登干去信,询问了许多关于印花税的细节问题:"中国对英国的印花税收表示有些兴趣。有什么印花税法律、统计数字或规定吗?华特罗公司供应印花吗?银行的支票上的印花贴在什么地方,是由银行贴,由华特罗公司贴,还是由谁贴?在这个问题上的任何情况,这里都是受欢迎的。"①12月27日,金登干复信说:"我希望在下周向您寄上一些有关印花税的情况。还附上一本小册子,若用书邮寄上,要很久才能收到。无论如何这是一桩大事情!英国用印花税所得的收入达1200万到1300万英镑!"②一周之后,即1890年1月3日,金登干用邮包给赫德寄来了许多关于印花税方面的资料:一套完整的1857年至1889年的国内税收报告;1870年以及1885—1889各年度的报告中有关印花的摘录;邦德所编写的《印花税手册》;甘博会见华特罗父子公司的经理后所写的一份备忘录,以及该公司关于对某种邮票机的1885年定货单一事的来信副本等。其中,"1870年和1885年的国内税收报告提供了一份略述印花税历史的材料,并附有统计等资料在内。在两类印花税票中,即(1)盖戳的或压硬印的和(2)背面有胶水的印花税票,后一类所占的比例要大得多。伦敦、爱丁堡、都柏林和曼彻斯特的国内税收局都用自动记录盖戳机在支票等上盖压印花税票。1888年至1889年所盖戳的印花税票数字为3092288,价值919326英镑9先令4便士,而由印花税票所得的总税收则是12240954英镑"。同时告诉赫德,等赫德的正式公函来后,还准备"再向国内税收局了解有关这一制度的实际工作情况"等等,③以供赫德研究之用。1890年2月20日,金登干给赫德寄来了华特罗父子公司经理巴斯的两封信,并用书籍邮寄的办法寄上两本贴有印花和钞票样品的册子。④ 2月21日,又寄信向赫德详细讲述自己在国内为印花税事而进行的具体活动,到处联系印制印花税票的厂商,亲自去看了德·内皮尔父子公司经理内皮尔,询问有关情况,华特罗父子公司的经理巴斯则正

① 《赫德致金登干函》(1889年11月3日),《中国海关密档》第五卷,第119页。
② 《金登干致赫德函》(1889年12月27日),《中国海关密档》第五卷,第155页。
③ 《金登干致赫德函》(1890年1月3日),《中国海关密档》第五卷,第158—159页。
④ 《金登干致赫德函》(1890年2月20日),《中国海关密档》第五卷,第177页。

在收集一些印花税票和钞票,以此说明他所宣称的他们的制作方法是绝不可能伪造的,而且还有其他的优点。同时说:"如果您想了解国内税务局各系统实际工作的任何情况,我就不得不写信正式向财政委员会请求提供;此外,如果值得的话,我毫无疑问会设法为甘博(英国人,金登干的得力助手,后曾到中国海关任职——作者注)取得许可,使他在各部门中接受系统的指导。"[①]3月7日的信中又谈到华特罗父子公司印制印花税票的价格问题,"他们降低了印制印花税票的估价。如果真是达成交易,我相信他们还会降低价格"。[②]由此看来,金登干确实把它作为一桩大事来抓了,已为中国开征印花税做好了前期准备,只等将印花税的管理权纳入掌握之中。但赫德所期待的那个"有趣味而又忙碌的冬天"并没有如期而至,光绪十五年十二月七日(1889年12月28日),总理衙门议复:"洋法印花税,遽难议行。"[③]也就是说,随着中国第一次拟议开征印花税的结束,赫德等人的努力变为泡影。

(二)甲午庚子的期待

甲午战争之后,面对巨额赔款,清政府不得不考虑经费的来源问题,按照赫德的说法:总理衙门除了到处设法找利息较低的借款外,"他们现在又在到处打听邮政制度,指望从邮政来增加税收。他们谈到采取印花税的办法,认为可以借此增加相当于目前看来似乎保不住的厘金金额"。[④]无形之中,又为赫德主张开征印花税的热心添了一把火。于是当总理衙门向他谈及拟开征印花税以增加财政收入、抵补巨额借款的意图时,他便迅速将这一信息告诉金登干,让他在国内再搜罗一点关于印花税的最新资料,并询问"华特罗公司从1890年以来其印制品是否已有任何改进"。1896年1月17日,金登干回信说:"我将弄到所有我可以弄到的最新资料,以补充我在1890年给你寄去的资料,并将通过我在国内税务局工作的一位友人的帮助,希望能于下周把资料寄给您。"[⑤]1896年1月31日,金登干给赫德寄来了最新搜集到的有关资料,包

① 《金登干致赫德函》(1890年2月21日),《中国海关密档》第五卷,第173—174页。

② 《金登干致赫德函》(1890年3月7日),《中国海关密档》第五卷,第179页。

③ 《清实录·德宗实录》55,卷277,中华书局1987年版,第696页。

④ 《赫德致金登干函》(1896年1月12日),陈霞飞主编:《中国海关密档:赫德、金登干函电汇编(1874—1907)》第六卷(1894—1899),中华书局1995年版,第408页。

⑤ 《金登干致赫德函》(1896年1月17日),《中国海关密档》第六卷,第410页。

括:外科学士吉·斯·珀塞尔的来信并附有与印花税票有关的两份备忘录;印度印花税票一览表;英国医药印花税票样品;华特罗公司总经理巴斯对从1890年以来该公司的印制品是否已有任何改进的答复及各种不同印花税票的样品。① 此后金登干就印花税票的印制一事四处联络,在拜访刚被任命为大法官的英国王室法律顾问菲尔布里克时,菲尔布里克对华特罗公司的工艺赞誉备至,尤其是他们的钢版镌刻术在目前甚至比著名的纽约票证印刷公司更胜一筹,且价格较低,建议赫德采用招标的方式来确定中国印花税票的定点生产厂商。② 此外,金登干还积极委派庆丕(英国人,时任中国海关伦敦办事处帮办,1896年11月1日赫德将其调任江海关头等帮办前班,1897年2月升任副税务司)等人专门负责"拟定印花税的等级"。③ 1896年5月17日,当赫德收到金登干寄来的印花税票草图印样时,感到很满意,认为"中国的印花税票非常雅致,这是朝着建立印花税制度迈出的真正的第一步"。④ 但当赫德、金登干等人为印花税票一事紧急张罗之时,总理衙门举办邮政之事却效率低缓,印花税一事"必须等一会儿",使赫德非常失望和气愤,他说:"总理衙门令人气恼,他们——骑手——猛催自己骑的马匹,而他们自己却不肯跳!因此,印花税的事又悬而未决。"⑤而此时距陈璧请仿行印花税的上奏还有几个月的时间,事实上,骑手尚未真正上马,总理衙门对之关注不够亦属情理之中。

庚子后,赫德为战后清政府通过什么方式和手段来偿付巨额战争赔款而处心积虑。他在1901年2月25日所写的《围攻使臣始末节略》中,提出了8种建议,其中之一即办理中国印花税,"印花税若定善章,即如封套、账单、收单、当票、银钱各票,各须贴用印花"。在他乐观的估计中,每张印花以十文钱计算,中国有2000余县,以每县每日用印花1000张计算,每年仅印花税一项即可增加500万两的收入,而当时中国海关税收也没超过2000万两。若办理得法,印花税一项应是一笔可观的财源,对清政府来说,无疑是一根救命草。

---

① 《金登干致赫德函》(1896年1月31日),《中国海关密档》第六卷,第415页。
② 《金登干致赫德函》(1896年2月8日),《中国海关密档》第六卷,第419—420页。
③ 《金登干致赫德函》(1896年6月5日),《中国海关密档》第六卷,第487页。
④ 《赫德致金登干函》(1896年5月17日),《中国海关密档》第六卷,第477页。
⑤ 《赫德致金登干函》(1896年3月15日),《中国海关密档》第六卷,第439页。

两个月后，他又在《整顿利源节略》中详述其法，“印花税一项，若定照办，即应暂按邮政办法，由外国制造小票按期送至中国，以备分寄各处贴用”，并列草章四条：一是由户部派员驻各省专办印花税事；二是核计每省每期应用若干票，即按期送交各该员分寄各州县销售；三是预期各县每月用票 3 万张，以每张 10 文计，可得 30 万文，以 1600 文兑换银一两，即每月 187 两 5 钱，各州县按月收票时，应将票价先交该委员；四是应贴用此票之件，即系账单、银票、钱票、信函等件，均须贴用，若无此票，不以为据，并按 10 倍科罚。同时认为，印花税“因属新项，为数甚微，必不能扰累百姓，至生抗拒作乱之事，现今国家急难之时，官民均应激发天良，较平时多耐苦尽力”。① 1901 年 4 月 8 日，赫德给金登干去信，透露出清政府准备开征印花税的计划：“我正要就每季度 1.5 亿张印花的费用一事给你去电，这同拟议中的印花税有关：我们一年大概要用 6 亿张，过一段时间也许还要。”②随后又一再去信催问：“我们想开征一种印花税，一年就大约要 6 亿张印花；但此议仍在酝酿中——我只想知道费用”；③“可能以印花税形式收税，我们也许要用千百万张印花；但目前诸事未定，我只想知道费用多少。我现在还不能说是否将付诸实施——但我认为会的”。④金登干随即多次与华特罗公司、大英轮船公司及商会的保险商等商谈具体费用问题，最后华特罗公司报价为每 1000 张 9.5 便士的离岸价，“别的哪个制造商的报价都不会这么便宜”。⑤ 至此，似乎中国印花税的准备工作已告完成，只等清政府一声令下了。

可是，印花税的筹议拖延未决，直到光绪二十八年（1902）二月，陆树藩开征印花税条陈经外务部上奏后，外务部才奉旨致函赫德，要他参酌西方各国税法，“妥筹办法申复，以凭核办”，终于使“印花税大略七条”出台，尽管还很不完善，但却树立了中国印花税制的基本框架。但是清政府的做法却让他十分

---

① 中国近代经济史资料丛刊编辑委员会编：《中国海关与义和团运动》，中华书局 1983 年版，第 46—49 页。

② 《赫德致金登干函》（1901 年 4 月 8 日），陈霞飞主编：《中国海关密档：赫德、金登干函电汇编（1874—1907）》第七卷（1900—1907），中华书局 1995 年版，第 179 页。

③ 《赫德致金登干函》（1901 年 4 月 12 日），《中国海关密档》第七卷，第 180 页。

④ 《赫德致金登干函》（1901 年 5 月 26 日），《中国海关密档》第七卷，第 198 页。

⑤ 《金登干致赫德函》（1901 年 4 月 12 日），《中国海关密档》第七卷，第 181—183 页。

失望:“印花税我想先在北京开始,但已遭到他们拒绝,而选中了沿海和沿河有通商口岸的省份。能否成功,我表示怀疑。”[①]光绪二十八年十二月初六日(1903年1月4日),在袁世凯的《遵旨仿行印花税法谨拟试办章程折》获得批准之后,清廷决定先行在沿江沿海省份试办印花税。1月11日,赫德则不无遗憾地向金登干说:“袁世凯正把许多事情都揽在他自己手中,印花税也将按他最终提出的方案开始征收,即由地方官员而不是由海关来管理。”[②]赫德的计划和希望落空了。

(三)对赫德之力的评价

有学者已对赫德热心于操办中国印花税背后深藏的原因进行了分析,[③]这里要强调的是,赫德作为英国在华利益的总代表,积极参与中国所举办的各项新政而从中捞取更多的特权是他的首要职责。因此,当李鸿章首议开征印花税,希望能够弥补海军经费的短绌时,渴望控制中国海军的赫德即从速响应,意图通过筹措经费而参与到海军的经营之中。甲午战后,英、法、德、俄等国为争相揽借清政府的对外巨额赔款而矛盾重重,为防止法俄等国控制中国的财政大权,他又不甘落后,诚如他在给金登干的信中所说:“控制内地税收又是极为难办的事,除非‘全力以赴’把它办好。如果交给我去办,尽管我的工作已经把我累得半死,我也不能拒绝。因为由我主持仍旧是由一个中国机构自己办理这件事,反之,如果建立一个全新的机构,例如由法国或俄国去管理盐务税,那就将成为一个独自为政的纯粹外国机关了。”[④]他极不愿意其他国家染指他权力所能覆盖到的范围,并且还渴望掌管中国的内地税。

庚子之后,在赔款谈判的过程中,有成立国际管理委员会共管中国财政的提议,这使赫德感到异常紧张,他认为这将会给海关带来不利,必将导致各国争夺海关和关税,“赔款谈判正在进行,但进展非常缓慢;据认为结局将是,法国人管邮政,德国人管盐税局,英国人管海关;但是也有人认为将设立(国际)管理委员会代替或监督。这种前景——对我们来说我很不喜欢,但是这样持

① 《赫德致金登干函》(1902年6月1日),《中国海关密档》第七卷,第363页。

② 《赫德致金登干函》(1903年1月11日),《中国海关密档》第七卷,第453页。

③ 纪宗安、陈勇:《赫德与晚清印花税》,《学术研究》2004年第6期,第95—101页。

④ 《赫德致金登干函》(1897年4月4日),《中国海关密档》第六卷,第650页。

续下去或许对中国有好处。我将在此地待下去，以防任何紧急时刻需要。”[①]为防止他国势力对海关的渗透，他一方面积极为清政府献言筹款之法，一方面向列强献计献策，保证中国赔款能够得到落实，进而确保他“很不喜欢”的事情不致发生。因此，他极力劝说清政府开征印花税。由于他在战后和议中“设法斡旋，以救眉急”，俨然被清政府视为救星，加上张之洞、刘坤一、袁世凯的附和，印花税的开征已成为必然，印花税的征收管理权归入海关似乎也是一种必然。

所以，当外务部要他参酌西方各国税法，“妥筹办法申复，以凭核办”时，他就以很快的速度拟出了早已心中有数的“大略七条”，并对印花税票的印制等细节问题都做出了安排。但是清政府的印花税试行方案并未完全按照赫德所提出的“暂按邮政办法”的方案进行，一是印花税的征收权由地方政府掌握，而将海关排除在外；二是印花税票不是由海关在英国印制，而是由袁世凯全权负责在日本定制；三是印花税的试行地点选在沿海沿江地区的通商口岸，而不是赫德所建议的顺天所属各州县，赫德的计划再次落空，这也源于清廷对赫德权倾一时的警觉和抵制。其时，总税务司不仅兼领总邮政司，还兼管五十里外常关税和部分地区的厘金，海关权限正在极度扩展，而清政府的做法让赫德非常气愤和失望，常常抱怨清廷不听自己的建议、袁世凯正把许多事情都揽在他自己手中等，无奈之中又常常叹惜“我老了”，“我多么希望我年轻二十岁”等等，无限留恋他近半个世纪来在华所取得的一切权力和显赫地位，但由于年岁和身体原因，不得不做“收摊前的准备”了。

总体而言，赫德的印花税主张虽有自己的政治目的，但他为清政府出谋划策的做法是符合当时的需要的。他经手设立的印花税试行方案虽未被清政府采纳，但却为其后印花税制的建立提供了蓝本，这是应该加以肯定的，也算是其“食其禄而忠其事”的一点体现吧。

---

① 《赫德致金登干函》(1901 年 4 月 8 日)，《中国海关密档》第七卷，第 179 页。

第二节　难推广的两次试办

经过长期的酝酿,在袁世凯等人的推动下,清廷终于完成了印花税开征的前期准备,开始了印花税的第一次试办,然而仅仅过了数月便宣告取消。这其中既有理论准备不足、实践技术滞后等方面的局限,也有国民传统习俗与纳税意识的制约,更有来自列强的阻挠和干预。在此后的新政期间,筹议之声一直不断,而饱受煎熬的清政府又总是主意不定,时而开办,时而缓办,既要考虑财政需求,还要兼顾商情民意,在犹豫不决和中外朝野的反对声中,往往是议而作罢,直到1909年,晚清政府又做了第二次的尝试。尽管两次都不很成功,却给民国政府留下了一笔不小的遗产。

一、命运苦短的第一次尝试

从光绪二十八年十二月初六日(1903年1月4日)批准试办印花税到光绪二十九年三月十四日(1903年4月11日)下旨缓办,匆忙上马,便被叫停,委实"短命"。

(一)试办章程

第一次试办的法律依据是袁世凯等人在奏折中提出的办法八条、章规八条和禁例十条。①

袁世凯在奏折中所拟"八条办法",实际是对直隶试办印花税的原因和宗旨进行阐述:将印花税试办区域设定于直隶,理由为"直隶为沿海省分,应即遵照试办",印花税本为筹款一端,"直隶现设筹款局",自应由其办理,"附入筹款局办理,另为一股,派员专司其事";华洋习尚不同,"中国试行印花,事属创始,大要以轻而易举,简而易行为宗旨";沿海与内地不同,应有所区别,"中

① 袁世凯:《酌拟印花税法试办章程》,《遵旨仿行印花税法谨拟试办章程折》,廖一中、罗真容整理:《袁世凯奏议》,天津古籍出版社1987年版,第681—686页。

国商埠风气稍开，腹地则人情固闭，办法之详略，亦当略示区别”，因此拟请参仿西法，稍予变通，将商埠与腹地税则分为两等；印花税票的印制，考虑到成本与时间关系，“拟由臣审定印花票式样六种”，“向日本印纸官局订造，以期易举”，主张“俟将来印花盛行，再定机自行制造”；[①]印花税票的销售，“总局作为总售处，各府直隶州分局作为分售处，其有零星来局购买者，照定价发卖，如有商贩成总趸购运赴各州县城乡集镇售卖者，折成核收。各分局所收价银按月造册，解交总局查核”，“开办伊始，宜广招徕，暂准商贩趸购，俟风气渐开，办有成效，再酌定限制以杜流弊”；印花税法的宣传主要限于城市集镇，“应将印花票之办法、章规、禁例及种类、式样、开办日期于城市集镇详细出示，遍行晓谕”；印花税的稽查方法以便捷为主，应杜绝地方书差藉端滋扰，“不经地方书差之手，应派局员随时抽查，照章罚办，如违抗不遵，再送本管厅、州、县传案罚办”。

“章规八条”则是对贴用印花办法的具体规定，实等同于印花税法的施行细则，大意如下：

1. 商民如用印花税票，或向总、分各局购买，或向商贩购买，悉听其便。价值照依票上所印之数，以外概不多取。如有商人赴局成总趸贩，计价在十两以上者减一成收价，百两以上者减二成收价，仍准商人照票价散卖，以示体恤。

2. 应贴印花之物，已按条开明，以外概不粘贴。各商民均须遵照实贴，不准遗漏，漏者有罚。印花贴好，有图章之家盖图章，无图章之家画墨十字，均于印花上盖一半，原物上盖一半，不准不盖，不盖有罚。

3. 字据如添有副张，或于原字据上随后添注字句，与原字据正张所开之事，用处不同，或数目不同者，应作两事，另于副张或字据上添贴印花票；各执一张的合同，均须照例贴花。

4. 字据内开银数，或系钱价、物价或系外国银钱磅价，须照立字时的行情估价合算作库平银记载，字据上照数算计，粘贴印花票。

5. 凡各项账簿印花，每本以一年为限。凭折印花，每个以一节为限，如账

① 即目前所称的日本版“大清国印花票”，票面为“双龙戏珠”图案，面值为制钱贰文（红色）、拾文（蓝色）、伍拾文（黄色）、壹百文（草绿色）、伍百文（赭色）、壹千文（紫色）6 种。

簿过一年,凭折过一节,并未写满,仍旧写用,再粘贴印花,作为新立账簿凭折。

6. 财物成交在此次定章开办年月日期以前者,从宽免其补贴印花票。

印花税的课征对象及税率,分为腹地与商埠两类:

腹地应贴印花票之物共15种,税率采用定额和比例两种:一是定额税率,适用对象包括当票、钱票、染票、雇车票、雇船票、买卖牲畜票、铺户招单、记载买卖货物之账簿、支取银钱货物之凭折、雇工聘伙合同字据、佃户承种地亩字据等11种,不论所载银钱数目多寡,票据每纸、账簿每本、凭折每个只贴制钱贰文印花票一张。二是比例税率,分为6等,适用对象包括存借银钱字据、分家字据、汇票、镖局揽票4种,规定凡每纸银数在10两以下者,贴拾文印花票一张;50两以下者,贴伍十文印花票一张;100两以下者,贴壹百文印花票一张;500两以下者,贴伍百文印花票一张;1000两以下者,贴壹千文印花票一张;1000两以上者,加贴壹千文印花票一张,至此为止,不再加贴。

商埠应贴印花票之物产28种,税率也采用定额和比例两种。

定额税率分为两类:一是当票、钱票、染票、铺户招单4种,不论所载银数多寡,票单每纸贴制钱贰文印花票一张;二是雇车票、雇船票、买卖牲畜票、记载买卖货物之账簿、支取钱银货物之凭折、雇工聘伙合同字据、银行收存无利息之凭据、各项存货之凭据、租借各项物料之凭据、租赁地址房屋之契据、各项公司股份票、提货单据、发货单据、收银钱物料条据等14种,不论所载银数多寡,凭据每纸、账簿每本、凭折每个贴制钱拾文印花票一张。

比例税率分6等:存借银钱字据、分家字据、汇票、地址房屋典当契据、各项对象买卖契据、各公司铺户议订股本之合同字据、所有载明银数之票据等10种,规定凡每纸银数在10两以下者,贴拾文印花票一张;50两以下者,贴伍十文印花票一张;100两以下者,贴壹百文印花票一张;500两以下者,贴伍百文印花票一张;1000两以下者,贴壹千文印花票一张;1000两以上者,每千两加贴壹千文印花票一张,加至十张为止。

“禁例十条”是对印花税违章处理的规定:

1. 凡开明应贴印花票之物,如不遵守定章粘贴印花票,或所粘之票不足定数者,一经查出,照偷漏数目加20倍议罚(如应贴印花票一十,则罚二百,余类推)。

2. 贴印花票不盖图章，不写十字者，照应贴之印花钱数加10倍议罚。

3. 受人应贴印花票之物，见其漏贴印花，或所粘之票不足定数，即应举发。如不举发，一经查出，与偷漏者一律议罚。

4. 凡开明应贴印花票之物，如不粘印花，或不盖图章，不写十字者，若遇讼案牵涉，官不为理。如事主愿交罚钱，补贴印花票，并遵章盖印图章或书写十字者，不在此限。

5. 遇有违背本章程应罚之案，其案内签字画押之保人作为从犯，照所罚事主之数减半议罚。

6. 伪造印花票已成者，照伪造印记诓骗财物多者之例，发极边烟瘴充军。如起意伪造印花票而未成者，照伪造印记未成之例杖90，徒两年半。其有明知伪造而贴用者，照伪造印记知情行用之例杖100，徒3年。

7. 业经贴用之印花票，一概不准揭下再贴，违者照票价加20倍议罚。

8. 如有人将确知某人有漏贴印花票情书密告官府，查实后，不问所告之人为何人，赏给告发人本案罚金之半。倘所告虚诬，照例反坐，加20倍追罚，仍视其情节酌量惩治，决不宽贷。

9. 官府遇有密告漏贴印花票之案，须问明原告，确有凭据，方准收理。如不问虚实，擅准传究，致滋拖累者，准被累之人赴局鸣冤，查实，由局详请撤参。

10. 官府遇有密告漏贴印花票之案，只须验明，照章议罚，如犯者照章认罚，即不准丝毫凌虐，尤不准书差需索一文，违者准被屈之人赴局鸣冤，查实，官则由局详请撤参，书差则斥革追究。

由上观之，袁世凯等人所拟的“试办章程”虽不尽完善，但基本符合当时的情形，体现了“量予变通，先求简易”的主导思想。从税收要素分析，“试办章程”对税收管理、纳税人、征税范围及税率税额、印花税票的印制和发行、完税方法、违章处罚等均有规定，已初具税法雏形。当然，“试办章程”也仅仅是一个粗糙的操作章程，远算不上现代意义的税收法律。由于试办印花税的原因十分明确，在制定税法的时候，首要考虑的是税源的稳定充足和税款的易于征收，稳定充足就需要扩大课税对象，税款易收就是要“先求简易”，二者是“试办章程”的立足点，因此，在“税法”的设计上，只着眼于财政需要，没有也不可能“讨论涉及税制设计理念的税负公平性与转嫁可能性等课题”,[①]财政原则有余,社会原则不足,纳税人的权利义务规定不明晰,有关征管机构和征收方式的规定近乎于无,税务检查规定过于简单,税收减免类规定明显缺失。此外,在“不为苛细”的前提下,希望先由简易入手试办,却忽略了自身的征管能力及手段,致使一些税目不可能管理到位,如对分家析产字据、房屋租赁契据等的规定,实际上依据当时的条件和征收手段,根本不可能做到公平征收和应收尽收;其罚则的规定更具封建人治特色,用徒刑和杖责、发配等手段解决经济违法行为,刑罚设置过于严厉,与印花税这个极小税种的违法对社会造成的危害相比,显然难成比例,字里行间是现代法理精神的相对缺失。

(二)试办概况

印花税的征收与其他税种不同,其首要条件是印花税票的印制问题。

有关印花税票印制与发行问题的研究,众多收藏家对此做过专论,透过实物见证历史,是弥补文字史料不足的有效途径。从已有的论述中看,在清末第一次试办印花税前,已印制的印花税票有以下几种:

一是海关“红印花”。1896 年,陈璧上奏仿行印花税,虽然没有获准试办,但清政府已委托英国印制了印花税票。“这种面值三分的印花税票为红色,一般称为‘红印花’。后来印花税未能开征,‘红印花’也未能面世。但到了 1897 年,清政府在‘洋务运动’和外国邮政的影响下,搞起了邮政业务……把一部分印好未用的‘红印花’加盖‘大清邮政’和面值若干的字样,代作邮票使用。这种‘红印花’当壹元的邮票只印了 40 多张,印刷精致,当时的清朝邮政大权操纵在外国人手中,所以‘红印花’几乎全部流失国外。现在,这稀有的‘红印花’被行家誉为‘中国第一珍邮’。”[②]杨健认为,“红印花”存放在当时上海海关的造册处,面值三分的红印花印数约 360 万枚,后经邮政部门加盖戳记,改作邮票,还因这批当邮票的印花税票错体票和变体票种类较多,被誉为

① 林美莉:《西洋税制在近代中国的发展》,台湾“中央研究院”近代史研究所专刊(88),2005 年版,第 25 页。

② 吴水:《印花税在中国》,《税收与社会》1997 年第 12 期。

“红印花四宝”,愈发引起集邮爱好者的兴趣。[①] 笔者没能有幸见到过这种“红印花”,但这段文字一方面说明了印花税票与邮票的渊源,另一方面也透露出印花税票产生较早的事实,笔者甚至猜想,赫德认为“非常雅致”[②]的中国印花税票是否即是此票?或与此有关?海关与邮政本属赫德的管辖范围,而他对开征印花税的热心已如前述,加之金登干多年的努力,其间的某种联系不能排除。

另外,饶立新等所说的海关“红印花”,在当时是为了“贴在洋货进口税完税凭证上作防伪用,粘贴的目的不是为了缴纳印花税,因而不能算作印花税票”。[③] 段志清等人亦认为该票不是真正意义上的印花税票。1885 年上海海关实施“派司制度”(进口货物报关签证单),作为缴纳进口关税的凭据,其时,清政府与外国签订的通商条约定明,进口洋货在复运出口时,可以退还已缴纳的进口税,此 PASS 即是为了便利商人(特别是洋商)在中国进口货物验关缴税之后再出口时,享受退税和再出口的签证。后来海关察觉到有外国不法商人伪造派司,即某些申报复运出口的商品数额远远超过其申请进口的数额,从而骗取海关退税,上海海关职员发现此弊端后,由税务司贺璧理报请海关总税务司赫德同意,委托英国印制红色印花 100 万枚,准备粘贴在进口派司上,并在印花和派司上由海关经手人签字,用凿孔机凿上签发日期。红印花票印毕后,于 1896 年 9 月运抵上海海关,由于贴花制度遭到外国商人的极力反对而未能施行。

二是美国版印花税票。饶立新等人通过考证认为,伍廷芳曾在美国定制一批印花税票,面值分别为贰拾文、壹百文、壹千文三种,以备不时之需。此版

---

① 杨健:《清政府的印花税》,《草原税务》1994 年第 2 期。有关红印花原票的印制量与存世量的估计,方耀成认为:红印花的印制量约为 100 万枚,取用 13 包,每包 500 张,每张 100 枚,计 65 万枚,并且,当时从第一包和第四包中分别抽取一张,以做存档之用,由此推测,红印花原票应为 200 枚,现已发现 60 枚,其中包括 2002 年拍卖市场上最新发现的 7 枚红印花,最为价昂者当属 11 月 24 日香港斯宾克公司拍卖的红印花原票两方连一副,估价 150 万港元,成交价为 172.5 万港元(含 15% 佣金)。见方耀成:《红印花原票的印制量和存世量》,《集邮博览》2004 年第 9 期。

② 《赫德致金登干函》(1896 年 5 月 17 日),陈霞飞主编:《中国海关密档》第六卷,第 477 页。

③ 饶立新、曾耀辉:《中国印花税和印花税票》,中国税务出版社 1999 年版,第 21 页。

印花税票比日本版印花税票较早,应是我国最早的印花税票。[①] 而董光呈则根本否认了这一观点,认为"1902 年以前未批准过试行印花税,更不可能印制过印花税票",[②]这种解释理由也是相当充分的。

三是日本版印花税票。袁世凯在《酌拟印花税法试办章程》中提出,"现在直隶暂行试办,已由臣审定印花票式样六种,向日本印纸官局订造,以期易举",这是日本版印花税票的由来。由袁世凯亲自审定的印花税票,分为银钱二厘、一分、五分、一角、五角、一元六种,1902 年 12 月直隶筹款局即向日本国家印刷局定制印花税票,要求分两期交付,具体的票值种类和数量为:值银钱二厘者 9000 万张,一分者 2000 万张,五分者 400 万张,一角者 300 万张,半圆者 200 万张,一圆者 100 万张,共有 1.2 亿张,原定于 1903 年 3 月首批先交付 1600 张,4 月中旬一律交清,"第一批交到后,即责成筹款局备款领去,分发各府州县城镇富贾豪商,分别出售",以作试办之用。[③] 袁世凯为此专门于光绪二十九年二月二十五日(1903 年 3 月 23 日)向外务部、户部做了说明,咨文称:"职局前奉宪台札饬筹办直隶印花税,当即遵向日本印刷局订造印花票纸,分为两期交收,兹已将头批印花票纸运交到局,理合备具各色印花票纸四分,详请转咨外务部、户部、顺天府尹宪备案。"[④]

项定才指出:"光绪朝后期,清政府在日本印制过一种'双龙戏珠'图案,票面有满、汉文篆字的'大清国印花票',其面值为制钱贰文(红色)、拾文(蓝色)、伍拾文(黄色)、壹百文(草绿色)、伍百文(赭色)、壹千文(紫色)6 种。"从文中提到的税票种类、颜色和票面值来看,应该是 1903 年日本印制的印花税票,因为袁世凯委托日本印制的印花税票,亦为"双龙戏珠"图案,其中"大清国印花票"上还漏印一"税"字,但其文又说:"由于此票与 1907 年 12 月 8 日度支部颁发各省执行的《印花税则》条文相左,即与第二条应税凭证最低定额'贴用印花 20 文',第九条印花票种类为 3 种的规定毫无共同之处,且经满

---

① 饶立新、曾耀辉:《中国印花税和印花税票》,中国税务出版社 1999 年版,第 19 页。

② 董光呈:《清代印花税票史实的再补充》,《上海集邮》1995 年第 1 期。

③ 《创制印花》,《申报》1903 年 2 月 7 日。

④ 袁世凯:《咨呈印花票式由》(光绪二十九年二月二十五日),台湾"中央研究院"近代史研究所藏外务部档案,馆藏号:02-13-009-02-040。

文专家对票上6个满文篆字判读，其意译为'大清国巡查牌'。因此，这种多面值的'大清国印花票'，虽系官方收费的缴款和查验凭证，但并非是法定的征税凭证，其与印花税款实际征收无涉"，[①]则使人不明白"光绪朝后期"这一时间概念的判断和"大清国巡查牌"系为何指，同时称"清末印花税票的种类共三种"，所指即1907年度支部《印花税则》中的赭色"云龙"图票二十文、绿色"双龙"图票一百文、红色"双亭"图票一千文三种，言外之意，又排除了日本版印花税票存在的可能性，因此认为日本印制的印花税票"与印花税款实际征收无涉"，这似乎又忽略了袁世凯定制该批印花票的事实。

饶立新等人的解释较为可信：日本版印花税票是为晚清政府第一次试办印花税而印制，但税票印成准备试用时，印花税遭到广大民众的强烈反对而不得不从缓办理，并由此推断，日本版印花税票在第一次试办印花税时很可能没有使用。[②]

印花税票印制之后，剩下的就是税票的销售即税款的征收了（印花税的税款实现实际上就是印花税票的售出）。但是有关此次印花税推行的具体情况，在档案及其他文献中均未见记载，所见到的多是官民对开征印花税的抵制，认为外洋印花税并不适合中国。[③] 而户部全宗档案中存有一件当时任职江苏的官员上户部的奏疏，谈到当地印花税推行中的一些情况："苏地创办之始，宗旨尚未宣布，佥疑此项税则货必有税，物必有捐，一般人民，群肆攻讦。时则朱中丞已回臬司任内，陈方伯继泰方新莅任，未便坚持，陈制军亦为舆论所动，决意撤局。"[④]由于地方官对此事态度不积极，加上"当时官民均不知印花税为何物，枢府大臣亦多持异议"，[⑤]清政府旋于光绪二十九年三月十四日（1903年4月11日）命缓办印花税及其他杂捐："前因畿臣奏请试办印花税，

① 项定才：《清末仿行印花税管窥》，《税务与经济》1997年第3期。有关该六种税票的详情，可参阅丁进军：《中国最早的印花税票》，《紫禁城》2001年第3期。

② 饶立新，曾耀辉：《中国印花税和印花税票》，中国税务出版社1999年版，第21页。

③ 《外洋印花税中国能否仿行议》，杨凤藻编：《皇朝经世文新编续集》（二），《近代中国史料丛刊》第79辑，第944—948页。

④ 《前河南补用知县应秉钧为呈进印花税条议事致度支部堂上禀文》，中国第一历史档案馆：《清代两次试办印花税史料》，《历史档案》1997年第4期；丁进军：《中国最早的印花税票》，《紫禁城》2001年第3期。

⑤ 吴兆莘：《中国税制史》（下），上海书店1984年版，第119页。

事属创行,恐滋扰累,着从缓办理,其余苛细杂捐即行停止,如有不肖官吏,藉端科派,巧立名目,勒罚侵渔,一经发觉,着即请旨就地正法,以昭炯戒。"①长期的筹议换来的却是第一次试办的严令缓办,故事刚开始便迅即结束。

(三)未曾推行

从时间上说,印花税几乎没有开征的可能。1903 年 3 月 23 日,袁世凯呈外务部咨文称收到日本运送的第一批印花税票,所以,在此之前不可能无票而开征,而清政府于 4 月 11 日即宣布暂停试办谕旨,在不足二十天的时间内,将印花税票发往试办区域进行销售的可能性不大。另外,第一批印花税票印成后,首先是在江苏试办的,而时任两江总督的陈夔龙慑于舆论压力,匆忙撤局停办,其他地方估计情形相差无几,因此,第一次试办不可能真正实施。

饶立新、曾耀辉二人根据实物考证,判断第一次试办有可能实施:他们发现了一件光绪二十九年(1903)四月山西忻州的买卖房屋契约,契尾是由山西省承宣布政使司统一印制,契尾贴有一枚清代美国版壹千文印花税票。对于该票的种种疑点,二人做了解释和推断:一是关于税票版本,1903 年的契纸上贴了 1908 年才印制的美国版印花税票,这枚美国版印花税票很可能是伍廷芳于 1899 年从美国定制的,而非 1908 年版的那种,1908 年版印花税票是这枚实贴印花税票的再版票,"这在邮票和印花税票印制当中屡见不鲜",另外,试办之初,在日本版印花税票印成运到之前,用美国版印花税票权作替代,"作为完税凭证同样有效",也言之成理。二是关于贴用时间,实贴契纸发生于光绪二十九年四月,亦即在 1903 年 4 月 27 日至 5 月 26 日这个时间段内,而清政府"命缓办印税杂捐"的谕旨是在光绪二十九年三月十四日(1903 年 4 月 11 日)宣布的,是在此半月之前的事情,似乎于严令缓办的要求不符。二人解释说,"按照当时的客观条件,要将旨意贯彻到各地需要一段时间,因此在当年 5 月还出现印花税票实贴单据的情况是比较正常的。"三是关于税率,该契纸上注明房屋"价银伍拾壹千文"和"税银壹千伍佰叁拾文",清《外务部户部遵议试行印花税并原拟办法七条疏》中,第二条规定:"凡有房地交易者,应赴该管衙署内报明,领取此项印照,注明卖价若干、完税若干,将正照交本人粘于

① 《命缓办印税杂捐》,《光绪政要》卷 29,《近代中国史资料丛刊》第 35 辑,第 1831 页。

契上,其存根亦均照填。……此印花照应有定价,即如房地价在百两以内者,照费一两;五百两以内者,照费五两;千两以内者,照费十两,依此类推,此则亲赴官署当堂领票之印花税也。”当时银一两可兑换制钱1000文有余,“房价伍拾壹千文的契纸上贴花一千文是可信的,而且该实用契纸上的印花税票看起来属于赴官署当堂领票贴用的”。四是关于地点,清政府最初决定试办印花税是以直隶为试点,但印花税票印成后,决定先在江苏试行,既然江苏就可试行,山西也没有不能试办的理由。①

上述解释较为合理,但仍不能排除其事后补贴的可能,理由如下:

其一,从税收初办时的种种不适应状况分析,“一切种类赋税都被认为是一项负担,并被人们所憎恨”,②人们躲犹不及,又怎么会按照尚属飘忽不定的税法主动纳税呢?普遍的抵制和逃避才可能是常态,当清政府已明令缓办之后,人们仍主动地“赴官署当堂领票贴用”,至少在当时是比较可疑的事情。更主要的是:虽然外务部的“七条疏”要求“凡有房地交易者,应赴该管衙署内报明,领取此项印照”,而晚清第一次试办采用的是袁世凯的《印花税法试办章程》,按其第一条规定:“商民如用印花税票,或向总分各局购买,或向商贩购买,悉听其便”,既然商民可“悉听其便”,那么,这张实贴契纸极有可能是事后补贴,主动纳税的可能性不大。

其二,从征税手段和能力方面分析,不能排除其不法征收的可能,即在某种情况下征税机关的强制行为所致。这种做法比较常见,如长沙《大公报》1919年1月20日的报道就反映了这一问题:湘西的泸溪县,“近有多人纷向县知事公署运动,充当印花检查员者,一得委状,便带跟丁数人,全着号褂,跟轿下乡,挨户检查,遇有咸同时之借券、光宣时之田契,不按价一串抽罚当十铜元一枚,该邑乡民不惟不敢违抗,而日宰鸡杀鸭优为招待,以免得罪委员”。永绥县“有印花劝销员某口称奉有处委,设事务所于乡区……各乡痞徒派充检查人员,令其挨寨挨户,假检查印花为由,往往择肥讹诈,当检查时,对于清时所立之典当标拨文契借字,亦如泸邑办法,按价一串照罚当十铜元一枚,百

① 饶立新,曾耀辉:《中国印花税和印花税票》,中国税务出版社1999年版,第16—21页。

② 许建国,蒋晓惠:《西方税收思想》,中国财政经济出版社1996年版,第213页。

串则罚百枚,罚后又可不贴花,所以近年该县之印花劝销员因查花所得罚款已不下四千多封铜元"。[①] 此后又有报道称:"此项委员四出,藉端敲诈,实无异纵千百虎狼以食人民垂尽之脂膏。……欲得差委者每每先行贿赂,因而取偿于罚款。于是印花税追索数十年之簿据十年前之婚书,酒税则藏酤数斤即以私煮论,甚至家有酒具即指为私煮证据,种种弊害,笔难罄述",要求裁撤印花烟酒征税机关。[②] 从这些报道中不难看出,事后被迫强制贴花的现象较为普遍,此实贴契纸是否有此种故事?

其三,民国二年,北京政府财政部发布了《划一契纸章程》,以借口查验清代不动产交易契约为名,要求所有前清旧契无论是否已税,一律呈官厅查验注册,换发新契,希望通过验契来取得大宗收入。在换发新契时,应依法贴用印花税票,因此出现了许多过去所书立的契据贴用后来印制的印花税票的情况。笔者曾看到过这样的实贴契纸:有宣统元年房田卖契贴用了民国时期的"长城图"印花税票,契纸上并未做其他标注;有光绪二十五年十二月的买契,贴用的是"中华民国奉天印花税票",即"奉天钟楼图"印花税票,面值一分,红色加盖"政务处"黑章;有光绪三十年三月初七所立地契,贴用的是"国民政府印花税票"一枚,图案为"版旗图",面值一分,加盖有隶体"察哈尔"黑色印章,当为1928年冬国民政府财政部印行(俗称"财政部版");更有一张立契日期为乾隆五十三年六月十八日的土地卖契,价银八两,验契时间为民国三年十二月,却贴用国民政府无省名的"版旗图"印花税票一枚,面值一分,当为1928年春发行的上海大东书局凹版印制的"大东二版"印花税票。可能是民国三年更换契纸时仅缴纳了契税和手续费,1927年以后的某个时间再次交易时又贴用了印花票。由此可见,立契时间与验契时间、贴花时间不完全一致是很正常的。而目前的情况也依然如此,在税务检查中,常发现一些企业的账簿或合同等没有贴花,也采取的是令其补交的办法。

其四,民国初年预备开征印花税之时,由于财政部印刷局承印的印花税票没能如期交付使用,原定于1913年1月1日开征的印花税不得不推迟至3月

① 《湘西各县劝销印花之滋扰》,长沙版《大公报》1919年1月20日。

② 《裁撤征收机关之咨请》,长沙版《大公报》1920年11月18日。

1 日。在此期间，财政部曾与各省都督筹商，按期实行，并电催到京承领前清印就的印花税票，以暂时代用，并已有数省领用。[①] 这一现象与前述实贴契据有无联系？

因此，在既没有官方税款收入或征收概况记载又缺少民间人士对印花税开征情况记述的情况下，晚清第一次试办只有法规设置而没有最终实行的推断不无道理。同时，由于前述原因的存在，希望通过目前收藏界偶现的珍稀实贴契纸来断定印花税的开征时间将是一件很难做到的事情，所以我们有理由相信晚清政府第一次试办印花税并没能真正开征，但作为一种新生事物，在中国税制史上具有划时代的意义，至少已完成了开征新税的"文墨"准备，并为后来印花税的推行奠定了基础。

二、推而不广的第二次试行

第二次试办又历经了四年的争论。

庚子之后，社会各阶层空前高涨的爱国热情为奋发图强的晚清政府注入了分量不小的兴奋剂，在新政的名义下，清政府进行了涉及诸多方面的改革尝试，然而清廷最高统治者的自强之道却始终局限于练兵、筹饷两大端，即使把振兴工商、发展实业作为其自强的重要措施，也是为其练兵筹饷开辟财源做打算。[②] 光绪二十九年（1903）以后，清政府清醒地认识到，"非练兵无以立国，亟应整军经武"。而捉襟见肘的财政状况根本无力承办各种事业，开源的呼声不绝于耳。袁世凯为培植尚在萌芽的北洋势力，对财源的搜求更是不遗余力，就在清廷宣布缓办印花税之后半年之余，袁世凯再度提出试办的主张。

（一）拟议过程

1. 练兵筹饷

在清政府叫停第一次试办印花税半年多之后，奕劻、袁世凯于光绪二十九年十一月初六（1903 年 12 月 24 日）上奏清廷，奏陈筹款练兵之法，再次拟请开征印花税，指出：寰球各国，无不举办印花税，以其具有"绝无苦累，而锱铢

① 《电催各省承领印花税票》，《大公报》1912 年 11 月 14 日。

② 朱英：《晚清经济政策与改革措施》，华中师范大学出版社 1996 年版，第 1—7 页。

累积,由极细集成巨款”的优点,被推为生财之道的首举项目,莫不以此为最便最良之法,再加上中外诸臣条陈举办者甚多,符合民意,“现值筹饷綦难,急若燃眉,宜请明降谕旨,饬各省仍行举办,即由财政处拟定章程,参仿各国成法,删其繁琐,疏其条例,并体查各省情形,酌派定数,以定赏罚”,以期饷源日开,兵力日增。这次奏请再次引起了清廷的关注,重新启动了新一轮的“妥议”和争议,从后来的实际看,开征之路依然漫长和艰难。

户部于光绪二十九年十一月十九日(1904 年 1 月 6 日)议复此折时,对清廷不宜开征印花税的理由进行了陈述:“中国警察尚未普办,其举行之处,亦多以捕兵巡役改充。警学尚未精深,稽核恐难得力,并以人情浮动,谣诼易兴。今春直隶甫议举办,即不免远近惶惑,幸蒙懿旨从缓办理。是现在民情尚未大顺,输纳恐难踊跃,已在圣慈洞鉴之中。今奉明诏从缓办理,未及一年,又令举办,亦非示信于民之道。拟请仍遵三月十四日懿旨,将印花税从缓办理。”①户部的议复,基本上对开征印花税的提议予以了否决,即警察未普,警学未精,稽核恐难,不宜开征;明诏从缓,未及一年,自应示信于民;应待各省警察办成之时再行试办。袁世凯等人的提议搁浅。

刘增合对户部和疆省对举办印花税热情不高的原因进行了分析,颇有见地。② 事实上,在向国民征税之时,任何一个明智的政府都很谨慎,因为,任何一种赋税都被认为是一项负担,并被人们憎恨为不公平,“一切赋税都产生反常情形和不满情绪,大部分赋税会发生有害的副作用。要筹措的岁入总值越大,上述情况就越糟。”③为了避免强烈的敌对情绪,保守的做法往往是在整顿旧税中寻找解决财政不足的途径,即所谓的“路径依赖”,意图“听最少的鹅叫”,集最多的财货,以保障国家的财政需求,而不是明目张胆地开征新税,招致国民的厌恶,尤其是在政府财政还能够勉强糊口的情况下,开征新税的动力和欲望并不如整理旧税那么强烈,所以晚清政府对举办印花税热情不高也在

① 朱寿朋:《光绪朝东华录》(五),中华书局 1958 年版,第 5130—5131 页。

② 刘增合:《清末印花税的筹议与实践》,《安徽史学》2004 年第 5 期。该文分析其原因,除了上述的警察未备等原因外,还有就是“与当时练兵经费的构成和来源有关”,当时各省解缴中央的练兵经费中,尚有铜元余利一项,各省对土药税的整顿正开始见效,镑价尚未亏累。也可以说,当时清政府刚过上一阵稍微平静的日子,口袋并不十分吃紧。

③ 许建国,蒋晓惠:《西方税收思想》,中国财政经济出版社 1996 年版,第 213 页。

情理之中。

但是，随着清末新政的逐渐深入和练兵饷需的增加，财政窘境更加凸显，筹款之法在整理旧税仍不能满足其财政需要时，开征新税的动议便日渐高涨，加之其后随着人们对印花税的了解增多，开征印花税似乎也顺理成章水到渠成了。除了奕劻、袁世凯所说的“各国人讨论生财之道，莫不首举此项”外，清政府也着手开始研究印花税。还是在第一次试办期间，就曾派出人员专门考察外国印花税的开征情况，如光绪二十九年三月初三（1903 年 3 月 31 日），清政府在派出人员参加在日本大阪举行的赛会时，就命“随带户部司员二官员前往，就便考察银行金镑、印花税各事宜”。[①] 一部分官员也对印花税给予了前所未有的关注，除前述如陈璧、伍廷芳等人外，清皇室贝子载振在 1902 年周游欧西时，对西方各国税制做过详细考察，尤其是对英、法、比、美、日等国的印花税较为留心，并提出了自己的一些税收设想。一些有识之士如梁启超、何启、胡礼垣等人都对印花税进行了研究，提出了自己的主张。[②] 此外，还有一些人认为开征印花税有利于收复利权，因为，华人在香港照纳印花税，税款为英国政府所得，我国对各国商民仿征此税，洋人断无龃龉之理，因此极力建议清政府借行印花税的有利时机以收复利权。[③] 奉天警务学堂学生杨大实、金维三等人所上条陈中，从民间相处与交往的角度提出试办印花税的必要，即“试办印花税以息讼端”，认为“今者世风尚争，因户婚财产致讼者，有司衙门之案半居于是”，如试办印花税，“不徒国家筹款有酌，即小民不受讼累，更无横征之怨”，因此主张“明定条章，凡户婚财产及交易等事，非确无关碍他人之事，须约同乡耆赴本处巡警局或税务衙门，保领印纸作券。如是官府无漏税之虞，小民有衽席之安，理财之法孰善于此”。[④] 一些商会等机构对印花税的研究也逐渐增多，在许多商会的档案记载中均有反映。许多报刊如《晨报》《申

① 外务部：《日本大阪赛会请旨派员前往并就便考察金镑印花税各事宜录旨知照由》（光绪二十九年三月三日），台湾“中央研究院”近代史研究所藏外务部档案，馆藏号：02－20－001－01－045。

② 赵丰田：《晚清五十年经济思想史》，《民国丛书》第一编，上海书店 1989 年版，第 273—275 页。

③ 纪宗安，陈勇：《赫德与晚清印花税》，《学术研究》2004 年第 6 期。

④ 《巡警学堂学生呈禀两钦使之条陈》，《盛京时报》1907 年 1 月 10 日。

报》《大公报》《益世报》《盛京时报》等对印花税的探讨也随之增温。

2. 抵补烟厘

拟议试办印花税最直接的原因,诚如刘增合所分析,是因为铜元减铸和镑亏以及清末鸦片禁政的实施。[①] 1907 年,清政府与英国缔结的中英禁烟条约,规定进口洋药按年减运,国内土药逐年减种,税厘渐失,收入减少而威胁到清廷的财政,在朝野、中外人士的建议和舆论下,清政府决议开征印花税,以抵补鸦片税厘的短缺。

内阁学士兼礼部侍郎吴郁生最先提出以印花税收入来抵补鸦片税收的建议。1906 年年底,他上书建议清廷开征印花税,作为鸦片税短少抵补的对策,"印花税一法,行于东西各国,凡户婚田土、商民交易之事,皆以此为纳税之总机关,前经奉旨停止,无非体恤民艰,将来加税免厘,似收税之法仍以印花为便。拟请饬下部臣、疆臣,考察各国新章,或择要先行试办,以为抵补土膏税厘之地;抑别筹良法抵补"。度支部在答复吴郁生的提议时认为:"今者禁烟之意,期于逐渐递减,则印花税之行,亦宜期于徐议举办。应由臣部与各省考察各国章程,体察本国情形,届时奏明办理。"[②]可见当时度支部并没有否定试办,但也没有把试办印花税视为迫切之举,按其意思,即使实行,也需在"警章妥定,实业发达之后,乃能就绪,自应缓议实行"。[③] 度支部的建议是:"印花税事西人行之已久,我国财政现当万难之时,似宜仿行,惟斯事体大,必须审慎而后行之,待某郎拟请外务部通咨各出使大臣,调查各国现行印花章程送呈本部,择其简者易者先行试办一载,果能有利无弊,再议加大推广。"[④]其意在"斯事体大,必须审慎而后行"中能拖即拖,并没有立即开征的意思。但在此后,土药统税大臣柯逢时不断奏报土药税厘短少、局卡经费收不敷支,度支部这才感到税厘抵补的紧迫性,不得不重新考虑开征印花税。

光绪三十三年八月二十九日(1907 年 10 月 6 日),度支部奏称,以实行禁

---

① 刘增合:《清末印花税的筹议与实践》,《安徽史学》2004 年第 5 期;《清末禁烟时期的印花税》,《中国经济史研究》2006 年第 2 期。

② 《度支部奏议复内阁学士兼礼部侍郎衔吴通筹禁烟办法折》,《东方杂志》第 4 年第 3 期,1907 年 5 月 7 日。

③ 《印花税暂缓实行》,《盛京时报》1907 年 3 月 7 日。

④ 《调查印花章程》,《盛京时报》1907 年 3 月 16 日。

烟，洋土药税绌，奏请仿行印花税，九月初五（10月11日）度支部奉旨："国家岁入洋土两药税厘为数甚巨，均关要需。现即严行禁断，自应预筹的款，以资抵补。前据度支部具奏研究印花税办法，当经允准。惟烟害必宜速禁，抵款必宜速筹，著度支部详细调查东西各国成法，迅速研究，渐次推广，期于可行，限两个月内条列办法章程，奏明办理，勿得稍步延宕。"度支部乃于十一月初四（12月8日），上《为遵旨研究印花税办法酌拟税则章程折》，汇报了有关的研究情况，认为各国印花税章程虽互有异同，但大致分为二类："一则于民间财产货物权利转移之证据贴用印花，以为确证；一则于民间应行纳税之物贴用印花，以代交纳现款。第一类概准民间自行贴用，故无骚扰之弊，第二类则因事不同，各设专律，要不外乎求便利而杜中饱"，在开办目的上，特别强调，"此次办理印花税，系为筹补洋、土药税厘起见，将来收有成数，再当由臣部分别酌量拨给各省，以资弥补。"在立法设置上，"立法之初，各国都从简易，后乃渐臻完密。日本《印花税法》经四次修改，始为现行办法"，中国在筹拟印花税新章时，"自当于整顿财政之中，仍寓体恤民艰之意……立法必求简便，则官吏始易于率循；行政必尚宽仁，而商民乃乐于遵守"，所拟印花税法，"应从宽简入手，疏节阔目，略植初基，但求养成人民贴用印花之习惯，不能骤计国家收入巨款"。在这一指导思想下，出台了《印花税则》十五条、《办事章程》十二条（见附录2），并获准施行。[①] 至此，晚清政府第二次试办印花税进入了实践阶段。

（二）税法条文

度支部拟定的《印花税则》15条和《办事章程》12条基本上具有了税法的规模和性质，后一文件可看作是前一文件的实施细则。

1.《印花税则》

在《印花税则》15条中，一是明确税则的适用范围和税目税率等基本内容，即"凡人民之财产货物，当授受买卖借贷之时，所有各种契据、账簿可用为凭证者，均须遵章贴用印花，方为合例之凭证"（第一条），各种契据、账簿分为两类，计29种，第一类21种，采用定额税率，提货单、发货单、银钱收据、收存

---

① 《度支部奏陈印花税办法》，《光绪政要》卷33，《近代中国史资料丛刊》第35辑，第2515—2517页。《度支部为仿行各国印花税预为研究办法奏折奉旨允准事致会议政务处咨呈·附件》，中国第一历史档案馆：《清代两次试办印花税史料》，《历史档案》1997年第4期。

货件文契之凭据、租赁各种物料铺底生财之凭据、承顶各种铺底生财之凭据、租赁地址房屋之字据、抵押货物字据、预定买卖货物之字据、镳局包运货物银钱揽票、佃户承种地亩字据、当票、保险单、收存款项之凭据、公司股票等,价值或面值合制钱10千文以上,贴印花20文,延聘人员雇用工匠之合同、各项承揽字据、各项保单、铺户所出各项货物凭票、支取银钱货物之凭折、各种贸易所用之账簿等,每个(每册)每年贴印花20文。第二类8种,又分为4小目,采用比例税率:①汇票、期票、借款字据、田房典押契据、铺户或公司议订合资营业合同,以上5种纸面银数不满1000两者贴印花20文,10000两以下贴印花100文,10000两及以上者,贴印花1000文,至此为止,不再另加;②田地房屋买卖契据,除正常缴纳税契外,照上5种贴法贴用印花;③析产字据,照立据时产业市价估计,200两以下贴印花20文,1000两以下贴印花100文,10000两以下贴印花1000文,以上每加10000两加贴1000文;④承嗣字据,以定额税率计算,每纸贴印花1000文(第二条)。

二是对印花税票的印制、取得、贴用、注销等方法的规定。附则中声明:"由部制造印花颁发各省行用",印花票种类设定为赭色二十文,绿色一百文,红色一千文三种(第九条);第五条对其贴用方法进行了规定:"凡账簿、凭折应贴之印花,责成立账簿凭折人于使用前贴在开首向写年份之处,将某年字样半写于印花票面",印花的注销方法是:"凡契据应贴之印花,责成立契据人于授受前贴用,加盖图章或画押于印花票与纸面骑缝之间。如系合同,两造各缮一纸,照章各贴印花盖章画押,然后交换收执"(第四条)。

三是对契据授受人权利义务的规定。"凡开明应贴印花之件,如立契据凭折人并不照章贴用印花或不盖章画押者,受者应即退还,责令照章办理,倘任意收受,遇有讼案牵涉,官为不理"(第六条),"凡应贴印花之账簿,如不照章贴写盖章画押者,遇有讼案牵涉呈官查验时,不足为凭。如受者、立账簿人临时自愿遵照第八条罚章补贴印花盖章画押者,不在此例"(第七条)。

四是对税收违法行为的处罚。税则规定:如不遵章贴用或贴用之时未曾盖章画押者,"遇讼经官查出,按照偷漏数目加罚五十倍补贴印花,账簿则加罚百倍补贴印花",贴不足数者,"照应补之数加罚三十倍补贴印花"(第八条),"贴用之印花票,不准揭下再贴。违者照偷贴之数加罚二百倍补贴印花"

（第十条）；“伪造或改造印花票者，照私铸制钱例从严惩办”（第十一条）。

五是对税收减免事项的规定。“凡关系国家或地方公益善举事业所用之契据、账簿，均可不贴印花”（第三条）。

2.《办事章程》

《印花税则》15 条对印花税的课征对象、税票的贴用方法、罚则的规定，基本涵盖了印花税法的各主要方面，至于印花税票的印制发行等细节问题，在《办事章程》12 条中进行了补充和规定。

一是在印花税征收管理方面，《办事章程》规定，度支部内附设印花税局，总理全国印花税事宜，“各直省藩署或相当局所，附设管理印花税处，责成藩司遴派妥员，专司本省发售印花事宜。遇有报部公件，一面呈由督抚转咨，一面径呈臣部。京畿地面，由顺天府办理”，实行垂直管理体制，减少操作过程中的窒碍。

二是在印花税票的印制和发行方面，“由部制造印花颁发各省行用”，“印花票花纹式样，由部审定后，交印制局印造”。其发行方式，采用层级管理机制，逐级负责，“各直省每一州县，应招总发卖若干人，承办发售印花。由总发卖人发卖予各分售人，由分售人发售予需用者”，至于各地所招“总发售人及分售人之人数多寡及如何分配区域，随时由地方官核定”，并报度支部备案。无论总发售人还是分售人，均须殷实商家或铺户，总发卖人须“取具地方绅士或地方商会保结，由地方官查明，禀请藩司核准，发给承受印花执照”，各分售人“由总发售人承招，呈报地方官存案”，从而确立了税票销售者的资格身份和他们之间的逐级连带关系，保证了印花税票的销售安全。印花销售经费的设定，按照票面价值提 7% 作经售人费用，其中总发售人得 3%，分售人得 4%，在预交的印花税票价内扣除；“领售印花一次在二千元以上者，如有确实担保，准其限至六个月为缴款之期”，给予了销售者一定的经济补偿，同时规定：“总发卖人或分售人缴价领取印花票后，六个月内如未能售罄，不愿接续经售者，准其将余票缴官，领还原缴之价不准有丝毫折扣。倘遇印花式样更改，旧式印花归于无用，亦准其于改用新式印花后一年之内将旧式印花缴官，领还原缴之价，或还取新式印花，亦不准有丝毫折扣。倘经售人误将未售印花票破损污染，票面尚可认识，并无弊混，准其随时缴官，照票面价值减去百分之十领还票价,或折合换取新票。”

三是对印花税的开征时间的说明,即:“各省地方,以地方官奉到部发印花后三个月为施行之期。未施行之前,应先由地方官将印花税办法、税则及种类式样、开办日期于各府州县之城镇村市详细出示晓谕。”

印花税的特点在于税款随税票的发售而取得,税票的发售意味着税款的征收和实现,发售问题解决的程度决定着印花税款的征收状况和收入规模,是印花税制度推行的核心问题,度支部在《印花税则》15 条和《办事章程》12 条中,拟定了详细的计划,并以垂直管理模式从理论上解决了征收过程中普遍存在的税款截留问题,是一种在中央权威丧失、财权下移时解决体制内部信任危机的一个较好的途径。但是,也正是因为中央权威不稳而使其在推行过程中屡遭抵制,印花税并没有给晚清政府带来相应的财政支持。

印花税票的发售使印花税的财政职能得以实现,但其公平与效率原则并不随财政原则的实现而自然实现,贴用印花的保障性法律体系不健全,“看不见的手”与“看不见的利益”使贴用印花的习惯难以养成,加之初行阶段,成本过昂,经济效益或称效率原则又难以实现。其实,印花税的社会功能本身就在于贴用印花习惯的养成和对契约的尊重,对于不贴印花、贴不足数、重贴或伪造印花的处罚,度支部在章程里做了安排,但税务检查的规定却是空白,显然是不完全的。对于应贴印花之件,如不遵章贴用,只规定遇讼经官,将受到惩罚,“但不准旁人挟嫌告发,地方官亦毋庸派人查验,以免骚扰”(第十二条),实际上是在本身技术手段尚不成熟的情况下,自动封锁了对违法行为的查处渠道。在试办时间的规定方面,“各省地方以奉到部发印花后三个月为施行日期”(第十三条),表现出一定的随意性,使法律的权威性打了折扣,也是税收不公平的一种体现。另外,从章程的条文看,有些规定似乎是当时的征管手段所不及的,如析产字据、承嗣字据贴用印花的规定,与人们的习惯不完全一致。人们通常认为,分家析产、承嗣兼祧类的民事行为,实际是家庭内部事务,人们多采用娘舅加族人、中人的协商方式予以解决,立据为凭的做法并不畅行,将其列为课税对象,实际上只是摆设,并且既不能保证公平地适用于所有的析产行为,又容易造成征收过程中的苛索等弊端,是一种违反税收经济原则的不明智选择。对佃户承种地亩字据课征印花税,“无异于课勤劳节俭的赋税，无异于处罚较为勤劳节俭者"，[①]显然有违税收的国民经济原则和公平正义原则。

但从总体上讲，度支部《印花税则》十五条和《办事章程》十二条基本完成了税法的总体设计，成为晚清政府第二次试办印花税的法律依据，也为此后中国印花税法制建设与发展提供了准备。

（三）试办概况

法律的悲剧性结果就在于实施中的棚架与变通，直接的抵制或有法不依、借故延宕等间接性的抵制决定了晚清政府第二次试办印花税不能得到有效的推广，仅限定于非常狭小的区域内，一直试办到清亡也未能推广。

制度的落实往往是艰难的。光绪三十三年底，度支部《印花税则》和《办事章程》颁布之后，由于袁世凯的积极筹备，度支部决定首先在直隶试办。光绪三十四年正月十七日（1908 年 2 月 18 日），直隶总督杨士骧即令全省所属一体遵照，并在保定设立总局，天津设立分局，派藩司为总理，另派洪述祖、林学缄两道员为会办，定于三月初一（4 月 1 日）开局办事，并正式照会天津商会。[②] 此可看作是晚清政府第二次试办印花税的具体动作。但旋因各方的争议和商会的抵制，试办陷于停滞，直到半年之后，媒体才称："印花税票不日运津，在河北寅纬路设立印花税总局，实行开办。"[③]

1. 界乎行废之间

是否开征印花税和从何地试办，朝野主张始终不一。袁世凯力主举办，并建议先从直隶省办起，然后加以推广，度支部尚书载泽与直隶总督杨士骧也主张立时开征，这可能与他们的权力范围相关。张之洞则对开征印花税甚感担忧，1908 年 5 月份，内廷研究印花税开征问题时，张之洞就明确表态，印花税"骤然举办，恐怕民心积怨，况南省匪踪不靖，倘假此煽惑，印花税恐不能推

① 许建国，蒋晓惠：《西方税收思想》，中国财政经济出版社 1996 年版，第 91 页。

② 天津市档案馆等合编：《天津商会档案汇编（1903—1911）》（下），天津人民出版社 1989 年版，第 1681 页；《直隶倡办印花税》，《申报》1908 年 2 月 15 日；《印花税开局情形》，《盛京时报》1908 年 3 月 12 日。吴兆莘的记述则为："（光绪三十四年）五月，度支部与直隶总督协商，自八月起先在直隶试办之"，时间上存有误差，见吴兆莘：《中国税制史》（下），商务印书馆 1937 年版，第 119 页。

③ 《印花税在津实行》，《盛京时报》1908 年 10 月 31 日。

广,反生阻力,必俟各省督抚认可,咸无异议之后再行举办"。[①] 奕劻是最初提出开征印花税的枢府大臣,这次讨论时,他却赞同张之洞缓办主张。甚至连摄政王载沣也犹豫不决,媒体评论说:"醇邸向不赞成"开征印花税,他与载泽讨论时就认为,"大事方定,人心初安,此项税课应暂缓实行,如果巨款难筹,不妨极力节省靡费,以期弥补"。[②] 载泽坚持认为,此税系专为土药税亏累而设,实在是万不得已,务请于明年照章先行试办,"若经停办,则亏累无从抵补"。载沣对此实无良策,意犹踌躇,不能决断。[③] 1909 年 3 月份,摄政王担心立时举办印花税事宜恐遭民乱,即有缓办之意,度支部却提出将各省情形调查后,再作决断。不得已,载沣只得要求该部"先将印花税草章覆发各省,编成粗浅文字,遍贴城乡市镇,以释疑阻"。[④] 此时清廷内部实际上形成以摄政王为主,反对举办印花税的主要力量。5 月下旬,清廷有意将印花税款提出四成作海军经费,"已筹有四项的款以充经费,其一系度支部印花税,将来实行后,即将此项税款提出四成拨归海军经费",[⑤]为此,摄政王特意嘱咐载泽说:"兴复海军本为保民,而印花税终嫌累民,万不可因保民反累民。"军机大臣世续也提出:"民力已觉疲困,若再加收印花税,恐致别生骚动",让摄政王不得不恻然;军机大臣那桐等人也持反对态度,使印花税的开征几陷于停滞,"迄今殆界乎行与废之间"。[⑥] 清廷财政已陷入夹缝之中,度支部的压力越来越大。度支部官员因抵补乏策,印花税问题一再成为朝中大臣讨论的热点,载泽数次因抵补困难、库款支绌而欲辞职。1909 年 8 月 12 日,摄政王召见度支部官员,该部有关人士倾诉本部难处,声称"各部如不量入为出,请拨款项漫无限制,应请另简贤员继斯巨任,臣等当同时辞职"。[⑦] 隆裕皇太后对朝中议论不决的印花税问题也较为关心,1909 年 10 月特召见摄政王专门了解印花税问题,表示对

---

① 《印花税之未举办》,《盛京时报》1908 年 5 月 27 日。

② 《印花税将归缓办》,《盛京时报》1908 年 12 月 4 日。

③ 《摄政王踌躇印花税》,《盛京时报》1909 年 1 月 16 日。

④ 《摄政王对于印花税之慎重》,《盛京时报》1909 年 4 月 15 日。

⑤ 《提印花税充海军费》,《盛京时报》1909 年 6 月 15 日。

⑥ 《世中堂仍请缓行印花税》,《盛京时报》1909 年 9 月 24 日,《申报》1909 年 9 月 11 日;周棠:《中国财政论纲》,政治经济学社 1910 年版,第 270 页。

⑦ 《交议度支部奏请撙节财用办法》,《申报》1909 年 8 月 22 日;《泽尚书决计乞休再志》,《申报》1910 年 9 月 9 日;《泽尚书辞职述闻》,《大公报》1910 年 8 月 15 日。

印花税应采取慎重态度，不可贸然举办，“万勿因捐税勒压商民”。[①] 由此看来，上层意见的不统一才是试办印花税一波三折的根本原因所在。

朝廷言官多以反对为主。度支部《印花税则》刚一出台，就有言官提起反对之议，都察院某御史认为：“现在银价无定，小民困苦异常，着再加此项捐税，何以聊生，果使实行，恐或有民变之患”，决意联合陈奏，“民困情形，请旨饬将印花税暂行缓办，以纾民困”。[②] 载泽在召见面奏时称：“印花税一事，亦审慎再三，但求简易可行，决无窒碍，若再因人言中止，则将无实行之日，请宸衷独断，决计开办，以裕财政”，[③]主张先从京师试办。

光绪三十四年二月二十四日（1908 年 3 月 26 日），翰林院侍读学士恽毓鼎等人上奏，要求对印花税章程进行修改，认为度支部所订章程“本为抵补洋土两药起见”，但仍有需要修改之处：一是反对印花税由官府经手，“一经假手胥吏，无不公费浩繁，甚至差役勒买加费，希图中饱，弊将不可胜言。况中国商民尚无贴用印花之习惯，一经官司售，窒碍殊多，且恐差役藉此招摇重为民累”，建议税票发交总银行分派各处分银行承领发售；二是反对征收当票印花，“典质银钱，皆贫民不得已之所为，当铺估本既轻，取息又重，窃恐借口印花加利盘剥，则贫民益重滋困累”，拟请将当票印花一项暂行宽免；三是通商口岸多与洋商交易，“宜由外务部先行照会各国公使饬洋商一律遵守，以免后来纠葛”。三月初四（4 月 4 日），度支部对该奏折逐条进行了解释，“印花税推行各省，必须各府州县均有发售之处，使商民易于购买而税则乃便于通行”，而现在银行正筹拟推广，“各省尚未遍设，若责以经售印花，深恐边远省分鞭长莫及”；印花原为民间财产货物权利转移之确证，“每与地方词讼有关，其遇讼查验，照章科罚均系有司之责，自非统以藩司，亦不足以资督率”；征收税项系属内政，本非他国所能干预，为外国通行税则，“外人贴用久成习惯，中国仿行印税，似不必虑其阻挠”，且中外交易，中国商民受外人之凭证，外人不贴印花，中国商民恐事后纠葛，遇讼被罚，必不乐于收受，“外人意在推广贸易，当亦不至靳此区区。若中国商民受外人之凭证，则贴用印花者系在中国商

① 《皇太后垂询印花税举办情形》，《申报》1909 年 10 月 23 日。

② 《台谏拟请缓办印花税》，《申报》1908 年 1 月 13 日。

③ 《度支部决行印花税》，《申报》1908 年 1 月 16 日。

民,自应遵守法律";关于当票贴印花,"当不致于滋累",其议复的结论为:"拟请仍照奏定章程,暂行试办,毋庸更章。"①

掌江苏道监察御史石镜潢认为民困未苏,开征印花税恐多窒碍,奏请缓行印花税,理由有三:一是水灾泛滥,旱灾不断,民生困苦;二是新政以来,地方官只知征税筹款,罔恤民艰,旧有之税极力扩充,未有之捐多方苛派,导致物价奇昂;三为厘金苛政,层层朘削,再加印花税,恐多重复之弊。因此,他建议清廷缓办印花税,"请饬各省督抚转饬藩司及地方官妥慎经理,不得稍有扰累","俟数年后烟税截止,厘金裁撤,再议实行,似于国计民生两有裨益"。②

各地督抚或主张缓办,或主张停办,支持者不多,也是试办印花税的极大障碍。安徽巡抚冯煦奏称:印花税立法近琐,收效较难。宽之则无可稽查,急之则必滋苛扰。主张缓办的理由有四:一是厘税未减,商民苦之,今又益以印花税,则愈近烦苛。二是宪政未行,且教育未遍,民智未开,多一诛求,即增一怨谤。三是警察未普,印花税半恃警察为稽查,警兵胥受教育,有稽查而无骚扰,中国警察多以捕兵、巡役改充,警章多未谙熟,稽核难期得力。四是实业未兴,中国以农立国,所恃农田以为生计,今田产佃户,锱铢悉索,何一非小民之脂膏,且此项新章,更非农民所能尽晓,并说"臣非不知帑藏奇绌,亦非谓印花税之终不可行。只以物力艰难,人心浮动,以今日之伏莽潜滋,匪党充斥,氓之蚩蚩,抚循不暇,似不可更从而扰之",因此主张从缓办理,"今即万不获已,亦当迟之数年,俟警务完善,实业振兴,人人知有国家义务,乃可再议施行"。③ 1908 年 9 月,广西巡抚张鸣岐电奏清廷,恳请缓办印花税,强调桂省作为边疆省份,民情困苦,无法增加此项税收。④ 1909 年 7 月份,东三省总督锡良具折力陈财政困绌情形,特别是由于本区捐税尤重,力请缓办印花税。⑤

---

① 刘锦藻:《清朝续文献通考》卷 47,征榷 19,浙江古籍出版社 1988 年版,第 8022—8023 页;《度支部奏遵议印花税办法拟请仍照奏定章程试办折》,《申报》1908 年 5 月 1 日。

② 《石御史奏请缓行印花税三要》,《申报》1908 年 11 月 13 日;《掌江苏道监察御史石镜潢奏印花税恐多窒碍请饬部缓行折》,《盛京时报》1908 年 11 月 12 日。

③ 《安徽巡抚冯煦奏印花税骤难举办折》,《申报》1908 年 8 月 21 日;《安徽巡抚冯煦奏中外立国情势有殊印花税骤难举办折》,《大公报》1908 年 8 月 22 日。

④ 《桂抚请缓印花税》,《大公报》1908 年 9 月 8 日。

⑤ 《核议东省印花税之缓急》,《大公报》1909 年 7 月 7 日;《缓行印花税之省份》,《大公报》1909 年 7 月 8 日。

各地商会、各省谘议局以及知识界等纷纷发表声明，反对开征印花税（有关社会各方对印花税的抵制问题，将在后文述及），公开的大规模的抵制行动使得印花税的第二次试办几陷于僵局之中。

2. 颁行印花税票

1909 年以后，由于禁烟运动的推进，鸦片贸易量日减，税收骤减，导致中央练兵经费出现严重危机，试办印花税刻不容缓，度支部始力排众议，决意实行印花税。在此前后，为使印花税顺利开征，清廷不断调整实施方案，先是于 1908 年设立奖励办法，"如各省中有首先开办并无风潮者，则将督抚以下承办官一律奏请奖叙，以示优异"。[①] 继而"因各省督抚纷纷反对，本拟缓办，无如库款支绌，万分困难，若不实行印花税，无从弥补"，所以对税则进行变通，"其原定条款内，如有碍难照办之处，准其逐款声明，分别缓办，仍择其可行之条款，一律实行，俟有成效再行推广，以示变通而裕国用"。[②] 为了促成各省印花税的开办，度支部进一步放宽条件："如有总承领售商人备价领取印花千元以上者，应准通融半年缴款一次，以利推行。"[③]并对各省先后声称的"试办以来，诸多窒碍难行"的情形进行调查，"通饬各抚各将本省难办情形皆系何种不适宜于本地民情，当详细开列咨报到部，以凭查核而期改良"。[④] 此后，又将原定税章中所列的惩罚性条款减半实施，以求变通，免遭民乱。[⑤]

印花税的开征，以印花税票的发行为标志。度支部《印花税则》获准试行后，即着手印花税票的印制准备，派人前往美国定制，印制完成后，度支部即于宣统元年闰二月十四日（1909 年 4 月 4 日），奏请颁发各省试办，请旨饬下各督抚转饬藩司及地方官妥慎经理，开始向全国正式发行印花税票，[⑥]即我们通常所说的美国版"大清印花税"，系由纽约美国钞票公司印制，分贰拾文（赭

① 《实行印花税之苦心》，《大公报》1908 年 9 月 4 日。

② 《度支部仍拟实行印花税》，《盛京时报》1908 年 8 月 25 日。

③ 《印花税更无缓行之望》，《申报》1910 年 4 月 13 日。

④ 《查办印花税之难行条款》，《盛京时报》1910 年 4 月 20 日。

⑤ 《变通印花税章只此》，《大公报》1910 年 5 月 23 日。

⑥ 刘锦藻：《清朝续文献通考》卷 48，征榷 20，浙江古籍出版社 1988 年版，第 8026 页；《度支部请颁印花税票》，《申报》1909 年 6 月 29 日；《度支部奏准试办印花税》，《盛京时报》1909 年 6 月 26 日。

色,云龙图)、壹百文(绿色,双龙牡丹图)、壹千文(红色,庭院风景图)三种。印花税再次进入由拟议而走向实践的阶段。

度支部于1909年6月3日按照各省核定数目,备文颁行各省督抚,饬令派员领票,“拟于五月内各省一律实行”,“各省中,以江苏为最多,广东次之,直隶四川次之,湖北山东又次之,其余各省亦皆厘定不均,无甚分别”。① 具体的分配数额如表4所示。

表4 各种印花税票清单

省、部、藩	各面值票			共计(千枚)	面值合计(千文)
	贰拾文(千枚)	壹百文(千枚)	壹千文(千枚)		
江苏	4542	2596	1462	8600	1812440
直隶	4025	2200	1275	7500	1575500
湖北	4025	2200	1275	7500	1575500
广东	4025	2200	1275	7500	1575500
四川	4025	2200	1275	7500	1575500
浙江	2585	1980	935	5500	1184700
福建	2444	1872	884	5200	1120080
江西	2444	1872	884	5200	1120080
湖南	2350	1800	850	5000	1077000
河南	2350	1800	850	5000	1077000
奉天	2350	1800	850	5000	1077000
山东	1504	1152	544	3200	689280
山西	1504	1152	544	3200	689280
安徽	1504	1152	544	3200	689280
吉林	1034	792	374	2200	473880
云南	1034	792	374	2200	473880
陕西	1034	792	374	2200	473880
广西	1034	792	374	2200	473880
顺天	846	648	306	1800	387720

① 《印花税颁行各省》,《盛京时报》1909年6月10日;《度支部收到印花税票》,《申报》1909年6月14日;《度支部饬发印花税票》,《申报》1909年6月21日。

续表

省、部、藩	各面值票			共计（千枚）	面值合计（千文）
	贰拾文（千枚）	壹百文（千枚）	壹千文（千枚）		
甘肃	955	290	255	1500	303100
贵州	955	290	255	1500	303100
黑龙江	955	290	255	1500	303100
新疆	955	290	255	1500	303100
库仑	235	180	85	500	107700
热河	235	180	85	500	107700
察哈尔	141	108	51	300	64620
部存	1910	580	510	3000	606200
总计	51000	32000	17000	100000	21220000

资料来源：中国第一历史档案馆：《清代两次试办印花税史料》，《历史档案》1997年第4期，第44—45页。

以上共颁发各处印花票9700万枚，合钱20613800千文，部存300万枚，合钱606200千文。统计印花票1亿枚，合制钱2122万千文。

上述分配数额系度支部承政厅于宣统元年闰二月十四日（1909年4月4日）对各省初步分配的税票数目，此后又有所变化和微调，结果已如前述，以江苏为最多，广东次之，直隶四川次之，湖北山东又次之。

3. 各地执行情况

由于“各省地方以奉到部发印花后三个月为施行日期”，加之各地督抚对此并不热心及地方势力的抵制，各地的施行日期及试行情况各异。就现有资料看，清末山东、安徽、江苏、湖北、湖南、江西、河南、云南、山西、直隶等地，或有实用单据发现，或有征收印花税及收入记载。目前发现宣统年间实贴纽约版印花税票单据的省份有湖南、湖北、江西、直隶、安徽等。

从领票情况看，奉天、吉林、黑龙江、河南、江西、四川等省都有可能开办，“中国度支部已将印花票分发各省，计河南500万、四川750万，此票系购自美国，共分二十文、五十文、一千文三种。准各省官员派人经售。闻此项印花税，凡紧要文件,允许状虚衔,照典押契据等类,皆须购用"。[①] 次年,又有报道称:"日前,奉天、吉林、黑龙江、河南、江西五省在度支部领去印花票共计十八箱。"[②]领票自须销售贴用,应该说已具备了开征印花税的基础条件。

度支部担心各省对印花税缺乏重视,特意请求朝廷颁下谕旨,谕令各省必须切实举办。但事实上,各省领回印花票后,并非都积极倡导劝销,许多省份意存观望,并未开征。"各省均借口人民负担已重,纷请展缓",一些遭灾省份和边疆省份还相继提出缓办请求,如甘肃、奉天、新疆、贵州等省被先后允准缓办。[③] 度支部最初态度比较坚决,在给各省的回电中,仍要求选择时间先行试办,并未轻易允许停办,强调除非迫不得已,不准请缓。[④] 但由于许多省份还是采取各种手法意图缓办,加之清廷内部主张缓办者也大有人在,各地商会纷纷请求缓办和停办,使得度支部在试办与缓办中左右为难,"湖南、湖北虽云奉行,买用者少,他省亦未闻报告成绩,他日作何了局未易逆睹也"。[⑤] 试行效果并不理想。

直隶:作为畿辅之地的直隶,是最早试办之区,光绪三十四年初已设局派员,筹办印花税开征事宜,"该局在河北黄纬路军医学堂旁设局,其开局之期俟奉直督宪将关防刊刻饬发再行订期,该局会办洪观察述祖已请假半月并赴秦皇岛上海调查该税情形,会办林观察刻已在天津任事",就津、保两地开始办起,俟有成效再行推广。[⑥] 然而真正推行的时间,却落后了许多。天津县推行印花税的告示称:试办以来,"迄今三月之久,各州县禀保总发卖人者固不乏人,而置若罔闻者亦复不少,此次印花税系奉特旨创办,抵补洋土两药税厘,岂容因循玩视……立即转饬所属,限一月内迅速选举殷实商家充当总发卖人,取具地方绅士或商会保结,由各州县加其印结,禀请核发承售印花税执照,毋

① 《印花税之实行》,《盛京时报》1909 年 7 月 10 日。
② 《五省领出印花票》,《盛京时报》1910 年 5 月 17 日。
③ 杜岩双:《我国印花税制史之研究》,《直接税月报》第 1 卷第 4 期;《缓行印花税之旨允》,《盛京时报》1909 年 7 月 13 日;《京师近事》,《申报》1909 年 7 月 19 日。
④ 《印花税之敦促》,《大公报》1909 年 10 月 31 日。
⑤ 周棠:《中国财政论纲》,政治经济学社 1910 年版,第 270 页。
⑥ 《印花税开局情形》,《盛京时报》1908 年 3 月 12 日;《直隶倡办印花税》,《申报》1908 年 2 月 15 日。

再观望迟延”。[①] 印花税局还专门制定了办事规则十五条，对印花税开办宗旨，印花税票销售、贴用方法，税款报解等进行了具体规定，同时“照章招选总发卖人及分售人承售印花，遵章分别发给执照并将来经收税款应用三联印收均经判印颁行，饬各属遵照办理”，以期试办收到实效。对罚则的规定突出了印花税的契约特征：“将来各厅州县审理词讼，遇有应贴印花之件，应先注意印花税实行日期，倘查有并不遵章贴用印花或已贴印花而不盖章画押以及贴不足数暨揭下再贴各情弊，按照部定章程数倍罚令补贴印花，惟不准空缴罚款，以期核实而昭大信。”[②]不准空缴罚款的规定是其他法规中所一贯忽视的。“直隶印花早经设立总分局，嗣因华商禀阻，而各国领事亦未认可，故延搁数月，未克举办，近度支部以指定此项税款为明年增建海军一切费用，屡次行文催促，直督不得已与各国领事再四磋商，由轻简入手，并按七成折收，先行试办。闻各国领事以试办数月后，果与商务无碍，方能确实承认，现莲帅（杨士骧）已札饬司道悉心条议办法，务期行之无弊，免招外人责言，别生枝节，并定于十一月朔为始行试办之期。”[③]但据《直隶全省财政说明书》的说法：“光绪三十四年设局试办，嗣因商人迭请缓行，迄未开办，宣统元年，裁撤该局，宣统二年，并入财政总汇处，现尚未实行。”[④]首善之区尚如此，遑论他省。

湖北：“鄂督陈制军（陈夔龙）前准度支部电催派员赴部具领印花税票，当饬知县胡先春赴京领收，札委候补道杨觐圭专办。拟先从武汉三镇试办，再行推广，刻拟通俗白话告示札发江夏县、汉阳县、夏口厅张贴，俾众周知，以便承售，闻已于八月初一日督行开办。”[⑤]据《湖北财政说明书》称：印花税“系新章饬办。……轻易而举，便民便商，天下事有起于毫芒而积之丘壑者，此也。然而创始实难”。[⑥] 该省将官府内部作为试点，并希望藉此推动民间实行，“鄂印花税于上年八月望日开办，由武汉三镇入手，一切均遵部章，先由官学军界贴

① 《实行印花税之告示》，《盛京时报》1908 年 9 月 2 日。
② 《直隶印花税局详送办事规则暨执照印收式样文》，《盛京时报》1909 年 11 月 9 日。
③ 《北洋实行印花税志详》，《盛京时报》1908 年 11 月 6 日。
④ 经济学会编：《直隶全省财政说明书》，第六编・杂税杂捐，第 16 页。
⑤ 《鄂省实行印花税》，《盛京时报》1909 年 10 月 13 日。
⑥ 经济学会编：《湖北财政说明书》，出版单位不详，1911 年版，第 25 页。

用,以为之倡,现逐渐推行各属,据报开办尚占多数”。[①] 媒体报道称:“商民竟不购用……故议定先由政军学三界先行贴用,以为之倡……凡有合于部定章程二类应行贴用印花者,均应先行贴用。”[②]至1910年年底该省正好实行一年,所报印花税收入中,只收“官、学和军各界所缴税钱2万余串,汉口、武昌商民购用印花税款仅只一千余串”。[③] 从当时人们的评论中也可看出湖北实行印花税的情况:“今湖北印花税开办矣,商民佥以杂捐太多,灾区过广,声言无力缴纳,而高署藩则曰:办法宽简,不苛不扰;又曰:渐次推行,不求速效;又曰:纳税之多少视商业之盈虚为增减;而其最与商民针锋相对之语,则曰:非强贫民必立契据,必贴印花。”从中可以看出,本身已是征收无多的印花税,在“不求速效”“办法宽简”及“非强贫民必立契据”的过程中,印花税必然更加式微。即使如此,依然使人放心不下:“不知贫苦商民值炊烟断绝之时,不得已而出于贷借款项典卖房屋之举,虽不强之出据,纳税果能逃出写立契据粘贴印花之范围否?”[④]

湖南:“宣统元年十月开办,收数甚微……湘省遵奉部章,于宣统元年十月开办,惟事属经始,人民素未具信用晋惯,又此项购买性质习任民自便,不为限制,征数故微(宣统元年开办,截至二年十二月,仅征钱八百余串),二年十一月复筹入手办法六条,亦宽为之程,不事苛强,果实力推行或亦不烦民而财用饶之一道也。”[⑤]

山西:“印花税票于宣统元年夏间,委员赴京领回以后,当即酌量分拨各属,照章办理,复以事属创举,恐与别省歧异,由司派员赴直、鄂等省调查其入手要领,九月间,谘议局开第一次会议,咸以晋省地多石田,民情素苦,恃商业以为生活,甲午一役,关东经商者损害已巨,庚子而还,畿辅南省各商务,危险频起,近年营口、汉口西商受亏尤巨,加以赎矿需款、铁路需款、新政费逐渐增加,皆有日不暇给之势,上下筹思,几成坐困。印花税为弥补洋、土药税而设,

---

① 《致瑞澂电》(宣统二年三月四日),中国第一历史档案馆藏赵尔巽档案全宗,第81卷,编号:418。

② 《官物倡用印花税票之计划》,《申报》1909年12月12日。

③ 《印花税实行推广之计划》,《申报》1910年12月22日。

④ 《时评·印花税》,《申报》1909年12月27日。

⑤ 经济学会编:《湖南全省财政说明书》,岁入部·正杂各税类,第16页。

在今似需用为亟，然值本省商民交困之时，各种厘卡税率，典卖田房税契又叠次新增，兼营并取，恐民力不堪负担，直隶财力较晋素优，犹请缓办，山西在昔，仅一中省，近更负累重重，安能方驾各省，增进财赋，请予暂行缓办，俟民力稍舒，各省办理渐有次第，再行试办，当经抚院宝核明。直鄂等省办理有无窒碍，尚未可知，晋省商民困苦系属实情，且据各地方禀报，亦多为难之处，即允如所议，俟各省办有次第，再行试办，惟各国印花税票均认为适当之税则，收数甚巨，倘能试办有效，自是租税收入之大宗。”①攀比之心，溢于言表。

山东：宣统元年七月，署山东巡抚孙宝琦上奏称：“据布政司朱其煊等会详，部颁印花税派员承领回东，遵饬将印花税处附设本司署内，派委稽查及收发文案，收支核对，各分任其事，于七月十一日开局试办，发售印花税票。”②如果所奏属实的话，山东印花税的开办是相对较早者。但有报道称，该省虽已设局开办，并拟定了办税规则十七条，但仍希望“俟京师、天津实行以后，即由省城办起，次第推广省外大埠大县各地方”，观望之意不难发现，在度支部强调“遵照定章办理，勿得迟误”后，山东乃令各地试办。③

江苏：领回印花税票后，即令各属一体遵照开办，“且此项规章办法条理繁密，若不先时研究并察酌地方情形，妥筹预备，势必临时毫无措手，非推行阻滞即流弊丛生，商民疑虑观望，多所障碍，将无成效可观，札催各属，体察地方情形，照会城乡绅董妥筹预备……责成商会分劝各业董事为总分发卖人，先令各业董事各就本业调查岁用印票约数，报由商会汇报，其有未能预约之字据，责成各业董事随时劝令粘贴”，对于析产承嗣字据、典押田房契据等项，则责成地方正绅或团董担任调查劝贴义务，并劝令为总分发卖人使民间便于购贴。④ 上海县：“印花税业已装箱给发，三个月以后即欲开办，并将各项章程饬即先行由县晓谕周知，并查明分售之户，会绅办理。”⑤淮阴县于宣统元年后，开始征收印花税。

① 经济学会编：《山西全省财政说明书》，第 64 页。

② 段志清、潘寿民：《中国印花税史稿》，上海古籍出版社 2007 年版，第 24 页。

③ 《鲁省试办印花税近状》，《申报》1910 年 3 月 17 日。

④ 《苏省预备开办印花税之计划》，《申报》1909 年 10 月 12 日。

⑤ 《上海县照会绅董遵办印花税》，《申报》1909 年 8 月 20 日。

浙江:宣统元年于藩司衙门附设印花税票处(委派候选知县黄恩绪驻局兼办),定于十一月初一日在省城试办,省外各属,以奉文之日为开办日期,"以期划一而昭妥慎"。[①] 此后不断地刊登公告,催促各地遵章办理。[②] 由此可以推断,浙江应该已开征印花税。

安徽:宣统元年八月设印花税处,开征印花税。安庆府属各县十月实行,其余州县十一月开办,宣统三年收入(预算)税银1193两。[③]

其他如广东、河南等众多省份或请准缓办,或只有计划而未具体开办。河南领票时相当积极,在资政院的核议次数也比较多,但雷声大,雨点小,直到1913年才相继开征,当年6月还曾发生过要求取消印花税的大型商会请愿活动,到1914年底也仅征收税款1.6万元。[④] 广东为举办印花税,"特饬司局酌议,拟先从田房契据、营业合同等项入手,以期轻而易举",经过酌议,认为"拟办各款,商民出资有限,且遇有争讼征索,均以印花税为凭,因其利赖之心坐收税项之益,取不为疟,当与度支部原奏先从宽简入手,俾民习惯之意相同",拟即照部章详细厘定计划,预备开办。[⑤] 但并未见其开办结果如何。

由此可见,真正将印花税付诸实施的省份不多。在度支部编制的全国各省预算册中,宣统四年印花税一项,预算收入仅为93187元,[⑥]可见该税种收入规模的微小。

4. 效果不著的原因

晚清印花税推广不著的原因甚多,主要的有以下几点:

一是经济环境。晚清以来,中国农商税收负担较重,苛捐杂税繁多,"印花税将次实行,各省仍不免有请缓行之议……各省杂捐种类甚多,若再加以印花税,则小民之困苦益觉不堪,殊非体恤民情之道"。[⑦] 当时,许多言官都以经

---

① 《浙藩通饬各属开办印花税》,《申报》1909年1月20日。

② 《实行印花税之示谕》,《申报》1910年10月18日。

③ 段志清、潘寿民:《中国印花税史稿》,上海古籍出版社2007年版,第24页。

④ 河南省税务局编:《河南省税务志》,中州古籍出版社1995年版,第259、261页;河南省税务局编:《河南省税务大事记》,中州古籍出版社1996年版,第26页;《汴商会反对印花税》,《申报》1913年6月13日。

⑤ 《筹办印花税之计划》,《盛京时报》1908年11月14日。

⑥ 贾士毅:《民国财政史》(下),商务印书馆1934年版,附录,第3页。

⑦ 《免杂捐以行印花税》,《盛京时报》1909年10月22日。

济贫弱、局卡林立作为其反对印花税的理由，厘卡未撤，厘局林立，长江运至南京的客货，“总须税十余次，方能运到，层层朘削，再加印花税，恐多重复之弊”，地方官只知筹款，罔恤民艰，旧有之税极力扩充，未有之捐多方苛派，商民负担甚重。各地天灾人祸连年不断，“饥馑荐臻，民且谋生之不暇，事当创办，远近惊疑，筹划未周，动滋纷扰”。[①] 军机大臣世续的理由也是“各省天灾流行，生民涂炭”。[②] 各省督抚也常借口民力凋敝、税捐负担沉重请求缓办，除了个中情绪之外，民力不敷也确属实情。经济落后、工商业经济还不发达是印花税推广困难的一大主因。

二是政治环境。印花税虽系专为抵补鸦片税厘而设，但它与中央财政集权的背景有密切关系。按照度支部拟定的印花税办事章程的规定，印花税实行垂直管理，管理权直接归属中央（度支部），亦即希图通过这种体制实现中央财权的集中。“地方官并毋庸派人检查”的表面上看是为了杜绝公费浩繁，勒买加费等弊端，一切听民自便，自由贴用，实际上是为了解决截留和中饱问题，从另一层面说，则是剥夺了地方官的管理权。这样，留给地方官的义务是“将印花税办法、税则及种类、式样、开办日期于各府州县之城镇村市详细出示晓谕”，如奉行不善，稍有扰累，“一经觉查即由臣部严行参处，以为假公病民者儆”。在强调义务之时，权利得不到保证，印花税收入直接归属中央，在税款使用上，曾拟拨四成充海军军费，[③]而不是作为地方练兵费用，与地方关系不大；甚至还有人建议将印花税拨充谘议局经费，所收款项“全数拨充各该省谘议局之用，无论何项要政不得挪移，以地方之款办地方之事，既足杜好事者簧鼓之口，复足慰人民望质之殷”，[④]度支部不同意，地方督抚也不赞成，也与地方关系不甚密切；后来在划分国家税地方税时，度支部将印花税划归国家

---

① 《石御史奏请缓行印花税三要》，《申报》1908 年 11 月 13 日；《掌江苏道监察御史石镜潢奏印花税恐多窒碍请饬部缓行折》，《盛京时报》1908 年 11 月 12 日；《安徽巡抚冯煦奏印花税骤难举办折》，《申报》1908 年 8 月 21 日。

② 《世中堂仍请缓行印花税》，《盛京时报》1909 年 9 月 24 日，《申报》1909 年 9 月 11 日。

③ 《拟以印花税筹办海军》，《大公报》1907 年 12 月 4 日；《印花税之用途》，《盛京时报》1909 年 4 月 14 日；《提印花税充海军经费》，《盛京时报》1909 年 6 月 15 日；《印花税之用途》，《大公报》1909 年 4 月 11 日。

④ 《请办印花税充谘议局经费》，《申报》1908 年 10 月 10 日。

税,“印花税之举办,实为抵补土膏税厘大宗入款,该税系本部所奏办,应即认定为国家税,所有一切支收造报均不得视为地方税”,[①]彻底消除了地方官的觊觎念头,所以地方官自然不会热心。同时,在地方利益遭到损害时,普遍抵制成为主流也是顺理成章的。

三是风俗习惯。中国幅员广阔,风俗习尚所在不同,交易必用契约也只是在通商大埠流行,民间交易凭中人介绍,倒不见得皆用契约,就官方而言,“非强贫民必立契据,必贴印花”的做法也是常见现象。虽然不贴印花,遇有诉讼,官不为理,相应的权益将得不到政府可能的保护,但从实际来看,无论城乡,人们更多的是依靠熟人社会的处事逻辑来处理身边的矛盾,甚至在一些人们的思想中,凡事不与官、屈死不告状的观念还相当强,“官不为理”对平民百姓来说并不是大不了的威胁。另一方面,人们对国家概念的理解也就是完纳赋税,除此之外便不与国家发生联系,不存在保护与被保护的意识,且中国自古以农立国,专恃耕作土田所出,藉以供租税而养身家,“上完国课,下养老幼”是一种理想的生活状态,其中的国课也仅指田赋类的农业税,而多把商税理解为苛杂,印花税就是在这样的无用和苛杂中走向普通百姓,抵制与仇视乃情理之中的事。从情感上讲,“印花之税诚当今之良法也,仿而行之,则从前扰民贫商之政,可以一律停止矣。独是闾阎小民,少见多怪,难始易终。而胥吏之藉端肆扰,遇事讹索,习与性成”,如果仿行不善,则“国家多一番之改革,人们亦增一番之扰累”。[②] 再者,“累朝以来,圣君贤相莫不以横征暴敛为戒……人情习于贪吝,耽于安乐,一闻征税,心为之悸,色为之怫”,[③]对开征新税更是心存敌意,“一切赋税都被认为是纳税人的一种负担”,新税尤其明显,人们为此所做的牺牲是新生的、可见的,因此抵制也是最强烈的。

四是技术因素。“初办之时,应从宽简”的主导思想,使印花税的课征对象极其狭小,到第二次试办之时,所定税目为两类29种,第一类21种,采取定

① 《申明印花税之性质》,《盛京时报》1910年4月17日,《大公报》1910年5月1日;《印花将定为国家税》,《盛京时报》1910年6月1日;《印花税究竟是何性质》,《盛京时报》1910年10月27日。

② 《论重行印花税》,《盛京时报》1908年8月15日。

③ 《论实行印花税》,《盛京时报》1908年9月6日。

额税率,征收尚且较易,第二类8种,采用比例税率,在计算上比较烦琐,征收不易,并且已如前述,对发货票、公司股票、抵押字据、承揽字据、租赁字据、延聘合同等,尤其是析产字据、承嗣字据等的管理,依据当时的条件,能否管理到位,值得怀疑。这些税目的设定,与当时试办印花税要突出解决财政问题密切相关,其实是对税目设定考虑得欠缺,导致的结果是税收成本的增加、税款收入的微小和人们的反感。更为主要的是,在半殖民地时代,主权的丧失使税收难以推广到洋商,致使税收的公平原则缺失,商民焉能置之不理? 而这一问题的直接反应是:洋商通过外交途径来抵制;部分华商通过各种途径来寻求外商的庇护;众多华商要求划一章程,期求公平。这是一个弱国很难解决的问题,直到民国时期也没有完成!

三、艰难探索的终结

自1889年李鸿章提议开征印花税以充海军经费,迄至清帝国灭亡,历时20余年,印花税曾两度试办,税则虽不断地修正和完善,却始终效果不著。

宣统二年八月,前河南补用知县应秉钧(曾参与江苏省第一次印花税的试办活动)上奏度支部:(印花税)宣统元年由度支部奏准颁行全国,历时一年,各省依然有对抗行为,偶有执行者,征收税款也少。推究厥因,一是印花税的社会功能不全,印花税本为尊重契约的一种征信,贴用印花即可"得于法律范围以内享受相当之权利,免被强悍或狡黠者之所侵侮",但是,"所行税法,除违章不贴者有事到官不为讯理外,并无别种手续,殊难惹起人民纳税之热诚。既无权利之可享,何能责以义务之必尽?"即使征收印花税未达到苛刻烦琐,而其他繁杂的税捐在试办印花之始未免除,这就给各省以反对印花税的借口。二是宣传讲解较少,"未经编订细则,为之刊布,只恃地方官之一纸告示,真相未明,咸疑物必有税所致",导致的结果往往是"宗旨未及宣布,舆论已为哗然",窒碍之处甚多。三是调查研究不够,我国幅员辽阔,各省风气殊俗异宜,一旦实行印花税,欲使各适其宜,无稍窒碍,"不先将各处之通行例与习惯例等为之调查详细,参互考订,稍事变通,归诸齐一,势难猝获圆满之效果"。因此,要使印花税得以通行,"人人有乐输之忱",必须注重调查研究,并在此基础上进行税法调整,更革征收手续,否则"势恐仍难发达",为此,他拟出了详细的实施方案和应对措施,所做调查以浙、皖、赣、直、川诸省的习惯及成案为标准(新疆回藏蒙古等处,地处辽远,风俗各异,未及调查),参以现行法规及新订商约条文,“酌中以定,以冀通行于各直省”。①

应秉钧的目的很明显,希图尽快推广印花税,然而,当时全国的情形是:

庚子之后,清政府财税资源极其匮乏,责令各省筹集庚子赔款,中央亦无力支付地方筹措练兵和举办“新政”等各项经费,故饬令地方自筹自为,致使添捐加税,花样百出,旧税加重,又添新税。正如马克思所说:“中国在1840年战争失败后被迫付给英国的赔款,大量的非生产性的鸦片消费,鸦片贸易所引起的金银外流,外国竞争对本国生产的破坏,国家行政机关的腐化,这一切就造成了两个后果:旧税捐更重更难负担,此外又加上新税捐。”②此时的情况更为严重,各种苛捐杂税名目甚多,百姓本已无力承受,若再推行印花税,人们势必怨声四起。而印花税的推行,往往是仅凭地方官的一纸告示就开始征收,没有达成广泛的共识,百姓深恐每件物品都有税而纷纷对抗。一些地方商会团体也群起抵制,使印花税很难推行。基于此种形势,多数省份的督抚为维护本地区的利益及稳定,也不断吁请暂缓办理。

苛捐杂税导致的另一个恶果,则是各地抗捐税斗争风起云涌。

在直隶,光绪二十九年(1903),沙河县为筹措学堂经费,就地抽收煤厘,各窑户在许虎文的策动下,聚众抗税,殴打税差,遭到镇压,许虎文被逮查办。光绪三十四年(1908)十二月,热河阜新县蒙民聚众放火烧毁了当地税局;宣统元年(1909)八月,平泉宽城乡民聚众数千抗税,焚毁税局,遭弹压,被巡兵击毙18人。在河南,光绪三十年(1904)八月,邓州发生聚众抗税事件,乡民围攻州署,烧抢烟叶税局,据陈夔龙奏称:“南阳民俗本为刁蛮,尤以邓州、新野两处为尤甚,历年闹署抢局案非一次。”光绪三十四年九月,邓州乡民再次发生聚众抗捐闹署事件,朱寿墉在奏折中称:四百多人,手持农器,涌至州署,“女则嚷骂,男则打毁暖阁门窗,并攫取二堂屋内银钱、衣物”。邓州城北关的

① 《前河南补用知县应秉钧为呈进印花税条议事致度支部堂上禀文》,中国第一历史档案馆:《清代两次试办印花税史料》,《历史档案》1997年第4期,第45—51页。

② 马克思:《中国革命和欧洲革命》,《马克思恩格斯全集》第九卷,人民出版社1961年版,第111页。

烟叶税局也被砸抢,钱物、税票被抢走,司事周景棠被殴辱勒索。长葛县亦于宣统二年因苛捐激变,发生砸抢税捐局所恶性事件。在江西,光绪三十年七月,乐平县因学堂抽收靛捐,激起民变,"纠众持械,入城放火,烧毁衙署",三十三年八月,乡民再次持械聚集,捣毁厘卡,围攻县城。宜春县于宣统元年八月,发生抗捐仇绅聚众攻城事件……其他各省份如广东、广西、福建、四川、云南、贵州等,均有不同程度的抗捐税斗争。中国百姓在"忍者自安"的信条下,一贯奉行的是中庸之道,若非忍无可忍,是不会冒着杀头的危险去抗捐抗税的。由此也说明,抗捐抗税斗争已不再是一个单纯的经济问题,已演化为必须解决的政治问题。①

印花税的开征,由于本身没有推广开来,且由于其征收不由胥吏假手,完全听民自便,故未有抗税殴差情事的记录,有的只是各种团体组织的反对和抵制,这也是印花税与其他税种的不同之处。比如,征收屠宰税时,屠户往往手持利刃,而身怀利器者在愤怒之时难保不发生出格举动而酿成惨案,此种事情并不少见。

虽然抗捐税斗争全都被镇压,但如火如荼的抗捐起义事件已说明了一点:财政为立国之本,本动而政衰,衰极则变,晚清腐朽的根基已如溃烂至无法治愈的脓疮,容不得任何形式的穿刺。

这一时期,晚清政治风云变化多端:

清末新政所进行的一系列改革,符合当时中国历史发展的要求,也起到了一定的积极作用,但其副产品不容忽视:晚清经济政策的推行,使近代工商业得到了一定的发展,但清政府督令成立的商会及城镇乡自治团体等,却并非如其所愿,这些团体的出现无形中成了清政府有组织的对抗机关;铁路国有政策的推行,不但没有实现国家资本主义的理想,却引来了更多的反对和致命的打击;文化教育方面的改革取得了显著成效,培养了一大批崇尚民主和法制的新型知识分子,但却大多走向了清政府的对立面;军事方面的改革,编练的新军表面上看起来足壮国威,但却是一颗极其危险的炸弹;政治改革使社会各阶层

① 所述史料均来源于中国第一历史档案馆、北京师范大学历史系选编:《辛亥革命前十年间民变档案史料》(上、下),中华书局1985年版。

的精英分子参与政治的热情空前高涨,在他们朦胧的意识中,开国会、实行君主立宪就可以直接使中国走向民主和富强,因此,他们对宪政改革的热切期盼显得格外的急不可待,在遭到挫折时也必然会引起他们更为强烈的不满。这些原本属于体制内的力量最终走向体制之外,与革命力量结成了联盟,不仅严重地削减了清政府自身的政治资源,而且大大扩充了自己的反对力量,这对于统治地位本来就摇摇欲坠的大清王朝来说是十分危险的,这也是改革者所始料不及的。[①]

从微观上看:宣统二年(1910)一月,同盟会会员汪兆铭谋刺摄政王载沣,黄兴策动广州新军起义;三月,长沙饥民起义;五月,山东莱阳"连庄会"起义反对苛捐。同年,东三省鼠疫炽烈,江苏、安徽北部大饥。宣统三年四月,黄兴广州起义;五月,湖南、湖北、广东、四川纷起反对铁路国有政策;九月,清廷派兵镇压"保路运动"酿成"成都惨案",并引发武昌起义;十月,武汉军政府成立,随后各省纷纷独立,脱离中央。被迫之中,清帝宣布退位,大清帝国完成了它的历史轮回而寿终正寝。

小　　结

晚清政府两次试办印花税的效果均不理想,没有能够为其困窘的财政带来相应的支持,徒使国家行征税之名,而无征税之实,还惹得上自中枢、下至商民的群起反对,直闹得沸沸扬扬,使得被一致赞誉为良税的印花税几至停滞,终清之世,未能推广。效果不著的原因前已述及,兹再作小结:

一是在士大夫阶层,大多昧于大势,津津乐道于均输平准之法,往往以轻徭薄赋来衡量政治的良窳优劣,这是对现代财政理论茫然无知的一种表现,不能从国家财政的角度出发,提出有益于社会发展的改革方案。

二是晚清政府财权下移导致了中央权威的丧失,致使每一制度的推行必然一波三折,充满抵制倾向。尤其是在与地方争利的情况下,地方大员为图自保,配合不力,从而使各项政策不能得到较好的落实,或形同虚设,或虚于应

① 朱英:《晚清经济政策与改革措施》,华中师范大学出版社 1996 年版,第 273—293 页。

付。同时，由于政局动荡，地方官在守土求稳的逻辑下，较多地采取地方保护主义，也为中央政府政策的执行设置了较多的障碍。

三是每一制度的推行必然要经历反复的论证，从拟议到实践本身就没有一条笔直的通道，改革遇到阻力在所难免。试办印花税的拟议过程漫长，并多流于奏稿、条陈等书面形式，舞弄之弊较为突出，实际调查欠缺，宣传讲解不足，在议论了很长一段时间后，仍然是"官民不知印花税为何物"，实为倡导者的一种悲哀。

四是晚清印花税的推行，实际上并不是财政制度自然而逐步的完善过程，而是为解决燃眉之需所采取的应急之法，众多论证只是停留在能否筹集巨款层面上，财政理论及法理精神上的考虑尚不具备。

五是财政的进步受经济发展的制约，税制进步，必须先求经济进步。我国是一个农业经济社会，而印花税是工商业经济社会的税种，以工商业经济社会的税种，行之于数千年历史的农业经济社会，所以不无窒碍难行之处，抵制在所难免，成效不大也在情理之中。能使税收旺盛，财政才有起色，才有进步，所以财政的进步，其关键不在财政本身，乃在经济。①

制度的移植与嫁接难免会产生诸多不良反应，有时甚至是致命的。在理论与实践均准备不充分的情况下引进西方的印花税，并没有为清政府带来预期的效果，尽管如此，晚清政府两次试办的经验却为后来中国印花税的发展奠定了基础。民国成立，承袭了晚清遗产，印花税的开征亦属水到渠成。可以说，印花税作为近代中国引进的第一个西方税种，它的开征代表着中外税制融合的趋势。

① 马寅初：《财政学与中国财政——理论与实践》，商务印书馆2001年版，第231页。

第三章

曲折的历程:北京政府印花税的立法过程

民国肇造,政权更替。1912年元旦,中华民国宣告成立,3月11日南京临时政府公布的《中华民国临时约法》第十三条规定:"人民依法律有纳税的义务。"4月1日孙中山辞职,4月2日袁世凯在北京就任临时大总统,史称北京政府或北洋政府。

北京政府继承了清代遗留下来的沉重外债与赔款负担,沿袭着前清大多旧制,继续征收各种税捐。清政府长期的纷争,使印花税得以短暂推行,其明显的结果是使民国印花税的开征少了很多的文墨之争而直接进入立法程序和征收实践。

在崇尚法治的民国初年,众多的法律规范经参议院核议、大总统批准等法定程序后公布实施。《印花税法》依照法定程序,于1912年10月21日由临时大总统令公布,并于1913年3月1日正式实施。这是我国按照现代法律程序公布施行的第一部税法,且不论后来政权如何交替,这部税法主体一直在全国行用。此后,印花税法又经过了数次的修订和补充,法制建设渐趋完备。印花税法不断修订完善的过程,体现着税法的传承性和趋优性,但囿于社会政治、经济诸因素,印花税法又显示出一定的时代缺陷。

治外法权和关税自主权的丧失,使得印花税的征收出现了严重的内重外轻现象,税法不能普及洋商甚至租界华商,增加了印花税法推广的难度,而这一问题,至北京政府结束,中外磋商仍未完成,留给国民政府一个亟待解决的难题。

第一节　印花税法的设立与演变

民国初建，各省独立，中央收入几等于零，面临着严重的财政危机。袁氏当国，大借外债，各项政务，无一不与外债结缘；外债还不足以弥补，则靠中国、交通两银行滥发纸币。[①] 为解决这些问题，历任财政总长都把整理税制作为治理财政方针之一，其中，对于开征印花税都寄予了相当的希望。与晚清相比，北京政府拟议开征印花税时，来自于体制内部的阻力并不大，地方大员的抵制也不如晚清时期那么多见，因此，印花税法制体系乃得以不断发展。

一、印花税法制体系的初步形成

（一）《印花税法》的颁布

民国成立后，南京临时政府曾议准《暂行印花税法》，其内容与前清度支部所颁发印花税章程大略相同，但没有来得及颁布，临时政府即北迁。

1912 年 4 月，熊希龄由沪入京掌北洋财政前，对开征新税并不热心。有媒体称，政府前以财政困难，特提出印花税案，送交南京参议院，希望该院早日通过实行，以济眉急，此案虽获通过，但熊希龄却通电反对，"自武汉军兴以来，民生艰难，地方凋零，已有日不聊生之势，若再以印花重税，民不变何待？愚意极不谓然"，主张待将来元气大复之后，再议实行。[②] 及至进京主政后，仍不主张开征印花税。1912 年 5 月 7 日，熊希龄在国务院议及印花税时，仍称"各省灾歉之余，复遭兵燹，维持现状尚多不易，且国民之艰窘实较政府倍蓰"，拟仍先由整顿旧税法入手，以期增加国家之岁入而减轻国民之负担，决定缓行印花税，并得到了国务总理唐绍仪的认同。[③] 1912 年 5 月 13 日，熊希龄在参议院发表财政施政方针演说时，提出了整理办法八条，其中之一便是要

① 杨荫溥：《民国财政史》，中国财政经济出版社 1985 年版，第 2 页。

② 《熊总长反对印花税》，《盛京时报》1912 年 4 月 13 日，《大公报》1912 年 4 月 11 日。

③ 《议决缓行印花税之确闻》，《盛京时报》1912 年 5 月 12 日。

"改良税则以均国民之负担",认为"中国旧税,民为所困,今改通过税为营业税,以备加税免厘,其余旧税,当改者田赋为大宗,新税当改者,以印花、所得税为大宗,然均非可猝办者。惟契税、酒税尚能设法速办"。[①]一方面认为印花税为应办新税之大宗,一方面却认为不可猝办,此中的矛盾大约有两种:一是法规的制定需要时日,民初社会对法制的渴望决定了凡事需立法为先,在百废待兴之际,立法头绪太繁,需要一定的时间;二是民生元气的恢复也需时日,处于极度困苦的商民已无力负担沉重的赋税。由此可见,开征印花税的阻力不是来自社会和地方势力,而是体制内部的因素使然。

而在此前后,部分省份在国家印花税法尚未建立的情况下,已迫不及待地拟征印花税。湖北于1912年3月就拟定了湖北省《印花税章程》21条呈请都督府查核,只待议会议决,拟即开征。印花税票式样分为黑(十文)、蓝(二十文)、黄(一百文)、红(一串文)色四种,无论各项票据,均采用比例税率,10串文以上贴印花10文,最高10万串以上贴5000文。[②]浙江也于印花税法公布前开征此税。广东都督胡汉民以广东财政困难,拟兴办印花税,以为补苴之计,电请国务院批准。[③]事实上,财政部此前已因"民生凋敝",实行印花税"殊属不合",下令停征,以昭大信,命令各省"无论何项税务,均着缓征"。[④]

1912年7月,周学熙继任财政总长,他在向参议院报告其施政意见时,提出了一系列的财政改革计划,主张设立银行,统一币值,更新税制,开征印花税、遗产税和所得税等,从而使印花税的立法工作迅速得以实现。[⑤]北京政府财政部于是参照清末公布的《印花税则》,制定《修正印花税法草案》,此草案经国务院转呈临时大总统审核后,于1912年7月10日提交参议院审议。

但是,参议院的议决过程并不那么顺利。虽然只是个别文字的更动,但却

---

① 《熊总长演说补救财政办法》,《申报》1912年5月16日;《国务卿莅院演说之概要》,《盛京时报》1912年5月16日。

② 《鄂省将行印花税》,《申报》1912年3月20日;国家税务总局主编:《中华民国工商税收史纲》,中国财政经济出版社2001年版,第45—46页。

③ 《广东欲办印花税》,《盛京时报》1912年7月11日。

④ 《诘问浙江实行印花税》,《盛京时报》1912年6月6日。

⑤ 中国第二历史档案馆编:《中华民国史档案资料汇编》第三辑,财政,江苏古籍出版社1991年版,第58—61页;国家税务总局编:《中华民国工商税收史纲》,中国财政经济出版社2001年版,第46页。

历时数月方才完成税法的审议,据当时的媒体称,系党见原因所致,其中也有可信之处。《申报》称:“当此财政困难之日,仿照文明各国制度,推行印花税法,自不能有所反对,惟因参议院中同盟会与统一共和党两派向与财政部挟有意见,故凡财政部所交之议案,无论官□、税法、公债等,无不力予攻击延宕,自开院至今四五月之久,对于财政部之议案,尚未有一种议决。此项修正印花税法草案交院后亦已数月……既经排列议事日程,以后复节经展缓,至本月七号始得开第二次读会讨论,因挟党见,而于财政部诸多留难。”[①]《盛京时报》则称:“印花税法已列二三十次,再不提出,未免太久,且印花税法九月已有半月”,已到了不能再推托的地步。[②] 从议决《印花税法草案》的内容看,主要是文字的斟酌、部分税目税率的调整、罚则过重的酌减和税收起征点的争论等细节问题,税收的原则与法理探讨则不是核心问题,[③]从另一侧面反映出一部分议会议员对税收缺乏相对深入的了解,仅能从字面上寻找些所谓的漏洞进行争论,以完成其履行职责所必需的象征性动作。《印花税法》经过议决后,于1912年10月21日由临时大总统令公布施行。这是中华民国成立后按照法律程序公布施行的第一部税收法律(见附录3),其主要内容如下:

1. 课征对象及税额

《印花税法》第一条规定:“凡财物成交所有各种契约、簿据可用为凭证者,均须遵照本法贴用印花,方为适法之凭证。”这是印花税法总的原则,表明以凭证为纳税对象。具体贴花凭证,依第二条规定,采取列举凭证的方法,分两类26种凭证,分别规定税额贴用印花。第一类列举的凭证为价值在银元10元以上的发货票、寄存货物文契之凭据、承种地亩字样、租赁各种物件之凭据、当票、铺户所出各项货物凭单、预定买卖货物之单据等15种,采用定额税率,贴用印花1—2分不等;第二类列举的凭证为提货单、各项承揽字据、保险单、各项保单、存款凭单、公司股票、汇款、期票、遗产及析产字据、借款字据、铺户或公司议订合资营业之合同等11种,采用比例税率,纸面银数10—100元

---

① 《参议院议决印花税法之详情》,《申报》1912年10月14日。

② 《参议院第七十一次开会纪事》,《盛京时报》1912年9月19日。

③ 《参议院第八十二次纪事》,《盛京时报》1912年10月12日;《参议院议决印花税法之详情》,《申报》1912年10月14日。

者,贴印花2分;100—500元者,贴印花4分;500—1000元者,贴印花1角;1000—5000元者,贴印花2角;5000—10000元者,贴印花5角;10000—50000元者,贴印花1元;50000元以上贴印花1.5元,至此为止,不再加贴。

《印花税法》所列举的纳税凭证,系以税额为凭证分类的标准。但列举的凭证没有说明其性质,征纳双方往往引起争议。同时第二类凭证采用分级比例税率,分级达7级之多,难以记忆,纳税人贴用印花时,容易发生错误,不便之处显而易见。个别税目的设置,没有考虑当时的社会经济状况,如承种地亩字据征收印花税,加重了佃农的负担,向贫民课税有违税收的公平原则。

2. 违章处罚

根据《印花税法》第八条、第十条、第十一条的规定,印花税的罚则有五点,体现着印花税轻税重罚的特点:一是应贴印花的凭证,如不依法贴用印花,或贴用印花未盖章画押注销的,按应贴印花税额或未画押注销的印花税票金额,罚贴印花100倍。二是已贴用印花并已盖章或画押注销的,如未按照税法规定贴足者,其短贴之数,罚贴印花50倍。三是已贴用的印花税票,不准揭下重贴,如发现有重贴印花税票,应照重贴税票金额,罚贴印花300倍。四是所有漏贴、短贴或废票重贴金额,除按规定处以罚金外,还应按漏贴、短贴或重贴部分,补贴印花税票,并照规定画押注销。五是对伪造或改造印花票的,按照刑律伪造纸币例处罚。

上述规定在执行中,往往是罚则规定处罚的倍数大,而实际处罚的金额并不多,也没有弹性,轻税重罚的特点并没有完全显现出来。对税额低的凭证,如定额为1分、2分的,按100倍处罚,亦仅罚1元、2元而已。对凭证所载金额小的,不足以儆效尤;对凭证所载金额大的,又嫌过重。财政部针对上述问题,于1914年10月提出《修正印花税法》方案,经参议院议决后,于同年12月7日由大总统申令公布执行。修正内容,主要是将税法原按漏税金额计算的倍数罚金,改为按一定幅度金额酌情核定罚金数额,一是《印花税法》第二条第一类列举的凭证不按规定贴花或贴花不注销的,处以10—20元的罚金;贴不足数的,处以5—10元的罚金。二是第二类列举的凭证不贴印花或贴花不注销的,处以20—200元的罚金;贴不足额的,处以10—100元的罚金。三是已经贴用的印花,揭下重贴的,处以20—100元的罚金。如此调整后,税法的威慑作用大为提高。同时，税法条文也作了相应的调整，由原来的13条压缩为11条。但以提高罚金数额来推动印花税的征收，效果并不显著，反而使漏税更加隐蔽。

3. 免税项目

《印花税法》第三条规定，国家所用之契约簿据，不贴印花，但有营业性质之各种官业，仍依本法贴用。第十三条规定，财物成交，在本法所定印花施行以前者，免贴印花。但遇有诉讼时，仍应按照第二条税额补贴印花。各种契约、簿据其价值在银元10元以下者免贴印花。

4. 印花税票样式

《印花税法》第九条对印花税票的式样进行了规定，印花票种类分为五种，赭色（一分）、绿色（二分）、红色（一角）、紫色（五角）、蓝色（一元），其印制与发行销售问题，税法没有明确规定，在税法第十二条中，仅笼统地规定："印花由财政部颁发各省行用。各地方以奉到部发印花后30日，为本法施行之期。京师施行本法时期，由财政部定之。"其详细的规定则分别见于后来出台的《印花税法施行细则》和《贴用印花税票细则》中。

同时公布的还有《暂行印花税施行章程》12条，对印花税的发行程序等进行规定：印花税事务，由财政部赋税局管理，不设专局；印花票花纹式样，由财政部制定印造颁发；各省发售印花税事宜，即由各省财政司赋税科管理，遇有报部公件，由司径呈财政部；各省每县应招总发卖若干人承办发售印花，由总发卖人发卖于各分售人，由分售人发售于需用者；总发卖人须殷实商家，取具地方商会切实保结，由地方官查明请该管财政司核准，发给承售印花执照；各分售人须殷实铺户，由总发售人承招，并报地方官存案；发售印花照票面价值提7%作经售人费用。此7%的费用，总发售人应得3%，分售人应得4%等。该规定公布不久，即为后来的《印花税法施行细则》所替代。①

（二）《印花税法施行细则》的公布

1912年12月12日，财政部以第二号令公布了《印花税法施行细则》18条

① 江苏省中华民国工商税收史编写组、中国第二历史档案馆编：《中华民国工商税收史料选编》第四辑（下），南京大学出版社1994年版，第1891—1892页。

(见附录4),对印花税票的发行和销售做了具体规定:一是财政部内设立印花税票总发行所,由赋税司直接领导,办理印花税票的发行及有关税政等事务;中国总银行、邮政总局、电报总局、京师及各省会商务总会为各处分发行所,各分发行所认定其分支机构为支发行所,各支发行所认定代发行所,采用逐级连带负责制,负责印花税票的保管和销售工作。1913年5月财政部又认定海关监督和常关监督为分发行所。同年6月各省国税厅筹备处次第成立,财政部为普及起见,又认定各省市国税厅筹备处为分发行所。7月,又委托京外各级检察厅发行印花。二是各支发行所承售印花所需经费,由分发行所按照实售印花票面价额扣提7%自行分别开支。三是各发行所每月所收票价,应于次月内报解于原认之发行所,以次转解财政部核收,不得拖欠。每季度终了,于次月将承领印花及已发行、未发行各数目造册呈报上一级发行机构,然后汇总呈报总发行所。四是各发行所依据《印花税法》第十二条的规定,以奉到部颁印花后30日为施行日期,应于奉到印花之次日请由该地方官将施行时期于所管区域内详细出示晓谕,京师施行时期由财政部定之,函知内务部、步军统领衙门、顺天府出示晓谕。

根据《印花税法施行细则》第二条的规定,各分发行所被认定后,分别制定了各自的《发行印花税票专则》,经财政部核准后,即按照办理。各分发行所《专则》规定有关承领印花的程序,原则是印花税票由总发行所发送分发行所,再由分发行所负责,层层发给其所认定的销售单位。领发印花税票的手续、售得税款的解缴时间、手续费的支付及税票税款的损失处理等,在所订《专则》内均有明确的规定。总的体制是采取分系统层层负责制,由分发行所对财政部总发行所负责。对代发行所请领印花,除邮政信柜得按照代售邮票章程办理外,各商店于请领印花时,应先缴清票款,才准领票销售。

如1912年12月26日,经过财政部与邮政总局反复磋商后,制定颁布《邮政总局发行印花专则》12条,明确规定了邮政总局在发行和销售印花税票时的权利义务,对税款报解的方式及时间给予了详细规定:"邮政总局所认定之支发行所及代发行所所收票价,应于每月终截数报解。有中国银行之分行或支店地方,应就近解交该分行或支店代收,无中国银行之分行或支店地方,应汇解该发行所最近之中国银行之分行或支店代收。其汇费应准于解款内扣提。”同时规定,“各邮政局发售印花之账目,财政部得随时以部令派员清查,先期知照交通部转饬接洽”,“财政部对于发行印花税票,随时颁发部令,邮政局应一律遵守”。[①] 进一步明确了系统权限以及各分发行所与财政部门的协作关系。1912 年 12 月,财政部制定颁布了《委托国税厅关监督发行印花细则》,对于各地国税厅筹备处、海关监督、常关监督代销印花税票的有关事宜进行了规定。[②] 1913 年 6 月,交通部电政司拟定了《发行印花专则》11 条,经财政部核准后,定名为《交通部电政司发行印花专则》,公布实施。[③] 1913 年 7 月,财政部又制定颁布《国税厅关监督发行印花专则》7 条,要求各国税厅、关监督遵章照办理。[④] 与此同时,中国银行也拟订了《发行印花专则》12 条,经财政部核准后,定名为《中国银行发行印花税票专则》。[⑤] 1913 年 7 月,财政部致函司法部称,印花税初行之时,“民间多有未知,审判官为尊重法律并保护人民财产起见,遇有未经贴用印花之凭证书类,其业主实系不知并非故意脱税者,不能不当堂令其补贴,俾归有效”,为便利起见,由司法部转饬各检察厅,于发卖状纸处兼售印花,“诉讼时遇有应补贴印花者,即令向发卖状纸处购取,小民省奔走之劳,公家得推行之便,一举而数善备焉”,为此另订《发交京外各检厅备用印花专则》6 条,依据各地不同情况,酌量分配印花税票,以备使用。[⑥] 其他如各地商会等,在此前后,均拟定了发行专则,对本系统内印花税票的销售、保管等细节问题进行了规定,得财政部核准,先后施行。

1913 年 2 月 5 日,财政部赋税司依据《印花税法施行细则》的规定,成立

① 《财政部委托邮政总局为印花分发行所的有关文件》(1912 年 10—12 月),《中华民国工商税收史料选编》第四辑(下),第 2312—2314 页。

② 《委托国税厅关监督发行印花细则》(1912 年 12 月),《中华民国工商税收史料选编》第四辑(下),第 2316 页。

③ 《交通部电政司拟定发行印花专则函及财政部的复函》(1913 年 6 月),《中华民国工商税收史料选编》第四辑(下),第 2317—2318 页。

④ 《财政部颁发〈国税厅关监督发行印花专则〉致各省国税厅各监督函》(1913 年 7 月 23 日),《中华民国工商税收史料选编》第四辑(下),第 2323—2324 页。

⑤ 《中国银行拟订发行印花专则致财政部复函》(1913 年 7 月),《中华民国工商税收史料选编》第四辑(下),第 2322—2323 页。

⑥ 《财政部抄送〈发交京外各级审检厅备用印花专则〉致司法部函》,《中华民国工商税收史料选编》第四辑(下),第 2319—2320 页。

印花税票总发行所,并公布《印花税票总发行所章程》8 条,[①]在各省陆续设立了印花税票分发行所。

至此,开征印花税的立法与征管机构准备业经初步完成。

1912 年 10 月 30 日,财政部饬令其指定的印刷厂"财政部印刷局"印制以长城与五色旗为主图的印花税票,一套五枚(长城寓意中国,红、黄、蓝、白、黑五色国旗为汉、满、蒙、回、藏五族共和之意),合同首批订印 1 亿枚(计 1 分票 6000 万枚、2 分票 2500 万枚、1 角票 800 万枚、5 角票 400 万枚、1 元票 300 万枚),约定分期交票,首批交票日期为当年 11 月 26 日。然而印刷局由于新盖邮票厂并添购机器,将承印印花税票一事拖至 12 月 5 日方才开印,致使印花税票不能按期交部。原定于 1913 年 1 月 1 日施行的印花税,由于印花税票未印就,改为 3 月 1 日起先在京师施行,各省区在接到部颁印花税票后 30 日内开征。

(三)《贴用印花税票细则》的颁行

《印花税法》第三条规定:"国家所用之契约簿据不贴印花,但有营业性质之各种官业,仍依本法贴用。"但在执行中,交通部提出异议,认为该部所管路、邮、电各政"本系官业,然究非纯然营业性质,其中大部分所注重者,乃交通行政",所涉业务除与私人买卖物品应由对方照章贴用印花外,"凡局内所用契约簿据,既为政府正式规定,自可作为凭证,无贴用印花之必要"。至于路、邮、电各局之间,例如邮局与邮局或与路、电各局,及其与其他官署互相往来的契约凭据,既同属国家机关,亦应免贴。财政部认为:按当时邮、电、路情形,属营业范围,应按照《印花税法》第三条规定,一律贴用印花。因解释权问题,财政部提交国务会议讨论。国务院认为:官业含有营业性质的,不仅交通部有,其他部门也有此种情况,"若经此次议推路、邮、电三局免贴印花之后,再有此种公家营业发生,不免又须提议,枉费手续",要求财政部统一制定贴用印花税票细则,提交国务会议讨论。同时,各地征收机关与电报局也因电报收照是否贴用印花一事不断请示如何办理,其争议焦点仍在官业性质与营业

① 《财政部赋税司请核定〈印花税票总发行所简章〉付》(1913 年 2 月 5 日),《中华民国工商税收史料选编》第四辑(下),第 2174—2175 页。

性质的区分上,于是财政部就贴用印花事项,草拟了《贴用印花税票细则》,于1913年11月22日报国务院,经11月25日国务会议议决照办,由财政部公布执行。①

财政部公布的《贴用印花税票细则》共七条,主要内容有:

(1)国家所用契约簿据,除公法上行为所用者不贴印花外,其私法上行为的证明,应一律贴花。如任用人员不是依照任官的形式任用的,买卖对象不是行政上所需用的,一律贴花。

(2)有营业性质的各种官业,如航、路、邮、电各局,各银行及印刷局、造纸厂等,其契约簿据,都应一律贴花。

(3)凡行为契约,系对于现已存在的对象,例如包运货物之类,无论其契约用何种名称,均应依照《印花税法》第二条第一类各项包单定额税率贴花。对于现未存在之对象的行为契约,例如承揽工程之类,亦无论用何种名称,都应按照《印花税法》第二条第二类列举的各项承揽字据,用累进税率贴花。

(4)凡契约有继续性质,但无确定继续期限,应依契面所载数目,加12倍计贴印花。如立约已逾一年,仍旧使用,应依照《印花税法》第五条关于凭折的规定办理。

浙江省国税厅筹备处于1913年5月呈请财政部解释《印花税法》第三条规定"国家所用之契约簿据不贴印花"的范围及界限,要求明确各种官立学校和私立学校是否一视同仁。财政部于5月27日做出答复,并通知各省国税厅筹备处执行。财政部明确了三点:(1)税法第三条内国家所用之契据簿册一语,系指国家公法上行为所用之契据簿册而言。至其私法上行为之证明,仍应一律贴用印花。(2)国立、省立、县立及地方自治团体设立之学校,均为官立学校。其余私立学校,不得视同一律。(3)官立各学校公法上之行为,如任用校长、教授等员之任命状,均可免贴印花。至于延聘人员,无论中外,均属私法行为,应照契约办理。②

---

① 《财政部关于提请议决〈贴用印花税票细则〉函及国务院复函》(1913年11月),《中华民国工商税收史料选编》第四辑(下),第1894—1898页。

② 国家税务总局主编:《中华民国工商税收史——直接税卷》,中国财政经济出版社1996年版,第276页。

(四)《关于人事证凭贴用印花条例》的颁布

由于印花税仅及证据凭折一部分,故实行以来,收税甚微,于是,财政部拟更订专条,对人事凭证类征收印花税,最初设定的税目为7项:国内游历护照(每张两元);国内游历护照(每张一元);婚书(每张两元);学堂毕业文凭(小学五角、中学一元、中学以上两元);学堂入学证书(小学二角、中学四角、中学以上八角);广告(每张二分);传单戏单(每张二分)。[①] 此为《关于人事证凭贴用印花条例》的基础,后经税法委员会详细讨论,1914年8月19日北京政府大总统申令公布《关于人事证凭贴用印花条例》,从公布之日起,与《印花税法》并行实施。对此,有人提出并入印花税法内。财政部于1914年10月23日在《印花税法修正理由》中说明:查印花税法公布以后,以人事证凭一项,便于贴用印花,可为推行之助,故有《关于人事证凭贴用印花条例》之订定。在当时立法机关早经停止,无从增入本法之内,故用条例公布,得以早日推行。人事证凭多系交纳手续费,改贴印花较为方便,纳税人也容易接受,所以并入印花税征收。[②]

《关于人事证凭贴用印花条例》列举了9种应税凭证,税额如下:

(1)出洋护照,贴印花二元;

(2)国内游历护照,贴印花一元;

(3)免税单照,贴印花一元五角;

(4)普通官吏试验及第证书,贴印花一元;

(5)高等官吏试验及第证书,贴印花二元;

(6)中学校毕业证书,贴印花三角;

(7)专门学校以上各学校毕业证书,贴印花五角;

(8)中学校入学愿书,贴印花四分;

(9)专门学校以上各学校入学愿书,贴印花一角。

《关于人事证凭贴用印花条例》还规定:上列护照、单照、证书及愿书,应由请领护照、单照或证书及具愿书的单位及个人,先缴税款,由发给的官署或

---

① 《财政部议订印花税法专条》,《盛京时报》1914年4月25日。

② 《大总统公布〈关于人事证凭贴用印花条例〉的申令》(1914年8月19日),《中华民国工商税收史料选编》第四辑(下),第1898—1899页。

学校代购贴花并盖章注销后发给使用,出洋护照学生减半贴花。婚书由当事人负责贴花。如不贴印花或不盖章画押注销的,在法庭上无合法凭证的效力,但愿补贴印花盖章画押者,应依《印花税法》第八条办理。

这一条例的颁行,使印花税一个税种拥有了两个税法,将《印花税法》最初未曾择定的人事凭证也纳入其中,未必不是民国政府任性扩充税源的穷极表现,尤其是对于学生毕业证书类的人事凭证征收税款,根本没有任何公平正义可言,完全是对税收社会原则的一种戕害,必然引起社会各界的种种非议和不满,其后在推行过程中遇到的抵制情绪正说明了这一点。

二、印花税法制体系的演变过程

任何一项法律的制定都不可能涵盖实践中的每一个具体事例,税收法律在执行过程中,通常以规范性文件的形式,对法律条文做个别的调整和解释,以适应社会与经济发展的需要。北京政府的《印花税法》,由于在制定之初,较多地考虑税收的财政原则,以征收税款为最高目标,其社会原则考虑欠缺,加之政局的变动,重新修订税则已显得非常必要,于是财政部根据实际需要,对印花税法律进行了部分的修正。

1913 年 11 月 22 日,国务院颁布《划分国家税地方税法(草案)》,再次以法律形式明确印花税等 19 种税收为国家税。1914 年 12 月 7 日,公布修正《印花税法》,12 月 21 日,财政部公布《稽核印花税办法大纲》,1915 年 1 月 14 日颁行《印花税法罚金执行规则》,1 月 18 日公布修正《关于人事证凭贴用印花条例》,印花税法律体系基本修订完成。

(一)修正《印花税法》

鉴于《印花税法》在执行上存在着一定的缺陷,1913 年,财政部特派程树德、张荣楣、程大钧三人赴日本考察印花税法,回国后,在着手制定《人事证凭贴用印花条例》的同时,即对《印花税法》进行修改,[①]并于 1914 年 10 月提出修正《印花税法》方案,经参议院议决,于 12 月 7 日公布执行,修正后的《印花

① 陈家栋:《江西财政纪要》,出版地及时间不详,第 68 页。

税法》由原来的13条修正为11条。[①]

修订《印花税法》的主要动因乃在于解决罚则中的不合理条文,修正内容,主要是将税法原按漏税金额计算的倍数罚金,改为按一定幅度酌情核定罚金数额,其第六条规定:《印花税法》第二条第一类列举的契约、簿据不贴印花或贴用时未盖章画押者,处以10—20元的罚金;贴不足数者,处以5—10元的罚金。第二条第二类列举的契约、簿据不贴印花或贴用时未盖章画押者,处以20—200元罚金;贴不足额者处以10—100元之罚金。原《印花税法》第七条和第八条删除,第十条修正为第八条,对已经贴用的印花揭下重贴的罚则,由原文的"照偷贴之数,罚贴印花三百倍"十二字修正为"处以一百元以下二十元以上之罚金"十五字。原法第十三条修正为第十一条,删除原文中"但遇有诉讼时,仍应按照第二条税额补贴印花"十九字。

经过这次修订,从理论上体现了轻税重罚的治税思想,避免了此前税法以比例课罚而产生的震慑不足或罚额较重的弊端,但税目设计上等级过多、税率税额不易记忆等问题并没有得以修正解决。同时,对于纳税意识较低的国民而言,税法初创时过严过细的制度安排未必就是好事,新税苛罚的印象极易产生,不利于其后的进一步推广。

1914年12月,财政部为调整计税依据,在给大总统的呈书中称:《印花税法》第二条所载各种契约、簿据,第一类价值银元10元以上者,贴用印花一分或二分,第二类纸面银数10—100元者,贴印花二分,用累进法贴至一元五角为止,契约、簿据价值在10元以下者,本系准其免贴,但是,"我国社会经济程度较低,寻常财物成交多在10元以下,且恐商民不明立法本意,即价及10元者亦或取巧分割,希图规避,于税务固有影响,更非国家保护契据之本旨",因此,为"酌拟推广印花税税额,以资辅助而策进行",拟请"嗣后财物成交所有各种契约、簿据除价值银元10元以上者仍依法定税额贴用印花外,其在10元以下者,无论属于第一类或第二类均一律贴用印花一分,俾与税法相辅而行。

① 《大总统公布修正〈印花税法〉部分条文的申令》(1914年12月7日),《中华民国工商税收史料选编》第四辑(下),第1899—1900页;中国第二历史档案馆编:《中华民国史档案资料汇编》第三辑,财政,江苏古籍出版社1991年版,第1496—1497页。

如此,则义取普及,习惯借可养成”。12 月 24 日,袁世凯批令:“准如所拟办理。”[①]此后,财政部又加以补充,即一元以上起贴用印花,“嗣经核定以一元起算,其未满一元者,准予免贴”。[②] 其实质是降低了纳税的起征点,扩大了印花税的课征范围,从税收法律的意义上满足了国家的财政需求,但能否为政府带来相应的财政支持仍有赖于经济的发展程度以及人们的纳税能力和意愿。

(二)颁布《稽核印花税办法大纲》

1914 年 12 月,财政部公布实施《稽核印花税办法大纲》18 条,对印花税管理机构的设置、税票的发行销售、税款的稽核报解和财务报表的分类管理等给予了详细的规定,进一步强化了对印花税的征收管理。[③]

《稽核印花税办法大纲》18 条的主要内容包括:

一是机构设置。印花税处(1916 年 11 月 2 日,财政部印花税票总发行所改为印花税处,各省随即改设印花税分处)第二科科长之下,设总稽核一员、股员六员,分为三股办事。总稽核掌管稽核全国印花税票、税款事宜。第一股掌管稽核直隶、山东、山西、河南、奉天、吉林、黑龙江、京兆、归绥等省区内各分发行所及中、交两银行册报事宜;第二股掌管稽核湖北、湖南、江苏、安徽、江西、浙江、福建、广东、广西等省区内各分发行所及新华银行、公估局册报事宜;第三股掌管稽核陕西、甘肃、新疆、云南、贵州、四川、热河、川边、察哈尔等省区内各分发行所及邮、电两局册报事宜。盐务机关及各海关、常关征收局等,均以所在地之省份分别归隶办理。

二是账簿设置。各股应设账簿包括印花税款分出纳簿、印花税款分类簿、印花税票分领销簿、印花税票分类簿。总稽核应设账簿包括印花税款总出纳簿、印花税款分股簿、印花税票总领销簿、印花税票分股簿。各股及总稽核所设账簿,又分甲、乙两种:甲种账簿登载印花税处开办以前(即截至 1916 年 11

---

① 《财政部拟对十元以下契约簿据一律贴用印花呈及大总统批令》(1914 年 12 月),《中华民国工商税收史料选编》第四辑(下),第 1900 页。

② 《财政部关于契约簿据不满一元者免贴印花咨》(1915 年 8 月 2 日),《中华民国工商税收史料选编》第四辑(下),第 2107 页。

③ 《财政部公布〈稽核印花税办法大纲〉令》(1914 年 12 月 21 日),《中华民国工商税收史料选编》第四辑(下),第 2328—2331 页;中国第二历史档案馆编:《中华民国史档案资料汇编》第三辑,第 1502—1505 页。

月份止)各分发行所之册报,系指各发行所11月份以前之册报,不论其册报所载税款系去年收入或系今年收入,均载于甲种账簿内。乙种账簿登载印花税处开办以后(即自1916年12月份以后)各分发行所之册报,系指各发行所12月以后之册报,不论其册报所载税款系去年收入或系今年收入,均载于乙种账簿内。

三是账簿管理。各股每日收到册报核算相符,由承办员于册面签名并盖核符戳记后,即分登于印花税款分出纳簿和印花税票分销簿,转记于印花税款分类簿、印花税票分类簿。如册报繁多,一日不能核算完竣者,应以核竣之日为登记日期,仍于备考栏内注明册报到科日期。各股每5日编制印花税款出纳表、印花税票领销表,呈总会办签阅后,送交总稽核复核转记于总簿内。各股印花税款分出纳簿、印花税票分领销簿,于每月月终结总一次,并根据分类簿编制印花税款差数对照表、印花税票待销对照表一份,送交总稽核核对有无错误。总稽核每5日汇齐各股税款出纳表、税票领销表,总数登记于印花税款总出纳簿、印花税票总领销簿内,并转记于印花税款分股簿、印花税票分股簿内。总稽核所登载之印花税款总出纳簿、印花税票总领销簿,应于每月月终结总一次,编制印花税款总出纳表、印花税票总领销表各一份,连同各股分表,一并送请科长签阅后,送由总会办呈明部长核阅,并根据分股簿编制印花税款差数对照表、印花税票待销对照表,以资考证。

四是税款管理。总稽核关于国库收支印花税款事宜,应设账簿有收支日记簿、收入分类簿、支出分类簿和银行往来簿。关于各机关报解印花税款事宜,应设补助账簿有各机关报解印花税款暂记簿和报解印花税款分类簿。各股每日收到各分发行所所送之缴款收据登记后,即编列号数送由总稽核分登于报解印花税款暂记簿、报解印花税款分类簿。总稽核每日收到总金库报告或本处及库藏司提用税款报告,即分登于收支日记簿、收入分类簿或支出分类簿。总稽核每10日根据收支日记簿,汇编收支旬报,送请科长签阅,送由总会办呈明部长核阅。阅定后,遵即照缮两份,以一份送库藏司备核,一份送会计司照填收支,命令交库藏司转账。

以上四项,为《稽核印花税办法大纲》的主要内容,是对印花税征收管理的文案规定,由于规定过细,加之人力缺乏和征管技术的限制等,在实际的操作中,并不能保证完全依“办法大纲”行事,加强税收管理的初衷并不能在动荡的时局中得以真正实现,只不过多了一个条文摆设而已。

(三)实施《印花税法罚金执行规则》

修正《印花税法》第六、第八两条规定:凡不贴印花之契约簿据,或贴用时未盖章画押及贴不足数,并印花票揭下再贴者,均应罚金。但如何操作,税法仅给予大纲性质的说明,细节尚待研究斟酌。为此,财政部在给大总统的呈文中称:“所有一切执行事宜,若不详加厘订,深恐无所率循”,并认为“警察与商民直接,情伪既易于周知,职权亦便于行使”,并且,所处罚金只是对漏税者以示惩儆,与涉及刑事范围者稍有区别,因此主张“其定期检查及巡官长警纠发或人民告发时应处罚金,自应均由警察官厅办理。如于诉讼时发见者,并由审检厅及兼理司法之县知事依法处罚,以辅警察检查所不及”,对于罚金收入的归属问题,认为“除警察官厅准其留用四成补助公费,余仍转解财政部核收外,其审检厅及兼理司法县知事所处罚金,即系司法收入之一种,拟仍援照呈准司法收入暂作特别会计办法,由司法部另行稽核,以符通案”。经财政部与内务部、司法部往返咨商,于是拟具《印花税法罚金执行规则》8条,呈请大总统核准。袁世凯于1915年1月14日批令:“准如所拟办理,即由部分行遵照。”①

《印花税法罚金执行规则》8条成为此后检查印花税的基本法律依据,其主要内容如下:

一是规定了检查的权限和时间。印花税的检查权属警察厅,对于应贴印花之契约、簿据,每届6个月即每年6月及12月检查一次,但初次检查时,应于3个月以前出示晓谕,定期实行。不依法贴用印花之契约簿据,于警察官厅检查时发觉及巡官长警平时纠发或人民告发,应由警察官厅依照修正《印花税法》第六、第八两条,处以相当之罚金。如于诉讼时发现的,由审检厅及兼理司法的县知事依法处罚。

二是规定了罚款数额的计算方式。罚金数目在法定范围以内,按照下列

① 《财政部关于拟订〈印花税法罚金执行规则〉呈及大总统批令》(1915年1月14日),《中华民国工商税收史料选编》第四辑(下),第1901—1902页;《中华民国史档案资料汇编》第三辑,第1505—1508页。

情形,分别处罚:不贴印花或贴用时未盖章画押者,以应贴之数比例科断;贴不足数者,以短贴之数比例科断;揭下再贴者,以偷贴之数比例科断。

三是规定了罚金的分配方式。警察官厅所收罚金,准其留用四成,补助该官厅公费;其由巡官长警纠发者,另以二成酬给巡官长警;由民人告发者,另以五成奖给原告发人;审检厅及兼理司法县知事于审理诉讼时,遇有告发不依法贴用印花事项,其奖给办法,得照前条办理。第六条规定:警察官厅按月将所收罚金,除扣提四成公费及酬奖数目外,开列清单解由财政厅汇解财政部核收,并于月终列表公布。前项解款,京师地方得径解财政部核收。审检厅或兼理司法县知事征收罚金及留用酌配各办法,分别依照《县知事征收司法各费稽核规则》及《整理司法收入规则》办理。

《印花税法罚金执行规则》的颁布实施,使印花税违章处罚得以有章可循,同时,奖励措施的推行,能够有效地调动执法者、举报者参与的积极性,但也为后来印花税执法过程中的违章操作、苛征滥罚埋下了伏笔。

(四)修正《关于人事证凭贴用印花条例》

《关于人事证凭贴用印花条例》于1914年8月19日公布实施,原设税目9项,经过短暂的施行,旋于1915年1月进行修订,1月18日北京政府发布大总统申令,公布修正《关于人事证凭贴用印花条例》。其修正要点为:

一是婚书税率由原定每件贴花1元,改为每件贴印花4角。

二是《关于人事证凭贴用印花条例》第二条内容补充三项:第一,请领护照、单照或证书及具愿书时,如不先缴税款请贴印花的,处以20—200元的罚金。第二,发给护照、单照、证书或收受愿书的官署或学校,如不收取税款贴用印花,径行发给或收受的,该管官署的长官或学校校长以违背职守义务论。第三,前项学校如系私立学校,处该校校长以20—200元的罚金。

三是《关于人事证凭贴用印花条例》第三条修正为:婚书应贴之印花,由两造主婚人各缮一纸,各依税额贴用印花,盖章画押注销,交换收执。婚书不贴印花者,处以20—200元的罚金;贴不足数者,处以10—100元之罚金。

修正后的《关于人事证凭贴用印花条例》中,关于罚金的执行事宜,财政部要求比照《印花税法罚金执行规则》办理,其第二条第二项应处罚金,即由发给护照、单照、证书或收受愿书之官署或学校送交警察官厅办理。至各官署、学校如有第二条第二项情事,应由主管各部及该管上级机关依照条例分别执行。[①] 至此,印花税的罚金执行规则趋于统一,但明显地趋于严厉且有扩充征税范围的倾向,这一点从后来的补充文件中亦不难发现。

1915 年 8 月,财政部呈准公布实施《蒙藏院发给京外寺庙有职各喇嘛札付度牒贴用印花规则》8 条,要求京外各寺庙喇嘛,由蒙藏院所发给的札付、度牒,系证明其职务及身份之用,也应作为一种人事证凭,应比照《关于人事证凭贴用印花条例》第一条所列税额贴用印花。各喇嘛札付,比照条例内普通官吏试验合格证书贴印花一元;度牒比照专门学校以上各学校毕业证书贴印花五角。同时还对京外各寺庙请领札付、度牒的手续及贴用印花的方法进行了详细的规定。[②] 由此,印花税的征收范围便扩充至宗教人士的身份证明。

1916 年 9 月 28 日,北京政府财政部在财政讨论会第六次会议讨论《关于人事证凭贴用印花条例》的修正问题时认为:《关于人事证凭贴用印花条例》施行以来,成效显著,于税收大有裨益,如出洋护照,在烟台交涉员公署一处,每年贴用已不下数万元。而各关署发行亦多用于免税单照,其所以不列入税法,是因为该条例内所列单照书类,均由各机关发给,所缴费用均系属手续费性质,且领取此项单照书类,即享有某种权利,如对此类单据证书征收印花税并不为过,所以,此类凭证虽多为国家法定机关所发给,但仍应由领受人先缴税价,贴用印花。但如果将这类凭证单照等并入印花税法,则与《印花税法》第三条国家所用契约簿据不贴印花的规定相违背,自以另定单行条例为宜,故此才有了《关于人事证凭贴用印花条例》这样一部法律。[③] 这就是我们可以看到的北京政府时期印花税一直是一个税种两个税法同时并行的奇特现象。

(五)设立特别印花税

印花税的征税对象分为两类:一类,民间财产货物权利移转所立证据;另

① 《内务部转知关于人事证凭条例内的罚金应比照〈印花税法罚金执行规则〉办理咨》(1915 年 1 月 30 日),《中华民国工商税收史料选编》第四辑(下),第 1904 页。

② 《财政部等关于拟定蒙藏院发给喇嘛札付度牒贴用印花规则呈及大总统批》(1915 年 8 月 12 日),《中华民国工商税收史料选编》第四辑(下),第 1905—1907 页;《中华民国史档案资料汇编》第三辑,第 1508—1510 页。

③ 国家税务总局主编:《中华民国工商税收史——直接税卷》,中国财政经济出版社 1996 年版,第 274 页。

一类,即民间应行纳税之物。中国创办的印花税法,是以商事产权等凭证为课税对象,其后有些消费品也使用印花税的征收方法,另立章程,名叫印花特税。当时各地推行的印花特税有如下几类:

1. 1912年7月,北京政府《验契法草案》第五条规定:"征收验契费,均以贴用印花方法行之。"1914年1月,北京政府公布了《契税条例》12条及《契税条例施行细则》21条。该《条例》第二条规定:"缴纳契税以贴用特别印花方法行之。前项特别印花由财政部颁发。"所纳税额以契价的多寡为依据,缴纳方法以粘用印花税票的方式进行。契税特别印花分6种,即赭色(五角)、绿色(一元)、红色(五元)、紫色(十元)、蓝色(五十元)、黄色(百元),其贴用方法和违章罚则,均按照《印花税法》规定执行。当时契税管理混乱,各地所收契税常以多报少,甚至截留不缴,故采用此法,以资控制。但由于印花税票印制费高,税票管理也有一定困难,终未推广。①

2. 1915年1月16日,财政部公布《药品及香类贴用印花办法》,对用药材制成丹膏丸散等确定分量、附有名称的成药和用沉檀、降速等香木切成香块或香末及配合他项材料制成的香枝,采用贴用印花的方法征税。药品照售价的1/20贴用印花,但售价不及2分的,以2分计,贴印花一厘;香枝每股贴花5厘,香块、香末每两贴花1分。药品须装置纸包及以瓶、匣等装贮,并刊注价额,于封口处贴用印花。香类应贴之印花,香枝在包封上贴用,香块及香末于发售时在包裹纸面贴用,并一律加盖铺戳。应增的5厘、1厘印花票种类,由财政部颁发行用,各地方以奉到部发印花后30日依照实行。但由于税负较其他商业重,商人认为苛碎繁重,群起反对,加上这类印花税票印制方面的问题,财政部于1917年9月20日同意"自可勿庸置议",终至不了了之。②

3. 广东爆竹类印花税。1923年3月,孙中山领导的大元帅府广东大本营财政部长叶恭绰,以"当此财政困难,军需孔亟,应设法推行以裕税收",委托

① 江苏省中华民国工商税收史编写组、中国第二历史档案馆编:《中华民国工商税收史料选编》第五辑(上),南京大学出版社1999年版,第228—239页;《中华民国史档案资料汇编》第三辑,第1542—1549页。

② 《药品及香类贴用印花办法》,《中华民国工商税收史料选编》第四辑(下),第2225页;国家税务总局编:《中华民国工商税收史——直接税卷》,中国财政经济出版社1996年版,第277页。

商人张式博充广东全省爆竹类印花税总办,征收广东全省爆竹类印花税,于9月19日公布《征收广东全省爆竹类印花税暂行章程》26条及《招商承办广东全省爆竹类印花税暂行章程》18条,在广东全省实施征收。章程规定:凡爆竹及烟花、火箭等为爆竹类,按售价10%贴用印花。爆竹类印花税票,在未经另行规定新票以前,暂用普通印花税票,除由财政部加盖“大本营财政部”小印外,并由部加盖“爆竹类”三字小印颁发行用,以示区别。凡制造及贩卖爆竹类者,不遵照该章程贴用爆竹类印花税票,不准在广东全省境内转运销售。由他处运贩爆竹类入广东省境内或由广东省境内贩运爆竹类出境或出口者,照章贴印花税票后,方可发卖、起运,否则予以严惩。该税采用认额包征办法,由爆竹行商代表承办包销。① 此项爆竹类印花税属于权利许可证照类范畴,因系商业的需要,商人铺户不得不缴纳,并一直沿用,至1927年国民政府财政部公布《印花税暂行条例》后,该《章程》正式纳入《条例》内。

4. 奉天省于1925年7月公布施行《奉天省征收纸卷烟特税章程》,该章程规定:各种纸卷烟(包括中外烟卷及雪茄烟),凡在本省及由外省运入的,于各种正税之外,一律征收特税,以贴用印花税票办法征收。税率为按各烟的零售价20%征收。由纸烟生产厂或贩运者购贴特种印花于包装上,方准出售。吉林省也于1926年6月公布施行《吉林省试办卷烟吸户特捐暂行章程》,援照奉天省的办法,凡购吸中外各种卷烟包括雪烟丝,一律征收吸户特捐。捐率按零售价20%计征,由出售者缴纳,并入零售价内向吸户收回。征收方法亦以购贴印花税票办法,由省财政厅统制印花税票发售,由出售人购贴于包装封口,然后出售。名称不同,其实质与卷烟特种印花相同。

5. 奉天省于1927年3月公布施行《奉天省征收酒特税章程》,除烧酒、元酒另有税则规定外,其余无论何种酒都应征收。其适用税率、征收方法,均与该省上述卷烟特税相同。其贴用印花均由省财政厅印制发售,只在本省贴用。其在省外生产的酒,运进本省销售,贴有外省特种印花一律无效,必须购贴本省印花,才能销售。此法为国民政府时期印花税提供了借鉴。

---

① 《孙大元帅批准〈征收广东全省爆竹类印花税暂行章程〉及〈招商承办广东全省爆竹类印花税暂行章程〉令》(1923年9月19日),《中华民国工商税收史料选编》第四辑(下),第1907—1914页。

6. 北京政府1915年公布的《遗产税条例》中,也规定遗产税的缴纳方式以贴用印花形式办理,由财政部印制五十元、一百元、一千元特种印花税票,印花的贴用和违章的处理均依照印花税法及其实施细则的规定执行。①

此外,北京政府还对化妆品等物品的消费税,采用粘贴特种印花税票的方法征收税款,其他还如1927年广东开征的奢侈品印花税,国民政府开征的化妆品印花特税及其后来归并入《印花税暂行条例》中的洋酒、奥加可(alcohol即火酒)、汽水等印花特税,1928年广西征收的化妆品印花特税等等,与"药品及香类印花特税"性质基本类同,均属寓禁于征的印花特税,有些税目一直沿用至民国结束。

上述印花特税,其特点一是都有单独的征税章则,贴用印花和违章处理适用印花税法的规定;二是特税印花都另行印制印花税票发售,与印花税法规定的印花税票不同,为示区别,印花税法规定的印花税票,又叫普通印花;三是特税印花主要是对物征税,《印花税法》对契据凭证征税,因此,特税印花是印花税的发展,属于广义的印花税范畴。②

从特别印花税的种类和性质看,各地所推行的制度和方法虽名称不同,课税对象和范围也有所区别,但其地方保护倾向较为明显,不利于商业的交往和发展;名义上的寓禁于征实际上成为了地方政府攫取资源的一种惯常手法,甚至是一种见财起意的恶性手段;将官方权利许可证照的取得或手续费的缴纳以税收的形式来取代,其实质是政府对税收法制化的误读和曲解,从这个意义上讲,税收现代化的阻碍因素并非是纳税人纳税意识的低下或缺乏,来自官方的随意性才是税收现代化进程中的最大障碍。

① 吴兆莘:《中国税制史》(下),商务印书馆1937年版,第250页。

② 国家税务总局主编:《中华民国工商税收史——直接税卷》,中国财政经济出版社1996年版,第276—278页。

第二节　印花税法的传承与发展

在一个正常的社会中，法律的演变过程一般显示为复杂化和趋优性的特性。中国印花税从晚清以来，经过了长期的筹议，从最初赫德的“大略七条”，经过袁世凯的“办法八条、章规八条和禁例十条”和1907年度支部的“印花税则”的不断补充，到北京政府时期，税法框架基本形成。赫德拟定的“大略七条”虽谈不上是完全意义上的法规条例，但却成为中国印花税的立法蓝本，其后所实行的一系列印花税法规，均在其框架下扩充修补，印花税法在其演变过程中，蕴含着相当的传承关系，但税法的传承有时也包含着弊端的承袭。

一、印花税法规比较

（一）印花税的性质

“大略七条”中规定：“凡有房地交易者，应赴该管衙署内报明，领取此项印照，注明卖价若干、完税若干，将正照交本人粘于契上，其存根亦均照填……此则亲赴官署当堂领票之印花税也。”此即具有行为税的特征。同时规定：“开办时应用通行印花”，并罗列13个税目，“每件均须粘通行印花一张方为合例。不粘者以犯法论。若遇有争讼者，无印花之单不能视为凭据”，又使印花税具有了凭证税的性质。袁世凯的“办法八条、章规八条和禁例十条”基本沿用赫德的主张，亦兼有行为税与凭证税的性质，1907年度支部制定的“印花税则章程”，则以凭证税为主，所列税目不含行为税性质。此后，中国印花税的性质基本在凭证税与行为税之间游移，或属凭证税，或属行为税，或兼而有之。

（二）印花税的纳税人

印花税的纳税人在不同时期有所变化，一般可概括为应税凭证的书立人、领受人、使用人或应税行为的执行者。但直到北京政府结束，在华洋人不纳印花税。清政府与各国订立的一系列不平等条约规定着中国在条约签订后，新开征的税捐不征得洋人的同意,不得对外商征收,中国不裁撤厘金(外商本来就不纳厘金),不得对洋商开征新税。民国成立后,北京政府承认清政府与各国签订的一切条约有效,因此,南京国民政府之前的印花税纳税人,不包括外商,更有甚者,由于租界行政管理权为洋人所把持,租界内华人也并没有完全成为印花税的纳税人。

“大略七条”将印花税的纳税人设定较为含糊,大致可判定为:田房买卖行为,以买方为印花税纳税人;系属13种凭证税目的,有些并没有做详细的规定,如合同、银钱收据类,书立契据的单方抑或双方同为纳税人并不清楚,反映了“七条”的“大略”特性。袁世凯在他的“章程”中,似乎也忽略了这一问题,好在推行时间短暂,地点有限,在没有因此而产生异议时就已停办。度支部“印花税则”尚可隐约看出纳税人的个别规定,也说明税法在不断地完善和进步:银钱收据、账簿、凭折的纳税人为立据人;买卖、典卖动产、不动产契据,析产字据等,因系合同性质,立据人或立契人在双方以上,要求“两造各缮一纸,照章各贴印花盖章画押,然后交换收执”,即说明其纳税人为立契、立据的各方。北京政府时期印花税的纳税人包括了应税凭证的书立人、领受人和使用人,具体如下:

1. 契据、账簿、凭折的纳税人为立契据、账簿、凭折人;

2. 护照、单照、证书、愿书的纳税人为请领人;

3. 呈文、申请书的纳税人为申请人;

4. 婚书的纳税人为双方主婚人;

5. 印花特税的纳税人为售卖人。

从纳税人的界定来看,四个文件表现出的一致性是都将立契据、账簿、凭折人作为纳税人,不同的是清政府原定对不动产契据印花税“取自买家”而变为立契据双方,到北京政府时期,合同类契据的纳税人基本上都是立契据各方,纳税人范围的扩大,实际上就体现着印花税征收的扩大化。这种“双向收费”的征税模式一直延续至今仍阴影不散,不能不说是对纳税人利益的变相侵夺。

(三)税目和税率

印花税通行的做法是采取正顺序列举法,税法规定的税目必须贴用印花,没有列举的不需纳税。由于受经济条件的制约,各个时期的课税范围有所不同,但总的趋势是税目在不断扩大,税率税额呈现出细化和复杂化趋向。

赫德"七条"中,课税对象不仅包括商事产权凭证,而且包括人事凭证,所列税目中,婚帖、合同、借券、发票、收条、银票、钞票、当票、照帖、考卷、禀帖、民局寄送信函、报关单等13种,采用定额税率,贴用印花一张,税额十文;买卖田房契约,采用比例税率,按卖价多寡贴用印花,"价在百两以内者,照费一两;五百两以内者,照费五两;千两以内者,照费十两,依此类推"。

袁世凯拟定的章程中,区分为腹地和商埠两类,主要对商事产权凭证课税,并不对人事凭证征税。腹地应贴印花之物计15种,税率采用定额和比例两种,其中:当票、钱票、染票、雇车票、雇船票、买卖牲畜票、铺户招单、记载买卖货物之账簿、支取银钱货物之凭折、雇工聘伙合同字据、佃户承种地亩字据,以上11种采用定额税率,存借银钱字据、分家字据、汇票、镖局揽票等4种采用比例税率。商埠应贴印花票之物产28种,其中,采用定额税率的税目共18种,采用比例税率的税目共10种。该章程已较"七条"复杂,税目设置增多,税率有所提高。

度支部"印花税则"中的税目设置更加复杂,也是采用定额税率和比例税率,税目已扩大至29种,但不对人事凭证征收印花税。"印花税则"第二条规定,各种契据、账簿,分为二类,第一类21种、采用定额税率,第二类8种、采用比例税率,税目税率又较袁世凯所定章程有所增加。

北京政府《印花税法》明显承袭清制,也采用定额税率和比例税率,课税对象共设置26种,也分为两类。第一类凭证共计15种为定额税率;第二类凭证采用定额税率,包括提货单、各项承揽字据、保险单、各项保单、存款凭单、公司股票、汇款、期票、遗产及析产字据、借款字据、铺户或公司议订合资营业之合同等,共计11种。此后,北京政府又对印花税进行了多次调整,税率、税目又有了一些变化。1914年12月,财政部认为:"我国社会经济程度较低,寻常财物成交多在十元以下",因此,对《印花税法》进行修正,提高了第二条所载各种契约、簿据的计税依据,拟请"嗣后财物成交所有各种契约、簿据除价值银元十元以上者仍依法定税额贴用印花外,其在十元以下者,无论属于第一类或第二类均一律贴用印花一分,俾与税法相辅而行",即一元以上起贴用印花,“嗣经核定以一元起算,其未满一元者,准予免贴”。

1914年8月,北京政府公布《关于人事证凭贴用印花条例》,始将人事凭证作为纳税对象并增为9目。1915年1月进行修订,婚书税率由原定每件贴花1元,改为每件贴印花4角,对违章处罚的方式进行了修改。1915年8月,财政部呈准公布实施《蒙藏院发给京外寺庙有职各喇嘛札付度牒贴用印花规则》8条,各喇嘛札付,比照条例内普通官吏试验合格证书贴印花一元;度牒比照专门学校以上各学校毕业证书贴印花5角。

从税目设置看,赫德设置的税目为两类14种,此后的各个税法均以两大类为基础。袁世凯制定的规章中,税目已增至28种之多,细化至染票、雇车票、雇船票、买卖牲畜票、雇工聘伙合同字据、佃户承种地亩字据等;度支部“印花税则”章程设定的税目扩大至29种;北京政府《印花税法》规定的税目,商事产权凭证类26种,人事凭证前后增改为12种,特种印花税因各地情形不一,数目不同。

从税率设置看,基本都采用定额税率和比例税率两种。赫德采用的税率为定额贴花一张,税额10文;比例税率按卖价1%贴用印花,过于简单;袁制定额税率为2文,比例税率采用6等,约按1‰贴花;度支部税则规定,定额税率,贴花20文,比例税率分为3等,贴印花20—1000文不等,与袁制相较,个别税目已由定额税率改按比例税率,并在此后的税法中,税目税率的调整较多;北京政府印花税率的设置较细,定额税率分为1分、2分两种,比例税率分为7等,贴用印花2分至1.5元不等;人事凭证税率采用定额税率,贴用印花4分至2元不等。由此看出,排除物价上涨等因素外,印花税的税率是在逐步提高。1915年起,北京政府又对商事产权凭证的计税依据进行调整,1元以上起贴,10元以下一律贴用印花1分,亦属变相提高税率。

从上可以看出,清政府“初办之时,应从宽简”的主导思想使印花税的课征对象较少,此后经过历次修正,税率逐渐提高,税目逐渐增多,印花税的征收范围逐渐扩大,从中也体现出国家征税意志不断加强的显著特性。

(四)纳税方法

由于我国在引进印花税之时,世界上大部分国家均采用粘贴印花的方法,以示完税,所以,自晚清试办印花税以来,也以贴用印花为纳税方法。

印花税是由纳税人根据税法规定自行查照应纳税额，购买印花税票并一次足数在应税凭证上粘贴印花税票，由当事人在税票与凭证纸面骑缝处盖章或画押，也就是我们现在所称的"三自"缴纳法，即自行计算税额、自行购花贴用、自行注销，印花税票的购贴和划销表明纳税义务的完成和国家税款的实现。从税收征管的角度看，此法成本较低，效率较高，简便易行，故自清代至今沿用不辍。

（五）纳税时限

清代印花税只对商事产权凭证征税，其纳税时间为：契据在立契据人授受前，账簿、凭折在立账簿、凭折人使用前。民国时期沿用不变，人事凭证印花税开征后规定，护照、单照、证书及愿书在发给领受人前，婚书在当事人交换婚书前，贴用印花。相关规定沿用至今。

（六）印花税票的印行

清末印花税的三次"立法"均将印花税的印制与发行归于户部、度支部管理，由于条件所限，"自购机器成本过重，需时甚久"，所以，印花税票的印制采用部定样式，委托外国公司负责印制，所不同的是，赫德主张由英国华特罗公司印制，袁世凯则委托日本印纸官局订造，度支部最后是委托纽约美国钞票公司印制。北京政府时期的印花税票由财政部内设的印刷局印制。只不过在北京政府后期，由于中央权威的丧失，许多地方各自为政，任意截留甚至自行印制，出现了许多地方版印花税票。

在印花税票的发行方面，基本按照赫德的思路，清末印花税票由度支部颁发各省，各省设印花税处专司本省发售印花事宜，在每一州、县招募殷实商家为总发卖人，殷实铺户为分售人，纳税人向分售人买，分售人向总发卖人买，总发卖人向印花税处买。北京政府时期印花税票的发售由财政部负责颁发各省行用，并委托中国银行、邮政总局、电报总局、商务总会系统代为销售，后又增加海关、国税厅筹备处、检察厅代售印花税票，基本沿用分系统逐级负责制，此法沿用至民国结束，这期间还有一段时期采用包税制形式发行印花税票，包税制的存在颇遭诟病，往往是弊多利少，坑了国家，害了商民，印花税票的包销亦大抵如此。

(七)税收优惠

印花税系属初创,许多救济、转嫁等税收原则还没来得及研究,因此,税法没有较为明确的税收优惠政策规定。赫德的"大略七条"及袁世凯的方案中,都没有提及税收优惠问题,透过度支部的"印花税则"的条文,可以看到印花税的免税事项,大略如下:

1. 凡关系国家或地方公益善举事业所用之契据、账簿,免贴印花。

2.《税则》第二条第一类所列的提货单、发货票、银钱收据、收存货件文契之凭据等15种契据,票面价值或价格不满制钱10千文的免贴印花税票。

3. 财物成交在此次定章开办日期以前者,从宽免贴印花。

北京政府时期,由于对法制的研究有所进步,《印花税法》对税收优惠问题也给予了一定的设计,法律条文给予了明确的规定,主要包括以下几点:

1. 国家(公法上行为,供行政之需用)所用之契约、簿据不贴印花,官立各学校公法上之行为,如任用校长、教授等员之任命状,均免贴印花。但有营业性质的官业如航路、邮电各局、各银行及印刷局、造纸厂等,其契约簿据,均应一律贴用印花。

2. 印花税初办时,各种契约,簿据,票面价值在银元10元以下的免贴印花,后改为1元以下免贴印花。

3. 出洋护照,学生减半贴花。

4. 北京政府施行印花税以前所形成的契约、簿折免贴印花,但遇有诉讼时仍应补贴。

税收优惠政策是税收救济的主要体现,没有税收优惠的税法是不完全的,从这个意义上讲,税法的趋优性有所体现,尽管有限,但聊胜于无。

(八)违章处罚

违章处罚是税法得以顺利贯彻实施的最基本保障,纳税人义务能否完成,多与处罚的威慑作用密切相关,但值得注意的是,税法的惩处力度必须与纳税人所享有的权利相对等。具体到印花税来说,晚清以降,纳税人所能享有的权利无非是不贴印花,遇有诉讼,"官不为理",权利相当有限,甚至很多时候根本看不到纳税人可以享有的权利,因此,其处罚的程度不应过重,轻税重罚不能超过一定的限度。

赫德“七条”中,“不粘者以犯法论”,贴花未注明事由、月日者,“与无印花同”,“若复用已经注过字迹之印花,以犯法论”。此概括较为笼统,“以犯法论”的概念模糊,处罚额度与力度不明了,也体现出了仓促之间的设定缺陷。

袁制罚则共拟10条,即“禁例十条”,其中,“不遵守定章粘贴印花票,或所粘之票不足定数者”,或贴用已用印花税票的,一经查出,“照偷漏数目加二十倍议罚”;“贴印花票不盖图章,不写十字者,照应贴之印花钱数加十倍议罚”;接受应贴印花票之物者,发现其漏贴印花,或所粘之票不足定数,即应举发,否则,“与偷漏者一律议罚”;“遇有违背本章程应罚之案,其案内签字画押之保人作为从犯,照所罚事主之数减半议罚”;“伪造印花票已成者,照伪造印记诓骗财物多者之例,发极边烟瘴充军。如起意伪造印花票而未成者,照伪造印记未成之例杖九十,徒二年半。其有明知伪造而贴用者,照伪造印记知情行用之例杖一百,徒三年”,等等,罚则规定显然过于严厉苛刻,完全是一种封建性质的严刑峻法,与当年谭嗣同提出的对印花税违法行为者“杀无赦”的主张同样吓人,严重缺乏税收人文关怀。

度支部“印花税则”中罚则的规定已剔除了袁制中的苛刻成分,相对而言,处罚力度的设置与权利渐趋一致。其罚则主要有:

(1)不贴用印花税或贴用后未盖章画押之凭证,按偷漏数目加罚50倍补贴印花,账簿则加罚100倍补贴印花。

(2)已贴且盖章画押之件,而未贴足额的加罚30倍补贴印花。

(3)旧票重贴的,按偷贴之数,加罚200倍补贴印花。

(4)伪造或改造印花票者,照伪造钱币从严惩办。

北京政府《印花税法》中罚则的规定,因其最初的设定在实践中遇到了处罚的倍数大,而实际处罚的金额并不多,也没有弹性,没有威慑力等问题,因此于1914年修正印花税法时,将原税法中按漏税金额计算的倍数罚金,改按一定幅度金额酌情核定罚金数额的办法(前已述及),希图通过提高罚金数额来增强税法的威慑力,并以此推动印花税的征收。但由于社会的动荡,即将步入正规化的印花税在中央政府陷于瘫痪、地方军阀各自为政的统治格局中归于混乱,税法的严肃性遭到破坏,罚则的执行也就无从谈起了。

二、印花税法演变的原因及特点

凡赋税制度,都与当时的社会政治经济密切相关,并随着社会政治经济的变化而变化。中国历代的赋税制度改革,都有其深厚的社会背景,历次税制改革的原因不外乎几个方面:生产力的发展、经济制度的变迁、政权的更替、战争和朝代中后期的搜刮等等。[①] 历次赋税改革的目标,首先是保证政府获得所需要的税额,其次是通过改革,调整征纳双方之间、纳税人之间、政府眼前利益与长远利益之间的关系。

在生产力尚不发达的时代,征税的对象主要是也只能是人头税和农业税。随着生产力的发展,商业、手工业等在国民经济中占有重要地位,社会财富占有严重不均,就变为多税并存,并逐步演变为以财产税为主体。当社会性质由封建社会发展到资本主义社会后,税收制度必然由封建的农业税系转为资本主义的工商税系。

(一)印花税演变的原因

印花税自晚清拟议至南京国民政府成立,期间经过了多次的调整,完成了印花税制从萌芽到完善的一个系列过程。

历史上,每个朝代初期都通过改革前朝末期的弊政,建立新的征管制度,实行轻徭薄赋的政策,带来了社会的繁荣。当然,改革的成效不仅是税制改革取得的,也是法制建设、吏治建设、经济建设等配套措施形成合力共同作用的结果,也只有在各朝初期统治者励精图治的情况下才能做到。到朝代中期,赋税改革往往是在初期所定的征管制度遭到破坏、赋税不均、吏治腐败、冗员增多、财政入不敷出的情况下进行的,改革的目标、任务较多,大多通过调整征税对象,整理税籍以实现财政收入的增加。至于征管法规的建立、吏治的整顿、税负的均衡等改革任务,由于要触动官僚、豪强的既得利益,他们或明或暗地阻挠,破坏改革,这方面的任务基本没有完成,或短期内有所改善,但很快就恶化。历代王朝后期的改革则不同,它以征取较多的赋税供统治者挥霍为目标,以加征旧税,开征新税为改革内容。如果说各朝初期是从统治者的长远利益

① 陈光焱:《中国赋税发展研究》,中国财政经济出版社1996年版,第12—15页。

出发，培养税源，那么，其晚期则是从统治者的眼前利益出发，竭泽而渔；初期以健全征管制度，防治豪强偷漏转嫁赋税，使纳税人之间税负大致平均，后期则是有法不依或无法可依，舍豪强而征贫弱；初期是严防官吏营私舞弊而伤国害民，晚期则基本失去对官吏的控制力。晚清的财税改革实际上还有赔款和“新政”两重含义，已非挥霍可比，从某种程度上说，赋税用于谋求公共福利的意义在逐渐增强。

中国印花税的开征，具备了上述的每一个条件。同样，印花税的演变也与此有关。

晚清开征印花税，其目的明确，从李鸿章的“苦于经费不充”和筹款“实最紧要”，陈璧的“纾目前之急”，伍廷芳的“藉此开辟利源，纾解财政告匮、筹款维艰的困境”，赫德的“易集巨款”，袁世凯的“今国家财政艰难，百端待理，固应急为仿行，用资挹注”，到度支部的“烟害必宜速禁，抵款必宜速筹”和“总期上裕国课，下顺舆情”等，均是以筹款为目的，印花税的财政功能被理想化了。正是在这种理想化状态中，第一次试办被明令禁止之后不久，拟议之声又起，着手进行第二次试办，但由于改革者与社会实际的隔膜，推行效果不佳，于国家财政无补。

进入民国之后，新政府处于各种制度的确立时期，开征印花税既属时势需要，亦在情理之中。北京政府时期的税制，在保留中国传统税制的基础上，逐步引进了西方的税收制度，相继开征了印花税、营业税、所得税、利得税、遗产税等西洋税种，在赋税管理制度上借鉴西方，如建立了新的纳税登记、检查等制度。总的看，北京政府时期是中西税制的兼容时期，开始进入了现代新税制的试行阶段。①

（二）印花税演变的特点

1. 印花税制的趋优性

随着经济与社会的发展，赋税用于公共服务的比重逐步提高，纳税人的权利义务渐趋对等，涉税各方的权益分配渐趋合理，这是税收趋优性的基本体现。赋税所涉及的权利分配带有社会性，处理不当便会激化社会矛盾甚或引

① 陈光焱：《中国赋税发展研究》，中国财政经济出版社1996年版，第140—141页。

发社会动荡。中国历史上的社会变迁大多同赋税矛盾的激化有直接关系,民众的反抗最终迫使统治者做出相应的调整,赋税制度也将在民众承受能力许可的范围内做出相应的变革,即改革后的税制相对优于旧有的税制。

中国印花税制度的确立与演变也是一个趋优过程。一是税法及其配套制度安排在不断完善,一个完整的印花税制体系逐渐确立;二是印花税的社会功能日渐突出,希图通过税收解决社会问题的税目渐趋多样化,如限制早婚的婚书印花税、药品香类印花特税、奢侈品印花特税的开征等,实有寓禁于征的社会目的;三是纳税人的抵制使税收政策得以改进,改进后的税制为纳税人所接受;四是印花税法的设立是在总结和借鉴中外实践经验的基础上形成的,每一次的税收调整都尽可能地扬长避短,以减少征收过程中的弯路和弊端。

2. 税收负担的趋重性

任何一个税种,在其开征之初即意味着可能的延续,如战时开征新税,本为解决战争经费以应急,但恢复和平后往往不会主动取消,所以纳税人的纳税负担很难得以减轻。[①] 税收逐渐加重的方式,常呈螺旋式上升。晚清以至民国时期,旧税不断加重,又开征新税,在赋税改革时,将正税、杂税、附加税统统合并作为正税,时隔不久,正税外又出现附加和新税,即所谓的"税外之税",并进而陷入"黄宗羲理论"的魔圈。

印花税经过二十余年的实践和调整,税制虽渐趋完整,但每一次的调整,其后果总是以税收负担的加重为代价。印花税趋重性表现在:一是课税范围逐渐扩大,税目设置不但包括商事产权契据,还包括了人事凭证及特种印花税的烟花爆竹、药品香类、化妆品、烟酒等类;二是税率不断提高,虽然个别税目的税率有所降低,如婚书最初设计为每帖税额十文(赫德"七条"),北京政府时期最早设定将婚书税率每件贴花1元,1915年1月进行修订,改为每件贴印花4角,但其他税目的税率相对于晚清时期的设计均有所提高;三是降低起征点,起初北京政府《印花税法》规定的商事产权凭证为10元以上贴用印花,后又调整为1元以上起贴,10元以下一律贴用印花1分,税负明显加重。

① [英]亚当·斯密:《国富论》,唐日松等译,华夏出版社2005年版,第653页。

3. 税收思想的理论化

在西方财税思想的影响下，人们对税收的认识已从感性认识上升到理论探讨。1911年，前考察日本宪政大臣李家驹上奏清廷，指出租税原则的重要性，主张对西方现代财政理论进行研究，并对税收四原则（财政原则、经济原则、公正原则、行政原则）进行了详细的阐明。[①] 贾士毅认为，我国原来的租税，“专对生产事业以事征税，土地有税、家屋有税、营业有税，惟无财产而但有收入者，则可免国费之负担，以致全国国民一部分负重大之税额，一部分独免纳税之义务”，这与税收的普及公平原则背道而驰，主张对“一般收入”实行课税，如增征印花税、遗产税等，“对于行为而征收，即为中国向来未有之税目，而又无重复之可虞”。开征所得税，“适用累进之税法”，“尤与十九世纪下半期之经济思想符合，而又与最新之学说相近”，与“公平之原则既符，而亦易达普及之目的”。[②] 对于印花税的研究，已不仅限于其财政功能，对其社会功能的探讨也日渐增多，如主张婚书贴用印花，是因为“早婚之害，足以弱种”，所以赋予了印花税以限制早婚的功能；[③]开征药品香类印花税，其主要的指导思想为破除迷信，减少浪费等等，特种印花税的施行实际上就是这种思想的具体实践。也正是在这种情况下，印花税的开征更具有了理论色彩。

4. 税收实践的趋乱性

制度的趋优性不代表实践的优化，税收征收实践的顺利与否与国家政局的稳定、政权的凝聚力紧密相连。在国家强制力松懈，中央权威弱化的情况下，税收法制的执行贯彻必然大打折扣。

袁世凯之后的北洋军阀集团分裂成皖、直、奉三大派系，其他地方势力也派系林立，大军阀以“武力统一”为号召，扩张地盘和势力，小军阀以“保境安民”或“联省自治”为借口，拥兵割据，致使中国形成四分五裂的局面，中央政权不断更迭，财权更加分散，税收几乎尽为地方所把持或被截用，中央财政已

---

① 《前考察日本宪政大臣李家驹奏考察日本财政编译成书缮册呈览折》，《盛京时报》1911年2月11日，该折分四次连载刊登；《李家驹奏考察日本财政编译成书呈览折》，《申报》1911年2月3、4、5、6、9日连载。

② 贾士毅：《民国财政史》（上），商务印书馆1934年版，第148—149页。

③ 《限制早婚之印花税》，《益世报》1925年7月31日。

无方针政策可言,作为“中央专款”的印花税已有名无实,税制极为混乱,印花税票由中央印制、发行,而税款多为地方截留,甚至一些地方干脆自行规定印花税管理制度,印发印花税票,俨然独立于中央政府之外。

5. 税收推广的局限性

一是制度本身的设置缺陷。如为激励印花税票的销售,袁世凯的“章规八条”中规定,如有商人赴局成总趸贩价值“在十两以上者减一成收价,百两以上者减二成收价”,第二次试办之时,清廷为使印花税顺利开征,于1908年设立奖励办法,除了税则中规定的7%的手续费外,“如各省中有首先开办并无风潮者,则将督抚以下承办官一律奏请奖叙,以示优异”。[①] 北京政府施行《印花税法》,亦规定给予一定的手续费,自7%至20%不等。1917年湖南印花税处的推销奖惩办法在此基础上更加细化,规定各县知事的升迁、记功、记过,以印花税额的溢销或短销成数为依据,[②]实际上都是将经济法规作为政治筹码来使用,以期税法的贯彻,其最终的恶果是产生大量的派销、勒销等违法推销行为,引起更多商民的不满,从而把更多的纳税人推入逃税的行列。此外,“税收取之买家,而非抽自卖家”,与税收应取自于获益者的要求不相符合;对佃户承种地亩字据课征印花税,违反了税收的国民经济原则等等,更为突出的是,这一时期的税法,自始至终缺乏对执法主体的违法制约,税收执法监督方面的规定均付之阙如,由此而体现出有法不依的封建人治特点:一方面是税款征税的无序性,另一方面是纳税人权利的无保障性,从而显示出更为严重的不公平性,使印花税的推广产生较多阻碍。

二是征收管理的技术制约。在税收规模较小、征管经验不足的情况下,课税对象规定过细,必然产生管理不到位的问题。如前所述,按照当时的条件和习惯,有些税目根本无力管理,如析产字据、承嗣字据等,这些本属家庭内部事务,隐匿必多,将其列为课税对象,只能是摆设;即使能够征收,也只是少数个别的,并且极有可能属于“钓鱼执法”的成果,从某种意义上说,更加重了税负的不均。在征管能力较低的情况下,这些税目的设定只能导致税收成本的增

① 《实行印花税之苦心》,《大公报》1908年9月4日。

② 《县知事承办印花奖惩新章》,长沙版《大公报》1917年7月31日。

加、税款收入的微小和人们的反感,与税收的经济原则或称效率原则相违背。同时,由于当时印花税票的销售基本沿用包销制,那些地方"殷实铺户"不会做无利买卖,"赢利型"逻辑思维所导致的结果不仅是对国家税收的侵占,也是对纳税人利益的掠夺,常常是"商民以什输,公家所入三四而已",[①]实与税收的效率原则背道而驰。

三是税收征管的理念制约。由于法理精神追求的缺陷,印花税本系征商之税,但其实践中不仅抽商贾贸易之人,而且"抽四民百业凡有进项之人";为征税不顾及民生的做法有失公允,如"双向收费"模式存在着恶意榨取的嫌疑,在不动产交易中对出售方(如贫民卖房卖地以救命)征税存在着劫贫济富的倾向等,这显然不利于税收公平原则的实现。在"不患寡而患不均"的年代里,拔鹅毛的技术稍有差池便会引起更多更大的鹅叫声!

四是法不普及的外交障碍。在那个痛苦的时代,税收因受各种不平等条约的限制,中国税法很难行之于在华商民,华洋商民间的税收负担严重不公,而这一问题的基本表现是:不但在华商民可以通过外交途径免纳印花税,部分华商也通过各种途径来寻求外商的庇护,而且因租界管理权的丧失,就连租界内华人缴税与否也须得到西方列强的许可,而这一现象直至北京政府结束,也没有得到改善。在国际税收"属地原则"已成为通行惯例的当时,这种税收不能征及洋人的强盗逻辑是对税收公平原则的严重扭曲,这也是一个弱国很难解决的问题!

第三节 印花税法的涉外困境

税收公平原则已成为当今世界各国制定税收政策的首要原则,国际税收公平的基本原则——税收法律的属地原则已被世界各国所遵行,即凡居住于某地的居民或在某地从事生产经营、取得收入的,均应依法接受当地的税收管

① 刘锦藻:《清朝续文献通考》卷49,征榷21,浙江古籍出版社1988年版,第8037页。

理,依法纳税。中国公民在外国从事生产经营或取得收入时需向所在地政府纳税,同样,外国商民在中国境内从事生产经营或取得收入时,理应遵照中国的税收法律向中国政府纳税。但是,近代以来的状况并非如此,中国公民有向外国政府纳税的义务,而外国商民则凭借着各种不平等条约的庇护,拒绝向中国政府履行纳税义务,从而导致了国际税收关系中的严重不对等性。

中国政府和商民早已按照国际税收的惯例,就发生的应税行为依法向所在国政府履行了纳税义务。如光绪二十三年(1897)出使大臣许景澄致总理衙门函中,就有因光绪二十一年的中法借款合同而向法国缴纳印花税的描述;[①]1913 年 8 月,比利时政府调整印花税则后,即令中国政府按照其新税则的规定,缴纳同成铁路借款合同价款 1% 的印花税;[②]1916 年北京政府与日本正金银行 25 万元的借款合同,也向日本缴纳印花税 50 元,折合中国银元 52.4 元,即由财政部专款汇送驻日使馆缴纳;[③]1916 年 4 月,上海三北轮埠公司向荷兰购买轮船一艘,在新加坡立据过户,向当地英国政府缴纳印花税新加坡洋 1810 元;[④]等等。

早在晚清印花税拟议之初,就有一些有识之士认为,华人在香港照纳印花税,税款为英国政府所得,我国对各国商民仿征此税,洋人断无龃龉之理。因此建议清政府借行印花税以收复利权。1902 年中英商约谈判中,中国代表就曾试探性地提出租界内洋人应照华人一样完纳印花税,但当即遭到英方代表的反对。此后,民国北京政府为使印花税得以推及在华商民,经外交部、财政部的不懈努力和一系列的外交磋商,但最终收效甚微,直到 1935 年实施的《印花税法》才明确规定:我国印花税采用属地管理原则,不论本国人民或外国侨

① 《许景澄致总理衙门函》(1897 年 4 月 25 日),台湾"中央研究院"近代史研究所藏总理各国事务衙门档案,馆藏号:01 - 32 - 030 - 03 - 026。

② 《驻比使馆致外交部函》(1913 年 10 月 29 日),台湾"中央研究院"近代史研究所藏外交部档案,馆藏号:03 - 20 - 004 - 03 - 013;《外交部致交通部函》(1913 年 11 月 26 日),03 - 20 - 004 - 03 - 014。

③ 《交通部致外交部函》(1916 年 7 月 5 日),台湾"中央研究院"近代史研究所藏外交部档案,馆藏号: 03 - 46 - 004 - 02 - 008。

④ 《农商部咨外交部》(1916 年 8 月 8 日),台湾"中央研究院"近代史研究所藏外交部档案,馆藏号:03 - 19 - 118 - 03 - 004;《外交部复农商部》(1916 年 8 月 14 日),03 - 19 - 118 - 03 - 005。

民，凡在中国境内发生或使用的凭证均应粘贴中国印花税票。

一、晚清政府不得其果的加税裁厘

中国关税不能自主，始于鸦片战争之后的"协定关税"。为了增加进口商品的关税，晚清政府与列强进行了持续近半个世纪的有关加税裁厘的谈判，从19世纪60年代末到清朝灭亡一直未果，成为中外商务关系中的一大难题。

此项交涉在1869年的中英修约谈判中即已开始，当时因列强认为关税增加后，清政府并不能真正裁撤厘金，未能达成协议。甲午战后世界银价跌落，西方各国输入中国的商品，实际关税已远低于值百抽五。与此同时，随着国内资本主义的发展，国内有识之士纷纷呼吁增加关税，裁撤厘金，清政府遂又与列强进行交涉谈判。1896年李鸿章出访欧洲时，奉旨与俄、英、法、德等国交涉增加进口洋税等有关事宜。列强均坚持中国必须先废厘金，然后再进行增加关税谈判，交涉陷于困顿。1897年，清政府与英国交涉改用金镑收税，提高关税税率，同样未达目的。戊戌变法期间，维新派代表人物康有为奏请裁撤厘金，曾获光绪皇帝支持。御史陈其璋也提出类似的奏议，经总理衙门奏准，清政府同意"与各国开议酌加进口税，停收厘金"，但又担心加征的关税不抵厘金，表示须俟进口关税加征后，能足抵厘金岁收之数，再将厘金予以裁撤。1899年总理衙门正式照会英国驻华公使，商议中英修约谈判日期，并派盛宣怀等人代表中国出席修改税则委员会。盛宣怀认为进口关税如切实能够执行值百抽五，以及子口二五半税，再加倍征收，使总税率提高至15%，即可抵补厘金收数。但他的税厘并征计划，系专指进口洋货而言，并将出口向完半税者改完厘金，实际上国内厘金并不裁撤，即土货出口仍需完纳厘金，因而受到许多人指责，也未得到谈判对手的采纳。[①]

在庚子赔款确定以后，列强为了取得赔款，同意将作为庚子赔款担保收入之一的海关税收，实行切实值百抽五，英国于光绪二十七年（1901）10月，再度

① 彭泽益：《十九世纪后半期的中国财政经济》，人民出版社1983年版，第158—160页；朱英：《晚清经济政策与改革措施》，华中师范大学出版社1996年版，第41—42页；黄逸平，虞宝棠：《北洋政府时期的经济》，上海社会科学院出版社1995年版，第87—94页；林美莉：《西洋税制在近代中国的发展》，台湾"中央研究院"近代史研究所专刊（88），2005年版，第26—28页。

提起免厘加税之议,清政府此时也认为应在传统的地丁、钱粮之外设法筹款,于是着手进行修改税则的谈判。1902 年 1 月,中英两国正式进行修约谈判。清政府派刘坤一、张之洞、盛宣怀等人共同负责,英国政府的代表是海关税则修订委员会常任主席、想在其外国同僚面前炫耀"他那套如何与中国外交家周旋的知识"的马凯。①

谈判之初,张之洞就提出了免厘加税大纲十八条:"一曰免厘不可碍我商民生计;二曰免厘不可侵我财政之权,致妨我日后筹款;三曰加税之数必足与免厘相抵;四曰厘金外销之数必须算入;五曰各省筹款有实系内销报部而不名为厘金者必须算入;六曰产地之厘不能免;七曰土货内地往来无关出口销外洋者不能免;八曰国家度支所抽可免,地方所用州县绅董所抽不能免;九曰将来中国行印花税、物业税不能阻;十曰洋货进口税只可加至值百抽十五而止,即少加亦可;十一曰土货出口税万不可加;十二曰丝茶出口税必须减;十三曰出口矿产之税必须加至抽十,出厂矿税另抽五;十四曰洋人在内地制造土货只可抽向章离厂正税、出口半税,共抽七五,不可加;十五曰运行土货坐贾华商挂洋旗之弊宜禁绝;十六曰我内地厘金自行设法减轻裁并;十七曰若产地捐不免,内地来往土货厘金不免,地方税不免,印花税、物业税不阻,则进口洋货抽十五,出口土货不加已足相抵而有余;十八曰总税务司虽允将增收关税拨还各省,厘金内外销,然与其多受关税之拨补,不如少留自抽之厘捐"。② 依据此大纲,中国代表与英国代表反复辩论。

马凯要求清政府"豁除厘金,开通商务",避口不谈加税一事。中国代表吕海寰、盛宣怀等则坚持"加税方能免厘为商约主脑"。③ 张之洞致电外务部、户部称:美国"不愿加税至十五,免厘与否听中国自便",英国主张加税免厘,系"欲总揽中国财政之权,以便他年展布",马凯所拟免厘新章,"竟云一切税厘捐款,概不征收,包括太广,是所有产地税、地方税、营业税、印花税,皆不能办,万分骇异!"并认为:"此举关系中国亿万年主权,财政若无权无政,安能立

① 周育民:《晚清财政与社会变迁》,上海人民出版社 2000 年版,第 402 页。

② 《致江宁刘制台、上海盛大臣》(光绪二十七年十一月初三日),李景铭:《张文襄公电稿·加税免厘部分》,财政部印刷局,出版时间不详,第 7—11 页。

③ 《光绪朝东华录》(五),第 4949 页。

国?为洋关所缚,祸不胜言,务恳请旨饬吕盛两大臣,万不可遽与定议……产地税万不可尽免,地方税、营业税、印花税必须趁此时预先声明,若此时不议定,将来外人必不准抽。今新章所谓一切捐款概不征收,各路俱已杜绝净尽,将来户部各省无法筹款,势必归咎此次新章……为中国计,不如过境厘金全免,进口税少加,而坚留产地税及地方营业、印花各税,利害方足相抵,于恤商保权庶可兼顾。"[①]袁世凯也急急致电外务部和吕、盛及刘坤一、张之洞等,"免厘加税,势难中止,加至十五,万办不到……至产地、营业、铺户、印花等税,地方乡约、巡警、善举等捐,必不可免,又必须逐条载明商约内,更须载明如将来我仿行各国一切理财之法,他国均不得干预",[②]提醒吕海寰、盛宣怀审慎坚持,其实质是维权与加税并重,裁厘与抵补同在,不可偏废。

吕海寰、盛宣怀二人均将印花税视为裁撤厘金后的抵补大策。1902 年 5 月吕海寰、盛宣怀在给张之洞的电文中称,中国岁入厘金大约为 1700 万两,若推行印花税、营业税、铺户税等,户部与各省商定新章,切实开办,每年收入"由数百万以至数千万,似不难得"。[③] 一个多月后,两位大臣又说,"土货自销另收内地税,洋人除租界外亦收印花税,似此可得三千万,抵厘有余"。对印花税的抵补功能持乐观态度,从而加速了印花税的拟议进程。但事实上,洋人应照华人一样完纳印花税的提议,当即遭到英方代表的反对。[④]

清政府在财政严重亏空的情况下,对加税是否能足抵裁厘之损失,忧心忡忡,意见不一,加之"各省疆吏恃为腾挪弥补之术,调剂属员之资"[⑤],裁厘阻力较大;马凯也因"恐加税后,内地厘金仍有影射之弊",屡次推翻前议,加税的阻力也较大,双方僵持不下。1902 年英国借修订《天津条约》的机会,派马凯

---

① 《致军机处、外务部、户部、江宁刘制台》(光绪二十八年四月初五),李景铭:《张文襄公电稿·加税免厘部分》,第 37—38 页;《鄂督致外务部电》(1902 年 5 月 14 日),台湾"中央研究院"近代史研究所藏外务部档案,馆藏号:02-13-029-01-040。

② 《北洋大臣致外务部电》(1902 年 5 月 16 日),台湾"中央研究院"近代史研究所藏外务部档案,馆藏号:02-13-029-01-042。

③ 《吕大臣盛大臣来电》(光绪二十八年四月初五日),《张文襄公全集》,卷 84,第 5775—5776 页;李景铭:《张文襄公电稿·加税免厘部分》,第 38—40 页。

④ 《鄂督致外务部电》(1902 年 8 月 31 日),台湾"中央研究院"近代史研究所藏外务部档案,馆藏号:02-13-008-02-059。

⑤ 《光绪朝东华录》(五),第 4925 页。

与清政府代表盛宣怀、吕海寰在上海签订通商行船条约,即《马凯条约》。英方同意中国在裁撤厘金之后,进口税允许增加至不超过12.5%,出口税不超过7.5%(对土货可征收销场税),之后,“洋货无论在华人之手或在洋商之手,亦无论原装或分装,均得全免重征各项税捐,以及查验或留难情事”,规定裁厘自1904年1月举行,但裁厘加税之议并未落实。1908年11月,清廷照会英、美、日及各国公使,协议加税办法和免厘期限,但由于地方督抚的反对,该计划没能顺利实行,直到清朝灭亡,仍然是加税未加,裁厘未裁。

中英双方的谈判无果而终。印花税问题此时尚处于拟议阶段,1903年第一次试办也很快就停办,所以,谈判过程中对印花税问题也仅限于议论。在众多人的想象中,西方国家早已开征印花税,对中国开征印花税一定会予以支持和赞同,印花税“为内地税,与关税无涉,外人无从借口,他国民人经商我国,我既任保护之责,即有征税之权”,①外国没有干涉的理由,且有纳税的义务,同时还单方面想当然地认为:“外国人与华商交易者,华商亦贴印纸,谓之自完国税,是外国人亦必暗纳此税。”②然而,事实远非如此简单,清末第二次试办印花税时,由于国内尚未能普遍推行,加之抵制之声不绝于耳,因此也没机会过多地考虑涉外税收问题,最终将这一难题遗留给了新生的民国政府。

二、北京政府难以完成的中外磋商

北京政府为使印花税普及推广,除了面临国内的抵制外,与外国的交涉也始终不断,洋商在华与我国商民往来贸易的一切契据是否贴花一直是交涉的核心。尽管外交部从维护利权出发,积极支持财政部推广印花税法,但由于国力贫弱,且受到各种条约的限制,印花税的推广屡为列强所阻,所有外交磋商收效甚微,印花税至北京政府结束,也未得到列强的一致认可。

(一)外交部之磋商

北京政府《印花税法》公布后,为取得列强的谅解与支持,财政部迅速将《印花税法》译成外文送交外交部,希冀通过正常的外交途径,由外交部照会

---

① 丁贤俊,喻作风编:《伍廷芳集》,中华书局1993年版,第55—57页。

② 《江苏补用道程仪洛印税条议》,席裕福、沈师徐:《皇朝政典类纂》卷95,征榷13,《近代中国史料丛刊续辑》第89辑,第336—337页。

各国驻华使馆转知各该国在华商民,一律遵章贴用印花。新生政权在维护利权的急躁情绪下,并未对来自列强的抵制给予充分的估计,当外交部照会驻华外交使团商议此事时,他们并未想到此后的种种情形,在经过半年的等待后,得到的答复是:“外交团业经聚议一次,众皆赞成,洋商亦认缴此税。惟必须中国人一方面先已办到实行之地步,而后再推及于洋商,方为正当办法。”[①]前半部分的“赞成”与“认缴”在后半部分的转折下,使印花税推及洋商的问题陷入极度艰难的境地,在“中国人一方面先已办到实行之地步”后再推及洋商,固属正当,但北京政府面临的问题是:国内推行困难,来自各方的压力不断;国外交涉复杂,或以欧战为借口婉拒,或根本不予理会。1913 年 9 月 12 日,财政部再致函外交部,以印花税既经各国认为良税,我国推行伊始,侨居中国外商与我国人民往来贸易的一切商业契据,必须依法贴足印花。“各国公使素敦邻谊,必能推诚相助”,希望外交部照会领袖公使转咨各公使转饬各该国在华商人遵行。外交部随即照会公使团,请各国公使转饬各该国商民遵照办理。[②] 但又是半年的等待,直到 1914 年 3 月,各国公使才做答复,“在未经言明条约之外新定税法本国人是否遵循之先,应详明各本国政府核办”,并认为“该新税现拟之法,恐未能施行于各本国人民”。[③] 历时一年的谈判终致乌有。

至此,财政部不得不另觅路径,希望通过外交部饬令我驻外使节与各驻在国进行协商,探寻各国政府对于中国开征印花税法的意见,以凭核办,以利推行。1914 年 3 月 18 日,外交部致函驻外各使称,公使团前已说明“华人一方面办到实行之地步,即令外国商民认缴此税”,现在“我国京外各处既能逐渐施行,各省商埠为中外贸易最盛之区,若非各国商人一律认缴,按诸实际情形,颇多窒碍”,请他们“切实与商,务期照允”。所开列的驻外使节名单主要有驻

① 国家税务总局主编:《中华民国工商税收史——直接税卷》,中国财政经济出版社 1996 年版,第 300 页;《外交部致财政部函》(1913 年 6 月 28 日),台湾“中央研究院”近代史研究所藏外交部档案,馆藏号:03-19-018-01-001。

② 《财政部致外交部函》(1913 年 9 月 12 日),台湾“中央研究院”近代史研究所藏外交部档案,馆藏号:03-19-018-01-002;《外交部照会》(1913 年 9 月 17 日),03-19-018-01-003。

③ 《驻京各国公使会衔照会》(1914 年 3 月 2 日),台湾“中央研究院”近代史研究所藏外交部档案,馆藏号:03-19-018-01-004。

英公使刘玉麟、驻法公使胡惟德、驻俄公使刘镜人、驻德公使颜惠庆、驻美公使夏偕、驻日公使陆宗舆、驻奥公使沈瑞麟、驻丹代办翟青松、驻墨代办胡振平、驻葡代办郭家骥等。[①] 他们在接到外交部的指令后,随即同驻在国外交部进行商议,虽然努力不小,费时不少,但结果甚为难堪,要么推诿,要么观望,甚至强词夺理断然拒绝,根本没有爽快答复的。具体交涉情况如下:

1914年4月9日,驻奥公使沈瑞麟致电外交部称:经过探寻,奥国的态度是"须商联盟国一致办理"。[②] 此答复成为其后大多数国家的一致托词。驻丹代办、一等秘书官翟青松经驻德使馆转陈与丹政府交涉经过:4月2日接奉外交部函后,4月6日即备文赴丹外交部面致,向丹外交部面陈中国开征印花税的理由,希望得到丹麦政府的支持。经过多次函牍往来,最后得到丹政府的答复是:"三月二十五日已训令阿使协商驻京各使,从众办理。"时隔一年之后,丹麦的"从众办理"依然无果,交涉结果依然是"从众办理,丹国未便与列强独异",翟代办"现在列强衅端未已,殊难和衷协商,不如丹国先行照允,中国自必商请各国一例照办"的建议并未得到丹外交部的同意,只是说"贴用印花一事与丹商无大关系",此事待阿公使下月回国后"再行商酌办理"。[③] 似有推托之嫌,事实上,丹麦直到北京政府结束也未正式允认中国印花税。

中国驻德公使颜惠庆在收到北京政府外交部的公函后,除备文与外交部协商外,并于1914年4月4日亲往面晤德副外长秦穆德,与其商酌一切情形,但其面商结果也是文雅有余,毫无实质内容,德国刚开始表示"决不无理阻挠,当以友睦之态度研究",以此推断,德国接受中国印花税并不是难事,只是需要等待驻华公使的报告到后再作定议。经过多次磋商,德外交部最后答复:"此事现已饬人调查,须俟查复后,得其详细情形,方能切实答复。"[④] 看似不

① 《外交部致驻外各使》(1914年3月18日),台湾"中央研究院"近代史研究所藏外交部档案,馆藏号:03-19-018-01-007。

② 《沈瑞麟致外交部电》(1914年4月9日),台湾"中央研究院"近代史研究所藏外交部档案,馆藏号:03-19-018-01-008;03-19-020-01-021。

③ 《驻德颜公使致外交部函》(1914年4月18日,1915年4月29日),台湾"中央研究院"近代史研究所藏外交部档案,馆藏号:03-19-018-01-012;03-19-018-01-034。

④ 《驻德颜公使致外交部函》(1914年4月6日,1914年5月1日),台湾"中央研究院"近代史研究所藏外交部档案,馆藏号:03-19-018-01-010;03-19-018-01-016。

难解决的问题,一直没有得到对方爽快的答复。

驻俄公使刘镜人1914年4月26日致函外交部,称奉到部令后,即同俄外部切实磋商,得到的答复是:"事关商务,已由本部转咨商部及财政部核议,之后再行答复。并称中国各地方捐税日新月异,几至无所适从,此事施之于各国人们,恐多窒碍难行。但俄政府对于此项问题,自与各国一律办法,倘各国赞成,俄亦决不独异。"①此答复的弦外之音不外三层含义:一是推托,待商部与财部核议后再作答复,事实上,其核议何时进行并不知晓;二是反对,实际上是以中国税收混乱为词,暗含对中国印花税施之于俄商的抵制;三是观望,他国赞成之后,俄国"不独异",似此解释与答复实属变相推诿和抵制。

驻法公使胡惟德于1914年4月14日致函北京政府外交部:4月2日收到外交部的公函后,当即面商法外部,并面交节略,对方的答复是:"此事如英德两国赞同,法政府亦决无独异。"4月23日,接法外部复称:"本国外交总长尚未接到驻华康使报告……一俟复到,即转达贵使,并一面核发康使训条。"②似乎也非困难之事。但事实上,在抵制印花税方面,"尤以法国公使抵制最力,并会同驻京各国公使坚持必须中国人先办外商才能照办的意见"。③ 整整一年之后,1915年4月26日,胡惟德致电北京政府外交部,称法国外交部的答复为"碍难办理"!④ 这个毫不带任何外交辞令的答复竟是一年多来磋商的结果!

驻美公使夏偕在探询美国政府的意见时,美国外交部直截了当地称:"中国施行该税法,本国赞同与否,要视有无违背条约为断。现已将此事交本部法律顾问核议,如能认许中国施行该税法之原理,并各国均无异词,本国当表同意。"夏偕据理力争,指出中国印花税为"仿照各国通行办法,且取之甚微,无

① 《驻俄刘公使致外交部函》(1914年4月26日),台湾"中央研究院"近代史研究所藏外交部档案,馆藏号:03－19－018－01－015。

② 《驻法公使胡惟德致外交部函》(1914年4月26日),台湾"中央研究院"近代史研究所藏外交部档案,馆藏号:03－19－018－01－014。

③ 国家税务总局主编:《中华民国工商税收史——税务管理卷》,中国财政经济出版社1998年版,第337页。

④ 《驻法公使胡惟德致外交部电》(1915年4月26日,1915年5月1日),台湾"中央研究院"近代史研究所藏外交部档案,馆藏号:03－19－018－01－028;03－19－018－01－036。

碍商业。中美交谊较为亲厚,如美政府首先表示赞同,为各国倡,则中国财政得赖协助实多",并备文详叙事由,请其倡助。其后,美外交部的答复也是模棱两可,无甚积极意义,答称:"已愿认许,惟须各国政府亦认许而后可已",并请修改印花税法律,补充的内容是:"中国订立明文,如未得本政府之允许,印花税率不得率行增改。"[①]强人之意非常明显。

驻日公使戴陈霖多次催促日本外部,日本最初的答复是:"现正饬司研究,容随后再复",其后的答复则是"此税只行于华商,原不公平",其意并非绝对不能赞同,但仍是在游移其词,不置可否。[②] 其他如英国、荷兰、意大利、巴西等国,或不作答,或用种种理由推托敷衍,不置可否。

最为蛮横无理和最不体面的答复当属驻京外交使团领衔公使朱尔典的照会,在其没有任何外交修辞的表述里,不仅断然拒绝了中国政府的合理要求,而且还对中国的内政指手画脚:"中国政府数项机关等仍欲设法勒令外人完纳此项税课,各国大臣殊为诧异,愿再提醒贵政府,仍以未能允行该税向外人征收,并请转令政府各项机关,亦不得直接或间接巧令外人完纳此项税课。"[③]这完全是一种强盗逻辑产生出的强盗行为,中国公民在外国须向外国缴纳印花税,外国商民在华与华人往来交易的契约、簿据自应按照中国印花税法缴纳印花税,实为天经地义,中国缘何不得向其课征此税?这一结果也是中国外交部始料不及的,面对此等答复,中国政府竟无可奈何。

而最为滑稽、最具戏剧性的是葡萄牙。1914 年 4 月 14 日,驻葡代办、二等秘书官郭家骥致函外交部,详细通报了其与葡外长的交涉过程:4 月 4 日收到外交部 3 月 18 日的公函后,"当即往晤葡外部长,详切陈说。告以印花税为各国通行之税,从无异议。中国现行此税,自应事同一律,乃竟有数国洋商延不遵守,以致华商借口,颇有阻碍",请葡外长速达驻京公使饬令葡国商民遵行。该外长始以空言敷衍,未做许可,经再四相商,始允函达驻京公使转饬遵

---

① 《驻美夏公使致外交部函》(1914 年 5 月 23 日),台湾"中央研究院"近代史研究所藏外交部档案,馆藏号:03-19-018-01-018。

② 《驻日戴陈霖公使致外交部函》(1915 年 5 月 6 日),台湾"中央研究院"近代史研究所藏外交部档案,馆藏号:03-19-018-01-033。

③ 《领衔公使照会》(1915 年 7 月 26 日),台湾"中央研究院"近代史研究所藏外交部档案,馆藏号:03-19-018-01-040。

行，“因思函牍来往为时迟缓，事或中变，遂恳其发电饬遵，当承允诺”。几天之后，二人会晤时又询问结果，“得以电稿示阅，内云：北京葡国公使鉴：请嘱旅华葡人遵行中国印花税。”①葡萄牙成为第一个承认并接受中国印花税的国家，当时国内各大报刊都予以刊登宣传，这个被认为是中国外交上胜利的消息让北京政府甚感欣慰，外交部在激动之余，于1915年3月30日照会葡驻华公使，对葡萄牙政府“推诚赞助之盛意”专表谢忱，以示敦睦友好，②同时以此作为与其他国家进行交涉的依据。1915年4月7日，外交部再次致电各驻外使节，“除葡政府已允照办外，各国均未复允，谅因战争，不暇讨论及此，便中希向外部切商，请其照允”。③

滑稽之处就在于：当北京政府外交部以葡萄牙的允行为援引向尚未做出承诺的各国极力争取时，1917年1月17日，葡萄牙驻华公使符德礼却突然致函外交部称：“本国政府对于印花税法尚未赞成，并仍主持1914年2月28日暨1915年7月26日领衔公使以外交团名义致贵部文内所称各节”，④大有推翻前议之嫌。外交部随即复函，对葡萄牙外长“慨允赞助，并以电稿示知郭代办”的经过和“郭代办面致谢忱”、“本部函谢”等情况进行了重申，此事“已及数年”，兼以“贵公使既以甚愿证实本国政府和好之友谊为重，则于贵国政府业经承诺之事，自无再持异议之理”。⑤ 同时致电驻葡萄牙代办郭家骥，询问当时的具体情况，“当日葡外部所示电稿，有无存底可查？希将原文电复”，2月9日再次致电催问结果。郭家骥复电二则，多少使外交部难堪，其一电称：“印花税事，前葡外部仅面告电文意，确允电符使饬遵。无录稿。奉钧电后，往询，竟答：当系误会。”另一电文称：“复请其查核。准函复称：无允照办电等

① 《郭家骥致外交部函》（1914年4月14日），台湾“中央研究院”近代史研究所藏外交部档案，馆藏号：03－19－018－01－013。

② 《外交部照会》（1915年3月30日），台湾“中央研究院”近代史研究所藏外交部档案，馆藏号：03－19－018－01－022。

③ 《外交部致驻外各使》（1915年4月7日），台湾“中央研究院”近代史研究所藏外交部档案，馆藏号：03－19－018－01－023。

④ 《葡馆致外交部函》（1917年1月17日），台湾“中央研究院”近代史研究所藏外交部档案，馆藏号：03－19－020－01－008。

⑤ 《外交部复葡使函》（1917年1月22日），台湾“中央研究院”近代史研究所藏外交部档案，馆藏号：03－19－020－01－009。

语。料系部长允后又另更变耳。”[①]如此重要国事,竟同儿戏,葡方竟可对外交上的承诺做轻易的变更和否认,而中方竟如此缺乏外交备忘常识,似乎已不是疏忽或失误所能解释的。与此同时,符德礼也在努力寻找适合自己的证据,他在1917年1月23日致函前外交总长陆征祥说,因没有外交记录,请总长回忆二人于1915年4月7日会晤时关于葡萄牙承认印花税法一事的谈话内容,并根据自己的回忆,描述了当时谈话的大致内容,其中心意思是在表明,当时已经向中国外交部表明了葡萄牙的立场:“中国驻葡代办所见发驻京葡馆电稿,并非葡国对于印花税法之承认书,不能即作为葡国业经承认之据。此电不过引申历次训令之意绪,并无碍于领衔公使以外交团名义与贵部磋商之进行。至本国外交总长之电文以及其所谈一切,亦不过藉以表示彼此友谊,中葡和好之意耳。”[②]如此解释,极为牵强,既已承诺在前,再反悔于后,殊与外交不合,并且数年前在中国政府专函谢忱之时,何故没有提出任何异议?阅数年之久再提起原无“允照办”的说法,在做人上是丧失诚信,在外交上叫伤害感情。此事交涉结果如何,尚不清楚,但由此可以推测,旅华葡人尚没有按照“约定”执行中国印花税法。尽管如此,在各种典籍著述里面,大多对葡萄牙率先允行旅华葡侨遵照中国印花税法贴用印花的做法表示好感,并多以葡萄牙是当时第一个也是唯一一个答复允行的国家而大加赞扬。[③] 而事实上,墨西哥才是唯一没有任何异议地承认中国印花税的国家。

驻墨西哥代办胡振平于1914年6月27日致外交部函中称,5月8日奉到部令后,遵即向墨西哥政府据理切商,据称“已饬驻北京墨代办注意”,“揣其语意,虽无反对,似属模棱两可”,在经过多次磋商之后,1915年4月,胡代办致电外交部,称墨西哥外部已明确表示,“印花税施行于旅华墨人,墨政府绝

① 《外交部致驻葡郭代办电》(1917年1月26日),台湾“中央研究院”近代史研究所藏外交部档案,馆藏号:03-19-020-01-013;《外交部收驻葡郭代办电》(1917年2月20日),03-19-020-01-014。

② 《陆前总长交来葡使函一件》(1917年1月26日),台湾“中央研究院”近代史研究所藏外交部档案,馆藏号:03-19-020-01-011。

③ 金国珍:《中国财政论》,商务印书馆1931年版,第487页;贾士毅:《民国财政史》(上),商务印书馆1934年版,第225页;黄绍绪主编:《日用百科全书》(上),商务印书馆1934年版,第1623页。

无反对”。[1] 从时间上看，墨西哥为第二个承认并接受中国印花税法的国家，至少在外交层面上没有任何异议。

1916年12月23日，北京政府外交部再次以“葡萄牙、墨西哥两国政府业已完全允诺”，其他各国也应仿照一律遵行，“如侨居中国之外国人民与华商往来贸易等事仍不一律照办，实于推行有碍”，照会各国公使转请各该国政府迅予赞同。[2] 1917年8月，财政部为推广印花税，续拟两条办法，并将印花税法做了细节调整，“《印花税法》第二条第一类所载之提货单，本用累进法贴用印花，兹为便于计算并减轻税率起见，改为每张提货单贴用二角，以轻负担”，并认为“洋商若不一律举办执行时”，将产生窒碍，极为不公平，请外交部迅速与驻京各公使妥商交涉，以利推行。[3] 1917年12月3日，外交部照会北京外交团，商请各国政府允认照办。1918年5月，财政部就中国印花税推及洋商一事再一次咨请外交部与各使切实协商，以求早日决定施行。[4] 从上述得到的答复情况看，依然没有什么积极结果。此后外交部继续不懈地努力，几乎不停地照会各使，希望早日得到列强的肯定答复。1922年7月13日，财政部依然咨请外交部“再向外交团切实磋议，对于洋商贴用印花一案，协助进行”，此问题不解决，“租界华人贴用印花一案因之亦行停滞”。外交部遂再一次试图说服各国政府允认中国印花税，照会领衔公使葡萄牙驻华公使符德礼，请其推诚相助，与各使商酌，使各国政府早日承认推行印花税于旅华各国商民。同年11月，外交部再一次照会催问，得到的答复依然是印花税推行于外国人，各有

① 《驻墨使馆函》（1914年6月27日，1915年4月27日，1915年7月19日），台湾“中央研究院”近代史研究所藏外交部档案，馆藏号：03－19－018－01－019；03－19－018－01－029；03－19－018－01－039。

② 《外交部照会》（1916年12月23日），台湾“中央研究院”近代史研究所藏外交部档案，馆藏号：03－19－020－01－004。

③ 《财政部咨文》（1917年8月8日，1917年11月12日），台湾“中央研究院”近代史研究所藏外交部档案，馆藏号：03－19－020－01－035；03－19－020－01－037。

④ 《外交部照会领衔公使朱尔典》（1917年12月3日），台湾“中央研究院”近代史研究所藏外交部档案，馆藏号：03－19－020－01－038；《财政部咨文》（1918年5月2日），馆藏号：03－19－020－01－044。

关系国政府"均难承认"。[①]

在那种强盗逻辑的氛围中,如此反复数年,外交部几乎不停地照会驻华各使及驻外使节,希望能使印花税早日得以推广普及。但结果似乎永远是固定的:印花税不能征及外国人!财政部、外交部的执着追求和不懈努力,无疑于隔空喊话,最终仍不得其果,到1923年以后,这项交涉便基本停顿了。

(二)交涉员之协办

北京政府为统一外交事权,加强对各省地方外交工作的领导和管理,对地方管理外交事务的各省外交司进行改组,由外交部在各省设特派交涉员,各重要商埠设交涉员,使其成为外交部直属机构,将晚清督抚地方外交事权收归中央。1913年1月8日公布《划一现行中央直辖特别行政官厅组织令》,规定地方办理交涉机构,如交涉员、视察员、特派员等,全改为中央直属机构,与地方政府相合作而不相统属。5月21日外交部颁布《外交部特派各省交涉员及各埠交涉员职务通则》,各省设特派交涉员,置外交部某省交涉署,负责办理全省外交事务;各通商巨埠设交涉员,置外交部某埠交涉分署,负责各埠交涉事宜,两者皆向外交部负责。由于各交涉员直接对外交部负责,他们在接到外交部的指令后,积极与各驻地外国领事进行交涉,以期印花税法推广于旅华洋商,以求税法公平普及。因其为对外交涉的实际执行者和操作者,他们利用各种便利条件,采取相应的变通做法,支持税务部门向洋商征收印花税,这种做法虽于法无据,效果不著,且极易引起外交争端,但部分地挽回了利权,也体现了为挽回利权而不畏艰难的精神,其所做的努力值得肯定。

1. 外交上与各领事的协商

1913年10月,特派福建交涉员王寿昌的呈报称:他在奉到外交部的指示后,当即"检齐部颁章程、文告"送达驻福州、厦门两口各国领事及福厦三都三口税务司,希即在闽洋商遵贴印花。"福州美法两国领事答复并无异言,惟厦门德国领事函复,则以此项章程施诸德国人,必须奉有本国政府允准之后,方

① 《财政部致外交部咨文》(1922年7月13日),台湾"中央研究院"近代史研究所藏外交部档案,馆藏号:03-19-022-02-001;《外交部照会领衔葡符使》(1922年7月11日,1922年11月16日),03-19-022-02-002;03-19-022-02-004;《领衔葡符使致外交部照会》(1923年1月24日),03-19-022-02-008。

能举行,其余各领事、税司均未复到。”不久之后,厦门法领事函复,尚无抗议,日本领事以其惯常的态度不带任何修辞地答称:“对我国人亦须适用印花税法,则本领事碍难承认。”福州日本领事的函复也是一个味道:“此项印花税并非规定条约与特别协定之件,不能强外国人以必行。若必施行本邦人征此税项,本领事断不能承认。”[①]这个一衣带水的邻邦极不优雅地否定了中国征收印花税的合法性,态度之蛮横、语气之生硬至少说是外交家素质的匮乏。

任职时间最长的特派云南交涉员张翼枢1913年11月16日致电外交部称:因华洋商人之间财务成交契据应否贴花一事,面晤法国领事,征询意见,法领事答复说:“洋商贴用印花,自是正办。惟未奉命令,今晚当电京请示。”[②]虽然结果并不美妙,但其语气并不像日本领事那样冰冷无情。

吉林滨江道道尹兼外交部哈尔滨交涉员李家鏊1914年8月致函外交部,详细说明了其与各领事的交涉情况:在奉到外交部“凡遇交易,无论华洋各商,于出具收据时,由受收据人责令一律贴用印花,以重税务”的部令后,当即分饬各属暨布告人民,并照会各国领事及中东铁路公司。所得的答复分别是:1914年7月15日德国领事复函,“中国印花税票洋商一律贴用,本领事尚未奉有本国驻京钦使训令,碍难承认”;7月22日铁路公使照复,“本公司未奉驻京俄使馆明文以前,未便转行照办”;7月25日美副领事照复,“中国政府向美国侨民征收印花税一事,本部正在讨论之间,现在有意允认,惟各国政府必须一律承认,本政府方能实行”;8月13日俄总领事官函称,“印花税章程按其现在规定之形式,驻京外交团以为不适用于外人,而如何解决印花税适用于驻华外人之问题,各国代表认为须先请求本国政府意见。是以本领事不以贵交涉员所奉外交部饬无论何国人民须遵守印花税章之公文认为于俄国人民有何等效力”。[③] 也就是说,李家鏊的交涉也没有实质性结果。

其他各地方的交涉员为将印花税推及洋商不断与各领事磋商,但结果很

---

① 《特派福建交涉员王寿昌呈》(1913年10月4日,1913年10月24日),台湾“中央研究院”近代史研究所藏外交部档案,馆藏号:03-19-018-02-002;03-19-018-02-003。

② 《特派云南交涉员张翼枢电》(1913年11月16日),台湾“中央研究院”近代史研究所藏外交部档案,馆藏号:03-19-018-02-004。

③ 《吉林滨江道道尹兼外交部哈尔滨交涉员李家鏊致外交部函》(1914年8月17日),台湾“中央研究院”近代史研究所藏外交部档案,馆藏号:03-19-018-02-015。

显然,国家级的谈判尚且一波三折,阻力重重,更低级别的磋商可想而知。国家间的交往,经济实力是基础,军事实力是后盾,外交仅是一种脆弱的游戏手段,在强权者说话的时代,任何内政都可能演化为外交事件。而北京政府此时基本以借债维持度日,国力极度贫弱,仅凭近于乞求的外交协商,根本不可能达到预期的目的。在协商无果的情况下,财政部不得不采取变通手法,借助外交部的大力支持,在有限的范围内向洋商征收有限的印花税。

2. 实践中对各洋商的征税

外交部积极支持财政部,采取渐进政策,凡国家能控制的环节,尽可能推行印花税。如签发护照,财政部规定应贴印花 1 元,外交部即通知各省特派交涉员照办,并请各海关统一执行。又如,1913 年 11 月,交通部就津浦铁路局因结付广告费而洋商拒不遵贴印花一事函询财政部,经财、外、交三部协商后,由外交部饬令所属,此后如有类似情况,便不在该报刊登广告。1914 年外交部订阅英文各种报纸,要预付全年报费,外交部即于同年 6 月 1 日通饬各省外交特派交涉员,明确要求各项收据必须贴足印花,方准核销费用。因关系到商业利益,外商只得照贴。外交部遂以此为援引通饬所属转知有关部门:凡与外商成交业务,取得发票或收据未依规定贴足印花的审计部不予报销。① 财政部有鉴于此,在致外交部的咨文中称:外交部订阅英文各种报纸收据责令洋商贴用印花,"该洋商遵将收据贴用印花,足见洋商贴用印花久成习惯",那么,"凡与交易收据,责令粘贴,未始不可,若能援此推行,于税务前途,不无裨益",因此咨请外交部通饬所属各机关,"凡遇交易,无论华洋各商,于出具收据时,应由受收据人责令一律贴用,以重税务",外交部当即将财政部咨文予以转发,通饬所属各埠交涉员及清华俄文学校校长等援例遵照实施,凡遇交易,无论华洋各商于出具收据时,应由受据人责令一律贴足印花。②

各地交涉员在外交部的支持下,在与当地领事交涉的同时,还以打擦边球

① 《财政部致外交部函》(1913 年 11 月 3 日),台湾"中央研究院"近代史研究所藏外交部档案,馆藏号:03 - 19 - 019 - 01 - 003;《外交部关于外商交易收据一律贴用印花饬》(1914 年 6 月 22 日),《中华民国史档案资料汇编》第三辑,财政,第 1501—1502 页。

② 《财政部咨》(1914 年 6 月 3 日),台湾"中央研究院"近代史研究所藏外交部档案,馆藏号:03 - 19 - 018 - 02 - 006;《外交部饬令》(1914 年 6 月 22 日),03 - 19 - 018 - 02 - 007。

的方式通知所属便宜行事,对能收的税款尽力征收,如云南省外交特派交涉员张翼枢、金陵关监督兼江宁交涉员冯国勋、福建厦门交涉员陈恩焘、黑河道尹兼黑龙江爱珲交涉员张寿增、特派新疆交涉员张绍伯等,均先后饬属变通执行。[①] 但一个前提是,外商需更重生意且不愿惹事端。确实有部分外商不再持顽抗态度,如秘鲁驻广东领事、俄国驻汉口领事皆相继通知在华侨民,凡经商领取游历护照,均须遵章购贴印花。

此为印花税征收的变通做法,不具正式法律效力,极易引起外交争端。为避免纷争,特派山东交涉员罗昌于1914年7月3日致函外交部:"印花税为国税之一,无论华洋各商,自应一律遵照贴用。惟我国此项税征系属开始办理,洋商从违端视领事之指挥为趋向,而领事准驳又以公使之命令为准衡",希望探寻各国政府及公使的意见,担心"万一持有异议,转影响于前途",已有旋征旋免的先例,不得不慎重考虑,"根本问题尚未解决,即令勉强遵办,恐领事亦必来事后交涉",[②]对先行征收洋商印花税持审慎态度。江汉关监督丁士源亦持"是否照会驻汉各国领事"的疑问,而外交部的复函颇多意味:"洋商遵章贴用印花税事,各国政府持何意见,既未明白声复,此时应照所拟办理",更加暧昧的是:"只可劝令贴用,不宜操之过切,亦勿庸正式知照各领。"[③]亦即这种只可意会的做法没必要也不能给予"正式知照",这是外交途径不能得以解决的一种非正常的变通做法,因不具外交上的法律效力,与外交原则不符,远不是挽回利权的良策,这种权宜之计也确实引起了不少外交争端。

山东临清关:《关于人事证凭贴用印花条例》规定,免税单照贴用印花一元五角,该关对洋商子口三联免税单照应依法征收一元五角,后因各国政府尚未认允,即告停征。1915年11月中旬,山东临清关查出英国领事于津海关所发英商仁记洋行所持三联免税单照2张,贴有英国印花税票,盖有英领事图

① 见江宁、厦门、爱珲等地交涉员的《致外交部函》,台湾"中央研究院"近代史研究所藏外交部档案,馆藏号:03-19-018-02-008;03-19-018-02-013;03-19-018-02-014。

② 《特派山东交涉员罗昌致外交部函》(1914年7月3日),台湾"中央研究院"近代史研究所藏外交部档案,馆藏号:03-19-018-02-009。

③ 《江汉关监督致外交部》(1914年6月30日),台湾"中央研究院"近代史研究所藏外交部档案,馆藏号:03-19-018-02-010;《外交部饬江汉关监督》(1914年7月7日),03-19-018-02-011;《外交部致山东交涉员批令》(1914年7月8日),03-19-018-02-012。

记,“断没有我停印花彼征印花之理”,当经财政部函由外交部照会英国公使令饬该领事纠正这一行为,并提出今后各关所发单照,要经由领事署转发,不能贴用该国印花。此事系英领事破坏失信,临清关遂决定规复旧章,对英商亚细亚煤油公司所持免税单照10张征收印花税15元。英使遂向外交部提出抗议,要求退还所征税款。财政部的解释是:临清关征收亚细亚公司印花税系英领事擅贴英国印花所致,属不得已而为之,“印花税之或复或停,均以英领事之擅贴与否为根据”。至于税款一项,“追溯既往,责令该关退还,致启争执,转于英公使署与本部协商时互敦睦谊之本旨似有未符”,请外交部据理答复。1918年4月,财政部依据临清关印花税的征收实际,同意临清关参照《关于人事证凭贴用印花条例》,对子口三联单换给运照一项,征收一元五角印花税,并致函外交部转英使,郑重声明,以免生枝节。[①] 经过两年多的函电交驰,最后不了了之。这种变通的做法,虽然能够挽回些许利权,却往往会引起外商的反对和外交上的争端。

绥远:1917年5月30日,英美烟公司所属上海英商白礼氏洋烛公司在津海关报运洋烛5箱,领有内地税单,运抵西包头,1918年3月15日,西包头税局向其征收每税单一纸贴用印花一元五角,如不缴纳,即不准起运货物;该公司此前运往归化等处的洋烛,每次税单均经过塞北总关,被饬令完纳印花税。英国驻津总领事柯韪良为此专函绥远都统署,进行交涉,其理由是:“印花税一项,原不能施行于洋货间”,西包头与塞北税局向该公司运洋货的税单征收印花税,“殊属故违约章”,请绥远都统蔡成勋“分饬各该税局退还已收税项,并饬以后勿再征收洋货印花”。塞北税局监督在给都统署的复函中说:“印花章程免税单照贴印花一元五角,故凡洋商在津海关领有洋货入内地子口税单向不粘贴印花,因其在起运处已完纳半税也。如系机器仿造洋式货物领有津海关运单者,仅在第一关卡完纳正税一道,即到销地亦予免税。是此项运单即系免税单性质,久经照章粘贴印花一元五角,且粘贴印花系专对于单照而言。

① 《财政部致山东巡按使电》(1916年2月16日),台湾“中央研究院”近代史研究所藏外交部档案,馆藏号:03-19-052-01-016;《财政部咨文》(1916年3月14日,1916年5月31日,1918年4月24日),03-19-052-01-017;03-19-020-01-001;03-19-054-01-005。

该公司前运归化等处洋烛，皆标明为上海仿造土烛，已在江海关完纳正税一道，领有津海关机器仿造洋式货物运单，并非洋货入内地子口税单，当然照章每张粘贴一次，并无重贴情事，而所完之印花税亦无退还之理由，原函所称故违约章，未免近于误会。”该答复层次清楚，首先给予免税单照进行解释，认证白礼氏洋烛公司所持运单为免税单照，免税单照依照印花税法，须粘贴印花一元五角，而洋货入内地子口税单则不纳印花税，二者不同之处显而易见，所征税款无退还之理。[①] 由于没能见到后续记载，不知结果如何，但从中隐约可看到，此时至少在这些地方，部分洋商不得不缴纳印花税已为一种事实。

另据档案记载，该公司所运货物在上海关完税后，在经过陕西潼关时，被该处厘局征收每税单一元五角的印花税，驻汉英领事于 1917 年 12 月 6 日致函陕西关中道道尹兼特派陕西交涉员井勿幕，要求停止该项“殊属不合”的征收行为。井勿幕随即致函陕西省印花税分处查照办理。印花税分处的答复是：印花税与厘税不同，凡华商贩运洋货，执持子口单经过局卡，查验之后，填发验单，应按人事凭证免税单照办法，于验单上贴用印花一元五角，此种办法自财政厅兼理印花税时早经照办，行之已久，从无异议，自不能指为不合，并坚持依法办事，决不退让。1918 年 1 月 13 日，该英领事再次提出“勿再勒征子口单、验单印花税”的要求，并恫吓说是“以免酿成重大交涉”。外交部鉴于印花税此时尚未经外国承认，自不应强令外商贴用，为免滋交涉，饬令交涉员转知停征。[②]

奉天辽沈道道尹兼营口交涉员荣厚针对华商代理洋商售货所用一切单据是否贴花一事请示外交部，“外人贴用问题尚未解决，于是内地华商为外人之各公司代理或代销者，对于此项印花税，亦因而抗不贴用，地方官一经追究，则引起公司之外人以不能承认为词，报由领事出而交涉，此等轇轕时有发生”，如营口英商亚细亚煤油公司在长春桦皮厂之代理为华商义泰昌号，售油发票

---

① 《绥远都统致外交部咨》（1918 年 7 月 30 日），台湾“中央研究院”近代史研究所藏外交部档案，馆藏号：03 - 19 - 020 - 02 - 006。

② 《关中道尹呈外交部》（1918 年 1 月 18 日），台湾“中央研究院”近代史研究所藏外交部档案，馆藏号：03 - 19 - 020 - 01 - 039；《外交部令陕西关中道尹》（1918 年 1 月 25 日），03 - 19 - 020 - 01 - 040。

未贴印花,经查被处罚20元。按财政部的通令,凡在中国境内的外商及改入外国籍的商民与本国商人等因财物成交所立契约簿据,如有未贴印花者,应责成与外商及改入外国籍的商民来往的各商民承受此项契据者,暂行代为补贴,倘敢故违,即行照章罚办。因此,义泰昌号既系承受英商煤油代销,就应照章贴用印花,"乃有意抗违,自属难容",照章罚办理由正当,但亚细亚公司则出而指责,此为"勒索妄罚",英国驻营口领事也不断交涉,要求退还罚款。其实,此事完全属于内政,与外商无关,但其借口为贴用印花必然要进行税收转嫁,售货不能不略有加价,从而影响销路,致使这一内政问题变为外交问题,直接影响中国印花税的顺利推行,而且外交部、财政部、交涉署、巡按使署与使、领之间为此事来往函牍不断,各据一理,争论不休,造成诸多不便。①

类似事件很多,其他如吉林、长春、铁岭等地就有向外商免税单照、提货单等征收印花税的事项;山西太原、榆次等地向英商征收子口单、验单印花税;湖北汉口、宜昌,湖南长沙、岳阳等地也有不同程度的劝纳印花税情况。

从上述种种情况可以看出,外交部、财政部、各关监督、各交涉员为使印花税得以推广,在维护利权方面不遗余力,虽成效不大,但洋商缴纳印花税的事实确实存在。从商人的角度考虑,有时纳税也是一种解脱,减少了许多不必要的麻烦,节约时间,少费口舌。再者,印花税毕竟"取之甚微",与抽象的官方政治利益和国家权益相比,商人的经济利益更为直接和明显。这也是洋人贴用中国印花的原因之一。

印花税尽管取之甚微,然而,各地领事及驻华公使的抗议却始终不断,尤以英、美、日、俄、德、法等国为最,在北京政府外交部的档案记载中,各国反对和抵制中国印花税的案卷有很多,动辄即以"征收外人印花税为违约之举"进行抗议和威胁,突出并集中地反映一个中心问题,即西方列强始终如一的主张:缔约国不能同意印花税实行于他们的国民!

① 《营口交涉员呈外交部》(1918年1月29日),台湾"中央研究院"近代史研究所藏外交部档案,馆藏号:03-19-020-01-041;《外交部咨财政部》(1918年2月18日),03-19-020-01-042;《财政部致外交部咨》(1918年2月27日),03-19-020-01-043;《营口交涉员呈外交部》(1918年9月25日),03-19-020-02-010;《外交部指令》(1918年2月27日),03-19-020-02-017,等。

弱国无外交。尽管北京政府外交部拥有一批谙熟国际法及各种外交理论的杰出人才,典雅地运用着西方语言,从容应对于国际外交舞台,捍卫着国家的权益,赢得了西方外交官的尊重,但在中央权威丧失、政府更迭、政局动荡不息的情况下,在靠实力说话的国际环境中,外交上的努力显得过于单薄乏力。事实上,20 世纪以来,近代中国所有的内政似乎都不可避免地被外交化,加之各种不平等条约的限制,中国印花税推及洋商以求公平普及的希望和要求最终未能实现。

三、租界内华人贴用印花办法

近代税法的属地原则被世界各国所遵行,中国印花税法虽没有明确属地管理原则,但已作为一种常识而被纳入到法制体系内。但在国势衰微的情况下,属地原则因不平等条约的限制而施行困难,只能采用公民原则,但又遇到了一个非常棘手的问题,即如何解决租界内华人的纳税问题。由于中国政府租界内税收管理权的缺失,内政恶化为外交问题,财政部不得不借助外交部的外交磋商以期推行,协商的结果是产生了一个不伦不类的法律文件——《租界内华人实行贴用印花办法》,即使如此,该办法也没有真正实行。

(一)《租界内华人实行贴用印花办法》的艰难出台

晚清推行印花税之初,直隶全省印花税务总局为了减少外交窒碍,即采取一种变通做法,专门拟订了“租界华商征缴印花税办法”四条,其目的在求中外商民纳税平等,但由于当时国内商民对印花税的反对强烈,内地尚且时征时停,租界内华人贴用印花一事困难较多,致使该办法未及实施而晚清政府即已宣告垮台。[①]

1913 年 8 月,津海关监督兼外交部特派直隶交涉员徐沅依据《印花税法》的规定,拟定了对外办法四条,请示外交部咨商财政、农商部核准施行。[②] 其

---

① 《直隶全省印花税务总局拟订租界华商征缴印花税办法》(宣统元年十二月八日),天津市档案馆等编:《天津商会档案汇编(1903—1911)》(下),天津人民出版社 1989 年版,第 1683—1684 页。

② 《直隶特派员呈外交部》(1913 年 8 月 7 日),台湾“中央研究院”近代史研究所藏外交部档案,馆藏号:03-19-018-02-001。

大意如下:

(1)各公署与各外国人订立契约簿据应随时报明交涉署转知该国领事,饬令该外国人照印花税法第二条第一类、第二类各种,购贴印花,其不遵贴者,即将该契约簿据批销作废。

(2)各外国人凡与中国人订立契约簿据,亦应照印花税法第二条第一类、第二类各种,购贴印花,其不遵贴者,如遇诉讼到官,即按税法第七条办理。

(3)各外国人凡与中国人订立契约簿据,如在印花税法施行以前者,免贴印花,如遇诉讼到官,仍应按税法第二条税额补贴印花。

(4)原订印花税法以商准外交团议决承认复到之日后30日为洋商实行之日,其原订各条,凡遇各外国人与中国人财物成交各种契约簿据即一体适用。

上述四条办法是在尚未发现对外交涉非常艰难的情况下拟定的,真正推行起来却是阻力重重。财政部鉴于外交上的困境和此四条实施的不易,转而希望先从租界内华人入手,以期采取渐进措施,逐步推行,于1915年4月21日致函外交部,请其再商各国公使允认中国印花税法,同时请外交部在各国洋商贴用印花问题未解决之前,饬令各租界内中国商人一律先行贴用。外交部也认为,先饬令租界内华人贴用印花是"推行印花税应有之举",于是财政部乃分咨凡有通商口岸之各省巡按使、各都统、镇守使,请其分饬所属遵照办理,外交部则饬令各省特派员、各埠交涉员就租界内华人贴用印花事随时与各国领事妥商接洽,随时明白解释,以祛误会,以便推行。① 从福建厦门交涉员陈恩焘、延吉交涉员陶彬、新疆特派员张绍伯等人的复函中可以看出,当地已基本实行,"华商亦均遵照贴用印花,即洋商贸易单据贴用印花虽未能普及,然而贴用者已属多数",似乎取得的成效不小。②

1917年2月,外交部特派直隶交涉员黄荣良致函天津商会:华人在租界

① 《外交部复财政部咨》(1915年4月14日),台湾"中央研究院"近代史研究所藏外交部档案,馆藏号:03-19-018-02-018;《财政部致外交部咨》(1915年4月21日),03-19-018-02-017;《外交部令各省特派员、各埠交涉员》(1915年4月26日),03-19-018-02-019。

② 《厦门交涉员致外交部》(1915年5月5日),台湾"中央研究院"近代史研究所藏外交部档案,馆藏号:03-19-018-02-020;《延吉交涉员致外交部》(1915年5月17日),03-19-018-02-021;《新疆特派员致外交部》(1915年6月10日),03-19-018-02-022。

或通商口岸居住营业者，自应遵章贴用印花，同系国民，应共同负担国税，要求商会"联络商民，详为开导，即有租界内之商民不入商会者，亦可就近延请大铺户，晓以大义，细与说明"，并称沪商在租界内贴用印花，成绩较著，原因是"沪埠租界华商贴用印花，系由上海县税务所长会同邀集商会磋商协助，设法维持，始能著有成效"，因此希望天津商会援照上海办法给予协助，促使租界内华商依法贴用印花，以利推广，"津埠各租界华商不乏热诚爱国之人，应请由天津商务总会邀集各租界著名华商，磋商协助，自不难收普及之效"。[①] 1917 年 6 月，内务部就提出在已接管的天津、汉口等处德国租界内推行印花税的建议，直隶、湖北省长虽已遵行，但也提出了一个核心问题，即所有特别区内，洋商杂处，印花税务碍难推行，"稍有不慎，即成交涉问题"。[②]

租界内华人贴用印花已成为亟待解决的问题。两年后，1919 年 1 月 11 日，外交部在致驻京外交团领衔公使朱尔典的照会中，除了再次提出外国商民应依照中国印花税法贴用印花的请求外，专门就租界内华人贴用印花一事做以陈述：印花税为各国良税，在我国内地业已完全实行，但租界内的华商住户和在各地的外国侨商，尚未遵章贴用印花，影响国家财政及信誉，因此，未便任听居住于租界内之华人独不依法遵贴，但因为"租界内警察、裁判权不我属，无从强制执行"，财政部因此拟定了租界内华人切实贴用印花办法四条，请各公使"转饬各租界领事实力协助，俾利进行"，并且强调，此事仅及于租界内华人，与外国人无关，"谅各国公使素敦睦谊，当必乐于推诚相助"，外交部、财政部对此均寄予厚望。然而数月过后，直到 4 月 26 日外交部再函催问时，外交团仍未置可否，只是以非正式答复称：外交团会议均已同意，惟日本公使表示

① 《直隶交涉公署请商会劝谕租界众华商速贴印花票函并附天津县布告》(1917 年 2 月 22 日)，天津市档案馆等编：《天津商会档案汇编(1912—1928)》(四)，天津人民出版社 1992 年版，第 3863—3865 页。

② 《内务部关于在天津汉口等已接管德国租界内推行印花税的密咨》(1917 年 6 月 27 日)，江苏省中华民国工商税收史编写组、中国第二历史档案馆编：《中华民国工商税收史料选编》第四辑(下)，南京大学出版社 1994 年版，第 2521 页。

反对,尚须再议。①

日本政府表示反对的主要原因有两点:一是检查问题,他们不同意印花税处派驻稽查员到租界征税;二是效力问题,他们对于未贴印花票及票面未销之书类失其证据效力的规定表示反对,而这一点正是印花税纳税行为的最基本点,这一反对意见实际上是对税法的根本否定和野蛮干涉,同时要求对条文进行修改,并以强硬的态度提出了具体的修改要求。财政部为求税法的普及,不得不对所拟办法进行修改,"将日本政府所拟条款之意见全行加入",但对这个邻邦的反对表示不解,"其反对理由所在未可悬测",财政部将修改后的办法于1919年7月7日呈请外交部晤商日本公使,设法详尽解释,期望征得友邦的同意。② 修改后的四条办法如下:

(1)凡居住租界内之华人应依照印花税法所载各项契约簿据及人事证凭贴用中华民国印花税票。

(2)检查租界内华人应贴印花之契约簿据及证凭委托租界内工部局警察执行。其检查方法为:一是工部局警察每年6月及12月就租界内华人铺户住户检查一次;二是除检查外,工部局警察平时发现华人不依法贴用印花,可以举发;三是检查或举发的违章问题由工部局警察首领处罚,处罚时应报由该管领事查核;四是罚金充赏及归公分配办法另定。

(3)租界内华人契约、簿据及证凭不贴印花或对于所贴印花未盖章画押加以注销,遇诉讼时本不能认为合法之证据,兹为维持对手人利益起见,由法庭但将出立契约、簿据及证凭之华人处以罚金,并令依法补贴印花及盖章画押,而原立之契约、簿据及证凭仍认为有效。

(4)租界内发卖印花税票,委托中华邮务局在租界内办理,专任销售印花,不涉及他项之任务。其发卖处所之设置闭歇及变更地点均随时报明领事团立案。

---

① 《外交部照会领衔公使朱尔典》(1919年1月11日),台湾"中央研究院"近代史研究所藏外交部档案,馆藏号:03-19-021-01-004;《外交部致财政部函》(1919年6月30日),03-19-021-01-015;国家税务总局:《中华民国工商税收史——直接税卷》,中国财政经济出版社1996年版,第301页。

② 《财政部致外交部函》(1919年7月7日),台湾"中央研究院"近代史研究所藏外交部档案,馆藏号:03-19-021-01-016。

这个实际上近乎将印花税管理权和检查权出让的办法，经外交部近乎乞求的照会后，仍未得到列强的认允，1919 年 10 月 17 日，驻京领衔公使致外交部的答复是"此案所拟办法，必照下列各项案件，方可允认"，对财政部修正租界内华人实行贴用印花办法提出了 6 条列强"方可允认"的修改意见：①

（1）应在所有各处租界内定准日期，一律施行，并将施行日期预先达知各国大臣；

（2）修正办法第二条内工部局警察，应改为该管外国警察官；

（3）修正办法第二条每年应由外国警察检查两次之规定应行删除，该警察官等办理此事之责任，则应限于平时检查不贴印花之契据；

（4）修正办法第二条第四项分配罚金之办法，未能认可，若中国政府以为有分配之必要，则应向工部局以情愿捐助之形式进行之；

（5）若将来中国政府以为有在租界内设立中国发行印花税票之邮政分局或特别机关之必要，则不但应预先告知各国领事，更应先得彼等完全许可；

（6）各国大臣对于所拟办法予以认可，乃须声明仅系试办，即须认明若租界内之外国行政机关或居民有因此损失利权或大感不便之处，则此办法必须再加修改，且如有取消认可之必要时，亦必取消之。

以上 6 条主张系无视中国主权的行径，中国开征印花税，即使采用公民原则，中国公民依照中国税法缴纳税款，贴用中国印花，纯属中国内政事务，按照国际通行规则，中国政府也仅仅具有知照各使遵从之义务，而绝非请示。对于仅及于租界内华人实行贴用印花的办法，本与外国人无涉，"谅各国公使素敦睦谊，当必乐于推诚相助"，然而，如此 6 条主张，其实质是将中国印花税的征管权限直接纳入到殖民地管理体系之中，其"推诚相助"的面目全无，此亦近代中国之一大特色。

财政部因急于推广印花税法，对于列强提出的 6 条修改主张一律承认，并对原办法 4 条进行修订，定于自 1920 年 1 月 1 日起实行，咨请外交部转请各国公使饬令驻在各口岸之领事遵照办理。经过一系列复杂的外交磋商后，财

① 《外交部照会领衔公使朱尔典》（1919 年 8 月 21 日），台湾"中央研究院"近代史研究所藏外交部档案，馆藏号：03－19－021－01－017；《领衔公使朱尔典照会外交部》（1919 年 10 月 17 日），03－19－021－01－021。

政部最终出台了《租界内华人实行贴用印花办法》,始得列强的最后许可。[①]

(二)《租界内华人实行贴用印花办法》及其争议

1919年11月14日财政部发出通知,以《租界内华人实行贴用印花办法》经由外交部照会各国驻京公使同意,定于1920年1月1日起施行,要求各省外交特派员与该处租界各国领事接洽办理。至于自开商埠及通商口岸未经划定租界者,警察及司法本归我国管理,自应遵照印花税普通法令规定执行。该贴花办法共有4条,主要规定租界内的印花税票供应销售、印花税检查和查办违章案件处理等程序。其主要内容如下:[②]

(1)凡居住租界内之华人,应依照《印花税法》及《关于人事证凭贴用印花条例》所载各种契约、簿据及证凭,贴用中华民国印花税票。

(2)检查租界内华人应贴印花之契约、簿据及证凭,委托该管外国警察官执行。其检查时发现不贴印花之契约、簿据及证凭得依照税法条例,处以相当之罚金,随时交由该管领事代收。

前项罚金每届三个月结成总数,由领事馆代用中国政府名义以一半捐助工部局经费,其余一半交由交涉员公署解归国库。

(3)租界内华人契约簿据及证凭不贴印花或未盖章画押注销,遇诉讼时本不能认为合法之证据,为维持对手人利益起见,由会审公堂或地方官衙门或审判厅,但将出立契约簿据及证凭之华人处以罚金,并令依法补贴印花及盖章画押,而原立之契约、簿据及证凭仍认为有效。

(4)租界内发行印花税票,由中华邮务局在租界内办理,专任销售印花税票,不涉及他项任务。如将来须在租界内添设发行印花之邮务分局或特别机关,先与各国领事接洽后再行照办。

此办法本系变通之法,根本未敢涉及洋商贴花问题,且将检查权等一概委托该管外国警官执行,无疑是一种丧权辱国的做法,但即使如此,也是好不容

---

① 《财政部致外交部咨文》(1919年10月29日),台湾"中央研究院"近代史研究所藏外交部档案,馆藏号:03-19-021-01-023;《外交部照会领衔公使朱尔典》(1919年11月1日),03-19-021-01-024;《财政部致外交部函》(1919年11月7日),03-19-021-01-025。

② 《中华民国工商税收史料选编》第四辑(下),第2522—2523页;《中华民国史档案资料汇编》第三辑,财政,第1517—1520页;天津市档案馆编:《北洋军阀天津档案史料选编》,天津古籍出版社1990年版,第333页。

易才商得各国同意的办法。“办法”原定于1920年1月1日起一律实行,然而,各地领事团却因手续未备、尚需研究、税法文件不全等种种理由一再要求展期。外交部与财政部于是不得不应领衔公使之请,先是决定以1920年3月1日为实行之期,后再展缓至4月1日、5月1日,并经声明以后不再展期。[①]

津、汉、沪三埠原定于1920年5月1日起实行,但至4月底,三埠领事团尚未接到驻京外交团的指令,财政部不得不于4月25、26日连续致函外交部催促,延至6月,财政部还在为此而不停地向外交部去函催办。[②] 外交团屡次要求展期举行,外交部与财政部均不得不屡表同意,其间交涉的艰难程度可见一斑,也透视着两部更多的无奈和疲倦。当然,其间的一个根本问题在于:此时的民国政府正处于军阀混战之中,人事更迭变换不定,政令基本不出都门,根本无力和无暇解决这一微小税种的征收问题,致使这个夹缝中的变通办法虽然凝聚了不少财政部和外交部人士的汗水和泪水,但仍因政局动荡、国力贫弱而不得其果。

更为不妙的是:两部在面临着沉重的外交负担的同时,国内商民的反对之声也日渐高涨。1919年11月15日,该办法甫经公布,上海总商会即发出快邮代电,表示强烈抗议,以“租界内华商无一业不与洋商交接,华洋不能一律,窒碍滋多”为由,坚决反对缴纳印花税,并说:“政府以区区印花之收入,授检查权于外人,且由领事馆代用中国政府名义,以所收罚金半助工部局经费,半归国库,与民意适相违反。若经宣布,必起风潮”,“各国现行法令,凡关于捐税之收纳,无论本国与外国商民,皆一体办理,断无如大部现订印花办法之偏苦者。穷其弊之所极,势不至尽驱华商而皆为洋商不止”,因此,“务恳收回成

---

① 《直隶特派员致财政部电》(1919年12月26,27日),台湾“中央研究院”近代史研究所藏外交部档案,馆藏号:03－19－021－01－036;03－19－021－01－037;《外交部致财政部函》(1919年12月29日),03－19－021－01－038;《财政部致外交部函》(1920年1月11日),03－19－022－01－004;《领衔公使照会外交部》(1920年1月12日),03－19－022－01－005;《财政部致外交部咨》(1920年1月25日,3月6日,4月4日),03－19－022－01－010;03－19－022－01－012;03－19－022－01－019。

② 《财政部致外交部电》(1920年4月25日,4月26日,6月3日),台湾“中央研究院”近代史研究所藏外交部档案,馆藏号:03－19－022－01－031;03－19－022－01－032;03－19－022－01－039。

命,另订妥善办法。"[①]天津总商会、汉口总商会亦有类似电报。1919年11月26日,直隶特派员黄荣良致函外交部,就此事商询处理办法,11月29日国务院也因此而质询外、财两部:"上海各路商界总联合会电称,报载政府近与外交团议定在租界内征收印花税,委托工部局办理,授权外人无异于泰阿倒持,本会全体议决万难承认,报载各节究竟有无其事?"[②]

财政部针对上海总商会及其他各商会的质疑,解释认为:国民有纳税义务,究与洋商有别。检查之权系委托性质,与主权无关。印花税本极轻微,断无因此而致归洋籍,冒挂洋牌。财政部为慎重起见,特将此案提交国务会议讨论。国务会议研究认为:租界内华商应照规定贴用印花,至于检查和违章处理问题,可以责成商会和有关部门提出检查办法,违章处理可由公断处执行,无公断处的可由商民自行组合执行机关,互相检查,即由印花税分处会同商会拟具办法,经部认可,再咨外交部取消原定委托租界外国警察检查办法。[③] 一种不是办法的办法将租界华人贴用印花的规定又置于更多的困境之中。

1920年2月9日,直隶印花税分处长方政为租界内华人实行贴用印花一事在致津商会函中对天津商会提出的"现在民国关于外交,正在争回权力之不暇,而政府以此区区印花之收入,授检权于外人""租界内之商民更不堪其扰累"等问题进行了解释,并认为"此番因推行租界经大部一再筹议,影响所至,断无中途取消,贻笑外人之理",希望天津商会对此予以协助,切实从速办理。[④] 天津商会及各地商会相继制定了具体的推行办法,但在当时极为混乱的政局中,其实施情况并不乐观。

上海总商会对此仍感激愤,于1920年6月29日,再次致电外交部、财政部、农商部:租界贴用印花税,恐滋弊害,授权外人,国体何存?主体何在?

---

① 《上海商会反对租界华商贴用印花税办法电》(1919年11月19日),天津市档案馆等编:《天津商会档案汇编(1912—1928)》(四),天津人民出版社1992年版,第3900页;国家税务总局:《中华民国工商税收史——直接税卷》,中国财政经济出版社1996年版,第302页。

② 《直隶特派员致财政部函》(1919年11月26日),台湾"中央研究院"近代史研究所藏外交部档案,馆藏号:03-19-021-01-027;《国务院致外交部函》(1919年11月29日),03-19-021-01-031。

③ 《天津商会档案汇编(1912—1928)》(四),第3900—3901页;《中华民国工商税收史——直接税卷》,第302页。

④ 天津市档案馆编:《北洋军阀天津档案史料选编》,天津古籍出版社1990年版,第337页。

"隐患靡穷,商民愤激",并且金镑骤缩,米价飞腾,险象环生,民不堪命,恳速设法取消。[1] 这是一个极有意思的话题,表面上"授权外人""国体"等概念的高调造势,未必不是"设法取消"的美妙托词,虽说是为了保护税法,维护商权和主权,但隐含的税收公平的追求未必不是减轻自身税负的借口。

《租界内华人实行贴用印花办法》本为平息与列强的争端,历经数年艰难交涉的变通办法,也勉强得到了西方列强的认可,可以说是一个极为苦涩的胜利之果,但由于本国商会、商民强烈反对,一致坚持华洋商人一律照贴印花,并且在此后不断呼吁和抵制,致使北京政府时期印花税非但没能普及到外国商民,租界内华人贴用印花一事也未得到全面施行。这个在多方压力下演奏出的变曲,最终因更多不和谐音符的存在而未能演奏好,但并未谢幕。

四、涉外税务的尴尬之因

印花税是一种取之甚微、"听最少鹅叫"的小税种,却招致如此多的困扰,无论是洋商华商还是中外交涉机构,均属得不偿失,虽与主权攸关,但实与税收的经济原则不符,其中的税收成本更是在"维护主权"的名义下被忽略不计了。在我,实出于更多的无奈和纠结。

事实上,自晚清以来,中国的涉外税务一直处于严重不对等的困境之中,印花税尚且如此,更别说其他如"协定关税""关税自主""裁厘加税"等重大涉外税务问题了,稍不留意,就会产生外交争端,并往往因列强的野蛮干预而无法推行。究其原因,无外乎以下几个方面:

一是民国初年是"公民社会熹微初露"的年代,城市精英群体不断壮大,并逐渐成为一股新兴的政治力量,这个"在野市政权力网络"的发展足以能够和敢于同国家权威相抗衡,对国家公权产生制衡作用。印花税的开征就曾引起上海、天津、苏州等地商会团体的坚决反对,而这种大规模的抵制也为洋商提供了口实,国内的征纳关系尚未理顺,向洋人征税自然难上加难,所以,"必须中国人一方面先已办到实行之地步,而后再推及于洋商"的答复也不能算

---

① 《上海总商会致外交部电》(1920 年 6 月 29 日),台湾"中央研究院"近代史研究所藏外交部档案,馆藏号:03 - 19 - 022 - 01 - 043。

是无理取闹。当然,无论如何也不能将国内的抵制行为作为列强拒绝纳税的借口,更不能将社会政治力量的壮大看作是外国商民拒绝纳税的正当理由。

二是近代以来,国家权威一直处于下降态势,进入民国后,尤其是袁世凯之后,整个国家处于严重的"权威丧失"期,各种革命与战争一浪高过一浪,政府要员走马灯似的更迭不停,而1923年的民国,几乎"不是一个国家而只是一个地理名词",在"城头变幻大王旗"的年代,政治上的混乱和思想上的激进使得那一批外交精英无所适从,虽然他们赢得了众多西方人士的尊重,但在捍卫国家主权方面,在弱肉强食的丛林时代,仅凭外交上的努力和外交精英的个人魅力显然过于乏力,中国印花税行及洋商以求公平的良好愿望,虽经十余年的艰难抗争,最终仍未能完全实现。

上述两点告诉我们,弱国家强社会的结构对于国家建设和社会发展而言,简直就是一种毒瘤,在其时的"国家—社会"关系图谱中,与国家权威丧失相伴随的是社会力量自身的微弱,国家在行使职能时往往会遭遇社会力量的拷问,但由于社会政治力量的相对弱小和发育不成熟,他们在质疑抵制政府决策的同时又找不到一个更美妙的发展路径,看似热烈的争论往往陷入文墨之争,充其量是他们参政议政的一种外在表现,距离其所追求的目标还很遥远,这也是半殖民地半封建社会的中国国力贫弱的一个明显特征,如何形成国家与社会的良性互动是一个必须严肃对待的问题。

三是"国家存在的经济体现就是捐税",国家以收税人的姿态表明自己的存在,任何税款的征收都是以国家的名义而对纳税人利益的侵夺,"鹅总是要叫的"。纳税人对税收的抵制及其所固有的陋习(包括偷逃抗骗等恶行)是一个永恒的话题,这一博弈规则既反映出"国家—社会"的互动关系(国内税收),也体现在国与国之间的互动关系(国际税收)。而晚清至民国期间,前者的关系不顺畅,国内征纳关系俨然势不两立如同水火,后者的关系更是复杂恶化,国际征纳关系完全敌对,因此,印花税的推行(也包括营业税、房产税、遗产税等其他税种)最终势必陷于僵局。

四是一系列不平等条约导致中国涉外税务极度艰难,陷于困境无法自拔。从《南京条约》开始,中国就陷于噩梦之中醒不过来,表现在经济上不仅有巨额赔款的沉重压力,还有征税权的丧失等,而征税权的丧失既是对政府权威的打击,也是对国家税收利益的严重侵害,更是对民族资本的严重侵蚀,阻碍了民族资本的发展。在税收严重不对等的情况下,西方列强凭藉不平等条约的庇护,为了将中国变为他们的原料供应地和商品倾销地以攫取更多的利益,对于中国征收的各种税,他们都会不惜一切代价、不带任何理由地予以拒绝和抵制,而中国政府却无以应对!

五是对税收公平的迫切追求。税收公平原则是现代税收制度的基本原则。税收公平的首要体现就是平等赋税,纳税人应具有相等的纳税义务,即"对于情况相同的人征收相同的赋税,对于情况不同的人,征收不同的赋税"。[①] 国家税权合法性的实质判断标准就是税收公平,税收公平的价值功能是充分体现经济公平和社会公平。然而,近代中国的税收根本没有公平正义可言,尤其是涉外税务严重不公。

印花税在征收过程中所遇到的来自西方列强的阻力导致税收公平原则严重扭曲:一是税收在国际间的严重不公,受各种不平等条约的限制,税收有流向列强的趋势,从而形成事实上的劫贫济富的恶果;二是税收在人际间的严重不平等,税法不能实行于外国商民,形成了中国商民实际税负大于在华外国商民的不公平状况,这种不公平必将反映到商业活动及商业的竞争力方面,从而给中国民族资本的发展戴上了沉重的枷锁,税收公平仍是国人的遥远期盼;三是由于行政管理权"不我属",印花税无法推行至租界内,欲在租界内向华人征税须商得租界当局的同意,外国商民甚至租界内华人享有诸多税收优惠政策,而本国商民却无此待遇,这就使得同在中国境内,甚至出现"仅有一路之隔,一边居民有纳税的义务,而另一边居于租界内的华人和外国人,可以不履行纳税义务"的怪象,而中国政府对此莫奈之何![②] 而税收不公具有普遍的感染力,直接影响着纳税负担较重的那部分纳税人,并极有可能产生各种对抗行为。这种怪象直到抗战前才有稍许改观。

从上述情况看,在西方强权的思维逻辑和中国政府对税收现代化的迫切诉求交织中,外交部、财政部所进行的一系列艰难磋商,虽历十余载而无果,但

① 萨缪尔森:《经济学》(上册),高鸿业译,商务印书馆1979年版,第205页。

② 国家税务总局主编:《中华民国工商税收史纲》,中国财政经济出版社2001年版,第63—64页。

至少体现出那批外交精英的维权精神和毅力。这一过程虽然极度艰难,却蕴含着处于劣势地位的北京政府对税收公平的强烈渴望和对税收现代化的迫切诉求,也体现了强权背景下弱国的诸多无奈和苍凉,虽然不能从根本上获得正义和“维护利权”,但这一艰难漫长的“外交远征”永远值得我们钦佩!

小　结

印花税法制体系经过长时期的酝酿和争论,在北京政府时期逐步得以确立。但法律文本的确立并不等于法律的实践,为使印花税法得到顺利推行,无论是清政府抑或北京政府,总是以认真积极的态度,不断地对印花税法进行修正完善,使印花税法制体系渐趋丰满完备,为印花税扎根中国做出了开创性的贡献。这期间,税法变动的趋优性以及税款征收的趋重性和趋乱性尤为突出,这既是时代的特性,也是税收征管的技术难题。

任何税种的开征都必须与经济社会的发展相一致,必须与政府所具有的征税能力相一致,必须与时人的纳税习惯与纳税能力相一致。在那个社会激烈变动期,印花税的引进并不完全具有条件,仅仅是国家急于获取相应的财政支持而匆忙举办的一种政务而已,在理论准备不足,征税技术与能力相对欠缺时即进行征税的实际操作,必然会遭遇到许多不可预见的征管困难。

从税制建设的角度看,税收的公平正义与税收规模的适度合理至关重要。任何税收都可以看作是纳税人利益的直接损失,或者说是一种负担,减轻纳税人心理和实际负担的方法无外乎以下几点:第一,税收制度的设置必须具有正义性和合法性,而不是简单地以国家的名义随意征税;第二,将税收征收量减到可能的最低程度;第三,实现普遍公平的纳税,减轻税收不公的程度。但国家财政支出的需要决定了税收收入总量不可能是一个微不足道的无限小量,而往往要占国民生产总值或国民收入的相当大部分。因而,尽可能地保持税收制度的公正合理,是设计和实施税收制度的重要原则。①

税收公平原则在那个特殊时代简直是一种奢求。中外商民税收负担的严

① 李杰,杨玲,杜乃涛:《现代财政理论与制度》,人民出版社 1996 年版,第 86—88 页。

重不公必然引起公众的强烈不满,但民意并不代表国家的实力和政府的治国能力,涉外税务的压力并不因民众的抗议而有所缓解。对于民国北京政府而言,征税的迫切愿望未能实现,对于纳税人而言,税收负担的公平普及未能实现,虽然政府采取了一切办法,加强与列强沟通磋商,但经过长时间的努力,区区一个小税种,虽取之甚微,却未能征得列强的同意,就连租界内华人贴用印花一事也收效甚微;纳税人的纳税信心和纳税自觉也因税收不公而极度下降,继而是有组织的群体性抵制,印花税的征收更是困难重重。

来自中外商民的抵制,总体而言,力量并不甚大,很多时候并不足以改变政府的既定决策,尤其是中国商民对政府征税意志的影响更加有限,其抗议和抵制最终都在各种利益的博弈中偃旗息鼓。但外国商民甚至租界内华人则可以通过外交途径进行阻挠,以实现避税的目的,并往往得逞(不仅局限于印花税,也包括其他税种)。当然也有外商为降低交涉成本而愿意主动纳税的现象,但也是极为个别的。从既有的资料看,最为热衷于"闹事"的是各地领事及驻华公使,他们的抗议始终不断,尤以英、美、日、俄、德、法等国为最,其核心主张是:坚决不同意任何中国税法实行于他们的国民,这就进一步加剧了国际税收的不公平程度。

第 四 章

失序的征管:北京政府印花税的征收实践

民国初年,为摆脱财政危机,北京政府历任财长都把整理财政作为施政要务,其中,整顿旧税,开征新税为其大端。袁氏当国,为明确中央与地方的财权与事权,采用西方财政体制,实行中央、地方分税制。其后则各路军阀拥兵割据,致使中国出现四分五裂的局面,中央政权不断更迭,财权更加分散,税收几乎尽为地方所把持或截用,中央财政终至库藏如洗、罗掘俱穷,缺少财政支持的中央政府名存实亡,仅仅成为各派军阀争权夺利的一块招牌而已。

印花税法律体系的建立为其征收实践提供了依据和保障,但法律文本与实际操作之间还有一段很长的距离。印花税作为国家税的一种,在开征之初,由于袁世凯中央政府的权威尚在,"中央专款"的征解尚能得到保障,印花税票的印制、发售、保管等尚能在税法的框架内正常运行。云南省独立后,护国军陆续出兵川桂,为解决战争经费问题,摊派印花税成为其筹款的11项措施之一,印花税票采用北京政府发行的长城图印花税票,并加盖"云南独立自主"字样,以示与北京政府脱离关系,首开地方发行印花税票、截留中央印花税的先河,此后便一发不可收拾。步其后尘者有:浙江(1917年1月1日齐耀珊自任浙江省长,自1918年起,在长城图印花税票上加盖"浙"字使用,后因截留中央印花税作军饷,财政部停止发放印花税票,浙江遂于1920年初,由省府自行任命印花税处处长,自印发行以杭州六和塔为主图的"钱塘风光图"印花税票)、奉天(先在长城图印花税票上加盖"奉天国税厅",后盖"奉天财政厅”“奉天印花税分处”）等，印花税制便陷于更加混乱状态。①

由于政局动荡，印花税在征收过程中有法不依的现象时有发生，直接影响到税法的威严和税收的成效，也使得这一“良税”变为怨府。而北京政府对印花税的积弊整顿也因中央政权的弱化而收效甚微。

第一节　印花税的征管机构

民国北京政府建立后，为保障中央财政的需求，在引进西方财政制度、整顿税制、划分国地税等方面做出了积极的尝试，虽然没有给靠借债度日的北京政府提供足够的财政支持，但在经济制度现代化的建设方面起到了一定的奠基作用。许多经济法规的设立具有开创性意义，多种税收法律法规的拟定和完善初步彰显了现代税法的精神追求，虽然距离“依法治税”的目标要求还很遥远，但至少推动和加快了税收法制化进程。

印花税作为北京政府时期国家税的一种，是“中央专款”中的主要税种，为确保税款的足额征解，其征收管理直接由财政部统辖，机构与人事全由财政部垂直管理，在中央设印花税处，各省设印花税分处，负责对印花税的征收和管理。在制度运行之初，其作用还是比较明显和有效的。

一、北京政府税收管理体制

分税制最直观的表现就是税收征收管理权限的划分和征收机构的设立，依据管理权限分别征收税款，分别解缴入库，国家税由国税机构进行征管，地方税则由地税部门征管，直接后果是征管机构的增多。

北京政府时期，由于分税制的实行时间极为短暂，各征收机构尚不健全，但以分税制为起点，在本来已经是“局所林立”的情况下，又增设了相应的国地税征管机构，这些机构在分税制取消之后并没有随之撤销，致使各种捐税征

① 段志清、潘寿民：《中国印花税史稿》，上海古籍出版社2007年版，第44页。

收部门如同百货店一样随处可见。

(一)分税制的推行

我国最早的分税制可以追溯到唐朝中后期,当时由于地方节度使的军权膨胀,必然要求相应的财权作保障。于是,将全部的租税分为“供京”“送使”和“留州”三项。“供京”是指由中央政府支配的税收;“送使”是指解缴地方节度使的部分;“留州”是指地方经中央允许留下的税收。但这种划分只是当时财政对军事的一种让步,而不是从理论上划分中央与地方税收的征管实践,因此不能视为真正意义上的分税制。①

近代以来,随着中央权威的丧失和财权的下移,地方对中央财政的侵蚀日趋严重,中央与地方的财政矛盾愈演愈烈。为摆脱危局,晚清政府进行了一系列的财政改革,在清理财政、试办预算的同时,希望通过划分国家税与地方税来改变财政混乱状况,藉以削弱地方督抚的实力,从而解决中央的财政危机。地方势力也希望通过分税制来加强自身的财政收入,一时间要求分税的呼声甚高,旋因辛亥革命的爆发,事乃中辍。

北京政府建立后,因各省解款中断,中央财政处于困境。北京政府为巩固统治,实行中央、地方税制划分,采用分税制。首任财政总长熊希龄于1912年5月在向参议院报告其施政意见时,提出了改革税制,推行新税;划分税目,区分国家与地方权限等8项解决办法。② 而地方则打着共和的旗号希望实现地方自治,以维护自身利益,谋求地方的发展,因而在清末开始议行的国地两税划分又被重新提上议事日程。

1912年7月,周学熙出任财长,他在向参议院报告其施政意见时,提出实行分税制、引进新税种、设立银行、统一币制等八项主张。③ 其中,主要问题是税制改革,要想在不统一中求统一,在不灵活中求灵活,不能不通盘筹划,实行中央与地方分税制。财政部为实行国地分税制,专门设立了财政调查委员会,

① 赵云旗:《中国分税制财政体制研究》,经济科学出版社2005年版,第1页。

② 国家税务总局主编:《中华民国工商税收史纲》,中国财政经济出版社2001年版,第45—46页。

③ 中国第二历史档案馆编:《中华民国史档案资料汇编》第三辑,财政,江苏古籍出版社1991年版,第58—61页;贾士毅:《民国财政史》(上),商务印书馆1934年版,第134—138页。

由“早年留日学生、在晚清时已显达”的王璟芳为总办,[①]着手进行中央税收与地方税收划分问题的研究,1912年10月31日,该委员会拟订出《国家税地方税法(草案)》,后经修改,于1913年11月22日正式颁布实施。[②]

该《草案》划分的税制体系大致为:

属中央管理的国家税有:田赋、盐课、关税、常关税、统捐、厘金、矿税、契税、牙税、当税、牙捐、当捐、烟税、酒税、茶税、糖税、渔业税等共17项。

属地方管理的地方税有:田赋附加税、商税、牲畜税、粮米捐、土膏捐、油捐及酱油捐、船捐、杂货捐、店捐、房捐、戏捐、车捐、乐户捐、茶馆捐、饭馆捐、肉捐、鱼捐、屠捐、夫行捐、其他杂税杂捐共20项。

同时对拟开征的新税种如印花税、营业税、遗产税等设为国家税,房屋税、入市税等定为地方税。

国家税与地方税的划分是中国税收制度史上的一次突破性实验。然而,上述国地税收范围的划分,具有明显的中央集权倾向,其显著特点是将所有重要税源都划归中央收入,重要的政务也由中央办理,而地方则是以省为对象,仅划给一些收数较小的零星税源,这就使地方的利益受到极大的损害,因此在推行过程中,遭到地方军阀的反对,前后行之一年有余,难以推展,财政总长周自齐乃于1914年3月召开全国财政会议,要求按照宣统末年预算模式,恢复前清解款办法。同年5月,袁世凯下令取消分税制,税收仍归各省财政厅直接管理征收。

北京政府为确保中央收入,防止地方任意截留,于1915年下令实行中央专款制度,所谓中央专款,是指由各省代收但指定专属中央的若干税种及其税款。这项专属中央税款,在1916年以前,只有验契税、印花税、烟酒税、烟酒牌照税、牙税5项,又称“五项专款”,由各省代理征收,按月报解中央。1916年北京政府又将专款范围加以扩大,于五项之外又增加了田赋附加税、所得税、

① 贾士毅:《民国初年的几任财政总长》,传记文学出版社1985年版,第24页。

② 吴兆莘:《中国税制史》(下),商务印书馆1937年版,第123—124页;国家税务总局主编:《中华民国工商税收史纲》,中国财政经济出版社2001年版,第50—54页。1913年11月,袁世凯下令解散国民党,取消国民党议员资格,追缴议员证,使国会参众两院不足法定人数,无法开会。故《划分国家税地方税法》未完成立法程序,仍称草案。

牙税增收、厘金附加、屠宰税、牲畜税等6项,并正式改名为“中央专款”。

1917年对中央专款进行整理,把收数较大、有增长潜力的印花税划出,在财政部内另设印花税处专职征收;将不符合国家税性质的屠宰税、牲畜税等项剔除,更新确定烟酒税、烟酒牌照税、烟酒附加税、契税、牙税和矿税等6项为中央专款收入,采取承包办法,由各省认定解额,按月足额上解,盈余留本省自用,亏空由本省补足。1919年1月,北京政府又将收入较大的烟酒税、烟酒牌照税、烟酒附加税三项划出,另设烟酒事务局直接办理。至此,由各地征收的中央专款,仅剩下契税、牙税和矿税三项,年收630余万元之款。而实解中央税款也因中央政府的不断更迭而日渐减少,1922年以后,实解数目殆等于零,甚至任意截留抵拨用途,均无报告,解款制度及专款制度已名存实亡。其消长过程如表5所示。

表5　中央专款收入情况表

年　份	认解数额(千元)	实解数额(千元)	实解数占认解数的百分比
1915	18990	18748	98.7%
1916	36600	24400	67%
1917	12879	10360	80%
1918	8513	5755	68%
1919	6305	4245	67.3%
1920	6341	4245	66.9%
1921	6349	4245	66.9%
1922	6289	抵军费及截留	0
1923	6289	抵军费及截留	0

资料来源:杨荫溥:《民国财政史》,中国财政经济出版社1985年版,第12页。

1922年第一次直奉战争后,直系掌握了北京政权,曹锟在英美支持下用贿选的办法取得总统地位,于1923年10月10日就职,并颁布了兼取欧洲各国宪法之长的《中华民国宪法》。这部宪法是在各省自治或联省自治的背景下产生的,为缓和各省的抵制,安抚地方分权的主张,采用联合式的中央集权和地方分权制,划分了中央事权和财权,重新划分国家税和地方税,当年12月公布国家税和地方税草案,这就是民国历史上第二次分税。

根据规定，国家税的范围包括：关税、盐税、印花税、烟酒税、消费税、全国应行划一之租税等；地方税的范围包括：田赋、契税、其他省税等。[①] 但由于全国一致反对贿选，故此宪法未能施行。翌年，段祺瑞就任北京政府临时执政，该宪法即宣布废止。这次国地税的划分亦属昙花一现，以失败而告终。

两次税制划分都把印花税列为国家税，并一度作为中央专款进行征收，可见当局对此税的重视，其中也可能是由于该税具有便于管理、易于征收的特点，又系引进的西洋税种之故，北京政府财政部的大员们对其始终寄予厚望。如果在一个稳定的社会环境中，该税的推行当不至于弊端丛生，收数式微，其征收潜力本应很大，但在一个动荡的年代里，仅存的希望相当渺茫。

民初分税制作为中国财税体制现代化的重要组成部分，既是本土税制与西洋税制相融合的产物，也是中国税制由传统向现代转型的结果。分税制往往是地方势力极度膨胀时中央政府采取的一种应急措施，它虽有利于缓解中央政府的财政危机，但常因政令难出都门而收效甚微，很难实现由脱序到整合的美妙构想。从实践看，由于地方军阀割据断绝了中央政府的财政来源，中央政府不得不在财政上更加依赖列强的金元支持和剥削，并由此而陷于难以自拔的艰难境地。

（二）税收管理机构的建立

孙中山在南京就任临时大总统后，组织内阁，设陆军、海军、司法、财政、外交、内务等九部。1912 年 4 月临时政府北迁，财政部组织逐渐扩大。同年 11 月公布的《财政部官制》规定：财政部总辖国家财务，管理会计、出纳、租税、公债、货币、政府专卖、储金保管物及银行等事务，监督所辖各官署及公共团体财务。部内设赋税、会计、泉币、公债、库藏等五司和总务厅。1914 年 7 月修正的《财政部官制》规定：财政部直隶于大总统，财政总长承大总统之命，掌管本部事务，监督所属职员，并所辖各官署，对于各省巡按使及各地方最高级行政长官执行财政部主管事务，有监督指示之责；对于巡按使及各地方最高级行政长官的命令或处分，认为违背法令或逾越权限者，须报请

① 吴兆莘：《中国税务史》（下）商务印书馆 1937 年版，第 126 页。

大总统核夺。①

在中央,财政部为总管国家财政的最高机关,内设机构——赋税司掌管全国税收,其主要事务包括:国税之赋课及征收事项,国税之管理及监督事项,土地清册事项,赋税的调查、稽核、计算事项,公共团体收入及其他赋税事项等。以后随着新税的举办,财政部内又增设了印花税处、烟酒事务署、所得税处等税务管理机构,分掌有关印花税、烟酒税、烟酒公卖费的管理和所得税的筹备事宜,其中部分机构与财政部时合时分。此外,与财政部并立的还有税务处,负责指挥监督海关总税务司,掌管有关海关各项事务。但实际上因海关主权的丧失,税务处徒具形式,在决定关税事务方面未起作用。②

在各省,民国初年于都督府下设财政司,总理全省一切捐税租赋的征管事宜。1913 年,创行分税制,于财政部内设国税厅筹备处,各省设国税厅筹备分处,负责省内国家税的征收及中央经费的支出各事项,由财政部直接管辖,与各省军政首脑处于平等地位。1914 年 5 月,取消国地收支划分,北京政府下令撤消各省国税厅筹备处和财政司,另成立财政厅,原管事务均移归财政厅接办,仍属中央财政部领导。1914 年 9 月公布的《财政厅官制》规定:财政厅直隶于财政部,置厅长一人,管理全省财政,监督所属职员暨监管征收之各县知事。依照《财政厅办事权限条例》的规定,其职掌为:总理省税出纳,执行各种税法。③ 自此,财政厅即负责综理全省的财政收支及赋税工作。此外,各省还设有常关监督署,隶属财政部,分管 50 里外常关征税事项。另设有海关监督,负责监督海关及 50 里内常关征收各事项。在盐税方面,就全国各盐区设盐运使署,产盐较多内盐区还设运副署,以辅助盐运使掌管盐务;销盐或产盐不多的盐区设榷运局;同时在各盐区设盐务稽核分所或稽核处,负责盐税的征收工作。各省还设有厘金或统捐总局掌管全省厘金、统捐事务;设有烟酒公卖局(1920 年后改称烟酒事务局),负责烟酒税及公卖费各项事宜;设省印花税分

① 中国第二历史档案馆编:《中华民国史档案资料汇编》第三辑,财政,江苏古籍出版社 1991 年版,第 1—7 页。

② 国家税务总局主编:《中华民国工商税收史纲》,中国财政经济出版社 2001 年版,第 57 页。

③ 中国第二历史档案馆编:《中华民国史档案资料汇编》第三辑,财政,江苏古籍出版社 1991 年版,第 12—13 页。

处,后改为某省区印花税处,管理全省印花税事务。这些省级专设机构,有的分省设立,有的划区设立,分别掌理全省或一区内的涉税事务。

袁世凯执政时,各省尚能顾及中央颜面,财政厅长官采取由地方推荐、中央任命的方式。此后,财权逐渐旁落,地方军阀公然自行委用,中央不得干涉。自此各省财政厅无疑成了督府的军需处,财政厅长成了督府的聚敛之臣。中央财政部既然无法控制各省财政厅,则所有中央专款收入必然被地方所截留,由此,各地军阀割据局面基本形成。

北京政府时期,县级税务机构比较纷繁,在区县内各项税捐的征管机关繁杂不一,有县署直接办理的,有专门机构分别经办的,甚至还有招商包征的。比如:田赋征收机构为局,印花税征收机构为印花税所,烟酒税征收机构为烟酒分局,盐税征收机构为知事署,税捐征收机构为税务所,税收管理机构衙门林立。综合全国多数情况,常设机关主要包括以下几种:(1)县公署内设科,一般为第二科或叫财政科,负责办理田赋、契税、牙税及其他杂税的征收。(2)常关分关,负责办理常关税的征收。(3)设局或设税所、公所,负责办理厘金或统税的征收。局、所以下设卡、分卡或分所。也有根据本地生产的大宗产品设专局征收的,如米厘局、麦厘局、木厘局、花捐局等。(4)场知事署,在盐场设知事或场佐,管理盐的场产事宜;有设盐场局的,其职掌与场知事同。也有的设盐税局,其性质与榷运局相等。(5)烟酒税分局、分栈或支栈,烟酒公卖大都分区管理,在每一区内设分局,所在地设分栈,各县设支栈,分支栈多招商承办。(6)印花税所,印花税除少数较大城市外,一般较少设所,多委托县公署、警察局、邮局或商会办理,另给予一定的手续费。①

因征收机构分设而重叠冗杂,征收成本居高不下,加之税吏乘机营私舞弊,税制愈发混乱。为此,北京政府曾对县级征管机构进行整顿,各县设立财务局总理其事,后改名为财政局,管理全县财政大权。但在军阀割据的条件下,地方财政归军阀独揽,财权为政权的基础,更为割据的基本工具,虽然中央政府设法予以调整,但基本无效。

① 国家税务总局主编:《中华民国工商税收史纲》,中国财政经济出版社 2001 年版,第 57—58 页。

上述财税管理体制的形成,与北京政府分税制的推行密切相关,也是旨在解决中央与地方之间财权与事权的矛盾,为使地方听命于中央而采取的必要措施。这种由中央直接操纵的垂直管理方式,一方面体现了中央急于回收地方权力的愿望,另一方面则体现着中央与地方之间严重的互不信任关系。分税制尽管没能得到很好实行,但其最初的管理模式和管理机构却相对地确定下来,有的虽然徒具形式,但不能否认其存在的合理性与合法性。

总之,在"混乱与中国已经成为同义语"的时代,"北京的政权被恶性循环所困扰。没有钱,就得不到权威,而没有权威就不能发展全国性的岁收制度。除去被外国掌握的关税与盐税之外,财政状况实际还是中古式的"。[①] 这就是北京政府财政及其管理状况的真实写照。

二、印花税征管机构与人事

北京政府时期印花税的征管机构与人事均由财政部直接统一管理。1912年12月公布的《印花税法施行细则》规定:财政部内设立印花税票总发行所,隶属赋税司领导,办理全国与印花税有关的税法解释、规则拟订、税款稽核、税票制发等事宜。

1913年2月,财政部赋税司依据《印花税法施行细则》的规定,拟订了《印花税票总发行所简章》8条,对总发行所的机构设置、办事程序进行了明确。章程规定:总发行所设置经理一人、办事员二人、书记一人。经理承赋税司司长之指挥,由赋税司第四科科长兼任,负责发行印花税票一切事务;办事员承长官之指挥,办理本所一切事务;书记专司缮写本所文件事宜。首先对人事职责进行划分和规定。其主要业务范围包括:负责印花税票的印制、收发及分配事项;稽核各发行所收数、册报事项;查核各发行所废置事项;颁发各发行所呈报册式及招牌式样事项;赋税司交办印花税票函件事项;收支报告事项;会计事项等等。[②]

① [美]阿瑟·恩·杨格:《1927—1937年中国财政经济情况》,陈泽宪、陈霞飞译,中国社会科学出版社1981年版,第3页。

② 江苏省中华民国工商税收史编写组、中国第二历史档案馆编:《中华民国工商税收史料选编》第四辑(下),南京大学出版社1994年版,第2174—2175页。

根据《印花税法施行细则》的规定，印花税的分发行所为中国总银行、邮政总局、电报总局、京师及各省会商务总会，1913 年 5 月财政部又认定海关监督和常关监督为分发行所。同年 6 月各省国税厅筹备处次第成立，财政部为推广印花税起见，又认定各省市国税厅筹备处为分发行所。7 月又委托京外各级检察厅发行印花。

财政部核定的分发行所，对其所属的分支机构，得认定为支发行所；国税厅筹备处得认定各县征收局为支发行所。支发行所对辖区内的各种商店、邮政信柜得认定为代发行所，但邮政信柜应由邮政分局或支局认定。各分发行所均应按照财政部制定的《发行印花税票专则》办理，《专则》规定了有关承领印花的程序，原则是印花税票由总发行所发送各分发行所，再由各分发行所负责，层层发给其所认定的销售单位。领发印花税票的手续、售得税款的解缴时间、手续费的支付及税票税款的损失处理等，在所制定的《专则》内均有明确的规定。总的是采取分系统层层负责制，由分发行所对财政部总发行所负责。对代发行所请领印花，除邮政信柜得按照代售邮票章程办理外，各商店于请领印花时，应先缴清票款，才准领票销售。

其时，袁世凯政府中央权威尚存，无论是采用分税制还是解款制，税款尚能基本解缴，尤其是在“中央专款”体制下，各省尚不敢侵蚀税款，加上 1914 年、1915 年间先后对印花税法进行修订，降低了税收起征点，课税对象有所扩大，印花税务得以整顿，印花税的收入呈逐年增长趋势。1915 年印花税实收款达 360 余万元，比上年增加 8 倍多。1916 年印花税预算列 567 万余元，因袁世凯称帝，政局混乱，西南 6 省宣告独立兴师讨袁，各省截留税款，当年印花税收解财政的仅 200 余万元。[①]

其后，由于印花税征管业务的需要，财政部认为：“创办伊始，事务尚简，暂在本部赋税司内附设印花税票总发行所总司其成。其时所有解释税法、拟订规则、稽核税款、制发税票等事，均由该所办理。综计收入，三年以前仅数十万元。自四年督饬各省广为劝导，实行检查，并经派员分往督查，是年售出票

① 国家税务总局主编：《中华民国工商税收史——直接税卷》，中国财政经济出版社 1996 年版，第 304 页。

价已达三百六十余万元,成绩渐有可观。惟是税收既按年递有增加,事务亦因时愈形繁赜,且税款、税票、钩稽、保管,督促进行,在在均关紧要,与经管他项税务不同。现设之总发行所为本部赋税司附属之一小部分,设备未甚完善,各省又无专管机关,均收数不能十分畅旺。"于是,财政部拟订《印花税处章程》送交国务会议议决,经呈请大总统批准,1916 年 11 月于财政部内设印花税处,以代原来的印花税票总发行所,办理全国印花税事宜,"派委专员管理,较足以专责成","所有职员档案,均由该处接收组织,以利推行"。[①]

章程规定:"财政部内附设印花税处,办理全国印花税事宜。各省酌量地方繁简,先就商务发达、税收较旺之处,酌设印花税分处,办理该处印花税事宜。其偏僻省份,随时体察情形,次第推行。"印花税处设总办、会办各一人,总办由财政总长派充,呈报大总统备案,首任印花税处总办为赋税司司长参事上行走李景铭。印花税处内设三科,分别办理解释法令,拟订章程,稽核税票税款,临制税票暨保管发行事务,所有各员除总办外,均由财政总长派充。各省印花税分处设处长一人,由财政总长派充,分处内人员"视税项发达之程度,由处长酌拟应设员额,呈部核定"。

但在实践中,各省印花税分处成立之后,往往产生名分上的误会,1920 年 12 月,财政部决定改各省印花税分处为印花税处。诚如直隶印花税分处呈财政部文中称:在办理租界华人贴用印花一案时,"外人对于分处名称往往误会,以为一省以内,尚另有总处。商人呈请解释案件亦多以此怀疑,请酌予改定,以利推行",财政部因此时正在为租界内华人贴用印花一事焦虑,于是接受建议,遂将各省区印花税分处一律改称某省区印花税处,"以符体制,而资督率",并将各省区印花税处机构及处长进行调整。此外,奉天印花税处处长由奉天财政厅厅长王永江兼充,察哈尔、绥远两区合设一处,定名为察绥印花税处,由杀虎关监督陈世华兼充处长,其余未设专处各省区所有印花税务,仍暂由该省区财政厅长兼管,按照财政部的设想,"将来如须添设专处,再由本

① 财政部编纂处:《财政法规》,财政部印刷局 1923 年版,第 52—53 页;中国第二历史档案馆编:《中华民国史档案资料汇编》第三辑,财政,第 1512—1514 页;国家税务总局主编:《中华民国工商税收史——税务管理卷》,中国财政经济出版社 1998 年版,第 24 页。

部呈请派员办理”。人事调整情况如表6所示。[1]

表6　各省区印花税处处长一览表

省　区	处　长	省　区	处　长	省　区	处　长
直隶	方　政	浙江	毕　奎	甘肃	秦望濂
山东	张玉庚	江西	高琦度	湖北	刘景略
山西	严家诏	安徽	舒鸿贻	吉林	王　莘
河南	薛尔安	陕西	林　实	京兆	李耀忠
江苏	李湛田	福建	钟　讷	川边	陈光璠

南京国民政府成立后，印花税的征收管理由财政部赋税司主管。1927年10月，财政部为适应印花税整理和征收的需要，由赋税司划出，设立印花税处，仍由财政部直接领导。各省成立印花税局，下设分支局，由省局直辖。[2]

至于各基层机关，其主要任务为印花税票的销售和税款的报解。1913年财政部制定《总发行所招人代售印花票专则》和《各省国税厅筹备处招人代售印花票专则》。在总发行所所在地北京和各省国税厅筹备处所在地省会，登报公开招募代售印花税票人员，每处暂定20人。经招募后，由招募单位发给证明，每月给予50元以内的印花税票，于城厢内外各商户挨户发卖，并规定：“代售印花人每月应将实售票价（即售得印花票款），于月底缴交分、总发行所（省交国税厅筹备处），未售出者应将原票缴验。”

印花税开征以来，省会和县城繁盛的地区，推行较为顺利，但乡镇地区，多未贴用，主要原因是乡镇偏僻地区购买印花不便，而劝导检查也难普及。鉴于此，财政部于1917年2月发出通知，请各省政府于各乡镇酌设印花税劝导委员。根据乡镇大小分设或合设劝导委员一人，由县署给予委任令，刊发印章，并得由县署委任兼办分售印花税票事务，按照销售金额给予7%的手续费，作为办公费用。劝导委员查获的违章案件应送县府处理，不得擅自处罚。但县

① 《中华民国工商税收史料选编》第四辑（下），第2179—2180页。

② 国家税务总局主编：《中华民国工商税收史——税务管理卷》，中国财政经济出版社1998年版，第24页。

府所处罚金,可拨给五成津贴其办公费用。[①]

印花税作为国家税的一种,其机构的设置与人事管理均由财政部负责,这种管理体制具有一定的优越性,至少可以实现"以期指臂相维"的目的,从效率上说,它的设置可以有效地排除地方干扰,保证中央税款的正常征解。但在袁世凯之后的纷乱局势下,印花税反成为各路军阀敛财的一种手法,各省印花税处原本是中央的派出机构,在地方势力的干预下,却成了地方军阀的附庸和工具,与中央财政体制设立的初衷完全背离,成为其时中央税的一大特点。

第二节　印花税的征收管理

印花税系一种凭证行为税,即对契据、凭证产生的行为征税。其特征是只要产生契据、凭证的行为发生,无论其契据的约定是否实现,均须纳税。其征收管理也有着与其他税种不同的特征:一是对于纳税人而言,采用独特的"三自"方法纳税,即自行计算税额,自行购花贴用,自行划销,较之其他税种为简便易行;二是对于税务机关来说,管理环节简单,没有其他税种所需的各种税务登记、账簿凭证和发票管理等手续以及纳税申报等复杂过程。从某种意义上说,印花税票相当于有价证券,税票的销售就基本等于税款的征收,因此,印花税的征收以印花税票的管理为根本。

一、印花票的印行

印花税票既是纳税凭证,又是定额有价证券,故对其印制、管理、发行、核销等均制定有相应的制度,以加强管理,确保税票的安全。晚清试办印花税时,一方面是由于技术因素,一方面也是出于防伪的考虑,印花税票均委托外国印制,北京政府时期的印花税票由财政部内设的印制局负责印制,在发行方

① 国家税务总局主编:《中华民国工商税收史——直接税卷》,中国财政经济出版社1996年版,第284—285页。

面，采用委托代销方式，各代销发行机关实行分级负责制。

（一）印花税票的印制

根据《印花税法》第九条的规定，印花税票分为5种，即赭色票面值银元一分，绿色票面值银元二分，红色票面值银元一角，紫色票面值银元五角，蓝色票面值银元一元。这5种印花税票，专供税法列举征税的契约、簿据和凭证贴用，一般称为普遍印花税票。印花税票由财政部设计、印制和发售，并指定在财政部印刷局统一印刷，未经财政部批准，不得私自印制。

为筹备印花税的开征，1912年10月30日，财政部饬令财政部印刷局印制以万里长城与五色旗为主图的印花税票，一套五枚，合同首批订印1亿枚（计一分票6000万枚、二分票2500万枚、一角票800万枚、五角票400万枚、一元票300万枚），约定分期交票，首批交票日期为当年11月26日。财政部要求“印花颜色务须妥慎配合，不得稍有改变脱落情事，并将监察印刷规则及一切办理手续妥速拟订，连同开印日期一并呈报本部查核”，然而印刷局由于新建邮票厂和添购机器设备等因，将承印印花税票一事拖至12月5日方才开印，致使印花税票不能按期交部。财政部因印花税开办在即，于12月13日命令印刷局，要求印刷局迅速赶办，毋稍延误。①

原定于1913年1月1日施行的印花税，由于印花税票未印就，改为自3月1日起先在京师地区施行，各省区在接到部颁印花税票后30日内开征。在此期间，财政部曾与各省都督进行筹商，按期实行，并电催到京承领前清印就的印花税票，以暂时代用，并已有数省领用。② 这就从另一方面证明，在现有贴花实物中，有部分贴用晚清印花税票的契据是在民国时期所贴。

根据资料记载，部分省区开征印花税的时间分别为：浙江1913年4月开征印花税；江苏南京1913年6月11日邮局开始发售印花税票；河南1913年6月开征；吉林国税厅筹备处于1913年6月14日开征；奉天省1913年7月1日起实行；湖南1913年7月在长沙实行；广东于1913年8月11日接到财政部发来的印花税票，9月10日开征；贵州国税厅筹备处1913年8月先在贵阳

① 《财政部关于印制印花税票令》（1912年11—12月），《中华民国工商税收史料选编》第四辑（下），第2314—2315页。

② 《电催各省承领印花税票》，《大公报》1912年11月14日。

开征;四川1913年11月开征;广西1913年7月国税厅筹备处布告奉行印花税法,但未见实行,直到1914年10月才开始征收;内蒙古西布特哈地区(今呼伦贝尔)1913年12月开征;1913年开征印花税的还有天津、武汉、山东、山西、陕西、甘肃、安徽、福建、江西、云南、黑龙江等省市。其他省份到1914年时均已开征。

此后,印花税票的印制,由财政部根据税票销售情况,于每年初提出印制计划,由印刷局安排印制,并由印刷局派专人监督印制,以昭慎重。

1916年袁世凯复辟称帝,西南各省宣告独立,四川、贵州、云南、广西及福建、浙江等省均自行印制印花税票。

1917年1月19日,财政部先在天津、江苏、湖北、广东四个通商大埠设立印花税分处,后又在浙江、安徽、四川三处增设,不久遍及全国。1917年4月14日,财政部训令新疆财政厅、塔城道尹:鉴于新疆所领印花税票商民并未实行贴用,辗转内地售卖(新疆与内地币制不同),冲销各省,令其加盖"限新疆贴用"字样以明区分。浙江于1918年起开始在长城图印花税票上加盖"浙"字使用,后因截留中央印花税作军饷,财政部停止发放印花税票,浙江遂于1920年初,由省府自行任命印花税处处长,自印发行以杭州六和塔为主图的"钱塘风光图"印花税票。以后各省为保护本地区利益,防止税源流失,纷纷仿效,印花税票上非加盖本省市(甚至县)地名者,禁止在本地流通。自此,印花税票印制的中央规制遂遭破坏。[①]

1925年财政部对印花税进行整顿,制定颁布了《检查印花税票办法》,要求印制局和派驻该局的检查员共同监制印花税票,印制税票之新旧钢版,全归检查员管理,早发晚收;逐日印制之印花税票及作废税票,每日收工时,由检查员会同印制局人员盖章封存。[②] 1929年8月1日,国民政府财政部公布《财政部印花税处监制税票委员办事细则》,规定:财政部派监印委员驻局办公,印制局每日印制印花税票时,由监印委员监视开门、闭门;印制局印制税票,不得滥印、匿留、走失及印工草率等情。监印委员应负监视责任,不得疏忽;其票版

---

① 段志清、潘寿民:《中国印花税史稿》,上海古籍出版社2007年版,第44—46页。

② 国家税务总局主编:《中华民国工商税收史——税务管理卷》,中国财政经济出版社1998年版,第227页。

每日印过后,由监印委员监视用木箱装入,加封漆印,以昭慎重;印出之票如有颜色参差、花纹模糊、套印歪斜、线乱不直等情况,监印委员即应指令局员剔除作废,由监视委员监视另行包封,俟每期税票印齐后,由部派员监视销毁;新印之票应点清张数,标明种类,分包装箱,除由印制局在封面上加盖负责人名戳外,并由监印委员加盖名章并注明日期;每日印成票数及作废票数,由监印委员按日列表呈部查核,印成税票,由印刷局会同监印委员存储保管,每五日造送存储四柱清册一次,候令拨发;运票须用护照,由部先行颁发空白护照交监印委员具领,以便随时填用。[①] 该办事细则使印花税票的印制程序趋于规范和严密。

(二)印花税票的发售

印花税票的发行销售,是印花税征收的重要环节,既要方便纳税人购买,又要保障税票和税款的安全。根据《印花税法施行细则》的规定,印花税票的发行销售机关,中央为财政部内设的印花税票总发行所,由赋税司直接领导,办理印花税票的发行及有关税政等事务;印花税的分发行所为中国总银行、邮政总局、电报总局、京师及各省会商务总会、海关监督和常关监督、各省国税厅筹备处及京外各级检察厅。各分发行所的分支机构及各县征收局为支发行所,支发行所辖区内的各种商店、邮政信柜为代发行所,由支发行所认定。

财政部为确保印花税票的安全销售,于1912年12月26日首先制定颁布了《邮政总局发行印花专则》,其后又分别制定了《委托国税厅关监督发行印花细则》《国税厅关监督发行印花专则》《交通部电政司发行印花专则》《中国银行发行印花税票专则》《发交京外各检厅备用印花专则》等等,其他如各地商会、国税厅筹备处等,在此前后,均先后拟定了发行专则,对本系统内印花税票的销售、保管等细节问题进行了规定。"发行印花专则"详细规定了各分发行所及支发行所的办事程序,其总的原则是采取分系统层层负责制,印花税票由总发行所发送分发行所,再由分发行所负责,逐级下发给其所认定的销售单位。领发印花税票的手续、售得税款的解缴时间、手续费的支付及税票税款的损失处理等,在所制定的《专则》内均有明确的规定,如《邮政总局发行印花专

① 《财政部令》,《中华民国工商税收史料选编》第四辑(下),第2348页。

则》第四条规定:"邮政总局承领印花后,应将所认定之支发行所及代发行所造具表册,呈由交通部函送财政部查核",第五条、第六条对印花税款的解缴方式等问题进行了规定:"邮政总局所认定之支发行所及代发行所所收票价,应于每月终截数报解。有中国银行之分行或支店地方,应就近解交该分行或支店代收,无中国银行之分行或支店地方,应汇解该发行所最近之中国银行之分行或支店代收,其汇费应准于解款内扣提";"各邮政局发售印花,无论铜元、小洋出入作价,与发售邮票一律办理"。[①] 至于各代发行所请领印花,除邮政信柜得按照代售邮票章程办理外,各商店于请领印花时,应先缴清票款,才准领票销售。

(三)印花税票的管理

1913 年开办印花税时,财政部委托交通部邮政总局、中国银行、各省商会等单位及其分支机构为代销印花税票单位,并订有发行印花税票专则,由国税厅为监督发行机关。其具体代销办法是:邮政总局、中国银行总行按月酌定需要数量、种类,出具收据向财政部请领;其他发行单位领票手续大体相同。1913 年 2 月 19 日,印花税票总发行所成立,具体负责印花税票收发分配,拟定各发行所呈报册式以及稽核各发行所收发数量等事项。总发行所通过"各发行所月份印花税票报告册",掌握各分发行所印花税票的发行情况,报告册的主要内容包括:票别、上届所存票数、本届颁发票数、本届已销票数、本届实存票数、本届已销票价总值、应提成数等栏,作为印花税票的核销根据。总发行所还订有个人代销办法,规定代售人事前填报代售人姓名履历,并觅具殷实铺户作保,由发行总所发给代售证书。代售人每月也需要填报"代售印花报告册",内容为代售人姓名、票别、承领票数及面值、已售票数及金额、实存票数及面值、应提成数等栏目,作为核销依据。[②]

1914 年 12 月,财政部公布的《稽核印花税办法大纲》,对印花税的稽核组织、账簿设置与管理、税款管理几个方面进行规范,尤其是对印花税票的领销

---

① 《财政部委托邮政总局为印花分发行所的有关文件》(1912 年 10—12 月),《中华民国工商税收史料选编》第四辑(下),第 2312—2314 页。

② 国家税务总局主编:《中华民国工商税收史——税务管理卷》,中国财政经济出版社 1998 年版,第 228 页。

程序给予了详细的规定,如各种领销登记表册的设置、填报时限及稽核、复核程序等都有严格的规定。

上述情况,仅是文本规定,在实际发售过程中,由于政局动荡,各省任意自为,有的省自印税票,托商人包征;有的省截留税款,核销办法无法贯彻,无论是印花税税票的印制、发售抑或其保管等,有法不依现象日趋严重。

二、印花票的贴用

纳税人购买印花税票之后,依据印花税法所列举的应税项目和税额贴用印花,并按照税法的规定进行划销,便完成了印花税的完税过程。但这一过程显得非常艰难,因为纳税人遵章购贴印花的意愿并不强烈,许多人持观望态度,甚或抵制、逃避,这也是印花税开征之初税款难收的原因之一。正是在这种情况下,北京政府不得不通过行政手段来加强管理。

(一)实行源泉控管

1913 年 6 月北京政府审计处发出通知,决定从当年 6 月份起,"凡在京各部署及所属各机关,于造送决算时,照章所应附送之各项收据,均须查照印花税规则,粘贴印花,方能认为正式收据"。这一规定执行后,各处送审单据仍多未贴花,间有贴花的,亦多由各机关将搭放印花税票补贴。审计处于同年 8 月再次发出通知,要求"京外各公署,除互相往来之契约、簿据照章免贴印花外,其公署与个人、商铺及私立团体或外国人所订之契约、簿据,均应令贴印花,方能收用,否则一应拒绝"。各公署应责令庶务、会计对购买物品、建筑工程及一切发出经费应收之凭据,一律要求商民贴足印花。如商人因购买印花不便,愿缴印花费者,"该庶务、会计人员可代购印花贴用或即就物价内扣出,代为购贴"。1914 年 1 月财政部和审计处再次发出通知,重申各官署所有报销凭据,一律要遵章贴足印花。"今后如仍不贴花的,各审计处一律发还该官署贴足印花后,再行审理,否则视为无效。"①

司法机关审理案件时,有不少系属应贴印花的凭证,必须依法贴足印花税票,在法庭上才认为是合法凭证。审判官为尊重法律,遇有未贴印花的凭证,

① 《各公署提倡贴用印花办法》,《中华民国工商税收史料选编》第四辑(下),第 2220 页。

可令当事人当堂贴足印花,否则不予受理。1913 年 7 月财政部委托各级检察机关代售印花税票,方便诉讼人购贴。

1914 年 8 月,财政部公布执行应贴印花的人事许可凭证,绝大部分是政府行政事业单位和学校发出。按照《人事证凭贴用印花条例》的规定,其所发之单照、证书及具愿书等,应由纳税人先将应纳税款交由发放单位或收受单位,购贴印花并盖章注销后,始能发给或收受。如有漏贴,发放单位或收受单位负责人,以违背职守论处;对私立学校并处以罚金。

最为典型的,当属外交部的协助。已如前述,在推行租界内华人贴用印花方面,外交部积极配合财政部,进行交涉,推广税法。在凡能控制的环节,严格依照税法的规定贴用印花,如签发护照,财政部规定国内游历护照应贴印花 1 元,外交部即通知各省特派交涉员照办,并请各海关统一执行,在外交部及各省交涉员的交涉下,秘鲁驻广东领事、俄国驻汉口领事等相继通知在华侨民,凡经商领取游历护照,均须遵章购贴印花,从而保证了印花税法的推行。

贴用印花之契据凭证等,多与商业关系密切,"印花税之发达与否,全视商人之能否遵用为断",因此,农商部为加强源泉控管,积极配合财政部,于 1914 年 5 月饬令所有在农商部注册的各种公司严格依照《印花税法》的规定,对其所用之各种契约簿据等,分别贴用印花。① 在推广公司股票贴用印花方面,农商部积极筹设方法,广为宣传,大力推行,财政部《公司股票贴用印花切实推行办法》制定之后,农商部就饬所属遵行贴用,采用源泉控制之法,公司股票贴用印花,"由该管印花税分处或未设印花税分处之财政厅委托行政及司法各机关并商会、证券交易所,遇有公司股票交涉,注意查验是否依法贴用印花,分任执行《印花税法》之责,并得由该分处或该厅预向公司询查及于开股东会时派员查验"。②

上述这些做法,实际上是利用各有关机关、部门的职务职能进行的一种代扣代缴、代收代缴行为,这种利用发放或收受凭证环节督促纳税人购贴印花的

① 《通令在部注册各公司一体遵贴印花》,《申报》1914 年 6 月 1 日。

② 《农商部抄转〈公司股票贴用印花切实推行办法〉咨》(1917 年 5 月 31 日),《中华民国工商税收史料选编》第四辑(下),第 2232—2233 页;《中华民国史档案资料汇编》第三辑,财政,第 1514—1515 页。

做法，从一定程度上可以较好地控制税源，有利于税款的征收。但从其相关的文本看，这种扣缴行为并没有相应的法律支撑，并且纯属义务行为，也没有相应的权利规定，在权利义务设置不明确的情况下，这种扣缴义务并不能长久持续，要么源泉控管的设想很可能会流于形式，成为一纸空文，要么是以扣缴的名义随意加收，弊端无穷。在其后的税收征管过程中，这两种情况都时有发生，令人生厌。

（二）搭放印花税票

印花税自1913年3月开征以后，印花税票的发售单位虽较普遍，但人民购贴印花者仍属寥寥。财政部认为："整理财政，惟创新税为最难，办理过严，则人民视为苛政；奉行不力，则法律等于具文"，要使令出惟行，毫无阻滞，款既易集，民亦乐从，必须先自各公署实力倡导。"我国印花税事属创始，非力为提倡，未免人怀观望，计惟有于京内外发放款项内，搭放印花，俾作先导，庶足以开风气，而利推行。"为此，财政部制颁《各公署搭放印花税票办法》，规定：凡由部库及各省国库或代理国库机关发放公款，每发放千元，均搭放印花税票二元。北京各衙门直接发放之款，如税务处、交通部及中国银行等，仍照前项成数搭放；各领款机关，凡发放官俸、军饷及购置物品、建筑工程等一切应发现款者，均按照2‰搭发印花税票。官吏和商人得此印花，自可随便贴用，并可省购买之烦，而国家可以聚得巨款，藉此以备支付六厘公债利息之用。①

1913年6月，时任浙江省都督的朱瑞曾就搭放印花的具体办法咨询财政部，"各省发款机关每发放千元之款者，搭用印花二元"，搭放手续至为烦琐，"是否以千元成数为标准，始搭放二元，抑或不及千元与千元以外零数均须照搭？惟票额系正（整）数，畸零搭放甚属困难。至领款人零数搭算，尤难与票额正数适合，何人应搭，何人不应搭，于事实上实有种种窒碍"，"此事欲强迫执行，实须从警察、司法两机关严重查检入手，方为正当，若仅就行政机关搭放，恐仍无效果可收"。财政部的答复仅就技术问题做以解释，对搭放方法仍持乐观态度，"搭放印花办法内，所谓每发放千元之款，搭用印花二元者，系指

① 《财政部抄发〈各公署搭放印花税票办法〉咨》（1913年6月3日），《中华民国工商税收史料选编》第四辑（下），第2218—2220页；《中华民国工商税收史——直接税卷》，第287—288页；《财政部规定推广印花税办法》，《申报》1913年6月24日。

定搭用印花之成数,并非以千元为单位,不及千元及千元以上之零数,自应照搭。惟领款过少,如军官月俸百元以下者,应准酌量免搭,以避繁琐”。[①]

搭放印花办法,虽以政府机关搭放为主,以示倡导,但其实质是以推广印花税的名义而设置的一种搭车收费行为。据财政部赋税司工作报告称,1913年6—10月,北京政府各部署收发款项搭放印花税票金额情况,计6月份搭放数额为6285.83元,7月份为3331.44元,8月份为4344.20元,9月份仅为7.80元,10月份为963.63元,共合计14932.90元。[②] 这仅是赋税司经管中央机关搭放部分,从搭放的结果看,其收入呈逐月减少趋势,究其原因,一是层层搭放,涉及面宽,而且政府机关使用的凭据,多数是免贴印花;二是不分情况,强制搭放,显然脱离实际;三是很多领受者并不需要印花,各方反应强烈,而被搭放的印花要想变现,就只能流入市场折价兜售,这就造成了印花税票无形中的贬值。这一政策在执行不久即被迫停止。

(三)印花税票的贴用与划销

印花税的特点就是纳税人自行计算应纳税额、购买印花税票、足额贴用并加以注销,这是完整意义上的印花税完税过程,其中,购买印花税票即可以视为国家税款的实现,而印花税票的划销才表明纳税人纳税义务的完成。

印花税票的贴用方法,按照《印花税法》第四条的规定:“契据应贴之印花,由立契据人于授受前贴用,加盖图章或画押于印花票与纸面骑缝之间。如系合同,两造各缮一纸,依本法各贴花盖章画押,然后交换收执。”亦即合同契据如系多份应分别贴用印花,对账簿凭折类,按《印花税法》第五条的规定:“账簿、凭折应贴之印花,由立账簿、凭折人于使用前,贴在开首面写年份之处,将某年字样,半写于印花票面,再依第四条规定,加盖图章或画押。每本每个以一年为限,如过一年仍旧接写,应再贴印花,作为新立账簿、凭折。”《印花税法》第六条还规定:“应贴印花之契据、凭折,如不依本法贴用,或不盖图章画押者,对手人须即退还,责令照章办理。若任意收受该契据及凭折,于法庭

① 《都督为搭放印花问题与财政部往来电》(1913年6—7月),《中华民国工商税收史料选编》第四辑(下),第2319页。

② 《财政部赋税司1913年10月工作报告》,《中华民国史档案资料汇编》第三辑,财政,第1225—1227页。

上无合法凭证之效力。但对手人愿依本法第八条规定补贴印花盖章画押者，不在此限。”[①]

但在实践中，有意无意的税收违法行为不断出现，不贴或少贴印花、贴用而未划销、旧花重贴甚至假印花税票流行等问题随处可见，这与印花税的征管技术有关，也与人们的生活习惯有关。在熟人社会里，在“熟人面子”远比法律重要的时代，商事产权纠纷本不怎么过分依赖于官方的公断，“官不为理”的威胁并不大，纳税人对于契据账折等是否贴用印花也就无所谓了，此种态度对于印花税的推行极为不利，不能不引起官方的重视。为杜绝这种违法现象，从税收管理的角度出发，加强对印花税的宣传和检查已十分必要。

三、印花税的宣传

税收宣传是指税务机关为方便纳税人办税、提高纳税人对税收法规的知晓度和遵从度，对涉税业务流程、税收政策、纳税人的权利义务等内容开展的宣传告知活动，属于纳税服务的范畴。从根本来讲，税收宣传是为税款征收服务的一种手段。但受时代与技术条件的限制，税收宣传的方法途径有一个从简单原始到复杂现代的变化过程。古代的税收宣传一般采用鸣锣喊话的口头说教形式和在百姓集聚区或城门口张贴布告形式进行，也有以碑刻勒石的方法以示警戒。近代以来，随着媒体的兴盛，报纸杂志成为税收宣传的主要阵地。北京政府对税收宣传工作也相当重视，但由于当时条件的限制，印花税法的宣传途径主要靠张贴告示和登报两种。

1913 年 2 月 17 日，财政部致函顺天府，称印花税票已由印刷局印成，“已足敷目前之用，自应定期施行”，要求顺天府“迅速出示晓谕，一体遵照”。[②] 随着印花税的次第开征，除了各地“出示晓谕”外，财政部不断地以通告形式，指导各级发行机构进行税法宣传，并特将印花税法逐条逐句译成语体文，编成《印花税法解释》小册子，印发各省市发给商户阅读；各地则依靠地方自治机关、报社和商会进行宣传。税收宣传的内容主要是法律条文、纳税程序、惩戒措

① 国家税务总局主编：《中华民国工商税收史——直接税卷》，中国财政经济出版社 1996 年版，第 283—285 页。

② 《中华民国工商税收史料选编》第四辑（下），第 2217 页。

施等的解释。因为税收宣传最终的效果要看纳税人对税法的理解和遵守情况，所以，税收宣传最主要的任务还是由最基层的税收机构和民间组织来完成。

(一)中央政府的劝谕

1913年4月，财政部用文言文和语体文分别制定“印花税通告”，对开征印花税的目的、意义、贴用方法等进行了解释说明，广为张贴。诚如通告所说：“发行税票事属初创，深恐民间未及周知，特将办法为商民人等言之”，首先对印花税的创行历史及成效进行宣传，“印花税法创自欧美，近几及于全球，各国人民以所费不多，获益无限，行之以来，交口称便，即东西学者亦无不目为良税。方今文明日进，社会之交涉益繁，弊窦丛生势所不免，故人民当财物移转时，所有一切契约，均应贴用印花，以坚双方之信用，而杜一切之弊端”，同时强调贴用印花的好处在于“享受保护之权利”，并声明有“不依本则之规定粘贴足数之印花者，不特法庭上失其效力，且处有相当之罚金，并非杜渐防微，为保护人们之财产起见，亦不仅仅为国家收入计也”。印花税的税率在通告中不但予以明确，还做了中外比较，“凡价值十元以上者，贴印花一分或二分；其价值仅千分之一至千分之二，较之各国尤为轻而易举”，取之者既如此其轻，而保护之者又如此其周，且至裕国利民，莫此为甚，以减轻商民贴用印花的纳税心理负担。[①]

财政部鉴于当时商民的文化程度有限，还就实行印花税一事，用语体文的形式进行通告，“民国成立，财政愈形困难，不得已议办印花税票……乃近来风闻街市铺户人等，仍多有不知此节业经实行，即有一二人知道，也还是疑惑不决的，殊于进行大有妨碍”，为务使商民人等皆知此事有利益而无损害，便用道白的形式进行讲解：“先就着当票一事说吧，是最容易明白的。我因无钱使用，非当东西不可，要不到十元钱的东西，就不必说啦！要是过十元以上的，由当铺出票，上面先贴印花税票一分，这一分税票才合铜元一枚有零，仿佛邮政票一样。现时邮政局已然出卖，在本铺出钱不多，在当东西人并未有一点吃亏，他若不贴，我们还可以问他要的。以此类推，什么发货票啦、股票啦、汇票

① 《中华民国工商税收史料选编》第四辑(下)，第2221页；《财政部为发行印花税票事通告》(1913年)，《民国初年实行印花税的几件史料》，《历史档案》1990年第1期。

啦、期票啦,自(只)要在十元以上的票,皆要贴印花。再说借款字据吧,人无钱使,要向我们借用,必要立一个字据,或立一个凭折。要是在十元以上的,由立借字人在字据与凭折上先贴印花票,方为合法之凭证。其他租赁土地房屋、承种地亩、各项承揽、抵押货物、银钱收据、遗产析产各字据,都是一样,至于账簿、凭折、凭单、提货单、保险单、包单、合同、契约等类,亦均由立用人贴印花票。以上所说的,是由三月一日北京实行之日起,如有不知而未能照办者,仍准赶紧补贴不迟。若在三月一日以前之事,虽然公家并不勒令贴票,可有一节,如两造人遇诉讼交涉,到部时在法庭上无合法凭证之效力,愿补贴者亦准补贴。原价不足百元的,才贴二分,不足五百元的贴四分,不足一千元的贴一角,不足五千元的贴二角,不足一万元的贴五角,不足五万元贴一元。若五万元以上,不拘多少,均贴一元五角为止,不再加贴。如此看来,并不算多。尚有一件最要紧的事,贴过的不准揭下再贴,与作假票的,犯此二弊,均有重罚。"①

上述两则,为财政部针对开征伊始商民对印花税不了解,多持观望态度,收入不畅等情况所做的最为简单的税法宣传,文字通俗易懂,简单明了,想象中,其效果应该是不错的。

1913 年 6 月,财政部又分别制定了单项性的宣传材料,计有《劝导各住户、铺户租赁房折均宜贴用印花票通告》《劝谕各住户、铺户还账、收账各据均须贴用印花票通告》《各庄铺贴用印花须知》《各铺户贴用印花注意事项》《各住户贴用印花税票注意事项》等,针对不同对象,宣传贴花办法。

如《劝导各住户、铺户租赁房折均宜贴用印花票通告》中称:"印花税票业经施行已有三个多月,想人人都知道贴印花票这件事情啦,怎么仍有不买印花贴用的,或者还没有明白,仍没想开通。如今再拿着租房一事说吧,租房、赁房这也是免不了的一件事,必定立一个折子为凭据。这折子上可要照着规矩贴上印花票才好,若是不贴上印花,租房人要不给房钱,或是给房钱有不足数,那时若要两面成讼,到审判厅,可不能替房主人追要的。这样看起来,房东非贴上印花票不可,别因为一二枚铜元小节,闹出极大的笑话,租房人也要求房东

① 《财政部为实行印花税事给商民的通告》,《民国初年实行印花税的几件史料》,《历史档案》1990 年第 1 期。

买印花贴上,两边都好。你想,说的是不是?请自己斟酌斟酌吧!”①

又如《劝谕各住户、铺户还账、收账各据均须贴用印花票通告》所称:“印花税票一事,施行已有三个月啦,近来查看街面铺户,仍多有不肯贴用的人,有不知印花怎样贴法的,有故意知道偏不肯费钱买贴的。现在是旧历五月佳节啦,各铺户收帐帖子也是不能少的,还账的也要跟铺户要收条的,若不要收条,以后他要不算你还他帐有什么为凭据?若再成了讼到审判厅,那时后悔可就晚了。这样看起来,非跟铺户要一个收条不可,收条上要不贴印花可以退回,我可以不还他的账。每到过新年啦,过佳节,均短不了象这样的事情。以后各铺户也要先买下一点印花票,好预备在收据上贴用。发财不在多少,总求生意发达,何在乎这一二枚铜元舍不得的,千万想开通了,可别因为一点小事情、几个铜元,要闹到成讼时全无效验,后悔可有点来不及啦!”②

上述两则,分别针对各住户铺户租赁房屋契据、还账收账契据等与人们日常生活密切相关的契据贴用印花问题进行劝导,文字浅显易懂,使人们明白贴用印花的必要性,因此,人们为预防遇讼时不作有效凭证导致利益受损而不得不主动贴用,省得将来“后悔可有点来不及啦!”应当具有一定的宣传效果。

财政部代各省拟订的劝谕商民贴用印花的通告中,则从理论上告诉人们,人民纳税义务的由来和开征印花税的原因,即“人民受国家保护的权利,便当尽一种纳税的义务。国家收集人民的款项,用之于行政事务,仍然为保护人民的作用,所以当国用不足的时候,要免得国家借外债的苦痛,就不能不推行新税;又要免得人民苦痛,就不能不推行最良的新税。现在国家所行的印花税,便是各国所公认的最良税法。因为人民担负,数极轻微,又由民间自行购贴,绝无官吏征敛之烦扰。政府于筹款之中,几经审慎周详,才将此种税法公布施行,所以大家都要体谅政府不得已之苦心,勉力服从才是,印花税既经施行,便要认真举办,倘有不贴印花,就是抗违国税,不得不定罚金规则,严绳其后。照罚金规则看来,如不依法贴用印花的契约簿据,巡警平时得以纠发,人民亦可

① 《财政部为劝导各住户、铺户租赁房折均宜贴用印花票通告》,《民国初年实行印花税的几件史料》,《历史档案》1990年第1期。

② 《财政部为劝谕住户、铺户还账、收账各据须贴用印花票通告》,《民国初年实行印花税的几件史料》,《历史档案》1990年第1期。

告发,以及或于检查时发觉,或于诉讼时发见,均当依法处罚,那时便是自寻苦痛。前次因为印花税的事,再三出示晓谕,不啻舌敝唇焦,深恐民商尚有观望自误,或有未能周知之处,合再明白劝谕,俾各遵照"。① 从用词上看,贴用印花是为国家而尽个人的一份义务,违章罚则也是出于政府的无奈,劝导不能不算是苦口婆心,还深恐商民未能周知。这种不以法的威严喝呼的宣传方式更易为人们所接受。按照财政部当时的要求,各县知事除将此布告张贴外,须由警察挨户传布,其大商号均每家发给一张,使其悬挂,触目皆是,俾人民晓然于事关国税,断难幸免。②

(二)地方政府的劝导

1913 年 4 月 19 日,财政部饬令各省国税厅筹备处,为晓谕商民起见,拟有文言俗语通告各一道,"将印花税之有利无弊及种种办法详细通告,务使家喻户晓,通行日多,庶于进行不无裨益",要求广为印刷分发各州县张贴示众,并就各省所设报刊刊登广告一年,俾得周知,以便推行无碍。③ 地方政府秉承财政部的饬令,按照税法的要求,在所辖区域内"出示晓谕",对印花税法进行宣传讲解。这里仅就几个主要区域进行分析说明。

1912 年 10 月,江苏省吴县抄录的京师警察厅布告称:印花税法"以其取给商民者甚少,保护商民者实多,方今南省军事将靖,善后之策在在需款,不辟税源,实难有济",并且印花税"外人尚承认、赞助,我国人若不遵照实行,不惟贻笑友邦,且毫无爱国思想",因此要求,"凡我国民,应共担负,各尽一分子之义务,倘有故意违抗、有心破坏者,一经查出,定即照章惩罚不贷,勿谓言之不预也"。④

① 《代拟各省申诫商民贴用印花布告》(1915 年 7 月),中国第二历史档案馆藏档案,全宗号 1062,案卷号 20,第 38 页;《财政部劝谕商民贴用印花的通告》(1917 年 2 月 16 日),《中华民国工商税收史料选编》第四辑(下),第 2230 页;《财政部劝谕商民贴用印花的通告》,《益世报》1917 年 2 月 16 日。

② 《奉财部饬通饬各县知事认真督办印花税遵刊白话布告由警察挨户传布由》(1915 年 7 月),中国第二历史档案馆藏档案,全宗号 1062,案卷号 20,第 36 页。

③ 《财政部为通告推行印花税给各省国税厅筹备处饬属张贴令》(1913 年 4 月 19 日),中国第二历史档案馆编:《中华民国史档案资料汇编》第三辑,财政,江苏古籍出版社 1991 年版,第 1500—1501 页。

④ 《吴县知事遵令抄录京师警察厅布告》(1912 年 10 月),马敏、祖苏主编:《苏州商会档案丛编》第二辑,华中师范大学出版社 2004 年版,第 497 页。

苏州关监督的告示更为直接:1913 年 6 月 16 日"奉到财政部发寄壹分、贰分、壹角、伍角各种印花税票前来,以三十日后七月十五日即旧历六月十二日为施行之期……须知财物成交,凡应贴花之件,如不依本法贴用,或贴不足数,该件既失效力,日后又须按照应贴数目,分别罚贴百倍、五十倍……务各备齐银价,前赴公署、分发所,随时购取,依期贴用,均毋观望自误,致干罚贴"①。

1913 年 12 月 31 日,天津警察厅发布布告,要求各商家速遵章贴用印花。按照财政部的说法,虽然印花税实行将近一年,但"购者尚属寥寥。虽曰民间之使用未惯,亦由政府之劝导未周",为推行尽利起见,饬令各地广为宣传,"务使家喻户晓,以期养成贴用印花之习惯"。天津警察厅据此提出,"现在社会进化,财物交涉日见繁赜,举凡契据、账簿、凭折、发单等项,住铺各户日有往来交易,若不依法贴用印花,不但遇诉讼时失其效力,且须受相当处罚。所省无几,贻累何堪",并且称,由于财政困难,每位国民均应担负纳捐义务,以纾国困,"我津埠风气开化最早,阛阓阛阓均明大义,事关国计,讵肯袖手旁观,有碍大局",各商民"务即遵照税法购用印花,以符定制。倘有故意抗违有心破坏者,一经查出,定即照章惩罚不贷。勿谓言之不预也"。② 劝导之中寓以章法,目的在于起到一定的震慑作用。

由于税法的滞后性,在征收实践中,税收政策总会有部分的调整,更需要将其变化情况及时告知纳税人,财政部鉴于税收不旺等原因,提出"契约、簿据价值在十元以下者,本系准其免贴。惟查我国社会经济程度较低,寻常财物成交多在十元以下,且恐商民不明立法本意,即价及十元者亦或取巧分割,希图规避,于税务固有影响,更非国家保护契据之本旨",于是将印花税的起征点降至 10 元以下。③ 天津县行政公署就按照财政部及直隶巡按使的要求,对印花税起征点下调至 10 元以下各种契约簿据一律贴用印花的规定,张贴告示,进行宣传:自 1915 年起,原税法十元以下免贴印花的规定现调整为"在十

---

① 《苏州关监督劝导各界贴用印花税票布告》,《苏州商会档案丛编》第二辑,第 508 页。

② 《天津警察厅发布各商家速遵章贴用印花布告》,天津市档案馆、天津社会科学院历史研究所、天津市工商业联合会合编:《天津商会档案汇编(1912—1928)》(四),天津人民出版社 1992 年版,第 3858 页。

③ 《财政部拟对十元以下契约簿据一律贴用印花呈及大总统批令》(1914 年 12 月),《中华民国工商税收史料选编》第四辑(下),第 1900 页。

元以下者，无论属于第一类或二类，均一律贴用印花一分，俾与税法相辅而行”，要求商民“一体遵照毋违”。①

其他类似的宣传更多，但大多是对上级文件的转述，没有从各地的实际出发，进行有针对性的劝导，并且多在结尾之处，加上地方官的威胁之词，希图通过以罚促征的手段实现印花税票的发售和印花税款的征收。与财政部的劝导相比，各地方的宣传语气显得有点生硬，强迫多于劝导，官本位思想明显，不能不让人联想起当前的税收宣传用语，个别地方使用的诸如“重拳出击”“严惩不贷”等让人生畏的词汇，不仅耳不顺，而且心更冷，与北京政府时期地方政府的税法宣传相比，语气更加冷漠，态度更加强硬，是遗传还是感染？

（三）各地商会的推动

地处通商大埠的天津商会、苏州商会等组织，初则均以种种理由反对和抵制印花税，其后便不得不进行印花税票的促销活动，劝导商民依法贴用。如1917年3月2日，苏州总商会致函辖区各业公会：“印花应销票额，即未能以广东所认一百十万元为比例，亦当以浙江所认四十万为标准。应自六年一月起，定为四十万元，即就各县酌定比额列入考成。计吴县全年销额为三万元，并以上年销售票额仅有四千余元，现奉定额增至六倍有奇”，亦即在税收任务明显加重的情况下，希望各业公会董事、代表，竭力劝销，多多益善，务使销数勉符派额，并称“事关通行国税，究应如何上副派额下顺商情之处，并赖荩筹，公同协议”。同时，发布公告，劝导各业商号购贴印花。②

上海总商会通告各商户：“应贴印花之契约、簿据，其有不贴印花及贴不足数者，应将立契据人分别处罚，业于税法内明白规定，公布施行在案……若于未依法贴用印花之契据甘为收受，即非串同隐匿，亦属有心尝试，其情节甚属显然，自非酌于严惩不足以维税务，嗣后商民人等于财物成交所立契约、簿据及人事凭证，均应依法贴用印花，其有未经依法贴用者，应由收受人要求补贴或代其补贴。如敢故违，除将立契据人依法处罚外，并将收受人比照税法所

① 《天津县行政公署转发大总统令将十元以下各种契约簿据一律贴用印花的告示》（1915年2月25日），《天津商会档案汇编（1912—1928）》（四），第3859页。

② 《苏州总商会为劝购贴印花税票事致各业公会函》，《苏州商会档案丛编》第二辑，第522—523页。

定罚则减半处罚,以惩玩忽。”同时对税率调整、税款缴纳标准等进行宣传,“推广印花销额凡在十元以下一元以上,无论属于第一类、第二类,贴用印花一分。条文内仅以银元为标准,并无小洋、铜元及钱票折合银元之规定,惟社会习惯零星交易多以小洋、铜元、钱票成交,若不明定折合办法,势必一元之交易尽用小洋、铜元、钱票等项希图规避,于印花进行不无影响。拟请规定嗣后凡商民财物成交,所用小洋、铜元、钱票按照最高市价折合银元,如折合价值在一元以上者,仍应一律贴用印花一分,以杜取巧而利推行”,要求辖区商民遵章贴用印花。[①]

此外,京师警察厅还设有宣讲所,结合一切公益事项,进行广泛宣传。工商业户是印花税的主要纳税对象,除依靠商会进行宣传外,财政部还指定派往各地的印花税督查员,每到一地要联系商会、召集同业公会宣讲印花税政策精神,收集各商意见,及时解决问题。

很多民间组织都参与到税收宣传活动之中,各地商会、教育会等都对各自的会员提出了依法纳税的要求,天津商会、苏州商会等组织,通过发布公告、开展印花税票的促销活动等形式,劝导商民依法贴用。商会等组织因与其会员的关系较为密切,其劝导更接近各基层商号铺户的实际,更容易为商民所接受,同时,众多商会的商董、代表本身就是纳税人,他们对税收的反感比一般的商户更强烈,而他们出面进行宣传劝导,更易产生示范效应,更易取得较为理想的效果。但民间组织参与税收宣传劝销印花的主动性很是值得推敲,既可能有来自官方的压力,也可能是出于和地方政府搞好关系的目的,否则他们劝导商民纳税的积极性必然大打折扣。

(四)各地报刊的宣传

政府公报类的文字宣传毕竟有限,财政部在加强政府系统对印花税宣传的同时,还联系各省报社刊登开征通告。北京、上海、天津等地的各大报刊,如《申报》《大公报》《盛京时报》《益世报》等,经常有关于印花税法律法规及其解释以及征收情况的报道,使人民能够及时了解到有关印花税的文告、文章和

---

① 《上海总商会转知应依法贴用印花税票的通告》(1917 年 3 月 14 日),《中华民国工商税收史料选编》第四辑(下),第 2231 页;《关于贴用印花税之通告》,《申报》1917 年 3 月 15 日。

消息等。兹以长沙《大公报》为例，对其有关印花税的宣传报道做以介绍：

1919 年 3 月 30 日载：宝庆印花税处自钟让弼接办后，对于劝导商民销行印税不遗余力，并呈请驻宝各军司令出示晓谕，极力开导，兹将田镇守使六言韵示及万兵站司令布告照录如下：

长宝镇守使田布告：

照得印花税票，关系国款非轻。颁发各省销售，细章订立严明。现值大局平定，商买逐渐加增。特派专员来宝，局所设立本城。凡尔绅商人等，须知该税认真。无论簿据私约，均宜粘贴遵行。倘有阻挠隐漏，查确立予严惩。为此出示晓谕，仰各一体凛遵。

又一布告：

照得印花税票，关系国课匪轻。各省设立局所，售发县镇销行。宝邑商贾渐盛，久有专员来城。凡属应贴簿据，细则妥定详明。专员赴乡劝导，各团保护认真。仰尔商民人等，毋得故违章程。为此重申告诫，其各一体凛遵。

前敌兵站万司令出示：

印花税票举国通行，国库收入之所关，讵容犞视食之？该项税则，业由政府早已颁发推行，已非一日，凡属国民亦须知贴税乃国民之义务，而涓滴归之公家，绝无侵渔之弊，市廛之所获，挹注可期，善举尽兴，踊跃输□，照章贴纳，方无负共和国民之资格。前于军事扰攘之时，交易场中能否照章贴用，本属无方究诘，际兹战事敉平，百废俱兴，不分军民各界，自应循规蹈矩，于出纳货物一律贴用印花，以维时困。况屡经大宪晓谕，谆谆劝勉……宝地商民以及我处兵站员弁兵夫人等，关于购纳军需粮秣等事，务期照章贴用印花，以维国库而符定章，毋得造谣阻挠，观望迟迴，自取咎戾。①

1923 年 11 月 28 日载：长沙县杂税局布告，从阳历 12 月 1 日起，包裹及商店所卖出货物均须粘贴印花。布告内容如下：

照得印花一项，政府收入大宗；清单已经粘贴，包裹贴用相同；奉行务宜切实，严令颁自上峰，自十二月一日，开始查验不松；倘若故意违犯，处罚决不宽

① 《宝庆推行印花税》，长沙《大公报》1919 年 3 月 30 日。

容;谕尔商民人等,其各凛慎遵从。①

上述两则报道,尤其是将印花税贴用规则等有关事项以韵体形式表述出来,读起来琅琅上口,更容易牢记,符合人们的习惯,较之其他形式,效果较好。

直隶印花税分处处长唐坚为推行印花税,也自编了六言布告:

推行印花税事,首先注重劝导。此等良好税法,利国裕民无扰。纳税皆属无多,获益实在不少。稍能照章贴用,法律可做证保。如果有意违背,却是自寻烦恼。待至查处罚办,追悔已经迟了。本处成立伊始,不惮家喻户晓。凡属商民人等,各宜懔法毋蹈。②

媒体的发展为税收宣传提供了便利,从报道内容看,主要涉及税收法律条文的解读、税收基本知识的讲解、税收征收与检查的通报、税收违法案例及涉税抗争之类,这些都是各报刊关于税收问题的常见议题,从中也可以看出媒体宣传的两种倾向:一是可能与各级政府的倡导有关,税收宣传的正能量得以传递,媒体成为公众了解税收的一个重要途径;二是与媒介的媚俗性有关,媒体更乐意揭露阴暗面,报道负面信息,所以,大量税收违法案件、各种税收抵制事件被加以渲染,极易激发公众的盲从行为,无形中加重了政府征税的难度。

北京政府财政部、地方政府及民间组织所做的税收宣传值得肯定,各种报刊的宣传报道对税法的普及起到了一定的推动作用,但其成效如何,很难做出可以具体的量化评判,但有两点可以看出问题:其一,民初报刊的发行量以及当时的读报者的数量并不高,受众群体相对较小必然限制其宣传效果;其二,民国初年实际上是在混乱中度过的,尤其是袁世凯之后的军阀混战时期,国家税收似乎已不完全依靠法律和宣传来实现,主要的还是实力和枪。

民初的税收宣传主要强调的是纳税人的义务,很少谈纳税人应有的权利,偶有涉及税收与民生的思考,也因声音微弱而影响不足,如《益世报》的评论认为,各类学校的毕业证书是学生们数年的学费和心力购换所得,贴用印花"实不可解"③;中国税法远比西方国家较轻,但"彼国税法虽苛,然每年由政府

① 《定期检查印花税票》,长沙《大公报》1923年11月28日。
② 《印花税处之六言布告》,《益世报》1917年3月18日。
③ 《时评二》,《益世报》1915年12月11日。

出资振兴实业，为商民增进利益者，亦什百于所收之税”①，这是对我国税收不顾民生问题的直接拷问。的确，直到今天，税收宣传依然是以“依法诚信纳税”为追求，从未听说过依法诚信征税和用税的宣传口号，依法治税的道路依然漫长。

四、印花税的稽查

税务检查是税务机关依据国家税法及财务会计制度的规定，对纳税人履行纳税义务的情况进行审查和监督的一种重要的管理制度，税务检查的过程是加强税务监督，贯彻执行国家税收政策、法令，维护财经纪律的过程。

印花税的检查与其他税种相比，较为简单，由于印花税采用的是“三自”纳税法，自行计算税额、自行购贴印花、自行划销，所以，税务机关对印花税的检查也仅限于事后监督，检查的重点在于应税契据凭折是否足额贴花，是否按规定划销等，较少涉及财务会计制度等问题。但纳税人是否遵照办理，只有进行检查才能核实。通过检查，一方面起到宣传税法的作用，另一方面对违法者依法处罚，警示纳税人自觉依法购贴印花。

（一）印花税检查

印花税创办之初，无论是晚清政府还是北京政府，其关注的重点仅限于印花税票的推销与贴用，其税收法律均未对印花税的检查做出相应规定。直到1915年1月，北京政府财政部才根据修正《印花税法》的规定，制定了《印花税法罚金执行规则》，该执行规则明确提出，应贴印花之契约簿据，每届6个月，即每年6月及12月，由警察官厅检查一次。但初次检查时，应于3个月以前出示晓谕，定期实行；检查权归警察负责；所处罚金除警察机关提留四成作奖金外，其余六成均解缴财政部；审检厅及兼理司法的县知事，在诉讼中发现的违反印花税法案件，应由审检厅及兼理司法的县知事依法处罚，以辅助警察官厅检查之所不及；所处罚金，系司法收入范围，由司法部门处理。这是印花税税务稽查的第一个规范性文件。

1915年2月22日，内务部发出饬令，要求各商民切实执行《印花税法罚

① 《时评二》，《益世报》1917年4月8日。

金执行规则》:"如遇有商铺货物单据未经依法粘贴者,请即将收据径行送交警察厅查明商号,照章处罚,以维税务。"同年9月6日财政部在给内务部的咨文中称:印花税"经年以来,销数虽已渐增,成效迄未大著。推求其故,良由人民不明纳税义务,希图隐漏所致,是非各地方警察随时干涉断不足以督促进行",并称,"现值国库艰难,端赖推行新税以资挹注",故请内务部通行各省转饬巡警官厅,"务应随时纠察,遇有人民违法不贴印花税票事件,即行照章处罚,并按照罚金执行规则第五条规定,以罚金分别充赏,以资策励而便推行"。[①] 各地警察官厅随即遵照指令,布置执行。上海淞沪警察厅会同上海、宝山两县知事出示布告,原定6月开始检查,为使商户有充分时间自查,决定延至9月起开始检查,并登报布告声明,"如有漏贴印花之契约簿据及香类药品者,务望从速依法补贴,倘或意存尝试,明知故违,一经检查发觉,定即按法定罚金数目,分别执行"。[②] 京师警察厅自《印花税法罚金执行规则》实行以来,即"饬知所属,一面剀切劝导,一面认真检查在案……数月以来,推行渐广,一般商民靡不乐从。间有违章漏贴者,一经检查或举发时莫不照章处罚,借示惩儆。自本年2月起至6月止,此项罚金案件计共31起,除照章分别充赏外,所余罚金即于7月初间如数咨陈财政部核收,并声明嗣后按月解送"。[③]

由于各地开展检查,同年全国印花税实收数突增至360余万元,比上年增加6倍多,可见印花税检查工作确实起到一定的促进作用。

1916年11月财政部印花税处成立,综合管理全国印花税事务。各省也相应成立印花税处,并在省印花税处内,增设巡回调查员,执行各该省的督促检查任务。各省市的印花税检查工作,仍照原规定执行。但原定的检查时间为每年6月及12月由警察官厅执行检查一则,各省市印花税分处纷纷请求财政部予以变通。其理由是12月已近商民结账期,于此时进行检查,社会习惯颇感不便,其未经更改检查时间的,往往请求展缓,即或如期检查,亦多未能切实进行。财政部经过研究认为:"印花税之督促进行,全赖有检查之举,严绳

① 《中华民国工商税收史料选编》第四辑(下),第2430—2431页;《中华民国史档案资料汇编》第三辑,财政,第1505—1508页。

② 《宣示检查印花税之实行期》,《申报》1915年8月26日。

③ 《中华民国工商税收史料选编》第四辑(下),第2431页。

其后，方足以唤醒商民之注意，若因循废弛，实恐少税务前途，蒙其影响”，但考虑到商业习惯等因素，决定将“印花税检查时期，一律更定于每年5月及11月两月举行，庶于事实习惯均无阻碍”。此项意见，由财政部呈报大总统批准，由财政部于1920年9月通知执行。

山西印花税处在整顿印花税工作中，认为省会系首善地区，工商业繁荣，稽查印花特别重要，决定特派稽查员若干人，固定在太原市常川稽查印花税，并厘定《省会常川稽查规则》，规定由印花税主管机关派定印花税稽查员若干人，每月划定地区，限定查完一个地区，再调换另一地区。检查时会同警察进行，并应在被检查的凭折上，加盖省印花税处颁发的戳记，查出的违章案件仍交警察机关处理，从而把定期检查转为经常检查，实行税务稽查与警察检查相结合，推进了印花税检查工作。①

印花税检查制度的建立，对于印花税的征收起到了一定的推动作用，但由于检查人员良莠不齐，苛扰滥罚现象时有发生，商民反映强烈。1915年12月全国商会联合会在上海召开临时大会，认为印花税非立法不良，实乃执行不善，警察检查印花，不依法令，任意乱翻，拦路检查；农副产品入市，本未规定立据贴花，也要强迫补立凭证购贴，激起群众反对，有的地区甚至罢市反抗，影响极为恶劣。而来自于税务管理与稽查的扰民案例很多，如《京报》1923年9月8日报道，湖南船商苦于苛税检查，印花税之勒索，不亚于厘卡。沿河一带检查印花者，鳞次栉比，苛猛于虎，少则曰漏税，多则曰违章，即轻量货物，辄罚洋数元或数十元不等。还有不少地区利用检查摊销印花税票，凡认购摊销印花税票的行业或商号，就不检查，违抗或拒绝认购摊销的，即进行严格检查，查出的违章案件，动辄重罚。② 这些事例正说明，许多的税收违法案例其根源来自于征税者，征税者设租寻租的能量极大，空间极广，有时堪称是自毁长城之举，尤其是税务稽查活动，很多时候完全背离了立法原意，无怪乎商民视检查为猛虎，视印花为苛扰。

---

① 《财政部呈准更定印花税检查日期请饬属遵办并预期通告咨》(1920年9月23日)，《中华民国史档案资料汇编》第三辑，财政，第1521页。

② 《中华民国工商税收史——直接税卷》，第298页；《中华民国工商税收史——税务管理卷》，第332页。

(二)印花税督察

为了进一步督促落实印花税的各项制度,财政部制定颁布了《财政部派员督察印花税规则》,陆续派督察员分赴直隶、河南、山东、江苏、浙江、湖北、湖南等省会同警察官厅督促检查,先从省会着手,依次推及各县乡镇。派员督察的内容和规则要求共计10条,其要点为:一是督察员所到各地,应与当地政府联系,邀同商会召集商民开会,详细演说印花税办法,并散发财政部制定的白话通告,以便人民传观。二是督察委员到省,应即会同财政厅咨行巡警官厅,并通令各县知事,先将部员督察印花税办法,出示晓谕商民,咸使周知。三是督察委员于指定督查省份,会同该处巡警官厅指挥巡警,检查商民单票簿据,或由督察委员自行密查,查出的违章案件,通知主管机关依法处理。所处罚金,督察委员在执行检查期限内得暂时变通原规定,以罚金全数给警充赏,并将罚金充赏数目逐案由地方官登报公布。四是督察委员到省会、商埠或各县邑及各乡镇榷查时,如其地面未开办,警察得接洽绅董团首办理。各地方商民如有不服检查者,督察委员应先劝导,再不服,得会同县知事或巡警官厅强制行之。五是督察委员查有县知事推行印花税不力者,得商由该省财政厅长呈请省长都统,予以处分,一面报部核办。其地方绅商如有对于印花税暗中阻挠或擅行干预者,得由督察委员查明事实,密告该地主管官厅,酌情惩罚。1916年11月20日财政部又训令各省财政调查员严格按照督察规则,认真督察印花税。① 这种督查制度虽然有效,但极易产生钦差大臣满天飞的恶果,必然会对商民造成更多的扰累,也是一种不可能长久的制度安排。

1920年9月,财政部针对各省印花税分处派赴各县检查人员,权责轻微,成效鲜著的问题,重申了《督察印花税规则》,要求各省在税务督查时,以印花税分处会办或坐办作为部派印花税督察员,随带处员二三人,前赴各属认真考查,并会同地方官厅,就所辖城镇乡各区依次检查。督察员所至各地方,应先期召集该地商民演说劝导,对于印花税办法,务令明白周知。各地商民经劝导后有不服检查者,得会同警察强制执行之。所需经费按照旅费规则予以核销,

① 《部员督查印花税》,《申报》1915年11月4日;《直隶财政厅等会衔公布〈督察印花税规则〉的布告》(1917年2月9日),《中华民国工商税收史料选编》第四辑(下),第2432—2433页。

于税务督察时所处罚金应行解部项下动支，如有不敷者，准支临时经费，事竣后造具报告呈部考核，务期事有专责，款不虚糜。①

财政部一再强调印花税的检查与督察，目的是强化对印花税的征收管理。制度越是严密，问题也就越多，在检查和督察过程中，各种违法案例非常多，征纳双方都有违规操作的现象，使得印花税制显得更为凌乱。

其时，中央政府已如累卵，惶惶不可终日；各地军阀则似虎狼，到处横征暴敛。各地军阀截留税款、私印印花税票等问题层出不穷，印花税在征收过程中，已无章法可依。更有甚者，中央派赴各地的检查员、督察员在地方势力的干预下，甚至上下其手，通同作弊，反而成为他们敛财的附庸，检查、督察只是一种名称而已。

五、印花税的收支

印花税被奉为良税的原因在于税收取之甚微，在人民负担甚轻，在国家收入颇巨。其征收方法简单，容易推行，尤为此税之特色。民国以来，政府筹议推广印花税方法，惩劝兼施，成绩已渐可观。但随着军阀势力的此消彼长，中央政府权力更迭，作为一种国家税的印花税也因政局的动荡而失去了其税收的含义，税收收入逐渐减少，但印花税票的发行量却逐渐增多，印花税票成了各个机关、各路军阀的借款工具。

（一）印花税收数

民国初年，印花税系属初办，商民对其了解无多，收数甚微。1913 年 3 月在北京首先开征，当年收入只有 57561 元。1914 年各省相继开征，税收增至 47 万余元。1915 年开始进行整顿，同时调低起征点，增加人事证凭贴花规定，加上当时政局比较稳定，各省尚能努力推行，当年收入增至 363 万余元，为财政成绩最佳之时期。1916 年后，因政局渐乱，当年印花税收解财政的仅 204 万元。此后，中央权威渐趋衰落，军阀割据，各自为政，中央专款的征解便陷于停顿。为加强征管，财政部将印花税划出中央专款，进行单独征收，但各地方

① 《财政部关于各印花税分处会办坐办作为部派督察员并抄发〈督察印花税规则〉咨》（1920 年 9 月 15 日），《中华民国工商税收史料选编》第四辑（下），第 2434—2435 页。

势力已与中央政府离心离德,截留之风日盛,印花税的收入本就极小,在此情形下,更加萎缩。“此项税收,虽逐渐递增,但多被各省截留,归诸中央者,为数寥寥。”①从预算数字看,“全国印花税之收入,逐年增加,已可证明,苟能竭力整顿,实为中央最有希望之财源”。② 但由于各省截留,实解中央者并不多(如表7)。

表7 历年来印花税收入统计表(银元)

年　份	印花税收入数	备　注
1913	57561	实收数,北京地区
1914	470000	实收数
1915	3637000	实收数
1916	2040000	实收数,西南六省宣布独立,不在其内
1917	2492298	实收数,西南六省不在其内
1918	2845580	实收数
1919	2727386	实收数
1920	2994676	实收数
1921	3315714	实收数
1922	3399674	实收数
1923	3074977	实收数
1924	3106760	实收数
1925	5864400	预算数
1926	5302200	预算数

资料来源:杨汝梅:《民国财政论》,商务印书馆 1927 年版,第 39 页;贾士毅:《民国续财政史》(一),商务印书馆 1932 年版,第 62—63 页;《民国续财政史》(二),商务印书馆 1933 年版,第 556—559 页;贾德怀:《民国财政简史》(上),商务印书馆 1941 年版,第 158 页;何廉,李锐:《财政学》,商务印书馆 1935 年版,第 280 页。数据经整理而得。

就各省的收入情况看,根据统计,除西南独立省份不计外,1919—1921 年三年平均收入约计 305 万元,除去一切经费开支,及各省区指拨各款外,每年实解到部之数仅约 34 万元。分述如下:③

直隶印花税处　平均每年约 156300 元,内除经售费 25800 元,该处全年

① 《财政年鉴》(上),商务印书馆 1935 年版,第 10 页。
② 杨汝梅:《民国财政论》,商务印书馆 1927 年版,第 39 页。
③ 杨汝梅:《民国财政论》,商务印书馆 1927 年版,第 45—49 页。

经费30600元(月支2550元)外,余数扣拨该省督军署饷(未定案),另认一成解部,每年约可解洋10000元。

山东印花税处 平均每年约295600元,内除经售费48700元,该处全年经费27000元(月支2250元)外,余数应拨第20混成旅饷,每月20000元。

山西印花税处 平均每年约221200元,内除经售费36500元,该处全年经费24000元(月支2000元)外,余数扣拨步兵六营饷每月4000元(未定案)及临时截留之款,除拨,每年约可解洋70000元。

河南印花税处 平均每年约193700元,内除经售费31900元,该处全年经费28800元(月支2400元)外,余数扣拨该省督军署饷,另认每月解部1000元,每年约可解洋12000元。

湖北印花税处 平均每年约185600元,内除经售费30600元,该处全年经费26400元(月支2200元)外,余数以五成留拨军饷,以五成拨武昌高等师范学校经费6万元(每月5000元),及驻汉货价调查处经费10200元(每月850元)。

湖南印花税处 平均每年约120400元,内除经售费19800元,该处全年经费21600元(月支1800元)外,余数拨该省补助选举费,自1920年7月以后,未据册报。

江苏印花税处 平均每年约171300元,内除经售费28200元,该处全年经费38400元(月支3200元)外,余数现据呈报奉省令截留,节经核驳,迄未遵照办理。

安徽印花税处 平均每年约129400元,内除经售费21300元,该处全年经费26400元(月支2200元)外,余款以五成拨皖北盐捐,以五成解部,其解部款内,又拨新安武军饷28000元,下余之款,现该省又拟截留拨还中交两行裁兵垫款,尚未定案。

江西印花税处 平均每年约139400元,内除经售费23000元,该处全年经费21600元(月支1800元)外,余款以八成五留拨第一师军饷,以一成五解部,每年约可解洋14000元。

浙江印花税处 平均每年约142500元,内除经售费23500元,该处全年经费26160元(月支2180元)外,余款拨参谋部水利测量所经费20556元(每月 1713 元),下余之数,以七成留拨第 10 师军饷,以三成解部,每年约可解洋 21000 元。

福建印花税处　平均每年约 125100 元,内除经售费 20600 元,该处全年经费 25200 元(月支 2100 元)外,余款该省原请每月留拨军饷 11500 元,年拨 138000 元,本部准以所收税款,以五成解部,以五成留拨军饷,尚未定案。

陕西印花税处　平均每年约 56900 元,内除经售费 9300 元,该处全年经费 24000 元(月支 2000 元)外,余款以五成借拨财政厅,以五成解部,每年约可解洋 10000 元。

甘肃印花税处　平均每年约 79200 元,内除经售费 13000 元,该处全年经费 18960 元(月支 1580 元)外,余款除临时借拨,每年约可解洋 20000 元。

奉天印花税处　平均每年约 367800 元,内除经售费 60700 元,该处全年经费 16188 元(月支 1349 元)外,余款扣拨沈阳师范学校经费,另认一成解部,每年约可解奉票 29000 元。

吉林印花税处　平均每年约 190300 元,内除经售费 31400 元,该处全年经费 28800 元(月支 2400 元)外,余款扣拨第 5 混成旅协饷,另认二成解部,每年约可解洋 26000 元。

黑龙江财政厅　平均每年约 185200 元,内除经售费 33300 元,该厅印花科全年经费 4800 元(月支 400 元)外,余款扣拨该省军饷,另认二成解部,每年约可解洋 28000 元。

京兆印花税处　平均每年约 32000 元,内除经售费 5400 元,该处全年经费 32040 元(月支 2670 元)外,余款应拨京古国道局经费,每月 1000 元。

察哈尔财政厅　平均每年约 21500 元,内除经售费 3500 元,该厅印花科经费全年 4200 元(月支 350 元)外,余款以七成拨该区欠饷,以三成解部,每年约可解洋 4000 元。

归绥财政厅　平均每年约 9200 元,内除经售费 1500 元,该厅印花科经费全年 2640 元(月支 220 元)外,余款应拨该区都统署协饷,每年 10000 元。

新疆财政厅　平均每年约 61300 元,内除经售费 11000 元外,余数拨新尹协饷。

热河财政厅　平均每年约 24000 元,内除经售费 4300 元外,余数拨抵协饷。

其他直辖各机关　平均每年约143300元，内除按7%扣提经售费及汇费等，约计14300元外，每年约可解洋120000元。

照上所列，1919—1921年三年间，平均每年约计总收入305万元，经售费及汇费等约92万元，指拨款约178万元，解部款约34万余元。由此可以看出，印花税的征收实际上已完全违背了税收的经济原则：以平均约收305万余元之收入，而开支92万元之经费，再加印刷成本约16万余元，每百元收入须开支经费约35元，也就是说，许多省份和地区有三分之一以上的税款被消耗于征收环节，税收成本居高不下，更有甚者如京兆印花税处等，实际收入尚不足以维持其经费开支（岁入约3.2万元，经售经费和行政经费约3.7万元），基本没有什么余款，根本谈不上上解中央。另据统计，1922—1924年三个年度的印花税实收数目与上述情况相比，收入状况仍未好转（如表8），始终徘徊在一个极其有限的范围内，与税收的经济原则相去较远。

表8　各省区收入印花税票票价数目表　　单位：元

省别	1922年	1923年	1924年
直隶	155788.52	131186.29	138274.78
山东	418738.21	432833.29	391890.30
山西	233539.29	231049.07	228656.05
河南	234442.56	209510.39	233046.56
湖北	248214.38	255549.73	256042.93
江苏	188558.79	164276.15	128607.77
安徽	99999.45	77627.69	72012.62
江西	97436.72	133471.43	137530.03
浙江	118337.12		
福建	132353.07		
陕西	因案轇轕册报未据送部		
甘肃	71170.25	76087.25	72320.25
四川			302003.73
奉天	573448.43	626424.24	613022.60
吉林	307011.77	234625.33	216618.17

续表

省别	1922年	1923年	1924年
黑龙江	167994.98	154438.83	126266.09
京兆	65181.46	41675.37	因案轇轕册报未据送部
新疆	79161.62	75101.10	37397.83
察哈尔	26561.65	24372.33	17132.81
绥远	23211.98	17880.84	17880.84
热河	38825.07	33242.60	20483.50
本部直辖各机关	102176.61	85286.70	38321.90
合计	3382252.13	3004638.63	3047618.76

资料来源:杨汝梅:《民国财政论》,商务印书馆1927年版,第50—51页。

上表所列数据仅是各省区的收入统计,本身仅300余万元的收入在地方势力的干扰下,实际解部者更是微乎其微,但印花税票的销售则相对稳定。根据财政部档案资料记载:1921年10月10日至1922年9月,计12个月,财政部共发出印花税票票面数347.3万余元,而实际解到部数仅72万余元,其未解及截留之数达275万余元(如表9)。这就体现出一个问题:印花税票的销售与中央税款的实现存在着巨大的数据差异,可见地方截留税款的严重性。

表9 印花税发行数及实解到部数一览表

(1921年10月—1922年9月) **单位:元**

时间	销售票面数	实解到部数	时间	销售票面数	实解到部数
1921年10月	267639	54139	1922年5月	161734	21948
11月	386067	66899	6月	274113	82019
12月	327428	29426	7月	358729	48850
1922年1月	234046	107200	8月	110337	30482
2月	144186	116276	9月	349316	37883
3月	485776	64783	合计	3473306	720797
4月	380571	60892			

资料来源:杨汝梅:《民国财政论》,商务印书馆1927年版,第41—42页。

即使前述收入全数解缴中央，其数目在当时的财政收入中，所占比例也极其微小，根本谈不上对中央财政有何影响（如表10），甚至说，当时开征此税确实得不偿失，如此小税种，一方面需要各机关的配合协调，劝导无数，却收效甚微，徒具征税之名，而少收入之实；另一方面，为求税负公平，还需要与列强相商，徒惹外交争议，少有进展可言。

表10　历年来中央岁入与印花税比较表

年　度	岁入(元)	印花税收入(元)	印花税占岁入比重(%)
民国二年	412666965	57561	0.01
三年	254740533	470000	0.2
四年	130678127	3637000	2.7
五年	315780447	2040000	0.6
八年	490419786	2727386	0.6
十四年	461643740	5864400	1.3

资料来源：岁入数源自叶元龙：《中国财政问题》，商务印书馆1937年版，第37页。

（二）印花税用途

印花税的开征本期以裕国课，但自1919年以后，财政日趋混乱，印花税也日趋混乱，印花税票反成了各地军阀敛财的工具，私印滥发税票、以票做抵借款等情事层出不穷。

抵押借款始自中央。由于财政奇窘，中央政府不得已而有以印花税票抵押借款之举，“历任财长竞相效尤，于是愈发愈多，愈演愈甚，久之，对于请款者亦以印花为搪塞，对于索饷者，亦以印花为敷衍”。起初均以一元、五角大票作抵押，或搭用极少数之小票，且定有防弊办法，首先由财政部公债司将借款合同核定签订后，再由印花税处付票，并规定借款到期如不能偿还，如无财政部的许可，债权人不许自由处分抵押品，但日久弊生，“财政当局者，不惜饮鸩止渴，随意滥发印花税票，以救一时之急”。于是请领者纷至沓来，“日必数起，而各机关所领之票，又皆未必果能押出，其藉须先给税票，借款方能成立者”。领票者只求能押款到手，并不顾及国家之损失；押款之银行号，未必有款放债，常要求先给税票，然后分期交款。即以所押之印花税票，贱价出售，将售出之款，以重利借于各机关，“借款者自始即无偿还计划，不论期限长短，此抵押品均无收回之望。即偶有到期还款者,在银行号亦不难以贱价收买还原,更有领去之印花税票,由该机关直接贱价出售或作折使用者”。[①]

根据财政部的统计,财政部共发给各机关印花税票,1919 年 9 月至 1922 年 12 月,其数已达 1873 万元,除业已缴回者外,尚有 16465000 元;1923 年 1 月至 5 月 31 日,其数又达 680 万元,合计 2326.5 万元(如表 11、表 12)。此巨额票税所能抵借之款,不过 300 万元,如不速筹偿还办法,致此项税票均为债权者所有,则以后六七年之国家税收将悉化为乌有。

表 11　印花税票抵借内债第一表

(1919 年 9 月—1922 年 12 月)　　单位:万元

机　关	票　额	债　名	机　关	票　额	债　名
华孚银行	50	法金解款	天津华法银行	90	法金借款
中华储蓄银行	130	法金解款	大信银号	50	银元解款
合　记	50	银元解款	中国实业银行	40	银元解款
聚兴诚银行	80	银元解款	大中银行	18	银元解款
震义银行	300	义金解款	教育部	10	借拨抵押
北京商业银行	50	法金借款	吴巡阅使	50	借拨抵押
华丰盛银行	80	法金借款	吉黑江防司令王崇文	5	借拨抵押
农业及劝业两银行	100	银元解款	棉业筹备处	20	借拨抵押
农业银行	100	银元解款	教育部	10	借拨抵押
元亨典	60	银元解款	内务部	50	借拨抵押
聚兴诚银行	30	银元解款	平政院	10	借拨抵押
华北银行	400	法金借款	平政院	10	借拨抵押
裕通银号	80	银元解款	合　计	1873	

资料来源:杨汝梅:《民国财政论》,商务印书馆 1927 年版,第 42—44 页;《财政部拟收回抵押印花》,《申报》1923 年 6 月 16 日。以上担保内债印花税票票额共计 1873 万元,除合记缴回印花税票 265000 元,华北银行缴回印花税票 200 万元之外,实际担保内债印花税票票额共计 1646.5 万元。

① 杨汝梅:《民国财政论》,商务印书馆 1927 年版,第 40 页;《中华民国工商税收史料选编》第四辑(下),第 2500—2502 页;《财政部拟收回抵押印花》,《申报》1923 年 6 月 16 日。

表 12　印花税票抵借内债第二表

（1923 年 1 月—5 月 31 日）　　单位：万元

机　关	票　额	机　关	票　额	机　关	票　额
教育部	50	江苏齐督军	50	十四师	13
广西林督理	40	福州孙督军	120	司法部	20
陆军部	150	陕西第七师	30	经济调查局	50
参谋部	17	印铸局	25	统计局	10
农商部	10	铨叙局	15	合　计	680
江西林部	5	法制局	15		
吴巡阅使	10	国务院	50		

资料来源：杨汝梅：《民国财政论》，第 44—45 页。

从上述情况可以看出，印花税已成为各机关用以抵借零星内债的工具，或拨抵军政机关经费，虽其中有由财政部收回的，但未收回或由债权人自由处理的为数甚巨。同时也说明：印花税的征收过程是个渐趋紊乱的过程；征收费用太高而与税收的经济原则不符；印花税的税收职能逐渐变质而沦为借款的工具，违备了设置印花税的初衷。这种现象，既是中央专款制度的失败，也是印花税制的失败，北京政府不得不考虑对印花税收的整顿。

第三节　印花税的积弊整顿

北京政府时期的印花税征收过程是个趋乱的过程，印花税的征纳积弊日重。对印花税法的破坏源于征纳双方：征税者不能依法征税，造成了种种法外苛敛现象；纳税者不愿依法纳税，产生了许多偷、逃、抗税问题，但问题主要还是来自征收机关的恶习。

1924 年 10 月 17 日，财政整理委员会提出《整顿印花税意见书》，要求加强对印花税的整顿。1925 年 8 月 19 日至 24 日，全国印花税专业会议在北京召开，集中讨论了三个问题：一是整顿印花税票，二是如何节约经费，三是修改印花税法。会议通过了两个文件,一是《整理印花大纲》,二是《修正印花税法草案》。印花税的整顿以税法的厘定与税票的印制为中心,提出了切实可行的除弊方案,但因政局的变换,整顿计划未及全部实施。

一、印花税积弊种种

印花税在征收过程中出现的积弊甚多,有关税法设置方面的弊端前文已经述及,这里仅就税法执行过程中来自征纳双方的问题做以考察。

(一)征税方的随意行为

税法要求具有一定的稳定性,以使征纳双方能够按照既定的法律程序完成征纳义务。但税法又有其独特性,要求具备一定的弹性,以使在战争等必要之时,可以扩张税目,提高税率,筹集资金。所以在执行过程中,往往需要以部门规章等形式对税法进行补充规定,这一特征能够保证税法在运行过程中不断得到补充和完善,但是也正因此而使税法又表现出一定的不稳定性,增大了税法执行的随意性,并由此而产生弊端。

1. 扩大征税范围

《印花税法》施行之初,规定简单,在执行中碰到问题,较多地用行政命令和比照引申等办法修改税法规定,增加纳税项目,扩大纳税范围,招致纳税人反对。1914 年 12 月 24 日,财政部报经大总统批准,修改印花税起征点,并通知各地执行。《印花税法》第二条所载各种契约簿据,第一类价值银元 10 元以上,贴印花 1 分或 2 分,第二类纸面银数 10 元以上未满 100 元者,贴印花 2 分,用累进法贴至 1.5 元为止,价值在 10 元以下者,免贴印花。财政部认为:“惟查我国社会经济程度较低,寻常财物成交多在十元以下,且恐商民不明立法本意,即价及十元者,亦或取巧分割,希图规避,于税务固有影响,更非国家保护契据之本旨。”为此,财政部提出:嗣后财物成交所有各种契约、簿据,除价值银元 10 元以上者,仍依法定税额贴用印花外,其在 10 元以下者,无论属于第一类或第二类,均一律贴用印花 1 分,俾与税法相辅而行。财政部认为:取消印花税起征点,所增税额不多,但征收普遍,可以养成人民贴用印花习惯。[1] 这种降低起征点的解释实不可解,与 2005 年我国提高个人所得税起征点听证时,全国人大农业与农村委员会委员任正隆提出的"个人所得税的起征点不宜太高,因为纳税也是公民的权利,起征点太高就剥夺了低收入者作为'纳税人'的荣誉"[2]的观点一样颇为幽默与豪迈。

起征点的降低无疑是扩大税基增加收入的一种手段,使原本不需纳税的契据凭折经此调整而必须纳税,立即引起各省商会的群起反对,纷请暂缓执行。财政部为缓和情绪,于 1915 年 4 月 3 日在批复黑龙江省财政厅请求时,对所有不满 1 元的单据,暂准从宽免贴;在 1 元以上未满 10 元的,贴花 1 分;在 10 元以上的,仍照税法规定的税额贴用印花。其他各省亦照此办理。这一规定调整后,各地商民仍反应强烈。1915 年 6 月 30 日,广东巡按使李烈钧致电大总统称:财政部厉行各种契据金额在 1 元以上,均须贴用印花税票,粤商颇苦不便,"乱党"乘机借口煽诱于香港澳门地方,广散传单,指斥政府,最为借口者二端,一是 1 元以上之柴米发票、当票均须贴用印花,于贫苦小民生计有妨;二是官吏提成数目过多,指为病民肥官政策,请求妥善处理。1915 年 7 月 1 日政事堂电复广东巡按使转大总统令:印花税试办之初,易滋误会,自是实情。同意对 10 元以下的单据检查时暂宽处罚,其要求免贴者,仍予批驳。[3] 同年 8 月 2 日,财政部在致农商部的咨文中再次重申:10 元以下契约、簿据一律贴用印花,经核定以 1 元起算,其未满 1 元者,准予免贴。[4]

各省典当业对当票改按 10 元以下均应贴用印花,反应尤为强烈。因典当业主要是平民典当衣饰对象,当本多在 10 元以下。当本是计算利息的根据,当本小,利息微,按件贴花 1 分,负担过重,要求照顾。财政部曾根据广西当商请求,核准将 10 元以下 1 元以上的当票贴花后,"由当商自向当物人酌收票纸费,于维持税则之中,寓体恤商艰之意"。[5] 这种转嫁税负不顾民生的怪论透露出统治者对贫民的隐隐恶意。

---

① 《中华民国工商税收史料选编》第四辑(下),第 1900 页。
② 唐勇林:《82.5%公众反对个税起征点一刀切》,《中国青年报》2005 年 8 月 29 日。
③ 《中华民国工商税收史——直接税卷》,第 279 页。
④ 《中华民国工商税收史料选编》第四辑(下),第 2107 页。
⑤ 《天津变通当票印花税》,《申报》1915 年 12 月 25 日。

1915 年 9 月,财政部根据北京等地汇报典当业困难情形暨各省典当业来京代表意见,请求凡当本在 4 元以上的,贴印花税票 1 分,仍由各典当业负担,不能再向人民索取票纸费等情,经研究答复:“其 1 元以上未满 4 元之当票,如当商照章贴用,仍准酌收票纸费,以资弥补。”并声明:“此系临时救济办法,以截至 1916 年 6 月底为限,一俟限满,即应一律自 1 元起实行贴用。”①但到期后当商仍反对,一再推延,直到 1921 年 7 月 13 日,财政部在致农商部咨文中才最后强调:当票自 1 元以上贴用印花 1 分,“推展已历数年,商力渐纾,而此项票据在各种单据中,实占重要”,现值展限届满,“于本年 7 月 1 日起,仍照原案与其它单据一律自一元以上贴用印花,以重凭证”。② 银钱兑换条也采用这种方法予以变通,“准予援照河南成案,四元以上贴印花一分,十元以上贴二分,不足四元者免贴。暂行变通办理,以示体恤”,同时,由于各省钱庄票纸名称各异,而性质作用大都无甚悬殊,但亦多有规避贴花义务者,如“上海通用之钱庄票纸:一曰庄票,又曰本票,亦称期票,即由本庄出具票据付与某乙,约期或即期支取银钱者是。二曰划票,即由甲庄出具票纸,付与某乙约期或即期向丙庄支取银钱者是。三曰支票,即由某甲出具票据,凭向乙庄约期或即期支取银钱者是。以上三种票纸,均应依照法定税额,一律贴用”。③ 因此,财政部在核定类似凭证免征印花税时,核定贴用印花例案,通知照贴印花。

有关商事凭证,原规定不贴印花或税额较轻的,财政部亦用比照之法,用行政命令予以改变。如营业簿折原规定每本每年贴花 2 分,财政部认为税额过轻,决定提高为每本每年贴花 1 角;银钱支票及类似支票的凭证,原不贴印花,亦改为按件贴花 1 角。此项规定财政部于 1920 年 11 月通知各地,自 1921 年 1 月 1 日起执行。④

其他比照之法因各地执行情况不同而有所区别,较为大宗的主要有:

戏票贴用印花。财政部依印花税法第二条第一类所列之银钱收据一项,将戏票比照银钱收据征收印花税。戏票不过座客持以看戏之一种证凭,其性

① 《中华民国工商税收史——直接税卷》,第 280 页。

② 《中华民国工商税收史料选编》第四辑(下),第 2118 页。

③ 《中华民国工商税收史料选编》第四辑(下),第 2109—2110 页。

④ 《中华民国工商税收史——直接税卷》,第 281 页。

质为普通入场券，并不具备银钱收据的条件，且多在1元以下，而按照印花税法的规定，1元以下的契据凭折免贴印花。1917年初，湖南对此价值不及1元的戏票要求贴用印花，招致众多抵触。①

呈文贴用印花。1917年以后，人民投递政府之呈文须贴用印花票，以代行政手数料，"嗣后商民或团体向各行政官署如京内各部院署局、外省各署军省长府尹县知事各公署并一切内务、教育、实业、交通各机关与夫税厘关卡及其他各团体投递呈文请求批示之时，盖令仿照诉讼时贴用司法印花办法，于呈文开首之处各贴用印花票一角，由将呈人员代为盖章，如不贴或贴不足数概不受理，其由邮局寄递漏不贴用者，即将原呈退由邮局掷还，如收呈人员收受未贴印花之呈文，未能觉察者，以违背职务论"。②

其他如公司股票、凭单收据、清单发票及未开清单之包裹等贴用印花，支票凭折、账簿改贴印花1角等，均属此类。综计北京政府财政部先后比照贴花的例案，有下列各项："电气事业及铁路、轮船执照、新闻发电执照、考准医士证书、高等小学毕业证书、国民学校毕业证书、侨工出洋护照、留学证书、检定小学校教员证书、受试验教员科目成绩证明书、高等小学校入学愿书、人民投递官署之呈文及申请书、取得国籍之许可执照、请入国籍志愿书及保证书、出洋募工承揽人之特许执照、通译人证书、甘结、切结、保结暨各项担保字据、年节账单、庄票、划票、支票、向票、红账及万金账簿、运货行李执照、驻外使领各馆对于中外人民所发护照及其签证、驻外使领馆对于华侨所给证书、喇嘛札付、喇嘛度牒、戏票、民枪执照、狩猎执照、报税单照、枪枝执照、标枪执照、标枪特许证、民粮立户过户三联执照等。其应贴花之数额，亦各就其性质，分别比照核定。"③

1915年12月30日，全国商会联合会在给财政、农商两部的呈文中指出：印花税执行不善已流为苛细，"目前所最不便者，发票须贴印花，甚至乡民入市担

① 《戏票亦须贴用印花耶》，长沙《大公报》1917年2月25日；《戏票请免印花》，长沙《大公报》1917年3月13日。

② 《投递呈文须贴印花》，长沙《大公报》1917年3月6日、1919年6月6日；《长沙商会反对呈文贴用印花》，长沙《大公报》1917年5月4日。

③ 杜岩双：《我国印花税制史之研究》，《直接税月报》第1卷第4期，1941年4月1日。

柴尺布亦遭苛罚。以本厂或本栈之货物运至本店发卖,沿途经过亦被拘罚,良税成为怨府”,如上海闸北丝厂以本厂栈房所存蚕茧运往丝厂工作,中途被警察拘留,指为不开发票漏贴印花,照章议罚。警区地方窄小,蚕茧包裹肥大,堆积如山,甚形不便,丝厂则停工待料,又起恐慌。迨至理说明白,误事已经不小,此非警区之过,乃责令奉行者之过也,恳请两部察核,以恤商艰而免扰累。[①]

此外,在税法的理解上,认识不一,如对官产概念的理解不同,产生了路邮电政等行业是否贴花的问题,于是有了《贴用印花税票细则》7 条。1915 年 11 月全国商联会在上海召集临时会议,各省商会亦提出:印花税苛细扰民,各处办法不同,而扰累情形则一,《印花税法》甫经颁发,即改变起征点,又增添税法所无之类目,致成今日种种扰累,要求仍按原颁《印花税法》征收。[②]

另外,尚有特别印花税票的问题,如 1924 年 8 月,“中国华洋义赈救灾总会为赈济灾黎起见,特制就一种慈祥印花。其式样与普通印花相似,惟上书‘中国华洋义赈救灾总会’数字,中嵌白十字形,围以蓝线,旁书慈祥二字,分一分三分等类,昨已颁发五千元来湘,函请湖南义赈分会推销”。[③] 其他如药品香类印花、爆竹印花等的贴花等也属扩大范围问题,这些例案都超出税法列举贴花凭证范围。

上述扩大征税范围、降低起征点与提高税率的做法虽然有其法律依据,但缺少对民生眷顾的征税意愿凸显的是国家对于资源汲取的急迫情绪,过度的罗掘所造成的“纳税痛苦”必将过早地消费掉税收本应具有的公平正义,对依法治税的向往和对税收契约精神的追求极有可能因此而成为一种奢望。

2. 自制销售印花

云南省独立后,护国军为解决战争经费问题,摊派印花税成为其筹款措施之一,在北京政府发行的印花税票上加盖“云南独立自主”字样,以示与北京政府脱离关系,该印花税票的发行首开地方发行印花税票、截留中央印花税的先河。不久,四川军阀之间又发生内战,到 1918 年形成了 8 个防区,防区内驻军各自为政,亦开始自制印花税票,就地征收税款,供其自用。1923 年北京政

① 《补录关于印花税之禀稿》,《申报》1916 年 1 月 14 日。
② 《中华民国工商税收史——直接税卷》,第 282 页。
③ 《新到之大批慈祥印花》,长沙《大公报》1924 年 8 月 25 日。

府军队进驻重庆，财政部在重庆设立印花税处，使用中央统一印制的印花税票。其余地区仍由原防区驻军自制印花税票，征收印花税。

1919年7月24日，广东军政府财政部发出布告：自西南各省护法自主以来，原财政部颁发的印花税票早已间断。本部为整顿税收起见，经报政务会议议决，由军政府财政部印制印花税票发行，税票印有"军政府"字样，先在广东发行，其余西南各省，仍自制印花税票发售。

1920年起，浙江省便不受北京政府约束，将印花税款留作该省军饷，停解中央专款。北京政府财政部遂停发该省统制印花税票，浙江省自1920年至1926年，一直是自行印制印花，自行委派省印花税处处长，印花税皆自收自用。但也产生一些问题，如"浙省发行新印花税票以来，所存旧票应调换新票，并限制新票旧票不能并用，如贴旧票，处罚不贷。因此，各商家颇感不便"。浙江省总商会为此向北京政府提质问。这种质问很显然属于商会的无病呻吟，自制税票自行发售，税款截留而中央政府已无能为力，又如何管得了旧票新票在使用时是否便利？

1923年福建地区发现自制印花税票销售，经财政部查明系闽军财政总局印制，由福建思明县及道属印花税局会衔通告商民贴用，并禁止贴用财政部统制印花税票。该省自制税票，花纹字迹极不清晰，真伪莫辨，商民反映强烈。在此期间，广西桂系军阀、云南滇系军阀和宁夏省同样自行印制印花税票，收入为己所用。①

1921年初，湖南财政厅即自制湘省印花，"财政厅长因存储印花无多，不便向京粤购用，特呈准省长由厅自行印制，以供销用而维税收。现与织机巷同益印刷公司订立合同，印制一分至一角印花税票二十万元，印刷工本洋二千元，又因昭慎重起见，由该公司运机派人在财政厅内印制"。② 湖南自制印花自1921年2月28日至10月底，共印一分花304719张、二分花100990张，发

① 《中华民国工商税收史——直接税卷》，第286—287页；国家税务总局主编：《中华民国工商税收史纲》，中国财政经济出版社2001年版，第64页。

② 《湘省自印印花税票》，长沙《大公报》1921年3月7日；《财厅印花税票之亏累·开支超过预算》，长沙《大公报》1921年3月18日；《财政厅发行新制印花》，长沙《大公报》1921年4月10日。

交省内行用。

印花税票的印制和发售是印花税征收的根本所在,其印制与发售权为地方所攫取,表明该中央税名存实亡,而这种税制的紊乱与恶化完全是由于征税机关的肆意所为,从这个意义上讲,税收制度的败坏与有法不依的乱象有很多是来自于政府的恶作剧。

3. 摊销勒派印花

财政部对各省区印花税收入,每年核定比额,并按比额发给印花税票。1913 年 6 月,财政部赋税司拟订出《各公署搭放印花税办法》,各机关无论发放薪饷、购置物品等一切费用,均按 2% 搭配印花,"以为表率,俾为先导",促进人民养成贴花习惯。但所搭放的印花税票常被低价出售,导致市场上出现大量贱价印花。1914 年 11 月,财政部为提倡官吏劝导商民购贴印花,又特制定颁布《印花税提成津贴办法》,规定在印花税收入中,按销售印花税票收入,酌提三成,备充办公费用。执行半年后,各省印花税票销售数虽有增加,但弊端亦因之而起。1915 年 8 月 19 日,财政部在给大总统的呈文中称:其最足害事者,为派认行销。各省领到印花,财政厅即按月认之数摊之各知事,各知事再摊之各村镇,层层摊派,但求尽数售出,获得提成,并不督促实贴。于是商人认销之后,或认而不贴,或领而转售,甚至囤积观望,贱价转出;各官吏但以售出为尽职,以坐享扣成为得计,从未闻有某省某县厉行贴用实行检罚者。财政部认为:"簿据、契约贴用印花,并非国家故为苛细之政,实缘贸易往来,事至琐屑,苟非有事实上之证明,难免事后不发生轇轕,故特定为简易之制,由国家发行印花,以为官厅证明之效力,其出之人民者取数至微,而可以保障人民之权利者效用甚巨",并强调说:"认而不贴与不认同,领而转售与不领同,今日之畅销,或即为将来之壅滞,非但违背本法,抑且有碍税源。故此时根本之法,必以实行贴用为第一要义"。财政部为此报请大总统于 1915 年 8 月 27 日发出申令,要求各省巡按使、财政厅认真饬属,责成巡警厉行检查,有不遵章贴用的,照章处罚,并鼓励人民举报,以罚金照章充赏,不得再摊派税票。徐世昌在大总统申令中指出,摊销印花"势必至无需印花之人强加摊派,应贴印花之件反邀幸免，殊失推广印花本意”，要求严加整顿。[1]

但整顿收效不大，此种状况直到北京政府结束并未改观。部分省区经办印花税人员仍继续摊销印花，在城市有按铺户摊销，在农村有按田亩多少进行摊销者，以为分散销售，金额不大，容易接受。而税票散在民间，如何贴用无从了解。有乡民运货入城，一经盘问，即将印花贴于货物上，作为证明。财政部于1916年11月发出通知，要求各省、市纠正摊销做法，强调“根本之图，第一重在劝贴，不重在勒销；第二须使人民知贴用之法，次第推行”。[2]

但由于中央权威的丧失，各种命令形同具文。湖南护宪军总指挥部以护宪各军云集省垣，供应浩繁，需款甚巨，要求财政厅设法妥筹，以济军需。“刘代理财政司长奉令筹解军饷，而各方捐借已巨，商力难胜，赋税收入又早无望，故特会商各职员筹议结果，厥惟派销印花为军饷商情兼顾善法”，“在各商家既无所损，在公家可集腋成裘”，于是决定派销印花，以一分印花税票就省城内外各商店按等派销，责成长沙县知事会同警察厅办理，并成立派销处，派出派销委员，上街督促派销。依据警察厅调来的营业统计簿，经审查各行业务，将其分列为甲、乙、丙、丁、戊五种，每种再分别营业大小，按四等派销印花，此项印花总数共20万元。其法如下：

甲种业：各种布匹业、钱业、五金、粮栈、洋油、各种油花、各种中西药材参燕、盐业、南货、中西酒席馆、金银首饰、绸缎。以上各店，上等派销印花100元，次等80元，三等60元，四等40元。

乙种业：各种工厂、竹木行、中西衣业、书业、笔业、纸张、印刷、照相、绣业、洋京苏广杂货钟表、鱼花水果、各种靴鞋袜。以上各店，上等派销印花60元，次等40元，三等30元，四等20元。

丙种业：染业、铜业、锡、磁、各种帽业、皮箱业、古玩玉器、各种烟业、皮货、电气料业、酱作业等。以上各店，上等40元，次等30元，三等20元，四等10元。

丁种业：眼镜、漆业、杂粮、槽坊、饭业小馆。以上各店，上等20元，次等15元，三等10元，四等5元。

---

① 《中华民国工商税收史料选编》第四辑（下），第2487—2488页。

② 《中华民国工商税收史——直接税卷》，第290页。

戊种业:铁业、竹木业、糕饼糖坊山货。以上各店,上等16元,次等12元,三等8元,四等4元。①

北京《晨报》对长沙派销印花的情况进行了相关报道,此次派销印花,"闻其办法系按各县局请购印花九四归公之法,照商会册分等派销。已注册各商铺印花税票由五元起至百元止,每百元印花实收现洋九十四元,所余六元以二元归受花商铺作为二分月息;以二元作为派销印花津贴分派警察厅与长沙县;其余二元则留作赎回从前已押出印花票之用。派销后所收得之数,以九成解交总部作军费,多以一成分派各机关作伙食"。② 但派销效果难如所愿,"长沙县、警察厅会同派销印花后,每日收入不过千余元,实不足以济军需",虽派员督销,亦难收速效,乃改由商会承办,要求"各派销员务宜切实认真,公私兼顾",但开办逾旬,"收数不胜畅旺。昨调查,截至13号止,财政司所得派销印花总数共计14700余元"。③

本来印花税票通行全国,并无地区的限制。由于币制不一,加之摊销勒派和领受税票向外地侵销,不少地区遂采取预防办法。1917年4月14日,财政部训令新疆财政厅、塔城道尹:鉴于新疆所领印花税票商民并未实行贴用,辗转内地售卖(新疆与内地币制不同),冲销各省,令其加盖"限新疆贴用"字样以明区分。以后各省受税收比额的限制,为了保护本地区利益,防止税源流失,纷纷仿效,印花税票上非加盖本省市(甚至县)地名者,禁止在本地流通。如广东省长公署于1919年6月决定:印花税票按照票面价额出售,各印花税支处领销的印花税票,要在票面加盖支处小戳,才准出售。委托县知事代售的印花税票,要加盖县署小戳,始准出售。不盖小戳的印花税票,贴用无效。陕

① 《财政司将派销大批印花·接济军政饷费》,长沙《大公报》1923年9月27日;《财政司派销印花办法》,长沙《大公报》1923年9月28日;《政府派销大批印花再志》,长沙《大公报》1923年9月30日;《商会关于印花税之会议·请求减轻数目》,长沙《大公报》1923年10月2日;《关于派销印花之消息》,长沙《大公报》1923年10月3日。

② 《中华民国工商税收史料选编》第四辑(下),第2503页。

③ 《派销印花之新法》,长沙《大公报》1923年10月8日;《派销印花将由商会承办》,长沙《大公报》1923年10月9日;《长沙县请商会特别设法销派印花》,长沙《大公报》1923年10月10日;《派销印花昨讯》,长沙《大公报》1923年10月13日;《派销印花之收入数》,长沙《大公报》1923年10月15日。

西领销的印花税票，须加盖“陕西”戳记才准出售，以抵制外来税票折价冲销。[①] 此种情形使中国印花税更独具特色。

4. 违规检查印花

印花税从1915年开展检查后，财政部陆续派员分赴各省市进行督查，由于《财政部派员督察印花税规则》规定：查出违章案件所处的罚金全数给警充赏，于是就导致了大量的违规苛罚现象发生。

印花督察员的苛罚。有报道称：财政部督察员高琦杜到湖南督察印花，即饬警察厅各密查员严密查察。又恐各密查员不敢放手办理，于是宣布督察期间所得罚款一律充赏。同时先自向某鱼行购买咸鱼若干担，并索取发货单一纸，该部员以其未贴印花，应即令商埠警察署将行主传至，勒罚20元。既罚之后，即以此等办法传知各密查员一律遵照办理。各密查员欲膺厚赏，遂尽力诓诈，有以一人之力一日之间罚至40余家者。“闻有西门某广货店，其资本不过百数十元，因有一内存之簿据未贴印花，被密查搜出，即饬警带署罚洋十元。又有某处一寡妇开一小店营生，亦以某项簿据未贴印花，罚令出洋十五元，该寡妇如数缴毕，痛哭而返。”间有一两个不忍以此等酷辣之手段施之于资本窄小之商家者，反被同类嘲笑，“甚至诮之为菩萨，鄙之为朽哥”。当高琦杜前往湘潭、湘乡等县督察时，评论认为：“各该县之警察、卫兵，其程度不如省城之警察、卫兵多矣，而其好利之心倒尤甚数倍。高都员一到，则若辈不啻财星照临。”[②] 此类以诱使、密查手段敛取罚金的奇葩做法各地不乏，苛扰之处自不待言。

印花检查所的苛敛。印花税最初并不设局专办，以省经费，但中央设印花税处后，各省相继设立了印花税分处、印花税所、印花税检查所等机构，到北京政府末期，印花税检查所随处可见，机构愈多，征收机关的设租机会就愈多，致使印花税的征收弊端丛生，如“长沙杂税局实行推销印花以来，各城门口成立印花检查所，原以为检查货物单是否贴有印花。里仁坡又成立印花检查所一处，隔南城口仅数十丈远，所有煤车无论上下，须完纳钱六十文，又在该处过路携包裹者，必须验看，与陆军检查所无异，商旅最为不便”。[③] 长沙油行业公所

---

① 《中华民国工商税收史——直接税卷》，第291页。

② 《部员考察印花之扰民》，《大公报》1915年11月22日。

③ 《里仁坡亦有一印花检查所》，长沙《大公报》1925年3月2日。

遂联名致函长沙商会,对于城门各要隘遍设印花检查处,勒索印花税事件进行抗议,“对于乡民鸡婆鸭蛋豆子茶叶零星小包,亦勒贴印花,乡民销售零星货物,油盐下乡亦勒贴印花,似此苛征暴敛,乡民将裹足不敢进省”,恳请商会转函财政厅予以撤销。[①] 湖南财政司接到商会请撤销印花检查所的转函后,即饬令长沙杂税局予以撤销,并刊发布告说:“照得印花贴用,早已颁定章程;不容巧立名目,窒碍良税稽征;近准商会呈报,实属骇人听闻;城厢遍设分卡,拦路苛索乡民;甚至肩挑车运,不论货物零星;勒令购花缴税,否则不予放行;似此违法索取,商民受害非轻;现已饬局查禁,分别取消究惩。”[②]对于商民来说,该布告无疑是个利好消息,但从其后的报道看,牌子撤去了——收税却依然如故。[③] 这种印花税检查所在许多地方都有,有的与厘卡合一,有的单独设卡检查,更有甚者,有个别税棍在既无证明,又无命令的情况下,随便来往于较为繁忙的路道边依其好恶,任意检查苛罚,危害甚巨。

印花委员的勒索。印花税开征以来,省会和县城繁盛的地区,推行较为顺利,但乡镇地区,多未贴用,主要原因是乡镇偏僻地区购买印花不便,而员绅之劝导,巡警之检查,尤难遍及,财政部于 1917 年 2 月发出通知,请各省政府于各乡镇酌设印花劝导委员,以策进化而免阻碍。根据乡镇大小分设或合设劝导委员一人,由各县知事于各乡镇绅耆中择其品行端正,素孚人望者,县署给予委任令,刊发印章,并得由县署委任兼办分售印花税票事务,按照售额给予7%的手续费,作为办公费用。[④] 于是,各乡镇委员四出,在湖南泸溪等地,“近有多人纷向县知事公署运动,充当印花检查员者,一得委状,便带跟丁数人,全着号褂,跟轿下乡,挨户检查,遇有咸同时之借券、光宣时之田契,不按价一串抽罚当十铜元一枚,该邑乡民不惟不敢违抗,而日宰鸡杀鸭优为招待,以免得罪委员。是以近年该县印花检查员竟有二三十人之多,然而对方受其滋扰已不堪闻问”。在永绥,一些乡村痞徒被派充为检查人员,“挨寨挨户假检查印

---

① 《城门口勒贴印花之反响》,长沙《大公报》1925 年 3 月 4 日。

② 《城门口不再勒贴印花矣》,长沙《大公报》1925 年 3 月 12 日。

③ 《省河印花检查所到底撤销未》,长沙《大公报》1925 年 3 月 16 日;《省河印花检查所硬不撤销》,长沙《大公报》1925 年 3 月 23 日。

④ 《财政部酌设印花税委员办法》,长沙《大公报》1917 年 2 月 14 日。

花为由，往往择肥讹诈，当检查时，对于清时所立之典当标拨文契借字，亦如泸邑办法，按价一串照罚当十铜元一枚，百串则罚百枚，罚后又可不贴花，所以近年该县之印花劝销员因查花所得罚款已不下四千多封铜元”。[①]

1920 年 11 月，湖南省议会议员刘善泽提出，各县印花、烟酒及屠、硝各税宜归并设局征收一案，经大会讨论表决，交财政内务两股审查，理由是：税务委员四出，藉端敲诈，实无异纵千百虎狼以食人民垂尽之脂膏。一税分委员，设局驻县，委员之下，又各委多人，派往四乡，招添巡丁，城乡密布，抵隙穷搜，肆行苛罚，以入私囊，以故视为利薮，欲得差委者每每先行贿赂，因而取偿于罚款。于是印花税追索数十年之簿据、十年前之婚书，酒税则藏酤数斤即以私煮论，甚至家有酒具即指为私煮证据，种种弊害，笔难罄述，要求裁撤征收机关，并获议会大会讨论通过。[②] 但这次提议并没得到真正落实，仅是会议而已。

在东北穆陵，有检查员不经通知，径直带兵入市检查。1923 年 7 月，检查员赵东域在检查期间随意苛罚，当地商户在无可奈何的情况下，请求商会协助解决，检查人员竟将该地商会一刘姓坐办殴打致伤，酿成穆陵罢市二日风潮，经军警各界从中说合，该检查员到商会道歉，此事始才了结。[③] 在素称首善之区的直隶，印花委员们也常常带差下乡，骚扰商民。1923 年阴历九月初十，直隶印花税处派检查员魏业冯检查印花，魏即令差沿街搜查，到各商号气焰逼人，并不声明所干何事，突入柜房，翻箱倒箧，如搜贼赃，见有多年废纸及往日废账，无足为凭之物，强抓为据，大言恫吓，竟自在乡私罚，至境内被私罚者，约有十余家，罚款在数百元以上。人们哀叹说：“吾民遭兵燹匪灾之不足，而又遭委员之灾，实觉无安枕之日。”[④]

上述种种情形，实际上就是所谓的“赢利型”经纪人的变种，以地痞流氓派充印花委员随意苛罚，后果极其严重，一则“赢利”心态致其藉端敲诈，横行乡里更属自然；二则“临时工”心态所致的暴力倾向更加严重；三则“官本位”心态决定着痞子一旦身穿制服似乎便拥有了随意解释法令的特权，从根本上

① 《湘西各县劝销印花之滋扰》，长沙《大公报》1919 年 1 月 20 日。
② 《裁撤征收机关之咨请》，长沙《大公报》1920 年 11 月 18 日。
③ 《查印花激成罢市》，《盛京时报》1923 年 7 月 22 日。
④ 《印花委员之纵差扰民》，《益世报》1923 年 11 月 4 日。

体现出国家税制肌体的溃烂程度。正是在这种心态下,产生了许多令人啼笑皆非的违法故事,至为心酸:

湖南宝庆隆中镇赵家陇赵某于1921年腊月二十二日娶妻,迎亲队经过四十里山时,正遇一班收印花税者于此处。彼等即呼停轿,将新娘扶出,满贴印花百分于新娘身上,俨若王母娘娘下瑶池矣。贴毕,曰:"国家之印花税法,凡途遇迎亲者,必贴印花百分多,收洋一元多,以为国用。"又将印油与戳子取去,欲向新娘身上盖戳,为轿夫所阻,收洋一元多始了事。[①]

长沙市南门外周姓篾货店专以贩卖刷把筷子为业,营业极小。"昨派销印花员径入该店,勒令销印花五元。该店主以篾货手艺,无贴印花之必要,再三要求豁免,派销员兵减至一元,该店主实在拿钱不出,不得已承认,但要求以货作抵,于是检出筷子数十双,刷把十余个,水端马桶刷把等类,共一大堆请带去。该员兵不允,口称改日再来,遂相率而去。"[②]

直隶、河南各省有数县乡民不解印花之用途,因被官吏强迫销售,摊派的印花无处贴用,又为避免巡警官吏检查苛责,遂将摊购的印花贴在大门上,"以避官吏差役之诛求",不仅反映了群众对摊派印花的不满,也是对北洋军阀苛敛的一种无声的反抗。[③] 在广州,"某海疆督办署中人,因在四牌楼某号购物,竟以印花付之,该号力拒不受,遂起冲突。此种政策,较之滥印纸币,殆更甚焉"。[④] 足见印花税弊端之甚。

在汉口还征收一种叫堂条印花的。人们称妓女出局所用的局票为堂条,妓女出局一次,每次得1元,每张堂条就要贴印花1角,但出局的局费,嫖客是逢节结算的,而堂条印花则须由妓女缴现,一些税棍或印花检查员常常拦住妓女的包车向她索取印花税。此种办法开世界税务史上的先例,比花捐还要苛酷。或是慑于税吏的威胁,或是为息事宁人,总之是敢怒而不敢言,不得不购买堂条印花。[⑤]

---

① 《新娘身上贴印花的奇闻》,长沙《大公报》1922年2月27日。

② 《压销印花之趣闻》,长沙《大公报》1923年10月22日。

③ 《印花税之流弊》,《申报》1918年12月24日。

④ 《中华民国工商税收史料选编》第四辑(下),第2489页。

⑤ 上海市政协文史资料委员会:《上海文史资料存稿汇编》第四册,上海古籍出版社2001年版,第240页。

此外,那些专门吃白食的,往往于吃饭时到饮食店里去查印花,查出问题后,饭店老板心中有数,马上准备酒菜,邀请上座,税员却之不恭,酒醉饭饱后,抹抹嘴巴就去了。有些税员利用职务便利,假公济私,每至商店查印花,一经发现问题后,开一眼,闭一眼,把违章案件放置一边,就抓住这个机会,转过身来买东西,商店老板看见在眼里,明白在心里,税员需要什么商品,就拿给什么商品,老板哪里再要他付钱。有的税员假装一本正经,说购货一定要付钱,老板也半卖半送地甚至收款更少些,送出大门也算了事。如果商店老板不理不睬,税员就会丢下所买东西,面孔一板,说声公事公办,拿着违章案件就走。有些税员为了勒索,在查印花时不择手段,翻箱倒箧处处留难,商人碰到这种情况,内心很不高兴,但为了免找麻烦,只好自认倒霉,有时也会"孝敬"一番,这叫"税员上门,老板晦气"。[①]

上述两例发生的时间较晚,根据当事人的回忆约在上世纪三四十年代,但不能否认的是,类似的"吃拿卡要报"恶习起源更早,根基甚厚,在寻租设租不能完全消失之前,其发展势头必然不减,甚至会更加猖獗肆无忌惮。

印花税在检查过程中,还出现一种潜在的处罚方法。印花税法第四条规定:"契据应贴之印花,由立契据人于授受前贴用,加盖图章或画押于印花票与纸面骑缝之间。"但在实际检查中,检查人员以画押不利于寻疵处罚,便要求用户以盖章替代画押,不盖章者作为无效。于是,从盖章上觅得各种处罚证据:小商店印色窳劣,而经营粗浊货物之商人,如石炭商等手指、台面无法洁净;印花纸系机工轧制,折账纸系土法抄制,机制纸质坚不渗,土制纸质松易渗,不渗则油渍凝滞,渗则油痕稀薄,一则易沾尘垢、一则不沾尘垢。沾尘垢者颜色黝暗,反是则颜色鲜明。印花税局检查员役不问如何,辄将折账携去,旋由局长判罚若干元,雷厉风行立须缴款。小商无力备款,故意拘留至暮,复行扭送公安局拘押,动辄若干日,从此店内无人照料,因以歇业者有之,此其一;盖章之时惟恐受罚,用力摇按印痕重复,印花纸粘于折账较折账平面为高,高低之间印痕各别,于是亦按照条例罚办,此其二。此关于盖章被罚者,商民虽

① 《上海文史资料存稿汇编》第四册,第249页。

膛目叫屈,然证据确凿,无法解辩。[1] 这完全是一种设陷找茬的害人做法,其实质是税吏用其官方的身份对税法妄加解释,也是其借机徇私枉法、中饱私囊的惯常做法,而商民对税法知之不多而希图避税的嫌疑在这类案件中并不占主要成分。

税务检查历来就是弊窦之渊薮,轻则做人情买卖徇私舞弊,重则以敲诈勒索巧取豪夺,此类卑劣故事,至今仍讲述不完,并继续演绎着,俨然已成为纳税人噩梦般挥之不去的阴影,它的存在直接影响到我国税收法制化和税收现代化的进程。

(二)纳税人的违法行为

商民的印花税违法行为主要表现在不贴或少贴印花、贴花而不注销、旧花重贴以及伪造印花、暴力抗税等方面。

1. 违章贴花

诚如所言,引进西方近代税制,自必考虑本国的国情,取其所长为我所用。当时,中国城乡人民的文化水平不高,从事工商业者多沿袭传统交易习惯,讲求信用,以诚信为本,以面子为重,因此,许多商事活动不习惯于每事均需契约文书,甚至有相当一部分工商业者受文化水平的限制,不能书立凭证。印花税在当时较多地征收于凭证,没有凭证就不纳印花税,这就使印花税的收数不旺,与原设想相去甚远。于是导致各地就便行事,认购、摊派之风盛行。财政部的搭放印花及各地的摊销、认购等均与此有关。

不必或不能书立契据导致的不纳印花税的现象尚可理解。如发票一项,在当时人们看来,仅是买卖货物时一种暂记价值数目之单据,于物价之收付毫无关系,且非普通必需之件,平时购买货物者,大半不开发票。“今以印花税之故,必令物物皆有发票,其本无发票者指为漏税,或即科罚,或代出发票,种种作为,皆由不谙商习,不达民情所致。”[2]

但是,为逃避税收而不贴或少贴印花的现象,却是印花税自开征之日起就一直未曾间断。刚开始可能是因为不懂法、不习惯所致,其后则是心存侥幸,

① 《中华民国工商税收史料选编》第四辑(下),第2586—2587页。

② 《补录关于印花税之禀稿》,《申报》1916年1月14日。

专为避税而有意为之,有时虽畏检查也不惜以身试法。

1917 年 3 月 6 日长沙《大公报》报道,在检查各商店簿据贴用印花情况时发现,虽然布告已三令五申,但“几于无处不有漏贴者,至于贴不足数者,尤无处无之”。[①] 这类报道随处可见。为了扩大影响,增加威慑力,征收机关还特意将违法者的名号或行号予以曝光,如《盛京时报》1919 年 4 月 15 日报道:奉天义县县署接财政厅训令,印花税勿论“官商各界及买卖账簿、发票、民间房地文契、词讼呈纸等,俱按章贴用印花”,经按户检查,发现义源顺等 46 家商铺未贴印花,均带署庭讯,分别四等处罚,并榜示罚款,“以示薄惩”。[②] 又如长沙《大公报》1926 年 8 月 21 日以“处罚违章漏印花税者七家”为题(原文标题有误),将未依法贴用印花的商号及处罚原因、罚款情况等公开曝光:林高厚罚金 2 元,贴不足数;唐晋兴罚金 6 元,未开清单;王智和罚金 6 元,未开清单;张梓昌罚金 4 元,未开清单;和记银号罚金 8 元,私售废花;西天一罚金 2 元,未开清单;大五洲罚金 8 元,未开清单。长沙县印花税征收处为此专门致函《大公报》主笔,“烦请登入报章”,其目的亦即在于强化宣传,以使闻者足戒。[③]

但由于检查能力与范围的限制,印花税的检查不可能及于每个应税的契据凭折,偷逃税现象被发现者仅是其中很小一部分,多数是不能够被发现的,因此,在侥幸心理的主使下,偷逃税现象大量存在,并屡禁不止。

2. 伪造印花

印花系属有价证券,伪造有价证票是古今中外一直存在的营生,在巨额利润的驱使下,这桩生意经久不衰。伪造印花税票的案例在印花税开征之初就屡有公布,至今不辍。

1917 年 4 月,宁波发现伪造印花税票,被当地商家识破,其销售者连同伪票被扭送该处警署,据供称,该项伪票系由上海新东门(即福佑门)口阜康烟纸店嵇道生所造,到此行销。宁波警署遂备文派员到上海,移请上海地方厅及淞沪警察厅密提嵇道生,解甬讯办。“讵嵇已知风避匿”,警察在该店中详细

① 《漏贴印花者何多》,长沙《大公报》1917 年 3 月 6 月。
② 《漏贴印花被罚》,《盛京时报》1919 年 4 月 15 日。
③ 《处罚违章漏印花税者七家》,长沙《大公报》1926 年 8 月 21 日。

搜检,抄获伪印花税票一大包。[①]

长沙《大公报》1920年10月10日报道,长沙警察厅接到举报称:有叫王荫昌的,在乡间伪造印花,请派警同往查拿。警厅当即派长警同往。行至猴子石中途,撞遇王荫昌。随即拿获。“乃该犯竟于(与)巡警斗殴,事极凶猛。幸得铁路警察补助,始未逃脱,随在该犯身上搜出伪造印花铜板二块,包袱内检获磅纸一卷,颜色印油一盒,压板二块,树膏一包,玉竹粉一包,白包单一个,一并带厅。讯据供称原名陈管堂,假名王荫昌,伪造印花不讳。该厅以供证确鉴,即将该犯王荫昌及赃证等物,咨送印花税处核收,严加惩处。”[②]

1925年8月,长沙大托铺警察分所破获一伪造印花机关,搜出石印印刷机器一具及印成一分黑色印花、二分之黑色印花两种。细验印花上虽有湘政府发行字样,校与湘政府现在发行之一二分印花,颜色不同。“该所以案关伪造,旋传户主李宜初及李张氏到案。遽去警回称李宜初等均闻风早逃,不知何往”。[③] 9月,财政司密查员在长沙理问街万和钱号破获大批伪印花700余元,系该钱号店主廖镇恒,帮伙陈鼎盛行使销售。随派队兵将廖陈二人带司,当经提讯,证据确实,即将廖陈二人暂押长沙县署,将店铺查封,所有银钱期票一并提存财司保管。经查,该项印花系由许少安处收来,“现许少安闻风远逃,昨财政司派员……捕获此案有关之许海春、戴春林二名”,10月9日,“又破获同党汤炳源到司,讯供不讳,即收押长沙县署”。[④]

全国各地均有类似伪造印花,销售、贴用假印花的现象,尤其是在通商大埠及各省会城市,情况更为严重。但总的说来,只要发现,即可依法惩处,尚能做事后弥补。当制假售假行为与外国人有关系时,在北京政府主权不完整的情况下,司法的干预则需依靠列强解决。

1916年11月,上海福州路412号门牌之潮州人朱阿四,又名苏云卿,因

① 《宁波发现伪印花票之根究》,《申报》1917年4月17日;《续志宁波发现伪印花票之根由》,《申报》1917年4月18日。

② 《拿获伪造印花犯》,长沙《大公报》1920年10月10日。

③ 《大托铺破获一伪造印花机关》,长沙《大公报》1925年8月24日;《财司令查伪造印花案》,长沙《大公报》1925年9月3日。

④ 《财司拿获销售印花犯》,长沙《大公报》1925年9月13日;《查封经售伪印花钱店》,9月14日;《财司又拿获伪造印花犯》,9月16日;《财司破获伪造印花犯一名》,10月10日。

向山东路165号门牌华洋印刷所主常州人尚鑫购买伪印花税票,贴于私土上,冒充官土混售渔利,被禁烟督销局侦悉,报告总巡捕房,派探将朱、尚二人拘获。据尚鑫称:该假印花票,系由乍浦路320号门牌华荣堂日本印刷所所印,彼则代为销售,且查谋毙日本人池原鸭井案内之盛冠文与此案亦有关系。原告代表律师称:"此案关系重大,查民国现行刑律,被告应得监禁十年之罪,被告系分销处经理,而伪造者系是日本人,除赴日领事署起诉外,所有牵涉之盛冠文,既因谋害日本人,牵涉管押,应请将此案改归日本领事陪审"。盛冠文向在北四川路480号门牌美日印刷所为跑街,已有四年,为印刷掮客,代日本人野村兜售假印花税票。该案极为简单,却因发生于上海这个特别之区,既要由上海公廨审理,还需日本陪审,程序极为复杂,查获的假印花也仅数百张,计洋八元五角,但各方均延请律师,反复辩论、审理,历时数月,到1917年1月,始将案情审理完毕,结果,"以朱阿四私贩烟土,罪已成立,判押西牢九月,尚鑫、盛冠文行使假印花亦均有罪,着各罚洋四百元充公,如无力交洋,改押西牢半年。"①其时,日本人在华不但不纳印花税,反伪造销售印花,孰不可忍!

3. 暴力抗税

以暴力、威胁方法拒不缴纳税款的行为,为抗税。抗税事件多发生于其他税种,印花税是一个相对比较温和的税种,以暴力手段拒不缴纳印花税的比较少见,但不是没有,多于检查印花时发生,其因来自于商民对税吏的普遍反感。

亚当·斯密在论述税收原则时,专门对税务检查造成税收成本增加的弊端提出批评,他认为,税吏频繁的"造访"和可厌的稽查,使纳税者面临不必要的麻烦、困恼和压迫,最终使人民所付出的远大于国库的收入,即税收徒困于人民而无补于国家收入。② 税务检查是征纳矛盾的焦点,因此,双方都极易产生过激行为,但最终吃亏的还是纳税人自己。

长沙《大公报》1918年8月27日报道:"印花调查员童炳干以张宝顺银楼有账簿数本,漏贴印花,拟带案核办,该店主恃强将簿夺回,口出不逊。各情呈报

① 《混售粘贴假印花税之私土》,《申报》1916年11月3日;《销售假印花票之辩论》,11月10日;《研讯销售假印花票案》,11月29日;《复讯假印花税案》,12月23日;《伪造印花案辩论终结》,1917年1月17日;《私贩假印花土之结果》,1917年1月18日。

② [英]亚当·斯密:《国富论》,唐日松等译,华夏出版社2005年版,第582页。

长沙知事公署,朱知事批令,殊属弁髦法令,准即传案讯明核办。”[①]结果不得而知,但可以想见,张宝顺银楼不但需要补贴印花,很可能还要因此而遭重罚。

在汉口,由于商民对印花检查员衔恨入骨,常有与印花检查员争夺账簿并发生殴斗情事,有时印花检查员甚至会被商民聚众打得鼻青脸肿,但这种案件的结果往往是,印花税局将案件移送司法机关以刑事起诉,某些人被关押而了事。其实,对于商民而言,只要不检查,多买几个钱的印花无所谓。但征税者往往以税务检查和处罚为生财之道,无论如何必须检查,但鉴于商民聚众殴打检查员的事例,此后每逢检查前必函请警察局会同检查。[②] 税吏扛枪入市下乡已成当时税务检查的标配,身怀利器委实吓人,贫弱百姓何敢造作?

暴力抗税与从众心理有关,当众多纳税人集合在一起,面对征税人员或检查人员时,那种单个的积怨就有可能随着激动的情绪而集体爆发,以求一时之快。但暴力抗税事件最终的解决方法多是动用国家机器,非为皇亲国戚的普通百姓平时感觉不到国法的存在,此时便会见识到法律的威严,抗税作为刑事案件处理,吃亏的必然是以身试法的商民。

总之,纳税人对税收有一种天然的敌视倾向,尤其是当征税者不依法征收,用税者徒增靡费时,纳税人对逃避纳税行为并不以违法看待。在我国,人们总是将不纳税看作是一种“本事”或“身份”的象征,往往引起周围较多人的羡慕,所以,逃避纳税义务又具有一种极强的感染力,特别是在税负严重不公平的北京政府时期,同为纳税人,仅有一路之隔,一边纳税,一边不纳税,缴税者自感吃亏,逃税心理自然产生。在这个失去准星的天平上,一端是国家的不依法征税和用税,一端是商民的不依法纳税,二者共同维系着不法的平衡。

二、私印印花税票案

1919 年以后,政局紊乱,财政日益困难。当时租界内印花税仍未推行,印花税处总办李景铭亲赴上海处理,将原定租界内推行印花税办法予以变通,采取包销、多提成数等办法,但无结果。当时各省每月解缴印花税款尚有 10 余

① 《究办漏贴印花》,长沙《大公报》1918 年 8 月 27 日。

② 上海市政协文史资料委员会:《上海文史资料存稿汇编》第四册,上海古籍出版社 2001 年版,第 242 页。

万元,政府准备发行10年公债,以印花税收入作为发行公债基金,不料10年公债尚未发行,而政府因财政急需,便以印花税票作抵押品进行借款。此后,印花税票滥印滥发滥抵之风形成,并愈演愈烈,至1923年达到高潮。

据李景铭称:用印花税票做抵借款,开始较为慎重,以销量较少的大额印花税票如1元、5角面额票,或搭配少量的小额税票作抵。先由财政部公债司出面与贷款单位签订合同,再由印花税处发给印花税票,并订明到期不能偿还贷款,不能自由处理抵押品,流弊尚可控制。但贷款到期往往不能偿还,银行便提出借款到期不还,银行可自由处理抵押品的要求。当时财政部深恐破坏税法,不敢轻于滥抵。但1921年以后,政局益乱,不仅各省专款停解,甚至应上缴的中央税款,也被截留。"因政府债款,累次延期而小银行周转不灵,乃以押品私售于外。然大票不易私售也,乃以大票更换小票。京外各机关见小票之可以变现金……各省驻京代表乃亦以军饷欠给为词,索取税票,于是,1923年乃发生印花税大事故。"①

所谓的"大事故"是指1923年财政部私印印花税票案,该案轰动一时,曾激起全国各地商民的强烈反对和一致声讨,这期间函电飞驰,舆论交加,最终迫使当局将涉案人员撤职查办。

(一)案情经过

按照北京政府印花税法的规定,印花税票由财政部印刷局承印,先由财政部库藏司报经财政总长批准后,通知印花税处负责办理,再由印花税处书面通知印刷局印制,同时委派5名监察员到印刷局监印,以防滥印作弊。②

1923年初,由于财政困窘,筹措无术,借款又缺乏抵押品,财政部库藏司司长胡仁镜和印刷局局长薛大可向财政总长刘恩源上一说帖,请加印1分、2分面值印花税票共500万元,以做周转抵押之用。经财政总长刘恩源批示"可"后,在未经印花税处总办李景铭知晓的情况下,由印刷局局长薛大可负责印制,向上海大同公司及大中银行订结借款13万元,以35万元的印花税票

① 《全国印花税会议成立大会速记录》(1924年8月19日),中国第二历史档案馆藏档案,馆藏号1027-2-35。

② 《财部增印大批印花税内幕》,《申报》1923年4月6日;《财政危急中之印花案》,《增印印花之黑幕暴露》,《盛京时报》1923年4月10日。

作抵,利率在4分以上。[1]

此事被印花税处发现,总办李景铭认为印花税票的印制管理系属印花税处的职权范围,应由该处负责请示印制,因此要求印刷局立即停印,将已印制的税票交于印花税处,并指派驻局监察员进行调查。但印刷局认为此系库藏司布置,与印花税处无关,非但没有停印,甚至不允许监察员检查。李景铭于是上书财长刘恩源,认为过去已印好未用的印花税票尚多,不需再印,请下令停印。但刘恩源对此未予理会,李景铭甚至以辞职为词据理力争,无果后,于4月5日将此事上诉至北京地方检察厅,要求停止印制、调查印成数量、收缴印制钢版等。

财政部的考虑可能主要还在于政府的财政困境方面,并没有把此事与当时社会背景下法制意识的萌动联系起来。当北京地方检察厅决定受理此案时,刘恩源还希图不了了之,派人私下与李景铭进行协调,在保证不更换其总办职务、给予胡仁镜和薛大可行政处分的条件下,希望李景铭撤诉。有报道说:"刘恩源因国会提出私印印花税票弹劾案,深恐碍及本身位置,已设法运动,打消此案。"[2]但此事传出后,立即引起社会各界的广泛关注,特别是一些议员和京、津、沪等地的银行团、商会和商人表示强烈不满,群起斥责和质疑,纷纷表示如果不进行彻底清查,便拒绝贴用印花,不纳印花税,同时要通过法律诉讼来解决,严惩违法参与者。

为掩人耳目平息事态,财政部一面派李盛衔、周翊清(后为邱豫薐)赴印刷局先行查办,如果有胡、薛狼狈为奸情事,再交法庭依法惩办;一面致函北京地方检察厅,说明此系财政部内部事务且已派员查办,如有弊端,再行交法庭依法办理,请暂缓侦查。[3] 而就在此时,山海关突然破获私运印花税票200万元的案件,致使全国舆论大哗。[4] 在社会各界的一致声讨和抗议下,财政部不得不承认增印印花税票系属"办理不善",相继免去胡仁镜(4月18日)和薛

① 《私印印花税票案》,《东方杂志》第20卷,第6号,第8页,1923年3月25日;贾士毅:《民国初年的几任财政总长》,传记文学出版社(台北)1985年版,第89—90页。

② 《北京电讯》,《益世报》1923年4月18日。

③ 《财部私印印花税案详情》,《申报》1923年4月8日。

④ 《山海关破获私运印花》,《申报》1923年4月19日;《财政紊乱中之私运印花》,《盛京时报》1923年4月20日。

大可(4 月 19 日)之职,薛大可逃避至天津租界,“所有印花税事宜,仍饬该局照章办理”,并希望总商会“转致各商,俾免误会”。[①] 这场私印印花税票风波才算平息。

(二)社会反响

此“大事故”并不复杂,但却引来了社会各界的强烈反应,全国各大报刊争相报道,揭露财政部私印印花税票案的始末及内幕。1923 年 4、5 月份,上海的《申报》,北京的《京报》《晨报》,天津的《大公报》《益世报》,东北的《盛京时报》等,都给予了追踪报道。仅从《申报》看,在短短的一个月时间内(4 月 4 日—5 月 6 日),就此事发表的新闻评论和报道就多达 30 余篇(条),形成了强大的舆论攻势。

当北京地方检察厅着手调查此案时,众议院议员骆继汉、沙彦楷等人亦就此事提出质问。骆继汉在提案中称:财政部印花税处为印花税专管机关,印刷局承印印花税票,照章该处派监察员五人到局监视一切,以防滥印私印之弊,“其立法本甚严重”,而此次印刷局不经印花税处总办知道,而私印印花税票至 70 余万元一事,“始恐此事由库藏司司长胡仁镜与印刷局长串通作弊,因与奉天结有三成出售之密约,联名呈请财政总长刘恩源批准,以库藏司名义直接命令印刷局,日夜加工赶印”,此事已严重违法,事前既已违法批准,事后又不据呈饬停,显系上下一气,背其职务损害国家公署之财产。因此提出,“除刘恩源另案弹劾外,所有库藏司司长胡仁镜、印刷局长薛子奇(大可),已触犯刑律伪造有价证券及损害国家公署之财产等罪”,要求将二人撤职并按律严惩。[②] 议员方潜等也提出查办印花税案,要求逮捕胡、薛,依法严惩,“某议员等又提出质问,额外流通券及印花票案,请彻底查究”。[③] 甚至在胡、薛二人被免职后,还有议员将此事作为弹劾刘恩源的理由之一,认为刘恩源是以免胡、薛之职来替自己开脱罪责,实际上刘才是侵害国家财产的真正主犯,“刘恩源一日不去财政总长职,则中华民国财政一日无清理之希望”,[④]言辞甚为激烈,

① 《财政部对印花税案之表示》,《申报》1923 年 5 月 4 日。
② 《众院提出查办私印印花案》,《申报》1923 年 4 月 8 日。
③ 《议员提请彻底查究印花税案》,《申报》1923 年 4 月 17 日。
④ 《众院提出弹劾财长案再续》,《申报》1923 年 5 月 3 日。

着实让刘恩源如坐针毡,应付不暇。

商会则利用其"在野市政权力网络"的特殊身份,不断向政府施加压力,纷纷致电北京政府财政部,认为财政部私印印花显系监守自盗的严重违法行为,要求彻查深究,以达案情水落石出、嫌犯依法惩处为止。

上海总商会、县商会明确表示,政府如欲含糊了结,"惟有通告全国商会,停贴抵制",[①]态度十分坚决。当闻知薛大可已逃亡天津,上海总商会、县商会于4月26日再次致电大总统、国务院和财政部,认为印刷局长为此案重要人物,竟任逃逸,而各处查获私印印花及已抵押在外者莫知确数,如此庇护罪犯,弁髦法纪,全埠商民,甚为痛心,要求严惩罪犯,"以平私愤,而维税法,若再不予采纳,是政府自毁信用,设或商民实行停贴,敝会等无力再为劝导"。[②]上海的两通电报引起了高层的注意,大总统黎元洪为此专致复电,表明态度:"此案关系国家信用,已将来电交院,彻查办理。"[③]天津商会也致电北京政府,要求彻查严惩,以维税法,否则,"信用日衰,价值日堕,影响市面,妨害商业"。[④]

在此期间,各地商会间不断联络,互通情报,相互声援,共同力争,要求政府严加惩办相关责任人。天津总商会于4月18日曾就此案有关情况致电询问上海总商会、京师总商会是否有拒绝贴用之举:"京沪总商会对于印铸局私印印花税票,滥送军阀,任意抵押,以致票价跌折,市面受害,有拒绝贴用之举,是否,祈速电示,以便同取一致。"京师总商会4月22日复电:"京师并无拒绝印花不贴之事,现在仍照常办理",上海总商会于4月23日复电谓:"敝会致院部文电已登载于本月十三日沪埠各报,谅蒙察阅。文电注重之点在请政府严究主名,依法惩治,如仍含糊了结,商民愤激,恐将有一致拒贴之举",同时邀请天津总商会采取一致行动:"务祈贵会一致坚持,以维税法。"天津总商会迅即于4月24日致电大总统、国务院、财政部:"现印刷局私印印花税票,数达五百余万元之多,任情抵押,滥送军阀,报章揭载,人言啧啧。查印花税票自中

① 《商会反对非法印花税票》,《申报》1923年4月13日;《两商会抗议私印印花案》,《申报》1923年4月14日;《沪商会请根究印花案》,《盛京时报》1923年4月20日。

② 《两商会再请彻查私印印花案》,《申报》1923年4月27日。

③ 《请澈查私印印花之总统复电》,《申报》1923年4月30日。

④ 《商会请查办私印印花案》,《益世报》1923年5月1日。

央滥行抵押以来，市价已跌至五六折以下。乃不迅图整理，而私印滥发，日愈加厉，将来市上税票充盈，势必等于废纸，真伪莫分，扰害商业莫此为甚”，要求彻底根究，否则，“信用日衰，价值日堕，影响市面，妨害商业，则税收前途将不忍言矣”。财政部不得已将胡、薛撤职，并于5月5日电复天津总商会：“印刷局此次增印印花税票一案办理不善，业经本部将库藏司司长胡仁镜暨印刷局局长薛子奇免职。”①

就连偏居西南一隅的云南总商会也向财政部、外交部等致电请严惩主犯，以维税法。其在1923年5月26日的快邮代电中称：“印花税票施行以来，虽骚扰烦苛，而人民忍痛购贴者，盖深知国势之阽危，库帑之奇绌，不得不勉力负担，以冀维持国家于不敝。蚩蚩之民，可谓具有天良，不敢自外生成矣。财政当局诸巨公……甚或植党营私，狼狈为奸，饱一己之贪囊，失政府之信用，罪大恶极，人得而诛。如近期阅京沪报章登载，财政部库藏司长胡仁镜与印刷局长薛大可通同作弊，私印印花税票五百万元盗卖分肥一案，不禁发指眦裂，为法律所难宽贷者也。……滇民闻之，同甚愤懑，特开全体大会一致坚请电恳大总统迅予认真澈查，尽法惩办，并将私印之印花票查明究有若干，公布全国，当众销毁，其已盗卖印花，应即追缴赃款，归诸公用，以肃法纪，若仍姑息养奸，含糊其事，于两月内尚不究办明白，当自七月一日起一律停止粘贴。要皆政府自失威信所致，非商民有意抗纳也。”②这里需要指出两点：一是此时胡、薛二人早已被撤职，似乎云南总商会不知晓；二是云南印花税早已脱离中央监管了，怎么还好意思在此时要求“严惩主犯，以维税法”？颇耐寻味。

此案在各地商会间的影响如此强烈，一方面反映了这些“在野市政权力网络”在政治经济上参与意识的逐步强化，他们已不仅限于“在商言商”，对政治的关注已成为商会等社会团体日常活动的一部分，另一方面也反映了国民对法制的渴望和崇拜。晚清以来，随着向西方学习的逐步深入，法制化的要求日渐凸显，并逐渐形成了晚清至民国初年社会转型期的立法热潮，尤其是上层

① 《天津商会档案汇编（1912—1928）》（四），第3905—3906页；《财政部对印花税案之表示》，《申报》1923年5月4日。

② 《云南总商会致外交部电》（1923年5月26日），台湾“中央研究院”近代史研究所藏外交部档案，馆藏号：03－19－022－02－013。

之间,懂法、用法的思想逐步增强。针对私印印花一案,印花处总办李景铭等向司法机关控诉,议员的提案,司法机关的受理和调查,银行团、商会、商人纷纷要求查究有关人员责任的上书和通电等,无不显示出对法律的遵从和认可,这正说明了当时人们法制观念的转变和法制意识的增强。

该案也说明,民国初年确实存在着一种居不畏官的社会风气,让社会力量敢于并能够与国家权威相抗衡。但这种风尚实际是刚从封建专制脱壳的民国社会的一种急躁情绪在日常政治生活中的反映,其特点与结果往往是道德义愤遮蔽了历史理性,追求法制公平的理想在转型时期的社会天平上不断摇摆震荡。各地商会的抗争虽说是为了保护税法,维护商权,但不能否认,部分的是在赶潮流追风,当大都市的吵闹已近鸣金,云南总商会的快邮代电才飞抵京师,这其中的声讨作用有多大很难说,而这种习惯和做法在当时却十分常见,动辄以请愿、通电、公告等形式表示抗议,给政府施加压力,虽效果不佳,但乐此不疲,确实值得玩味。

(三)查办情形

议员们的质疑、各地商会的群起责难和司法部门的介入使财政部陷入了窘境,面对来自各方的压力,刘恩源不得不采取措施,着手查办。根据财政部的调查结果,案情事实如下:

1. 胡薛说帖及刘批

薛大可、胡仁镜在给刘恩源的说帖中称:近年以来,本部信用全失,欲向银行偶有通融,概非有抵押品不可。而现在库中各项债券一无所有,欲发行公债库券,则不独担保无出,抑且手续繁难,缓不济急。若不另设他法,则一旦偶有急需,势将束手无策,司长等再四思维,惟有另由印刷局加印一分、二分两种印花票500万元,储存库中,专备周转抵押之用。一俟财政规画稍有头绪或发行正式公债以后,仍当将周转在外之此项印花票一律换回,再交由印花税处以供发给各省之用。庶一转移间既足济国库之穷,而于印花税务亦不发生影响,似于目前财政不无几微裨益。刘恩源的批示为:“可,惟须报部备案。”①

应该说,在当时的情况下,如果能够按照规定的程序,以印花税票做抵押

① 《财部私印印花税案详情》,《申报》1923年4月8日。

借款，以应急需，未尝不是一种通融之法。然而，由于抵押过后，借款往往不能如期偿还，一方面债权人因利益所关，不愿放债，另一方面财政部急需借款，对债权人处理抵押品采取睁只眼闭只眼的默许态度，致使印花税票暗中走入流通领域。印花税票作为有价证券，流入市场，贱价销售，必将影响到印花税法的实施与前途，贻害无穷。

2. 印花借款及合同

胡仁镜、薛大可私印印花一案，北京地方检察厅受理后，即着手调查。胡、薛等自接到检厅公文后，昼夜奔走，设法弥缝，匆忙间报部两个合同文本，将增印之印花中拨出 35 万元作为抵押品，向上海大同公司借得现款 7 万元和大中银行借得现洋 6 万元的两项借款合同，送部备案。①

其一为 1922 年 4 月 1 日财政部印刷局与上海大同公司所立的借款合同，借款现洋 7 万元整，利息每元每月按二分计算，交款时预付，以两个月为期，以印花票 20 万元作抵。合同规定：如到期之日借款不能偿还，则大同公司通知印刷局会同处分此项抵押品。如自通知后逾半月之期，印刷局不会同办理，则公司得自行处分此项抵押品，以收回原本，有余退还，不足则仍由印刷局补还。合同由财政部印刷局局长薛子奇、上海大同公司高少山签字。

其二是 1923 年 3 月 31 日财政部印刷局与大中银行所立的借款合同，借款现洋 6 万元整，言明九七交款预扣，即每百元付 97 元，签字之日如数交清，以一个月为限，利息每月一分九厘，行息照算，即每百元一元九角预扣，抵押品为通行印花税票二分者 8 万元、一分者 7 万元。倘到期不能还款，由债权者通知印刷局会同处分抵押品。但自通知之日起逾三日之期，印刷局如不能还款，则债权者不必再通知印刷局，得自行处分此项抵押品，收回本息。如有余退还，不足则仍由印刷局补还。合同为债权者孙仲山、债务者印刷局局长薛子奇所立。

上述两项合同，借款金额 13 万元，所用抵押品印花税票票面金额 35 万元，大同公司借款一项，每月每元利息二分已属高利，且系预扣，损失更大。大中银行借款一项，月息一分九厘，且系九七交款，期限又仅为一月，合计之不啻

① 《印刷局缔结印花借款内幕》，《申报》1923 年 4 月 17 日。

为四分之高利,实所罕见。此外,以35万元印花税票抵借13万元,抵借款项竟不足半价之数,实亦少有。外间评论说:薛子奇深知刘恩源之长财至多不过维持一两个月,财长易人,则薛万难赓续。故借款之期限,一则定为一月,一则定为两月。且期满之后,载明不得展期。就现时财政状况而言,到期决无偿还之望,债权者即可按约要求处分抵押品,届时市面骤加许多印花,势非跌落不可,关系税制非浅。

此间主要问题是:其一,人们对借款合同表示怀疑:"印花税处查出销路不明之印花有30余万元时,印刷局并未立即报明用途,乃事隔多日,得检厅受理之讯始仓皇补报,其为事后弥缝可以想见。"其二,即使上述合同确实,其借款程序已严重违法。印刷局原系承印印花税票之机关,无抵押印花税票之权。同时,"财部附属机关向无单独对外借款之例,历来办法皆须先呈请财政总长批准,而总长于批准之前,应交公债司及有关系之处、科会核。乃此次印刷局借款,事前并未呈报。故印花税处、公债司概未与闻",借款程序违法。其三,印花税票印制完成后,"藏诸局长私宅之中,其作用则欲以之向各银行贱价押款,已有许多掮客向各银行兜揽,愿以四五折押款若干"。[①] 俨然为私有财产,使外间产生较多疑问,如云南总商会就直指胡、薛二人盗印私肥。

李盛衔、邱豫葳的调查报告称:"库藏司司长与印刷局局长条陈加印印花税票500万元借作周转抵押之用,值此财源枯竭司农仰屋之时,诚属不得已之举动。惟既经批准,应按法定手续办理,方为恪尽厥职。乃因手续不备,权限不清,致与印花税处发生争执,其办理疏忽之处,实属咎有应得。"[②]这是用轻描淡写的批评来淡化此案,实有袒护之嫌。

3. 李景铭的指控

印花税处总办李景铭偕会办查凤声、第一科科长卜纶章、第二科科长邹国珍、第三科科长王尚曾,印花税票监察员伍福镛、王继昌、李乔苹等联名对胡、薛提出指控,请北京地方检察厅派检察官前往该局强制令其停印,其已印者强令交与监察员点收;传询工务科、完成科、印刷科、营业科、仓库科等员,分别讯

① 《财部私印印花税案详情》,《申报》1923年4月8日。

② 《财政部查办印花税案结果》,《申报》1923年4月19日。

其已印者若干，运出者若干，存放何处；强制令其交出钢版，听由部派之检察官收管。在请求强制停印印花税票防护国家财产的控文中，还对胡、薛二人请财政总长加印印花500万元的事实提出了八点疑问：

一是印制印花向由印花税处主管，尽人皆知，而此次何以由库藏司请印？二是财部有借款以印花作抵者，向由公债司将合同核准后付知印花税处取票，大半给与存单，不提现票，而此次何以不由公债司办理？三是库藏司会呈请印之理由谓备作押款之用，然未闻借款成立，何以先备抵品；即需抵品，印花税处尚有存票，何必加印？四是询诸库藏司司长，则云薛局长之意，司中并无案据；询诸薛局长，则云胡司长迫其会衔，且已咨司立案，彼此何相矛盾？五是该局何以不咨印花税处立案而咨库司；既咨库司，何以不付知印花税处？六是历任局长均以部员印费太巨不愿多印，而薛局长此次乃不问所费，不分昼夜赶印500万元，何其踊跃？七是总长虽批准于说帖，而其后用正式部令饬其交监察员按向章办理，是以后令预防前令之流弊。八是薛局长曰是乃库藏司奉总长特准者，与印花税处无干，是以难于停印。然试问此票与向来印花税处所印之票是否同一乎？既不如钞票之有号码可稽，又不如别项证券之有存根可据，但使印制完成，即与现银无异，该局长拼命赶制是何居心？①

李景铭依据此八点疑问，向检察厅提起控诉："其是否有损国家财产之意思及行为，应由贵厅长另行侦查，提起公诉。"北京地方检察厅于4月5日即受理此案，着手调查。②

根据印花税处自己调查的结果，李景铭掌握的有关胡、薛二人确实舞弊的证据也有八点：

一是代印花税处正式印刷的印花，四月五月印成一分票1000张，印刷局印刷课有账，而印花票不知下落；二是新印印花一分票有8000张，二分票有360张，亦不知下落；三是旧存印刷局的二分票91万张中，短少1万张，亦不知下落；四是以白纸擅印印花1万张；五是胡仁镜个人私函嘱薛大可以70万印花票押借35万元，薛大可遵此不合法之命令，不合法地与大同、大中两银行

① 《财部私印印花税案详情》，《申报》1923年4月8日。
② 《地检厅受理滥印巨额印花案》，《申报》1923年4月7日。

订结合同;六是此次私印印花,系薛大可胡仁镜之条陈,并非呈文,财政总长批"可",只不过是条陈生效,但须"遵章办理",胡、薛未遵章通知印花税处,是擅印自盗;七是此次私印,报部系自3月30日开工,而印刷局账实自2月25、26日即开工;八是此次印花账均换新账簿,旧账并未用尽,何以换新账?[①]

李景铭的指控和议员的质疑与弹劾,这种极力维护法制的行为背后,是否有官场间常见的权力斗争等原因不得而知,有人曾推测为局(印刷局)处(印花税处)权限争执,财政部不得不进行表面上的查处,撤换胡仁镜,以该司会办王毓霖暂行代理,将印刷局局长薛大可免职,以周九龄代理,并表示"仍饬该局照章办理",对该案的主要反对者李景铭不予变动,以免误会。从另一则消息中,多少可以看出,案发后各人自保的倾向:"胡仁镜与薛大可通同舞弊盗印案,经财政部派员查办后,胡仁镜业于前日免去财政部库藏司司长之职。惟此案发生实以薛大可为主动,且将印成之印花税票擅行抵押,俱系薛氏所为。故薛氏之触犯刑法已极明显。"罪责已有所指,报道还说:"刘恩源至此方悟薛氏之非人,即于昨晨下令免去薛大可印刷局局长之职。"[②]如此一看,罪责只有薛大可一人承担,似乎财政总长无咎可责。

据称,刘恩源下令撤换薛大可之后,薛大可对免职处分不服,呈请府院派大员查办,其理由是:(1)增印印花系经总长批准,曾经备案,不能视为盗印;(2)抵押印花系得库藏司司长许可,并非擅自缔结合同。[③]

若从上述两点看,薛大可的行为可以算是职务行为,而非个人行为,即使违法,亦应属财政部违法,而非其个人之事,因此,其感委屈似亦有道理。于是,府院派赵椿年对此案进行查办,旋因其后财政部人事更动,薛大可的申诉也就不了了之。

4. 李邱调查报告

李盛衔、邱豫蔆的调查报告称,将此案定性为"印刷局与印花税处争执",实已转换了案件概念,性质亦因此而变,又因系内部调查,"语多开脱"自属必然。

① 《私印印花税票案》,《东方杂志》第20卷,第6号,第8页,1923年3月25日。
② 《查办印花税案中之胡薛》,《京报》1923年4月20日第6版。
③ 《私印印花税票案》,《东方杂志》第20卷,第6号,第8页,1923年3月25日。

李、邱的调查报告分为四部分,大致情况如下:[①]

一是实地查封情况:4 月 5 日晚 10 时,即嘱该局薛局长下停印局令,并带去封条 30 张,先将印花税钢版 69 块、废版 383 块点封,一面将旧存、新印已完成未完成各印花税票按室点封,计点封仓库课新印一分票 4 万张、二分票 11 万张;完成课一分票 515882 张、二分票 910608 张、一角票 241044 张,四角票 21011 张、五角票 64348 张、一元票 34284 张;查点仓库课旧存印成一分票 289200 张、二分票 159050 张、一元票 65967 张、五角票 46820 张、一角票 141765 张(因该库尚存他种证券,未便并封,特照数点交)。

二是簿据调查情况:此次特别加印印花税票一分、二分各 250 万元,共计 500 万元。于 3 月 30 日起工至本月 5 日止,计印成一分票 299652 张,二分票 202796 张。而交到仓库课者,计一分票 21 万张,二分票 20 万张;存完成课者计一分票 89652 张,二分票 2796 张,其中二分票加入挪用完成课旧存项下 1 万张,与此次印成之数合计实缺 1 万张。据该局工务课声称,此项所短之数,系因该局急待解送,而印成者一时不能敷用,乃于旧存项下拨借二分税票 1 万张,并由该课批交印刷课,提出白纸 1 万张,预备补印。为防其以多报少,李、邱二人特遍询各课工人,所报数目与交查账簿相同,并由该局印刷课长、完成课长及组员、工人等出具印票数目及开工日期之甘结,以资证实。

三是移挪税票情况:此次加印印花税票,已运出一分票 17 万张、二分票 9 万张,共票面价洋 35 万元。据该局称财政部欠该局各项印刷费达 36 万余元。该局内部经济窘迫,无法支持,加以此次加印印花税票 500 万元,须印刷费 31.5 万元。该局负债累累,无法购买材料,特函请库藏司从速拨款。而该司司长胡仁镜以库空如洗,曾函复该局在加印之印花税票中,挪移 70 万元,自向银行周转抵押,俟部款拨到如数收回。该局乃据此向大同公司及大中银行商订合同,以一分、二分印花税票 35 万元,抵借 13 万元。

四是调查结论:此次与印花税处发生争执之由,实因印刷局长与库藏司长办理疏忽,不合手续所致,不合之处有三:印刷局长会同库藏司长拟具说帖,请

① 《财政部查办印花税案结果》,《申报》1923 年 4 月 19 日;《印花案查办员的密呈之内容》,《申报》1923 年 4 月 22 日。

加印一分、二分印花税票500万元,借作周转抵押之用,原属条陈性质,即总长批“可”,亦仅认为此种条陈尚可采用,故尚批有“惟须报部备案”字样。按照财政部办事程序,库藏司仍须据总长批“可”之说帖,移付印花税处,再由印花税处请示,拟发部令,印刷局须奉到部令,然后加印,方为合法。而库藏司司长始终未移付印花税处,印刷局亦仅认库藏司为对手方,只函报库藏司备案,即行开工加印,该局长与库藏司长率意将事,致起纠纷,此办理不合者一。印刷局承印本部印花税票,照章奉到本部饬印之公函后,于开印时须通知部派常川驻局之检查员,眼同检查,以昭慎重。此次该局加印印花税票,并未通知部派之检查员检查,此办理不合者二。印刷局原系承印印花税票之机关,无抵押印花税票之权,查该局与大同公司及大中银行订立借款合同,内容多有不当之处,已嘱另行改订,呈部核办,此办理不合者三。

因此,其结论称:库藏司司长与印刷局局长条陈加印印花税票500万元借作周转抵押之用,值此财源枯竭司农仰屋之时,诚属不得已之举动。惟既经批准,应按法定手续办理,方为恪尽厥职。乃因手续不备,权限不清,致与印花税处发生争执,其办理疏忽之处,实属咎有应得。如此大案,经财政部派员认真调查,最终以“手续不备,权限不清”做定论,确实属避重就轻。而面对种种疑问,财政部也不敢过于深究,仅以撤职的行政手段结束了这个激起公愤并带来严重后果的私印印花税案。

从另一方面看,李、邱的调查报告将此案定性为“印刷局与印花税处发生争执”,不论其是否转换了该案的概念和性质,至少说明,此案有财政部内部打架的因素,体制内“以法制的名义”互相抵制,才是该案产生的根本。相反,当王克敏于是年底又印发500万印花税票时,并没有哪个议员或哪个团体发起质疑和控诉,这正说明,法律与事件并不是一一对应关系,法律在人治时代,其解释的路径有很多,一个偶然事件在非常态的社会里极易转化为案件。

(四)案情影响

财政部私印印花税案的直接后果是印花税票的滥发、滥印、滥抵。

其实,在此案之前,财政部曾派人密告各督军驻京代表及各机关长官,谓现时中央无款可筹,惟印花一项销路尚好,不失为抵押品之上乘者。如各处愿领印花，财部当可照拨。[①] 此案发生后，外间得知印花税票为一大财源，军政各部纷纷向财政部请拨印花。

广西林俊廷首先要求拨印花100万元，以充军费，中央机关如陆军部亦向财政部请拨印花200万元，以偿积欠，曹锟、吴佩孚亦电请拨发100万元印花，以为援川军费。于是各省、各机关纷纷效尤，中央则有教育部、参谋部等，教育部要求50万，参谋部要求20万，合计约470万元，而所指定者，皆为一分二分两种。甚至如察哈尔劝业专员、青海民政长官，亦纷纷要求拨用，财政总长刘恩源因财政部先自增印印花，势难拒绝，且增印印花税一案，尚在检察厅侦查之中，若对各方不略加敷衍，恐生反对，转多不利，故大有不能不承诺之势，以致形成一股索取印花风潮。[②] 财政部乃不得不继续增印本已足敷使用的印花税票，以做抵押之用。[③]

这些印花税票多做抵押借款之用，持票者和发票者只顾眼前利益，根本不考虑将来的利害问题，至于印花充斥、贱价折售等远非当事者所愿注意者。在天津，由于印花税票充斥市面，“价格极廉，甚至折扣至五折以下，各钱铺小商莫不贪利争购，考其原因，无非财政部不加限制，滥发印花”。[④] 此种现象到处都有，有评论说：“一时抵押变卖弥漫全国，而《印花税法》遂至不可收拾矣。其变卖者率以贱价冲销，市面上竟开暗盘，从此而有所谓印花行市。其以之抵押者，则按三四扣作价，寝假而票价日落，即一二分小票亦仅值一扣强，人民以大洋一二角即可购得印花一元，国税漏收，损失之巨令人咋舌。”[⑤]

正如李景铭在1925年8月19日全国印花税会议上所说：国务会议决定以印花税票暂充押品借款，“政府因有不得已之苦衷，官吏又有当服从之义务，鄙人无可如何也，乃以大票搪塞之；而受者必求小票，乃以印刷费无着抵拒之；而受者自筹印费，乃以赶印不及谢绝之；而受者要求存单，乃以无票不能给

① 《山海关破获私运印花》，《申报》1923年4月19日。

② 《各方面争向财部索印花税》，《申报》1923年4月16日；《各军阀争索印花》，《盛京时报》1923年4月17日。

③ 《财部又大增印印花》，《盛京时报》1923年4月15日。

④ 《印花税票充斥之现象》，《益世报》1923年7月12日。

⑤ 李鸿球：《论北京政府财政部发行新印花税票》，《晨报》1924年9月1—5日连载；《中华民国工商税收史料选编》第四辑（下），第2571页。

存单婉辞之;而受者乃请求给与预约券,甚而请给共和纪念印花预约券千数百万元矣。一室之内环拱而立者,无非索票之人,或挟军队而威迫,或勾奸商而利诱。索票者见威迫利诱之不行也,乃怒骂叫跳,强取豪夺,其情状不堪言述。而鄙人以身当其冲,坚拒软磨,择其万不得已者而应付之,而陆续发给作抵之税票已达4000余万元,即坐销10年,而不能净尽也"。① 而这4000余万元中,"除收回少数外,流通各处,现尚计有3600万余元仍在抵押中。领受者往往贱价冲销,商民贪图利益,贱价收回,固在意中;而伪票乘机侵入,考察更觉为难"。② 此实为印花税的一种预征之法,掠夺至10年之后的税款,弊害丛生,影响极为恶劣。

1925年初,财政部接到举报,京津市面时常发现大批零碎印花税票,各商号争相购买贴用,各印花分售处、所亦多出售。根据财政部了解:"此种零碎印花税票,系来自印刷局废票之中。盖印票最后之手续,经由完成课验包封时,遇有污坏及设色不调之票,即行抽出视为废票。实则每张中不过一部分不适用耳。外间所充斥之零碎印花税票,即由此种废票每张中挑其较为完好部分偷售。各商铺以其效用相等,贪其价廉,争相购用。"财政部指出:"统计印刷局承印税票,每年废票数目,约在200万张之谱。除在印制课作废以及手续未完不堪售用者外,尚有半数以上,计每年此种可用之零碎税票,数达五六十万张。内中尚含有1元及5角之大票,核计票价当达100万元之谱。"这些废票散销各地,必致减少税收,"近印刷局且新设专股管理废票,事权专一,更属可疑,亟须进行整顿"。③

上述种种情况已表明,印花税已到了非整顿不可的地步。在政局稍为稳定的情况下,1924年7月,财政部即开始进行印花税的积弊整理。

三、印花税积弊整顿

1915年,周学熙掌财时,即拟对各省摊销印花税票一事进行整顿,并未取

① 《全国印花税会议成立大会速记录》(1924年8月19日),中国第二历史档案馆藏档案,馆藏号1027-2-35。

② 《财政部呈报印花税问题》,《京报》1924年5月26日;《中华民国工商税收史——直接税卷》,第289页。

③ 《中华民国工商税收史——直接税卷》,第292—293页。

得实质性的效果。其后，摊销、派销之病尚未消除，各省又开始截留税款，甚至脱离中央，自制印花，自行任命印花税处处长，各种弊端积压，无以清除。

1923年以后，印花税票滥印滥发现象日益严重。北京《京报》1923年5月6日报道："印花税票势将形成废纸"，"滥印滥发之结果，银行亦拒绝抵押"。《民国日报》亦于同年9月3日报道：北京财政当局，累以印花税票抵作军政各费发放，各省请领印花反不发给，以致有些地区税务部门，转向商民以低价收进，以票面价售给商民贴用。为整顿印花税票印制、销售混乱情况，财政部于1924年7月拟订《整顿印花税票办法》，报经国务会议议决照办。

（一）印花税票的整顿

《整顿印花税票办法》规定：由印刷局另印新票，颜色种类照旧，对于1分、2分及1角票的花纹另定钢版，并在钢版花纹中间刻入某省区字样，由政府公报公告周知，自1925年1月1日起实行。财政部和京外各机关嗣后不得再以印花税票作抵押品，以前所发预约券及存单暂仍作抵，但不得提取现票。至于银行抵押税票换取新票问题，财政部定了5项办法："（1）以旧票作抵者，用新票五成收回旧票。（2）该项新税票由银行号领取时，分装木箱，双方派员用封条封固，不得私自拆开，贱价作售。（3）以前旧票须将原包原封缴还本部。（4）以上办法定于1925年7月1日实行。（5）实行以后，旧票一律停止使用。"①

对于印花税票印制的监督管理，财政部另订了《检察印花税票办法》，要求印刷局和派驻该局的检察员必须认真执行。该办法规定：印花税票系有价证券，必须双方负责，加强管理，防止弊端，并提出了明确的监管办法：一是由印刷局腾出一库，专储印花税票，由仓库课负责管理。二是由印刷局腾出房屋一二间，为检察员轮流住宿之所。三是由印刷局仿照邮票办法，将印制印花之机器、工人聚集一处，以便监视。四是税票新旧钢版全部由检察员管理，所用钢版早发晚收，由值班者司之，司事实行轮流值班制。五是每天印制的印花税票，其合同及作废税票于每日收工时，均由检察员会同印刷局局员盖章封存，

① 《阁议通过印花税治本办法》，《晨报》1924年7月17日。

如有错误,双方负责。①

监制印花税票方法属于管理范畴,并不损害纳税人的利益,但发行新票就意味着旧票的作废或贬值,在不允许以旧换新和贱价出售的情况下,实际上就等于增加了持票人(纳税人)的负担,是对持票人(纳税人)利益的一种侵害,必然要引起他们的反对。《整顿印花税票办法》一经公布,财政部即正式通告商民,已饬印刷局印新票,俟印成定期贴用,即将旧票停止行使。其原有旧票,不准以贱价购囤自贻伊戚。同时,致函银行公会转告各银行号,所有抵押税票应行保存,不得变卖。各银行号接到该函后,群情愤激,于7月31日议决,一致要求财部准以旧票换新票,否则通电各省商民拒绝使用新票,并向平政院起诉。

有人对此评论说:"印花税票之急待整顿,此固尽人而知之,且为人人心目中所极希望之事,矧财政当局责任所在,尤属不能漠然视之,此吾人无所用其反对者也。然晚岁以来,国家纪纲不立,政治道德日坏,一般人所期望之政治家往往试之而失败,尤以财政家为终。职此之故,对于当局每不敢置信,凡其一举一动,莫不疑有作用存乎其中。此次印花税事,未实行而反响立生,或亦此种心理之证明欤?"②其实质是对国家信用的质疑。

1924年10月17日,财政整理委员会结合当时印花税征收过程中的实际情况,提出了《整顿印花税意见书》,认为10年来除西南各省外,全年印花税收已达320余万元,虽历年有所增加,但比较其他国家,确实落后。意见书列举事实,认为印花税主要问题是:通商各口岸外商缴纳印花税,尚未全面实行,商民尚未养成贴花习惯,漏税严重;检查不普及,县和乡镇几无人检查,已进行检查的亦弊端百出;地方机关协助不力,财政部虽严切督催,亦形同一纸空文;印花税票滥印、滥发、滥抵押现象严重,旧票私运私销,贱价冲销,愈来愈普遍。要求针对实际,进行整顿,并提出了整顿意见。③ 财政部根据财政整理委员会及各方面的意见,决定于1925年8月19日在北京召开全国印花税专业会议,

① 《财政部训令》,《财政月刊》第12卷,第137号,1925年5月;《中华民国工商税收史——直接税卷》,第293—294页。

② 李鸿球:《论北京政府财政部发行新印花税票》,《晨报》1924年9月1—5日连载;《中华民国工商税收史料选编》第四辑(下),第2570—2574页。

③ 《整顿印花税意见书》,《财政月刊》第11卷,第131号,1924年10月。

进行研究，以图策进。

（二）印花税专业会议的召开

全国印花税专业会议于 1925 年 8 月 19—26 日在北京召开，为时 8 天。与会人员有财政部有关司司长、各省市印花税处处长，未设印花税处的省区为财政厅长，并请全国商会联合会正、副会长及北京总商会正、副会长列席，共 42 人（见表 13）。

表 13　全国印花税会议各员名单

职　别	姓名	别号	职　别	姓名	别号
会长　财政部印花税处总办	李景铭	石　芝	京师总商会副会长	高金钊	宝　青
副会长　安徽印花税处处长	马伯瑶	伯　瑶	会员　河南印花税处处长	侯　简	又　可
会员　财政部参事	凌文渊	植　支	会员　察哈尔财政厅代表科长	舒　政	畅　仙
	范治焕	秉　钧	会员　安徽印花税处处长	马伯瑶	
	虞熙正	伯　严	会员　山东印花税处代表科长	秦辉祖	仲　云
	刘庆镗	嗣　伯	会员　浙江印花税处代表坐办	钟　枚	璞　岑
会员　财政部赋税司司长	袁永廉	履　卿	会员　绥远财政厅代表主任	耿耀奎	铸　武
会员　财政部会计司司长	陈国权	祝　三	会员　京兆印花税处代表会办	齐之融	公　颖
会员　财政部泉币司司长	章保世	佩　乙	会员　吉林印花税处处长	郭任生	
会员　财政部公债司司长	林鸿集	枕　湖	会员　江苏印花税处处长	夏启瑜	同　甫
会员　财政部库藏司司长	金焕章	任　君	会员　江苏驻沪办事处主任	王赓廷	芷　扬
会员　财政部印花税处帮办	查凤声	翰　丞	会员　山西印花税处代表会办	汪乃增	益　甫
	李宣钺	伊　度	会员　黑龙江财政厅代表科长	常述明	晋　升
	谭祖任	瑑　青	会员　直隶印花税处处长	苏遇春	杏　林
	张　超	承　之	会员　湖北印花税处代表会办	李　恢	仲　谋
	董毓琨	尧　蓤	会员　陕西印花处处长	王普涵	
财政部印花税处第一科科长	王尚曾	淑　沂	会员　热河财政厅代表秘书	孙清源	
财政部印花税处第二科科长	卜纶章	慈　民	会员　江西印花税处代表	宋功庠	刚　塞
财政部印花税处第三科科长	邹国珍	庸　倩	秘书长	卜纶章	
中华全国商会联合会会长	张志良	惠　霖		陈　杰	卓　如
中华全国商会联合会副会长	王文典	文　典	办理会议各项事宜　财政部	椿毓章	荫　棠
京师总商会会长	孙学仕	晋　卿	印花税处科员	林寿亲	葆　颐

资料来源：《全国印花税会议速记录》，中国第二历史档案馆馆藏档案资料，馆藏号 1027－2－35。

会前,印花税处拟订了《全国印花税会议简章》12 条、《全国印花税会议议事细则》7 条,对会议议程及要解决的问题等进行了安排部署。会议期间,集中讨论了三个问题:一是整顿印花税票,二是如何节约经费,三是修改印花税法。会议通过了两个文件,一是《整理印花大纲》,二是《修正印花税法草案》。

1. 整顿印花税票

按照前任财长王克敏所定整理之策,决以换用新票为根本解决之途。当时,印花税处决定将一分、二分、一角三种印花改定票式,于钢版内分镌各省区字样,以资识别。各省区实行新票,原定于 7 月 1 日实行,嗣因印票不及,展限至 9 月 1 日,以后各省分期次第实行,废止旧票。8 月 17 日下午,李景铭就此向与会者做说明,并提出两个议案进行讨论:①

一是各省次第推行新票的顺序问题,印花税处拟分四期:

第一期:京兆、直隶、山东、山西,新票于 8 月底交齐,9 月 1 日实行;

第二期:安徽、江苏、江西、河南,新票于 10 月底交半数,11 月半实行;

第三期:奉天、吉林、黑龙江、湖北、察哈尔、绥远、热河,12 月底交半数,1926 年 1 月半实行;

第四期:陕西、甘肃、新疆、四川,1925 年 2 月底交半数,3 月半实行。

浙江、福建系自制印花税票,如愿统一税法,领用部票,则新票何日实行尚须另议。

二是改印新票所需钢版费用问题。印花税票自 1916 年 2 月至 1925 年 7 月底,除付过印刷局工本费外,尚积欠 937235.37 元。起初,印刷局资本尚足,且代印各省印刷物颇多,故对积欠尚不十分催索,现该局营业退步,无力垫付,若不给现,势将停印,而各省索票则急若星火,解款则屡催罔应,整顿印花税票又刻不容缓,这次改印新票,所需费用 491610 元,已付 14 万元,仍欠 351610 元,要求各省设法认解。

两项议案,尽管争执颇多,但最终尚能达成一致意见,各省印花税处长多以印花税事为己专责,对"自家人"的提议均表态支持。

① 《全国印花税会议第二次茶话会速记录》(1925 年 8 月 17 日),中国第二历史档案馆藏档案,1027-2-35。

2. 经售费用问题

印花税经售费用及各省处经费历来不一，临时费用时有支取，管理混乱复杂，为昭划一，印花税会议于 8 月 18 日下午大会前的第三次茶话会上，对此提出讨论。

一是经售费用应否统一。印花税法实施细则原定经售经费为 7%，此后因种种特别理由而增加经售费额，以致多寡悬殊，当时的情形是：

财政部直辖的经售机关，如邮电局、公卖局、海常关、盐务机关及银行等，系按照实施细则的规定，提取 7% 的经费；

外交部所辖的领事馆及各省的经收局，因推销起见，多给三分，所提经费为 10%；

各县知事，提取经费 15%。因袁世凯时代，为提倡印花起见，给予县知事经售费 30%，后以提成太多，流弊百出，改为 15%，而分给警察及商会的费用统在此内；

各商会包销者，提取经费 20%。因租界推行印花税的原因，定有包销办法，由商会包销一万元以上者，准给予 20% 的奖励。上海、安徽、湖北均适用该办法，湖北又有搭销之举，即于销行本省税票之外，又指定数种单据专搭销前任所领部票，也按照 20% 提成。

以上虽因特别理由增加经售费用，但在实行操作中，困难颇多，或因提成多而贬价出售，或因提成少而推行不力，即财政部也觉繁杂无章，且与政府公布的《印花税法施行细则》显有不符之处，亦非慎重法令之道，因此提请大会讨论议决，以提取 10% 为度。

二是应否核减各省处经费。各省区印花税处每月经费，原定大省 2000 元，中省 1500 元，小省 1000 元，后陆续请增，大省增至 2200 元，中省 1800 元，小省 1500 元。而各省尚有以支绌为言，请领临时经费者。李景铭在会上提出："近年印花税收入每年约 300 万元，而经售费及经费等领用 90 余万元，已当收入额之 30%，再加印本，每年须 16 万余元，两计 109 万余元，是征收费须达 35%，实为各国所无。"拟请核减二成。

三是一五公费如何变通。各省处自开办之始，以各省处长薪俸无多，不足以维持生活，且驻在省城，体制与各简任职相同，应酬在所难免，故酌定一五公费,即售印花百元者,准提一元五角为处长公费,即为处长津贴。此项费用,与法不合,且多招人訾议,拟将此名目取消,以昭划一,且于将来办理预算,亦可去一障碍。

上述三项,实际是对各省处利益的切割,执行起来,困难不难想象,与会者不能不考虑其本人及其属员的既得利益,诚如大会副会长、安徽印花税处处长马伯瑶所说:"印花税处机关本极清苦,科长薪水不过几十元,科员且有二十元者,并非财政厅等机关可比,本席自己薪水不高亦可,惟科长以下办事人员恐不足以资鼓励。"此为实际情形,在讨论中多有异议。如山东印花税处代表秦辉祖即提出:"年来生活程度日高,其增加之速率殊属出人意料,现时一般社会多半在要求增加,而印花税处忽提核减经费,未免与社会心理背道而驰",但也表示:"究应如何核减,山东当服从多数。"[①]

也许是迫于形势,也许是碍于面子,当然也有出于整顿印花税的公心所在,与会人员在经过数日的讨论后,最终达成了一致意见:各省印花税处经常费用核减二成;其所减之二成留充该省区临时费,以后不得再请支临时费用;[②]经售印花税票的手续费,一律改为10%。[③]

3. 税款报解问题

印花税为中央直接收入,原应按月悉数解部。但各省区截留甚巨,湖北、安徽、陕西三省曾定以五成解部,而实际均不及此数。江苏、山西、甘肃、四川等省均无核准截留之案,自当全数解部,然各该省任便提充军饷,经印花税处迭次核驳,无从解决,所解部款,以1924年核计,山西约解六成,甘肃约解不及二成,江苏、四川约解不足一成。此外,直隶二成五,黑龙江二成,吉林、江西一成五,奉天一成,察哈尔、热河三成,山东除月拨军饷二万元外,尽数解部,河南月认印刷费一千元,绥远分文未解,福建、浙江则更不领部票。

鉴于此,李景铭提出:"解部之数已甚微末,以致印刷费积欠甚多,现改发行新票,工本益巨,自非通盘筹划、内外兼维,不足以资补救。各省区拟均以六

① 《山东印花税处代表秦辉祖对会议各问题意见书》,中国第二历史档案馆藏档案,馆藏号1027-2-35。

② 《全国印花税会议第一次股会议速记录》,中国第二历史档案馆藏档案,馆藏号1027-2-35。

③ 《全国印花税会议第二次股会议速记录》,中国第二历史档案馆藏档案,馆藏号1027-2-35。

成解部,四成留用,必不得已以五成解部。”留省部分,系以抵中央应拨之款,须经财政部核准后,指定拨付,若该省并无中央应拨之款,即应全数解部。[①]

承销印花机关,向来各处情形不同,有由县公署代办,有由商会或商店分销,有另设局所专售,事权未能统一,流弊因此丛生。为划一起见,拟将各县印花一律收归县知事承领承售,以重信用而专责成。但一县辖境辽阔,知事政务殷繁,照顾或有未周,稽查诸多不便,拟由省处直接委令各县警佐巡官协助检查,凡各处应销数目,有无遗漏,能否增加,即由该警佐巡官据实随时呈报,藉资考查。警察的奖励津贴由正税项下酌提,经费由警务处支领,并以各处的协助情形作为警务处的考成依据。[②] 经过商议,各省处按工作需要,设置印花警察4—6人,置巡长一人,执行检查处罚事宜。警察由警察厅调派。印花警察与从前警察协助不同,从前处罚系由警察办理,此后如何处罚由各省处拟定后,交由警察执行,由罚款内酌量提成津贴。此法也得到了内务部警政司司长曾维藩的认同和支持。[③]

代售印花税票机关,历年来邮政局办理成绩较好,财政部对于邮局销售的税票,拟由各该省拨发,税款由邮局直接解部。但各省提出,邮局代销印花税票,本来即与各省处不合作,因为印花税处系属于财政部,而邮局则系属于交通部,印花税处对于邮局不得过问,如果税款由邮局解部,势将产生窒碍。经过讨论协商,虽有浙江、吉林、河南、直隶等数省代表持保留意见,但表决结果为:原由财政部直辖的代售机关,改由向各省区印花税处领销税票,其售得税款仍由代售机关直接解部。由此而统一了印花税票的发售机关,使领票有所统属,并规定解款办法,防止包销勒派,但税款上解的办法仍未统一。

4. 租界内华人贴花问题

租界内华人贴用印花问题,经外交部与外交团多次磋商,允准实行,已于1919年订立公布了《租界内华人实行贴用印花办法》四条,但由于沪、汉等地商民的群起抵制,加之列强从中作梗,政策屡遭搁架,详情已如前述。“租界内华人同属国民,未便置身法外,且我国民之居住租界者,倘以租界而分区域,

---

① 《全国印花税会议第二次茶话会速记录》,中国第二历史档案馆藏档案,馆藏号1027-2-35。
② 《全国印花税会议第一次股会议速记录》,中国第二历史档案馆藏档案,馆藏号1027-2-35。
③ 《全国印花税会议第四次股会议速记录》,中国第二历史档案馆藏档案,馆藏号1027-2-35。

不贴印花,则洋人仍以未能普及为词,不遵我国税法。租界内华人有限,所纳之印花税又属轻微,以不贴用故,致外国人有所借口,使国家损失税收巨款,复以外国人以利益,反贻外人以国民迄无法律知识之讥,殊于国际大有关系。”因此,提请各省处及商会详加研究,公同讨论,筹商善法,着力提倡,“总期能使租界内华人先行贴用印花,渐达至洋商贴用印花之目的”。[①] 议决结果:由有关各省处长按照1919年所定办法,切实执行,商会联合会亦同意由该会开会议决照办。

5.《整理印花大纲》的形成

在上述讨论和协商的基础上,于8月25日大会结束前一日,初步形成了《整理印花大纲》,就印花税会议所要解决的问题做了全面的总结,“大纲”分为三大类:[②]

甲、与商会有关的部分:

(1)租界内华人贴用印花一事应由有关系各省处长按照1919年所定办法,切实遵行。

(2)各省区自1925年9月1日起,分期次第实行新票。

(3)各省区应照下列条件,以新票换回旧票,其抵押之旧票应向出抵人自行接洽办理:

①各商家零购未销之票须为数无多者;

②须有商会或机关证明确系正当商家所余存者;

③由各省处直接领销有可查考者;

④各省区须查明总数,开单送部核准;

⑤或折成抽换或分期抽换,由各省区酌定办法,报部核准施行。

(4)印花税法修正后,咨请财政委员会会核后,呈参议院议决施行,细则由部修正。

乙、与警察有关部分:

各省区处长得照请愿办法由警厅调用警察,即定称印花警察四人,至多六

---

① 《全国印花税会议第二次股会议速记录》,中国第二历史档案馆藏档案,馆藏号1027-2-35。

② 《全国印花税会议第四次股会议速记录》,中国第二历史档案馆藏档案,馆藏号1027-2-35。

人，置巡长一人，执行检查，处罚事宜另定专章办理。

丙、与各省处有关部分：

（1）经售费一律改为10%。

（2）各省区内经费按照原定之数核减二成，其所减之二成即留充该省区临时费，以后不再请支临时费用。各省区原定每月经费，大省2200元，中省1800元，小省1500元，核减后，大省以1760元为经常费，以440元为临时费，依此类推，分别册报，以示限制。

（3）各省区处长拟请援照烟酒局成案，将处长改为简任职（此做建议案，预备采择施行）。

（4）各省处长所得一五公费名目一律取消，如前项认为可行，应照简任职分别叙等，至将来税收兴旺时，每届半年考核成绩，由财政部提给奖励金。

（5）各省区处内管理印花税款、税票之科长，应由各处长送京考试，合格者代为注册，并加委任，其升黜迁调、升级加俸，由部行之。

（6）向来由部直辖之代售机关，改由各省区领票，其税款仍直接解部。

（7）各省区处长须解部款项包括：钢版费、印刷费、节省盈余、总处经费（拟各省每月解1000元，各区每月解500元）。

（8）各省区会办除所支薪水原列在预算以内及上海主任兼充科长者照旧办理外，余照直隶成案，每月改支夫马费100元。

该“大纲”经整理后，定为12条，于8月26日大会讨论通过。1925年9月20日，经财政总长李思浩呈请临时执政段祺瑞批准执行。

6.《修正印花税法草案》

印花税法实行后，用行政命令、单行规定、命令解释等方式修改不少，远远超出税法规定范围。各省商会有谓政府以命令变更法律而不愿遵守者，其实系因国会迭遭政变，不能及时修改，故印花税法从无完备之日，急待修正。印花税处乃参酌审计院法国顾问的意见及本国实际情形，拟订了《修正印花税法草案》，8月26日，经大会议决通过。[1]

① 《全国印花税会议第三次股会议速记录》（1925年8月24日），《全国印花税会议大会速记录》（1925年8月26日），中国第二历史档案馆藏档案，馆藏号1027－2－35。

《修正印花税法草案》将应纳印花税项目分为4个部分:一是民事或商事的证明文据;二是个人或团体向官署呈递各项文件及官署或学校因个人或团体关系所发公证文书;三是用瓶、盒、封袋装置的中外药品、化妆品;四是商业上所用的广告。

与之前的印花税法相比,经修正的印花税法草案在税目上有所扩大,税率亦有所提高,罚则也较前详细,增加了防弊措施,如第十六条规定:"故贬法定价值贩卖印花者,按照违警罚法第三十三条第一款处罚。"第十七条规定:"印花税票除依本法贴用外,不得作抵押、偿债及其他不合法之用。"这些规定是此前税法所没有的,很显然也是针对后来出现的印花税票滥抵滥印乱象而专门设立的一种防范措施。

综上所述,这次全国印花税专业会议,完成了财政总长李思浩提出的四大任务:修正税法,推行印花,厘定经费和税款分配,也达到了财政次长张训钦的要求,对内进行弊端整理,对外推行租界内华人贴用印花办法;该会议更是为印花税总办李景铭排忧解难的会议,诚如李景铭所言:印花税"培植至十年之久,不只未见其滋荣长茂,而生气消歇,旦夕且立槁矣",税款收不上来,而各省索票则急如星火,印花税处甚至连印制税票的费用也垫付不起,因此,李景铭对此会议寄予厚望,"名为印花会议,似是因印花破产请诸君来京办清算者。……是以今日与诸君商者,将以印花破产而自是歇闭乎?抑重整开张而另开生面也?"[①]其言语之可怜状不能不让与会者动容,这批圈内人士为自身计、为印花税计、为国家计也不能不心往一处想。

历时8天的会议(8月19—26日),实际上自8月15日下午第一次茶话会即已开始,前后共10天,大多亟待解决的问题都于会前进行了广泛的磋商,会议期间,又经数次小组会议的交流,基本实现了会议的预定目标,并通过了《整理印花大纲》和《修正印花税法草案》,此为该会议所结之硕果,在我国印花税发展史上占有重要地位。虽因政局发生变更,有些未及实施,如《修正印花税法草案》未及公布实行,但为国民政府印花税的整顿提供了条件。

① 《全国印花税会议成立大会速记录》,中国第二历史档案馆藏档案,馆藏号1027-2-35。

第四节　印花税的有限成果

晚清时期，印花税在西方国家已经成为财政要项，获益良多，它的引进，若推行得当，不失为一个开源之策。但从实践的结果看，虽经晚清的两次试办和北京政府的实践，使印花税制逐渐趋于完善，并为人们所认识，但却抵制不断，可以说是一个小而无当的税种移植于大而无当的社会，这个一直被誉为"良税"的小税种并没有发挥其良税的职能，始终成效不著。

一、印花税对中央财政的贡献甚微

从晚清试办印花税开始，整个社会即处于骚动焦躁之中。清末新政所进行的一系列资本主义性质的改革，使中国近代政治、经济、军事及文化教育等都得到了一定的发展，但历史已经证明，这些改革即使取得了某些成效，也是在封建统治早已腐朽的体制内为自己培养掘墓人的可叹之举；袁世凯带着他的北洋军阀进入民国，并由此而制造出为数众多的军事集团，各地军阀的存在使北京政府在战争的硝烟中度过了艰难的 16 年。军阀头头们你方唱罢我登场，惦记着北京的龙椅，忘却了天下的臣民，中枢神经错乱已极，处于神经末梢的国民只能承受着无尽的痛苦。虽然有西方学者称那段历史为中国资产阶级的"黄金时代"，但实际的受益者却为数无多。

这一时期，社会涌动着救亡图存的爱国热情，加上对当时政治上腐败、经济上苛敛等的强烈不满，人们在期望社会安定的心理要求中又多了一层对民主与法制的渴求。清末民初的立法热潮使中国近代法律体系逐渐确立，似乎中国社会即将迈入依法治国的理想境界，甚至连军阀们试图进行封建专制统治之时，也不忘以资产阶级的法统形式做招牌，对社会进行控制。

正因此，众多税法，如田赋、契税、验契税、烟酒税、烟酒牌照税、屠宰税、遗产税、所得税等的法制建设，大多在清末民初这一时期得以确立，尤其是印花税，在经历了短暂的推行之后，迅速得以补充完善，税法体系渐趋完备，为印花税的推行提供了足够的法律保障。但诚如学者所言:“北洋军阀统治时期,中国社会远未实现‘以法立国’‘以法治国’,统治者也未真正做到‘依法行事’,他们玩弄法律这个魔方是利用‘共和’这块招牌的组成部分。他们实际上是政法不分,以政代法的。”[①]所以,印花税的征收虽然有较为完备的法律作保证,但命令往往改变税法,加之袁世凯之后,中央与地方关系紧张,截留税款、自制印花等现象大量存在,使得本极微小的税种更加式微,收入极为有限,已如前述,1913 年收入仅 50000 余元,1924 年收数为 304 万元,而实解到部者仅为 72 万余元。[②] 从其预算和实际收入看,税额虽逐年有加,所占比重也有所提高,但如此些微之收入,且常为地方所截留,实于中央财政无补,却贻地方军阀以苛敛之法。如果说印花税对中央财政有所帮助的话,那也是极其微小的,只是用印花税票作抵押以借款度日的做法,倒确实能使可怜的北京政府渡过一时的难关,但留下的后遗症却是税收制度的自我败坏,并且难以治愈。

印花税之所以收效甚微,其中原因甚多,已如前述,最为重要的一点仍是当时国家治理根基的败坏和统治能力的弱化。当国家政权的控制能力足以覆盖其所统治的区域时,它就能够在这一区域内表达自己的征税意志,汲取更多的社会资源。而无论晚清抑或北京政府时期,由于地方势力日渐强大,尾大不掉,致使中央的各项政令难出都门,均没有足够的力量来表达如此意愿,他们实际所统治的地盘日趋狭小,正应了杨格的那句话:没有权威就不可能发展全国性的岁收制度。[③] 这既是统治者的无能,更是国家不幸。

二、印花税对民生的影响

在社会变动中,税收体制必须随着社会的变动做出及时的判断和调整,包括税收政策的供给、税收政策的执行和监督、税收任务的实现等,并为满足人的基本生存需求提供保证。法令的冷酷不代表其具有超越生活于其中的人的

---

① 张静如,刘志强:《北京政府统治时期中国社会之变迁》,中国人民大学出版社 1992 年版,第 362 页。

② 贾士毅:《民国续财政史》(一),商务印书馆 1932 年版,第 63 页。

③ [美]阿瑟·恩·杨格:《1927—1937 年中国财政经济情况》,陈泽宪、陈霞飞译,中国社会科学出版社 1981 年版,第 3 页。

基本伦理的权力,保证民生同时也是各项法律制定和推行的前提。

第一,社会变动必然引起社会制度的变更,并首要地在财政税收领域内发生变更,此乃执政者在应对社会变动、社会危机时的最基本策略。税收最基本的职能就是积累资金,从近代史上厘金的征收到“息借商款”的推行,从昭信股票到爱国公债的发行,从新税种的引进和分税制的推行到财政体制的诸多变革,基本以国家汲取资源的意志为导向,无一例外地将手伸到了本已极度贫弱的下层民众,这种强力聚财的办法往往是以放弃税收的社会原则为代价,只考虑财政收入需要的税收政策必然对经济与社会的发展造成消极影响。

第二,社会变动必然导致政府活动的不断扩张和公共支出的不断增长,这在近代中国表现得尤为突出,在社会剧变中求生存的历届政府不得不在困境中应对其日渐增多的社会职能,并进一步刺激公共财政支出的快速膨胀,这其实又是一种悖论,国越穷事越多,国用日繁必然导致民生的不易。即使在社会变动不明显的时代,政府在资源汲取方面的偏好和力度也是众多穷苦百姓难以承受的,甚至在经济与社会快速发展的当前,税收政策的制定可曾考虑过为“民生多艰”寻求改善的出路?被忽略的民生能否唤醒国家的良知?

第三,社会变动是刺激政府汲取资源的动力,但并不意味着民间资源可供政府无限制地开发利用。税源的涵养和培育的“肥猪理论”历届政府都非常明白,要想多吃肉,就把猪养肥,任何竭泽而渔的做法都必将为民众所唾弃。从这个意义上讲,对政府而言,节流比开源更为重要,固本培元比征收手段更有意义,任何杀鸡取卵之举其实质是当局崩盘溃败的自毁行为。

印花税在设立之初,晚清政府对19种契据、账簿征税,民元印花税法规定26种应税契据,此后又增加至40余种,并常用比照引申之法,扩税基,提税率,对原本不需纳税的契据征税,致使商民负担逐步增大。北京政府为了满足战争的需要,除了靠借债维持外,常常采用各种手法,横征暴敛,苛捐杂税,多如牛毛,商民的税收负担不断攀升。资料显示,北京政府1913年的各种正杂捐收入为3786万元,1914年增至5761万元,到1916年竟实破亿元,达10865万元。[①] 这些不断扩大的数字多来自于军阀的强权和商民的无奈。

① 陆仰渊,方庆秋:《民国社会经济史》,中国经济出版社1991年版,第94页。

但税收负担重,商民尚可忍受(实际上,当时人们的税收负担也并非完全如想象的那样沉重不堪),不能容忍的是征税的不确定性和随意苛扰。亚当·斯密认为:“赋税如果不平等,其对于纳税者的危害尚小;而赋税一旦不确定,则会产生相当大的危害。”①税收的不确定性就表现在税法的随意变更。印花税税率、税目不断调整,贴用印花的方法也屡有更改,致使商民极为不满,当年张謇在给梁士诒的信中说:“惟时闻商民以新税之复杂繁苛,奔走诉其哀怨而已……取民之财,当视民力之能任与否……取民者,尽民之力而不已,则民必疾视……商之于税,重可忍而烦不可忍,官之于民,信可谅而欺不可谅!”②依法诚信征税和用税的长期缺位是当局藐视民生的具体体现。

从纳税者及负担租税者的关系观察,印花税与民生关系较大,表现在以下几点:一是印花税不以人的纳税能力为标准,其负担自不能公平;二是因有时有转嫁之可能,此税大多归弱者负担;三是当事人如为绝对无能力者,亦强迫其负担。如当票加贴印花一事,众多当商即起而抵制,财政部的变通之法是:一元以上起贴,负担归于当户。殊不知,典当行营业情形与贫民生计有关,老百姓在日子勉强能过时,还需要典当吗?但如果负担归于典商当商,暗中即可能影响物价。这是当年的理论评价,还没有考虑到税吏在其中的作恶因素。

诚如前述,印花税在征收过程中普遍存在的骚扰乡民、拦路检查、随意苛罚等现象一直是商民们最感痛苦的事情,如全国商会联合会致书财政部、农商部说:“印花税苛细扰民”,“甚至乡民入市,担柴尺布亦遭苛罚……良税成为怨府,言之殊堪痛惜!”③由此可见,印花税的征收对人们的日常生活带来了极大不便,无怪乎反对印花税的声音一直不断。

国家税权合法性的道德基础和基本价值取向决定着公平正义在现实生活中的实现程度。但在社会变动期,税收的财政原则往往成为政府的第一选项,税收的公平原则、正义原则甚至法定原则等总是被当时的社会变动侵蚀掉,生活在其中的民众只能默默地承受着这种痛苦。当然,当这种痛苦超过一定的

---

① [英]亚当·斯密:《国富论》,唐日松等译,华夏出版社2005年版,第581页。

② 张謇:《致梁士诒函》,《三水梁燕孙先生年谱》(1916年4月20日),《民国丛书》第二编,上海书店1990年版,第335—336页。

③ 《中华民国工商税收史料选编》第四辑(下),第2567页。

限度时，老百姓也可以用脚表态。历史上的改朝换代其实就是由于经济基础的溃败，其最基本的表现就是税收政策的恶化。

三、印花税对工商业的影响

（一）妨碍工业生产

“税吏频繁的造访及令人讨厌的稽查常使纳税者面临不必要的麻烦、困恼和压迫”。[①] 为了应付检查人员，商民们不得不停下手中的活计，赔着笑脸，接受“审讯”，说不定还得酒宴伺候，最终使人民所付出的远大于国库的收入，即税收徒困于人民而无补于国家收入。同时，印花税检查员到处检查，使得本来无需任何手续的正常物资调配和商品存放出现了较多的障碍，如“以本厂或本栈之货物运至本店发卖，沿途经过亦被拘罚”，“日前上海闸北丝厂以本厂栈房所存蚕茧运往丝厂工作，中途被警察拘留，指为不开发票漏贴印花，照章议罚。警区地方窄小，蚕茧包裹肥大，堆积如山，甚形不便，丝厂则停工待料，又起恐慌。迨至理说明白，误事已经不小，此非警区之过，乃责令奉行者之过也”。[②] 此种案例在全国各地都不同程度地存在。

（二）妨碍商业交往

已如前述，印花税票加盖省名，即有政令不一之嫌，加盖县戳更是麻烦不断，省与省之间、县与县之间相互限制互设屏障，致使商民在甲地贴用的印花至乙地便视为无效，贴用乙地的印花至甲地便不被承认，彼此不通用，无形之中，增加了纳税人的税收成本，并使手续较为简便的印花税变得程序复杂，于商业交往极为不利。其影响程度虽然与厘金不可相比，但在税收征管毫无节制的当时，政府的随便一个政策、税吏的随便一个理由足可以打乱正常的商业交往，泡汤的不只是生意，还牵动着生意背后更多的人心。

（三）有违税收原则

印花税在“社会政策上恒令物价腾贵及劳动机会之减少，以公平课税之原则而论，其税率规定殊乏根据”。[③] 从课税对象或课税标准物的关系观察，

---

① ［英］亚当·斯密：《国富论》，唐日松等译，华夏出版社 2005 年版，第 582 页。

② 《补录关于印花税之禀稿》，《申报》1916 年 1 月 14 日。

③ 蔼庐：《印花税之理论与实际》，《银行周报》第 602 号，1929 年 6 月 4 日。

印花税虽取之甚微,但总归是纳税人的负担,而这种税收负担必然要通过交易进行转嫁,进而引起物价上的波动,于商业和生活不利。同时,在印花税法的制度设置中,绝无能力之课税物件亦不能免,行为次数之多寡与纳税能力无关,以必需品之买卖为课税物件有失公平等规定,与税收的社会原则和公平原则不符,不能认为是税制中的最善者。

但印花税无论对于民生抑或商业的影响,很大程度上并非来自于税制本身的邪恶,税收不公较多地体现在税收政策的执行方面,税制败坏的根源在于税吏的为所欲为,难怪时人因纳税痛苦而发出“税吏不死,大难不止”的强烈怒吼。

四、纳税人的税负考察

印花税的收入及其在税收总额中的比重前文已述。在我们既有的观念中,近代以来尤其是北洋军阀统治时期,战乱不断,税收多如牛毛,人民税收负担十分沉重。但是,我们从当时的数据资料看,其实还有别样的理解。尽管民初老百姓要担负着数不清的苛捐杂税,若平均到每个国民身上,税收负担并非如人们想象的那样沉重不堪(如表14)。

表14　1916年度税收预算收入、比重及人均负担额统计

税　项	预算额(元)	比重(%)	人均负担额(元)
直接税	131778	32.7*	0.341
间接税	247873	61.4	0.619
行为税	23913	5.9	0.050
合　计	403564*	100	1.010

资料来源:陈汉杰:《最近中国财政与借款》,华丰印刷局1918年版,第32—36页。

注:该书的数据统计存在误差,许多分类项目与小计和合计数额不符,如直接税所占比重该书原作3.18,预算额合计数原作4045650,这里已做更正。

根据1916年的预算情况,国民所负担的税收已由农税转向商税,以间接税为主,收数是直接税的两倍,占税收总额的六成以上,而行为税则更少,不过税收总额的二十分之一。直接税包括地租、房屋税、营业税、所得税等税种,以田赋收入为大宗;间接税主要有关税、盐税及货物税等,行为税主要有契税、验契税和印花税等,其中当年的印花税预算收入仅为 567 万元,占比仅为 1% 强,而实际解缴的税款更少。若从税收负担的绝对数量看,人均年负担税额为一元多一点,其中直接税负担额为 0.34 元,间接税负担额为 0.62 元,行为税则仅为 0.05 元,数字并不十分骇人。但不可否认的是,正税之外的各种附加以及税吏的借口苛罚在在多有,并且不会列入税收预算之中,这其中的负担额有多少绝对是一笔糊涂账,很难搞清楚。

而 10 年之后的数据统计也间接地印证了上表所列的人均负担的可信性。据李景汉在定县的调查,1927 年至 1929 年三年平均每年每人的税收负担数,直接税约为 0.74 元,间接税约为 0.57 元,行为税约为 0.08 元,合计 1.39 元。[①] 据湖北 1933 年的调查,“全省平均每人每年负担正附税额 0.56 元强”。[②] 这组数据显示的是在军阀混战之后的民众负担状况,不论其统计口径如何,当时人均年负担税额在 1 元上下当为正常和可信,单从数据上看,尚不能说税收负担很重,更不能算是重税盘剥,一分二分的印花税当不至于影响纳税人的正常生活。但若从银钱的实际购买力上看,根据北京的调查,1924 年时,每百斤白面价格为 8.27 元,小米面为 5.65 元,猪肉为 19 元,羊肉为 6 元,盐为 4.7 元,洋布每百尺 11.62 元。[③] 而据定县的调查,1930 年当地的小米价格为 0.75 元/公斗,本地面粉 0.66 元/10 市斤,1933 年则分别为 0.5 元/公斗和 0.42 元/公斗。[④] 质言之,1 元钱可以购买到近 15 斤白面、18 斤小米面、5 斤猪肉、17 斤羊肉、22 斤盐。若以五口之家计,5 元钱的税款可购买 100 多斤盐,足够一家数年之用,对于为数众多的吃不起盐的农户而言,这笔税款也不能不说是一个不小的负担。

综上几点,印花税的引进与实行,并没有为国家财政提供足够的支持,所取得的成果极其有限。但也不能因此而否认引进印花税的积极意义及其对中国税收法制体系建设的贡献,其奠基作用值得肯定。晚清政府及北京政府时

---

① 李景汉:《定县社会概况调查》,上海人民出版社 2005 年版,第 540 页。

② 湖北省政府民政厅编:《湖北县政概况 · 导言》(表十),总论,汉口国华印务公司 1934 年版,第 30 页。

③ 张静如、刘志强:《北京政府统治时期中国社会之变迁》,中国人民大学 1992 年版,第 282 页。

④ 李景汉:《定县经济调查一部分报告书》,河北省县政建设研究院 1934 年印行,第 152、158、98 页。

期,由于中央财政极度匮乏,开征捐税以资挹注,以保证国家正常履行其职能,本为任何政府都可能或必须采用的手法,有其一定的合理性,也正是由于这一时期的实践,才使得后来的南京国民政府较为轻松地解决了前期税收征管的各种积弊,使其制度体系更加完备,并为新中国税制的完善奠定了基础。

中国历代统治者崇尚轻徭薄赋的财政思想,尤其是立国之初的休养生息政策往往影响到其后国家建设的资源之需。"在过去,一个国民,只要没有田地,不应科举考试,不犯政府法令,甚至他终身可以与国家不发生丝毫直接关系。"①这种状况也限制了国家在应对剧变时集聚社会资源的能力。但随着社会经济的发展,每个人又都必然要和税收打交道,只不过因税种的不同,人们接触的机会有别,最终纳税义务将随时发生。按照西方人的说法,人生躲不开两件事:死亡和纳税,豪迈之余的理性追求是税收与社会的协调发展,而非征纳双方的无节制对抗。

小　　结

按照北京政府的设计,印花税属于中央税的一种,其征收不设专局,以节靡费,但是,随着中央权威的丧失,地方截留税款、自印印花等问题使这一中央税徒具虚名,尽管北京政府采用中央专款等手段加以管理,但最终没有逃脱失败的命运。从历史上看,分税制往往是在地方势力极度膨胀时中央政府采取的一种应急措施,它虽有利于缓解中央政府的财政危机,但常因政令难出都门而收效甚微,很难实现由脱序到整合的美妙构想。同时,财权集中、事权下移必然强化地方政府乃至中央政府追求预算外收入的内在动机。

印花税在实际征收过程中,本身即蕴藏着失败的必然因素,一是征管机构重复设置,加上印花税票经售方式与提成不合理等,不利于降低征收成本;二是分税制体现着政府权力的萎缩,税款难以集中,中央直接派员征收体现的是中央与地方的信任危机;三是征管人员法制观念淡漠,征税者以国家的名义,四处招摇撞骗,进行法外苛征,其中也存在为完成税收比额,应付考成而非法

① 钱穆:《中国历代政治得失》,三联书店 2001 年版,第 84 页。

操作等问题;同时,赢利型经纪人的存在增加了纳税人的负担。

税收的实现取决于征税权的合法性基础、征税者所具备的征管能力与手段、纳税人的纳税能力和为公共财政支付税款的意愿。税收的法制化要求:征纳双方必须共同遵守既定的税法,而政府征税行为的合法性更为关键,“依法纳税”背后更重要的是如何依法征税、管税和用税。历史上的税收违法行为更多地来自于征税者和用税者而绝非平民百姓。

总的说来,印花税的征收,一方面收入不足,另一方面征收范围的随意扩大,扰累商民;更有甚者,在利益的驱动下,政府有监守自盗性的违法行为,普通百姓有为蝇头小利而以身试法的现象,凡此种种,构成了印花税征收过程中的立体画面。

历次的印花税整顿,最终都没实现其良好的初衷,这也说明,在政局动荡的年代,想守住良好的税制,做到不病民、不扰商,确实很难很难。

第五章

痛苦的互动:纳税人对印花税的抵制

税收与国家的存在本质地联系在一起,是国家机器赖以存在和运转的经济基础。国家为执行其职能,必须有足够的财力做后盾,因此,国家从满足财政需要出发,依靠其政治权力,强制无偿地参与社会财富的分配。但这种强制性、无偿性往往引起人们的反对,有时甚至很激烈,产生阶级对抗之类的革命性行为,演绎着载舟覆舟的传统故事。

有人说美国的独立运动即是由纳税问题激起来的。英国因受七年战争的影响,为弥补财政之不足,决定于1765年3月将被誉为"良税"的印花税推行到其在北美的殖民地,所有印刷品包括报纸、书刊、广告、契据、执照、遗嘱、法律文件、文凭、纸牌、入场券等均需加贴印花税票,违者罚款或监禁,从而引起了北美律师、记者、牧师、银行家及商人的强烈反对,这些人上街游行示威,并打出了"要自由,不要印花税"的口号。自由之子、自由之女等秘密会社纷纷出现,带领群众捣毁税局,焚烧印花税票,把税吏身上涂满柏油、粘上羽毛游街示众,迫使英国当局在1766年3月废除《印花税法》。后来由茶党登高一呼,掀起群众运动的高潮,喊出了北美合众国的先声。[①]

印花税在移植中国的过程中,始终存在着各种不适应的排异问题,来自各方面的阻力不断,直至北京政府结束,这种"鹅叫"声始终不绝于耳,这既反映

① 马寅初:《财政学与中国财政——理论与实践》,商务印书馆2001年版,第706页;魏湜如:《中国税务大辞典》,中国经济出版社1991年版,第109页;吴言:《荷西战争的产物》,《税收与社会》1997年第11期。

了国家权力在内重外轻及政权不稳的情况下汲取社会资源的不易，也反映了民间社会力量的日渐强大。但同时又体现出社会力量的局限性，特别是在北京政府统治的初期，中央政权相对强大和稳固，社会力量对于政府征税意志的制衡作用有限，商民对于印花税不得不由拒斥转而变为顺从。

从传统上讲，税收制度从来都是政府意志的体现，政府决定着对什么征税、征多少税、如何征税以及税款用于何处，并且不需要征询纳税人的意见。个人意志对税收决策不起作用，人们能够做的往往只有照章纳税一项，而且这种章法是否存在、存在是否合理还是一个谜。

第一节　晚清试办时的拒斥

当晚清政府决意试办印花税时，许多人认为此税为财政大宗，对国家度支极有裨益，对其寄予厚望，希图能为晚清财政带来转机。在当时朝臣疆吏的议论中，大多以“洋债易于清还，善后易于举办，藉此首免税契，次停捐纳，次罢抽厘，举从来欲除而未能之弊逐渐廓清”[①]作为全局转机的论点，这是一个具有诱惑力的论调，不特中枢认为可行，甚至还受到商民的欢迎。但及至实施，商民才意识到，所谓的“免税契、停捐纳、罢抽厘”并没那么容易，最终导致了印花税的开征阻力重重，旋行旋止，未具实效。

无论是对印花税的欢迎抑或拒斥，单个纳税人的力量往往不足以与国家法律对抗，而政府强制征税又使每个纳税人的利益受损，于是，众多纳税人便以商会等社会组织为依托，表达自己的主张，因此，真正的阻力来自当时更为耀眼的组织机构——商会系统，这个被称为“在野市政权力网络”的既非官方亦非私人性质的民间独立自治组织，是在封建政府的直接扶持下两者相互利用的怪胎，它往往利用其特殊的地位，斡旋于官府和工商业者之间，甚至出面

① 陈璧：《饷需孔亟请仿行印花税之法以集巨款而济时艰折》，《望岩堂奏稿》卷一，《近代中国史料丛刊》第10辑，第61—64页。

组织和领导工商业者,通过请愿、示威等方式,反对和抵制政府的某些决策。可以说,商会在对印花税从幻想到拒斥的转变过程中,起到了重要的作用。各地商会利用其"通官商之邮"的便利,相互联络,通同一气,共同抵制,使印花税的开征波折不断。

一、各地商会及商界的反应

从1889年李鸿章首议开征印花税到1907年度支部请仿行西方各国的印花税法,拟定《印花税则》十五条、"办事章程"十二条,开始第二次试办印花税,历时近20年。前期主要是因为枢府大臣多持异议,政令推行阻力重重,加之官民均不甚了解印花税为何物,故推行未果;后期当决定先于直隶等通商大埠开办时,则以商会的群起反对而时征时停,推行效果不佳,至清政府垮台,印花税始终未能为晚清财政带来好运。

(一)天津商会商界的反应

1908年,署理直隶总督杨士骧奉旨在直隶首先试办印花税,以藩司为总办,在省设立总局,由于天津距省较远,试办之初,端绪纷繁,在天津设立印花税分局,派员会办天津印花税事宜。4月8日,印花税分局的公文到达天津商会,通饬要求遵照施行。[①] 直隶作为首先试办地区,能否顺利施行,关系至为重要。在清廷的自我感觉中,直隶推行印花税并不会遇到什么障碍,然而,在天津商会及商界的抵制中,印花税的开征却是阻力不断。

4月11日,天津商会迅即做出反应,分别呈文农工商部和署理直隶总督杨士骧,陈述了天津"不宜轻于一试"的理由:天津自遭庚子之变后,或焚或掠,市面为之一空;嗣因银根奇绌,贴水增多,市面又为之一耗。经此两番亏折,商业已极艰险,"加以各种捐税差役苛繁,又铜元之赔亏,食物之翔贵,种种消耗几有岌岌不可终日之势",商民已根本无力承担新税,自奉旨试办印花税后,"阖郡各商莫不惶悚,纷纷到会陈诉,禀积盈尺",压力甚大。商会为商界枢纽,权操商务,责无旁落,于是约集各商董按照各商禀陈各情,悉心筹划,

① 天津市档案馆等编:《天津商会档案汇编(1903—1911)》(下),天津人民出版社1989年版,第1681页。

经过商议认为,“遽然实行印花税,多此一层耗累,客商势必愈形裹足,将来市面愈难设想”,建议“请将印花税暂行缓办,俟将来察看元气稍复,再行禀请开办,庶于公家无少亏损,则商民获益良多,市面可保又安矣”。①

杨士骧对天津商会此举表示不满,其在给天津商会的批示中强调:一是试办印花税系预筹抵补洋土药税起见,原属国家不得已之举,朝廷一意祛除沈痼,期于十年减尽,各商民须上体皇仁,赞成要举,以期共蹈康和。二是印花税系从宽俭入手,除析产、承嗣、票据、契券、合同等项外,其余物产转移证据,只出印花费二十文,且不派人查验,并不许旁人告发,公帑有增,舆情不扰,于整顿财政之中仍属体恤民艰之意。三是斥责天津商会不顾大局,因为津地不办,其他各地必将观望,“此系大部奏准通行各直省新政,一省扞格即不免牵动全局”,天津商会亦不该草率行事,“不加详察,并不俟奉到开办章程,即据各商禀词转禀来辕,并径禀农工商部,似属轻率”。四是要求天津商会“剀切劝谕商民,静候妥定章程,遵照办理”,至于是否缓办,“仍候农工商部批示”。该批示虽然对天津商会进行了训斥,但是否缓办仍未可知,即使开征,依然需要依赖商会的“剀切劝谕”。而农工商部的批示却给天津商会泼了冷水:“各直省应一律遵旨办理,所请缓办之处,应勿庸议。”②

此时,朝廷内部及部分封疆大吏也是意见不一,试办缓办等各种声音并存。天津商会乃藉此或明或暗地动员所属各商号、商民上书请愿,希望清廷从维护商业、体恤民艰的角度考虑,予以缓办,一个庞大的请愿队伍由此产生,并为其他地方商会的抵制运动提供了思路和模版,从而为清廷推行印花税设置了一道难以跨越的障碍。③

首先是源泰义、公兴存、谦益号、裕生永等九家津郡米商于1908年4月16日上书禀陈,据称:“当此二十世纪商战之时,商业多一分生意,即我中国多一分生机”,而目前商困已深,民艰愈甚,两年间,市面又陡然萧索,米商70家中歇业40余家,“似此困惫情形,而欲以印花税试之,有如痨瘵之身使之用力,鲜有不速其危者”,假如再行试办印花税,多此一层税,各宗货物价势须加

① 《天津商会档案汇编(1903—1911)》(下),第1688—1689页。
② 《天津商会档案汇编(1903—1911)》(下),第1689—1690页。
③ 《天津商会档案汇编(1903—1911)》(下),第1690—1704页。

增,则买主必因加价而少购,关税自因货滞而减收,国计民生,交相亏损。恳请从缓办理印花税,以维商业,而恤民艰。

紧接着便是更大规模的抵制。6月12日,全津796家商号联名上书禀陈,津郡各行商情困苦,市面萧条,苛税繁重,而公家举行新政,在在需款,罗雀掘鼠,小民已不聊生,加之津埠税捐繁重,远商购货成本太重,外商转至青岛汉口等埠,倘不设法挽救,京津一带势必凋敝日甚,而国计民生何堪设想,恳请勿在津试办印花税,待将来"元气渐复,再行印花税,自无意外之虞",并附呈庆长顺、文泰永、成发号、义生源、天利增、天恒义、文昌泰、吉兴顺等796家商号的字号图章,以示郑重,以造声势。

9月28日,三津米面磨房商行董崔辅廷、孙文彦、杨志清、邢树堂、赵星曹、高辅臣、元华甫、王又彬等人上书禀称:"自庚子以后,米面铺商因米粮奇涨,钱色亏赔,力不能支,接踵倒闭",而米面关系民食,与别项货物不同,不堪再加税累,如果再行印花税,则"不能不于米面之中又行加价,盖不加价,税款无出,欲加价又恐生出不便。诚以时至今日,米面涨价,实已倍蓰,挑负力挣之人,日食多不果腹,若复因税涨价,民命不得聊生,商业亦必窳败",请求免征印花税,以惠群黎,而维商业。

天津商民还为裁厘加税和缓办印花税等联名致电天津商会称:"庚子之乱,津郡商民被抢被灾,以数千万计。收回地面后,一无推缓,二无接济,创办杂捐颇多,食用因此高贵数倍,商贩裹足,市面凋敝,商民甘受其苦","度支部奏办印花税,以为兴办海军等等急需,亦商民之所乐为,国强则民不受侮,实立宪国民应担之责任",但是国家征税,必寓体恤民艰之意,因此提出三项要求:一是迅速实行裁厘加税;二是若实行印花税,必须免去杂捐,倘印花杂捐并行,津郡小民力实不支,商务亦必再败;倘印花税期在必行,而杂税又不能免,该印花税请先由他省试办,津埠展缓一二年,以为庚子之补救。

从上述资料中我们可以领略到商会力量的强大及其组织系统内部的运作效果。也可能是由于清廷中枢上层的意见不统一,加之这期间众所周知的政权变动,开征印花税的工作似有停顿。时隔一年,清政府再次决定开征印花税,于1909年9月正式在全国推行,该决定激起了天津更大规模的抵制运动,轻车熟路般的请愿活动达到高潮。①

天津1877家商号联名上书农工商部及直隶总督,使用了当局最为担心的"蠢动""致变"等关系宪政前途和社会稳定的词汇,阐述开征印花税并非其时,"近年水旱奇灾,各省迭现;流氓强寇,蠢动时闻,啼饥号寒,鸿嗷遍野。此项印花税暂时虽试行数条,略观之,似非取自贫民;细按之,贫民亦实担负间接之责任","倘杂捐印花等税同时并举,岂徒易滋纷扰,诚恐骤施于瘠苦之区,不幸仓促致变,挽救尤难",要求收回成命,从缓征印花税,以苏困苦而保治安。此事影响极大,《申报》《大公报》等各大报刊均予以披露,甚至有报道称:"天津各商界联名千余人赴督署递禀,系为印花税事碍难实行,请求缓办",并不无渲染地说,"众商民哀求无已,至有痛哭者,于此可见印花税之行,商民实有切肤之痛矣"。② 一个小税种竟然引起众多商民的"哀号""痛苦",确实费解,但这些极具煽动性的词汇也确实骇人,其效果不言而喻。

此后,天津商埠各行商又草拟出津地缓行印花税的十二条理由,迫使当局在开办与缓办之间左右为难,势成骑虎,最终使印花税在直隶的推行陷于困顿。根据1910年5月天津知县胡商彝给天津商会的公文可知,当时在直隶,印花税仅有青县、庆云等十余州县陆续开征,其他地方则拖延不办。③《直隶全省财政说明书》说:"光绪三十四年设局试办,嗣因商人迭请缓行,迄未开办,宣统元年,裁撤该局,宣统二年,并入财政总汇处,现尚未实行。"④由此可推测,直至清亡,直隶全省印花税并未真正推行。

从上述情况可以看出,无论是个别商民的直接上书或是各业联名抗争,这样大规模的行动如果没有商会的组织和支持是难以想象的,也表明了新兴的民间组织和民意机构已经积累了相当的力量,足以与政府的决策相抗争。这种组织形式在信息逐渐畅通的世纪之初迅速为各地商号获知并相继效仿,形成了更大的抵制潮流。⑤ 这种有规模有组织的抗争必然引起当局的恐慌并迫

① 《天津商会档案汇编(1903—1911)》(下),第1704—1709页。

② 《商民求缓办印花税》,《盛京时报》1909年10月12日。

③ 《天津商会档案汇编(1903—1911)》(下),第1684—1685页。

④ 经济学会编:《直隶全省财政说明书》,第16页。

⑤ 李金铮、吴志国:《清末官方与民间社会互动之一瞥——以1908—1911年天津商会反对印花税为中心》,《江海学刊》2006年第6期。

使其做出相应的政策调整,其中也体现出中央政府统治力的弱化和市民社会的壮大,但从清廷新政期间积聚力量搞建设的角度看绝非利好信息。

(二)苏州商会商界的反应

度支部颁布《印花税则》后,各地商民起初对之抱有一定幻想,皆以为是一种简易便捷、裕国便民的税法。1909 年 7 月 1 日,苏州商会总理尤先甲在致王胜之的信函中,颇为乐观地认为,“苏城落地捐苛细扰累,商民受困已达数十年”,试行印花税便可“抵销此项偏枯之捐”,减轻商民的重负,若以税抵捐,“商民必多乐从”,果使推行尽利,“公家亦有裨益”,并专门为此拟就一份说帖,从六个方面比较了印花税和落地捐的优劣:一是前者为积极主义,后者为消极主义;二是前者为交通时代之善政,后者为闭关时代之苛例;三是前者税则廉平,行之全国,能使货价有齐一之倾向,后者税则偏枯,行之一隅,能使物品有壅滞之现象;四是前者征于货将行销之时,则权利义务均足相偿,商民便之,后者征于货方到埠之时,则未有权利先有义务,商民不便;五是前者方法简便,可得商民之信从,后者方法复杂,易受胥吏之侵欺;六是前者税额之多寡,与商业的兴衰成正比,后者税额之多寡,与商业之兴衰成反比。两者相互对照,优劣自见,“想明于计学原理,熟于商务情形者,当必知所去取”。因此明确提出:裁去落地捐,试办印花税,“果使推行尽利,不惟税则以均平而得保护之力,亦且商业以流通而有发达之机,实于国计民生两有裨益,有振商保商之责者,亦何惮而不为耶!”①

但是,当度支部拟就的印花税则、章程和试办办法抄发到苏州商会时,商会诸人很快意识到,所谓试办印花税,不过是当政者变相罗掘钱财的一个骗局。一是印花税制包罗无遗,几乎无物不税。如各商各铺每日进出的发票、收据、期票、汇票少则十余张,多则数十张,即以每张按规定贴印花二十文,则每日即有数百、千文之税,较之落地捐有过之而无不及,“名异实同,商民膏腴有限,其何以堪?”二是外国所实行的印花税并非加收之税,而是统一之税。但清政府既未切实免除包括落地捐在内的各项苛捐杂税,而又取法各国税则,新

① 章开沅等主编:《苏州商会档案丛编》第一辑,华中师范大学出版社 1991 年版,第 1122—1124 页。

旧互用,内外兼施,税上加税,“上不能以富国,下实足以扰民”。三是度支部奏办印花税的原意在于抵偿因禁烟而免除的洋、土药税厘,但禁烟却迟迟不见实行,即或实行禁烟,倘若所收印花税不能抵补药税,当政者势必会在商人身上打主意,因此“与其多一名目使民间重荷负担,似不如设法劝导踊跃输税之为愈也”。四是中国官场向无信义,假令发票等项未贴印花,万一因事涉讼,则官府必以不贴印花饬驳不准,或因印花模糊而致胥吏苛查、关卡留难,无一而足。此外,中国当时根本没有健全的财税制度和相应的法律保证,如果无赖之徒用伪票粘贴相纠缠,或者将所贴印花揭去反诬商铺有意偷税漏税,借端索诈,反“更滋扰累”,“拖累无辜”。鉴于此,商会诸人一改先前的欣喜欢迎而为拒斥,随即发动所属行业投书当局,坚决反对实行印花税。①

钱业众商请求缓办印花税:“钱庄一业以亏倒为巨患,而各埠亏倒潮流尤以近年为险恶”,本已艰难的钱庄行业,再加征印花税,“若至细而至简,而辗转相授,实至重而至烦,若一旦准其章程务相绳勉,则钱庄片纸只字无不可凭证焉,即无不应贴印花”,“印花既重则利率必增,利率既增则各业必承其弊。夫至各业皆承其弊,则钱庄之累不堪设想矣。孰是以求商务之兴,岂不难哉”。

典业众商指出,外国的好办法往往一到中国就变质走样,面目全非,印花税即有可能成为又一例。“各国创行印花税之法,大都颁于宪法之后,各项财政机关早已厘定,推行自易。今我国各项苛捐杂税既未删除,而又取法各国税则,新旧互用,内外兼施,在政府固出于无可如何,其如人民之不能担任何?且印花税之窒碍难行,于典业为尤甚。”并突出强调:典业自新政迭兴,如学堂捐、巡警捐、房捐、乡镇之团防捐,以及各省水旱偏灾,关于地方公益等无不首先担任,并且地方有司恒视典商为多财之薮,致使负担沉重,“艰窘已臻极点,设再试办印花税,几有逼处报歇地步”。因此认为:“我国非不可办,特不能行之于今日耳。”

纱缎业众商指出:“商人非不知印花税项为大部筹济国用之至计,然环顾

① 马敏、朱英:《传统与近代的二重变奏——晚清苏州商会个案研究》,巴蜀书社1993年版,第358—359页。

商艰,实有不能遽行之势","同业之破产者,无岁无之。盖原有之税既形烦重,而运销之路又复断绝,以此影响所及,殊有江河日下之艰",并且从商民疑惧心理出发说,"当此民穷财尽,捐税重迭之日,稍有举动即群相惊疑",若印花税骤行,则恐万众一喙,必将造成更大的恐慌,"则商界前途何堪设想?"请求缓办,以苏商困。

绸缎业众商要求缓办印花税的理由是:绸缎业当时所直接负担的捐税计有丝捐、经捐、产地机捐、产地出口捐、厘金捐、落地捐、分运捐、镖捐、绣货捐、邮政关税捐;间接负担的有颜料捐、房捐、米捐、鱼肉捐、烟酒捐、菜蔬捐、柴炭捐、糖捐、盐捐等类,日用所需几至无一不捐,税捐负担相当沉重,"商情之困难已达极点","亏倒者指不胜缕,而现存者寥寥数家",也属外强中干,大难不远,若再加以印花税,"则商市涣散可立而待"!请求从缓开办,以恤商艰。

京缎业代表李元兆等要求免征印花税,或予删除数条,以纾商困:"京缎一业,比年以来捐多利薄","一缎而有数捐,利益能有几何?经此剥蚀,久叹难友,加以市面衰敝,百物腾贵,暗耗尤非浅鲜,岁终同业盈亏比较,亏者十之七八,盈者十之二三,而盈非果盈也,仅能不亏之谓也。今复增添印花一税……在大部之意以为每纸仅贴廿文,取之无碍商力,要知发票、收据、期票、汇票等类,每家每日或出十余张,或出数十张不等,照章每日须贴数百文之印花,是不啻责令商家每日认捐数百文之多,名异实同,商民膏腴有限,其何以堪?"

旅苏全体绉商包鉴等人陈述的理由是:印花税则与厘金不同,其征收办法,无物不税,细大不遗,"各捐定章独以绉捐为最大,每疋落地既倍蓰于各种绸捐,而此外尚有产地分运等捐,名目甚多,难以殚述。其交易则全被沪商招去,因之苏商生意日微,目前开销尚虞不敷,岂堪再加负担",因此提出:"此等税则,当行于财力充盈之日,而不当行于上下交困之秋","今值物力凋敝,而骤行此税,真所谓上不能以富国,而下实足以扰民,商等虽愚,亦不敢承认者也",并且表示,等将来年岁丰顺,国富民强,生意日兴,于各项厘金杂捐裁减之时,"商等不惟自愿担此义务,即特别报效亦所深愿"。

米业众商亦上书要求缓办印花税:米业商困已深,民脂垂竭。如再试行印花税,影响所及,于商市民心为害滋大,尤为重要的是,食以民为本,民以食为天,"苟能抒一分商力,即小民受一分之惠",若一旦实行印花税,"在商人欲博蝇头微利自不能不仍取诸民，而小民生计即因之而益促。鹿铤走险，隐患堪虞！”其影响的已不仅是商市行情问题，而与社会稳定直接攸关，这无疑会对晚清当局的决策起到一定的恫吓作用。

珠宝业众商要求缓办的原因是：“一由女学盛行，风气改变，装饰等品悉从俭朴，一由百物踊贵，生计困难，绅富之家力诫奢华，以致营业衰敝，如江河之日下。”二者导致进货愈贵，出货愈艰，并且珠宝业的定例是凡货出门，只要未拆线去码，均可包退回换，若实行印花，则送货出门时即须粘贴，“设使退下，其费究归何人？商家不认虚耗，主顾又不担责任，两下推委，必多争执”，如果再遇到疲顽欠户历久不还，屡次开票一味延宕，非惟血本无着，而耗费于印花者已属不赀，此等窒碍情形，实受无穷隐患。

肉业众商则上书称：生猪价格不断上涨，而鲜肉价格则无可再加，本已是本重利轻，市面日见凋敝，“况今铜元充斥，洋价日涨，肉业向章出货用钱，进货用洋，暗中亏耗已属不赀。倘使实行印花税，出入往返之间，则商情困难，力不能支，惟有相率停闭而后已”，因此请求暂缓施行，“一俟民困稍苏，再行开办，庶于国计民生两有裨益”。

洋广货两业代表郭伯和、施炳卿上书哀叹：“若使印花税继起，是不啻一货而纳子口、厘捐、落地之外，又加十重税则矣！如此琐碎烦苛，实于商家命脉有所窒碍。”

其他行业如缏线业、花树业、顾绣业、烟业、酱业、木业、布业、桐油业、烧酒业、茶业、药业、染业等等也纷纷上书表态，以商力艰难、负担沉重等原因，力陈印花税之不可行或须缓办。在苏州商会的档案记载中，有较为详尽的描述，如布业代表冯浩卿、协记布号陈少章，不认加税；官料、草药、饮片三业众商，茶业众商，笺扇业众商蔡晋伯等、萃昌祥号徐东伯，丝经染业文绚公所众商，经纬业众商，肥壅业众商等等，纷纷提出缓办主张。[1]

其他商会等民间组织也都在利用其特有的身份和地位影响着印花税的开征，如1908年11月，保定煤行、当行、布行、茶行、土药行、杂货行、绸缎行、洋

① 章开沅等主编：《苏州商会档案丛编》第一辑，华中师范大学出版社1991年版，第1128—1139页；马敏，朱英：《传统与近代的二重变奏——晚清苏州商会个案研究》，巴蜀书社1993年版，第357—360页。

货行等11个行业具禀商务总会,要求缓办印花税;[①]武汉商界也积极响应,上书吁请缓征印花税;[②]浙江、常州、成都等地商会也都纷纷上书反对开征印花税,一时间抗议之声震天价响,很让当局揪心。由于各地商会的反对,持续半年的试办印花税法,终未得到推广。

从上述情况我们可以看到商会这个"在野市政权力网络"力量的强大及其对政府决策的影响。但我们也看到,当年苏州商会对开征印花税的种种担忧在其后的税收征管过程中均有体现,不能不说商会中人对中国税收征管弊政的体会至深。商会与商民有组织的抵制虽然对国家税收政策的推行影响甚巨,但如果没有了这种力量的干预,在极度缺乏权力监督的时代,重税盘剥必将成为老百姓永远无法挣脱的枷锁。

二、社会各界的合力抵制

各地商会及商界在抵制印花税的同时,加强横向联系,互通消息,互相促进,以期形成合力,希图对政府决策起到更大的影响作用。

(一)利用媒体呼吁

报刊在宣传印花税法的同时,也对各地抵制印花税的情况予以报道,而各地商会及商界也通过媒体,了解到各地反对印花税的实际情况。各地报刊在没有严格的官方舆论导向制约的情况下,一些不利于政府政策推行的消息,为各地商民共同抵制印花税的开征,起到了推波助澜的作用。

当我们翻阅这一时期的报刊时,可以发现大量关于反对征收印花税方面的报道,如《大公报》报道的天津粮商赵兴会赴天津县衙恳请免纳印花税、[③]粮商赵星曹等赴天津道署禀请免纳粮行印花税、[④]三津米面商孙文彦等上书直督请免印花税等,[⑤]这些请求虽均以各种理由予以推诿或拒绝,但对其他商民而言,着实提供了一种表达主张的思路。

① 《公请停止印花税》,《大公报》1908年11月20日。
② 《武汉商界吁请缓办印花税》,《申报》1909年12月27日。
③ 《县署牌示》,《大公报》1908年6月7日。
④ 《粮行独请免税》,《大公报》1908年6月12日。
⑤ 《督批照录》,《大公报》1908年10月13日。

又如《申报》《盛京时报》等都通过大量的篇幅,介绍各地反对印花税的情况,如1908年7月10日报道,杭州总商会认为印花税有重征之弊,“民穷商困,一时尚难施行”,若再征印花税,“不特迹近繁琐,转恐承办者未得其宜或多滋扰”,认为度支部奏定的章程不可能在大范围内普遍实行,因此提议修改印花税法或择其简易无碍者,酌量一二先行试办,以期逐渐推行。[①] 不可否认,这种变通做法将会为其他各地商民抵制试办印花税提供某种借鉴。

当天津各业联名抵制事件发生后,《申报》即给予了迅速报道,其后又对天津县知县等人到天津商会进行劝谕、商民拒绝等情进行披露。[②] 无疑,这些报道将会产生一定的感染性,各地效仿势所必然。1909年10月,《申报》《盛京时报》还相继报道了天津议事会吁请缓办印花税经过,[③]该报道未必不对各地谘议局、议事会产生影响,从而使其参与其中。报刊上的时事评论更能激起人们的共鸣。1909年11月17日,《申报》刊登评论文章,称各省反对印花税,“非不知印花税为文明国最轻税则,施行又无中饱之弊”,但中国当时的苛捐杂税并未消除,“徒增此以加重人民之负担”,必须先裁去一切苛捐杂税,再推行此良税。[④] 这种说法此后便成为各地反对开征印花税的理由之一。

而类似的新闻在当时全国各大报刊上均有报道,这些报道对各地商民抵制印花税多少具有一定的参考价值,而对政府推行印花税具有不利的一面。事实上,新兴的报刊传媒系统对官方与民间以及民间社会内部之间的互动起到了一定的推动作用:一是它使得民间社会能够及时地了解朝廷以及地方当局的政策取向,甚至在正式的决策产生以前就知晓了各方的态度,从而使各地商民参考外地的做法,以做各自的取舍调整,至少在时间上赢得了主动。二是通过媒体报道,人们了解到,对于印花税的抵制,并非是单个人的行为,也非某一地区的行动,而是各地都有的,由此可以推测,各地商民的态度可能会因此而变得强硬,因为他们拥有众多的一致行动者或支持者。三是媒体已成为民

---

① 《杭州商务总会查复印花税之难行》,《申报》1908年7月10日;《商会议复印花税窒碍情形》,《盛京时报》1908年8月27日。

② 《津商恳求缓办印花税志详》,《申报》1909年10月16日。

③ 《议事会吁请缓行印花税纪详》,《申报》1909年10月19日;《议长为印花税谒见督宪》,《盛京时报》1909年10月20日。

④ 《反对印花税之研究》,《申报》1909年11月17日。

间社会向官方表达主张的一种新渠道,因为有不少人在报纸上撰文反对朝廷的政策,从而产生公共舆论的力量,形成了相对稳定的舆论场。新兴媒体对民间组织活动的报道,促进了社会内部的信息沟通与协调,事实上已起到了一种整合民间社会力量的作用。

(二)加强各地联络

已如前述,各地商会及商界在抵制印花税的过程中,尽管所述理由不同,关注的重点稍有区别,但目的一致,即采取一致行动,相互声援,从而形成了更为强大的舆论压力和抵制势力,以求政府改变或部分地改变其既定决策。

常州商务分会为抵制即将开征的印花税,于1908年三四月份分别致函全国各大商会团体等,对度支部以印花税抵洋、土两药税厘为名,行加税之实提出质疑。他们认为,"土税膏捐有用之于中央政府者,有用之于各省政府者,其为何种用款,及每岁所收之捐税,以抵支出之用,赢绌若何,此主权操之于政府,民间均不深悉","政府之兴办何种事业,以及筹办何种捐税,向不商之于国民","及至捐已实行,则前此虽指定兴办甲事而忽焉移作乙事之用,往往不免虽失信于民",并提出如果印花税办成,"倘以之开支他项,而土税膏捐仍不裁撤将若何?印花税办成,而较从前之上税膏捐为有余,则此有余之款将若何?"倘若政府不守信用,"则禁烟不能实行,毒害既无由消除,徒使国民多一重负荷",或者说,"印花税虽实行抵代土税膏捐,而有余之款不为撙节,则以吾民膏血徒挥霍于无何有之乡"。鉴于种种疑虑,该商会警告说:"各团体必与政府约:印花税不能移作他用,要求各团体调查以前之土税膏捐年有若干,并调查此后之印花税年得若干,一俟印花税足以抵数,则土税膏捐立即停止;一俟印花税较以前之土税膏捐为有余,则以之预定兴办何种要政。"[①]由此看出该商会对清政府信用的担忧,在此担忧尚未消除之际,该会了解到度支部咨行两江总督称,新政频兴,待支甚急,应令所属尽快开办印花税以应急需,这又加重了常州商会对清廷的不信任感,对其推行的印花税政策更倾向于抵制。而这一行动本身足以使各地商会团体更加坚定信心,积极投身于抵制行动的

① 章开沅等主编:《苏州商会档案丛编》第一辑,华中师范大学出版社1991年版,第1127—1128页;天津市档案馆等编:《天津商会档案汇编(1903—1911)》(下),天津人民出版社1989年版,第1709—1711页;《常州商务分会致各团体函》,《申报》1908年4月4日。

行列。

在天津商会档案资料里面，我们还可以看到很多类似声援和寻求支持的文件。如1909年10月保定商务总会致函天津商会，“印花税一事，现届实行之期，敝处各行商均以市面萧疏，对于此事异常惶恐”，询问天津商会如何办理，其最终目的是“津保唇齿相依，以期彼此一律”。1910年5月，成都商务总会致函天津商会，询问天津开办印花税的有关情形，希图借鉴。同年10月，正定商会函询天津商会，“直隶印花税去年多赖总会鼎力，得从缓办。刻下本县又令卑会举总发卖印花票人，不知举此总发卖人与缓办印花税有无妨碍之处？且未知天津之总发卖印花票人已举定否？事关大局，卑会不敢自专”，希望在得到天津商会的回信后，“以决从违”。至1911年6月，汉口商会仍与天津商会联络，询问开办情况。[①] 这些来往函件，目的是希望以天津为援例，寻求一致行动，天津商会在复函中，均告以直隶自庚子之变，元气大伤，“商业之困惫未舒，小民之倒悬未解，大有朝不保夕之虞”，“至今尚未开办”等语。[②] 津埠没有实行印花税一事在当时的报刊上屡有报道，应为实情。商业发达地区“至今尚未开办”，其他地方必将以为援引，力于抵制。

其他商会之间的联络也大抵如此，其根本目的在于寻求一种一致做法，或称为朴素的平等原则。这些事例足以说明：随着民间社会力量的增长，他们开始试图与传统的官方力量相抗争；近代交通、通信和传媒的发展，又使各地商界有了联合起来的可能。这种基于共同利益的一致行动一旦实现，无疑可以扩大各自的组织力量，地方政府也因此而面对的将不再只是当地的民间力量，而是这种联合之后更为强大的社会力量。

（三）争取官方支持

在商会这种半官方机构组织下的联合抵制似乎还不能给政府以足够的压力，在乞请缓办印花税的过程中，各地商会或商民还利用各种关系，动员当地议事会、谘议局等新兴政治力量，甚至运动京官进行上层活动，请求缓办或停

① 《天津商会档案汇编（1903—1911）》（下），第1711—1714页。

② 《会议印花》，《大公报》1910年1月10日；《印花难行》，《大公报》1910年7月31日；《印花税之实行期》，《大公报》1910年12月31日；《各督抚又争缓印花税》，《大公报》1911年7月27日。

办印花税。

由于印花税一开始就被定义为国家收入,不论是筹措海军经费抑或抵补洋土药厘,均与地方利益关系不大,不能得到各地督抚的有力支持,甚至因害怕地方利益受损,一些封疆大吏还设置障碍加以阻止,要求缓办或不办,这是在推行印花税过程中,首先来自官方的阻力。因此,各地商会及商界在请求缓办印花税的同时,往往利用这种心理,以开征印花税对地方经济的破坏为借口,以激起"民变"、影响地方治安等为威胁,给地方政府施加压力。而这种威胁在大规模的联名上书请愿等形式的作用下,较易产生预期的效果,至少能够迫使地方政府在权衡利弊之时,做出有利于地方利益的某些决策。这就是各地在印花税推行数年之后,仍效果不著的原因之一。

1910年间,先后有天津议事会、谘议局和直隶商业研究所讨论如何对付印花税开征一事。天津议事会经过商议认为:"商务凋敝,市面萧条",有主张俟将来烟膏禁绝再办印花者,有主张联合商会,共同禀请督宪推缓者。① 此后,该议事会遂根据天津各商号的说帖,禀请督宪缓办,并函请谘议局联合各省定夺行止。② 直隶商业研究所对开征印花税也多持反对意见,积极筹设抵制之法,"际此天灾流行,年景欠薄,加以粮价日涨,商业萧索,且无国会以监督财政,印花税即或实行,徒滋民累,贻官家以中饱而政府所得无几,况各省因捐激变,如山东莱阳者,年来层见迭出",经公决后,当即上书禀请缓办。③ 顺直谘议局的议员们也在激烈地讨论着如何抵制开征印花税,甚至建议:如政府不准早日召开国会,则印花税"我国民决不担任",并上书督宪请求缓办。④ 虽然这些议案和建议最后大多被否决,但却表明:天津的商界在与官府的抗争中,曾力图动员更多的政治资源,并把民间社会联合起来。

在苏州商会的运动下,江苏省谘议局于宣统元年十月十七日(1909年11月29日)经过公同会议,以印花税"事属创始,商民未尽悉其性质,经理又未必得宜,近年商情凋敝,既苦于旧有捐税未能分别减蠲,又苦于推行新政辄增

---

① 《议事会纪事》,《大公报》1910年1月5日。

② 《天津商会档案汇编(1903—1911)》(下),第1681—1683页。

③ 《会议印花》,《大公报》1910年1月10日。

④ 《藉此要求》,《大公报》1910年1月23日;《印花难缓》,《大公报》1910年12月3日。

种种负担,积困生疑,积疑成阻,系必至之势”,议决从缓实行。[①]

随着中央政府催办印花税日紧,商民们调动的社会资源也越来越广。湖南的绅商就游说湘省京官去影响中央政府的决策,“湘省京官以该省灾荒迭告,米珠薪桂,百物价昂,民不堪其苦,拟联衔奏请将印花税暂缓一年,再行试办,以冀民困或可稍苏”。[②] 天津的绅商也采取类似的举动,游说上层,如天津商会总理王竹林就曾试图说服度支部尚书载泽取消印花税。[③] 山东商民绅士也以此种办法抵制印花税。1911 年 10 月,在武昌首义前夕,山东蓬莱县奉令推行印花税,竟使用高压政策,“带兵马五百名赴各村劝谕”,与当地农民数千人武装对峙,“声势汹涌,如临大敌”,此事最终虽未酿成恶果,但该县令“归而以民变两字申详大吏”,全邑商民则以“该令事前既听信某绅取强迫主义,临时又率兵前往,实为激变之铁证”,公举绅士张贤等四人入京,联合同乡京官揭参该县令。[④] 此事虽以参劾县令为主,但起因为推行地捐和印花税,如果其同乡京官支持该案的话,印花税的推行难度可以推测。

正是在上述相互交织的组织系统中,由于相互间的联络与声援,各地商会及商界的态度日渐强硬,对来自政府的命令不以为然。当天津县令胡商彝为开办印花税致函天津商会,催其依照税法的规定,报送印花税票总发卖人时,天津商会的答复是:“开会集议,各商民如前哀恳推缓,以舒筋力。所有保送总分发卖人,碍难办理。”[⑤]当胡商彝多次亲赴商会劝谕,催办实行印花税时,商会均以“市面败坏”“岌岌可危”等敷衍,并以“倘再实行印花税,难保不生意外”为威胁,拒绝遵行印花税。[⑥] 从中我们可以体会到商会态度强硬的一面,也显示了民间社会力量的日渐强大和国家权威的式微,可以想见开征印花税的重重困难。

① 《苏州商会档案丛编》第一辑,第 1139—1140 页。
② 《湘省京官关怀桑梓》,《大公报》1910 年 6 月 29 日。
③ 《印花难行》,《大公报》1910 年 1 月 11 日。
④ 《鲁省又将酿莱海案耶》,《申报》1911 年 10 月 10 日。
⑤ 《天津商会档案汇编(1903—1911)》(下),第 1685 页。
⑥ 《印花税难行》,《大公报》1910 年 7 月 24 日;《印花难行》,《大公报》1910 年 10 月 1 日。

第二节 北京政府时期的抵制

北京政府时期,商民对印花税的抵制依然存在,其套路与手法变化不大,仍是利用商会的号召与组织,召开会议讨论,继而通电、致函反对,甚至个别地区以晚清时期多年来成功抵制的经验推及民国,其中不能排除部分商会及商界人士缺乏纳税意识的因素。但总体而言,与晚清时期相比,民国初年对印花税的反对已不再是完全拒斥,而是在被迫接受的同时,逐渐凸显出对法理精神的追求,但也与国家统治力的强弱有关。

一、最初的缓办要求

北京政府《印花税法》一经公布,便引来了社会各界的反对,纷纷要求缓办印花税。

首先是来自各地都督们的阻力。财政部拟定于1913年3月1日在全国推行印花税,并通电各省依法执行。甘肃、贵州、吉林、黑龙江等十省即以各种理由电请财政部暂行缓办,财政部经过核议认为,开征印花税原系补助财政不足之策,甘、新等省经费困难亦属实情,亦为中央所深悉,"惟决不能正式允准,盖一经核准,各省必均援以为词",只能采用心照不宣的办法暂不加严催,听其自然。① 但事后证明,在中央权威逐渐稳固的情况下,各地请求缓办的目的并没有实现,印花税还是相继在全国开征了。

各地商会及其他民间组织仍是最主要的抵制者。《印花税法》刚刚公布,在京召开全国临时工商会议的汉口各团联合会代表胡瑞霖,保定商会代表冉凌云、王文芹,天津商会代表郑炳奎、杨万选等50多位与会代表即联名上书财政部,恳请暂缓实行印花税。这次上书,已不单单是讲述困难,而且从理论上

① 《各省之缓认印花税者》,《大公报》1913年3月19日;《印花税缓办之要求》,《大公报》1913年3月20日;《政府对于印花税之意见》,《大公报》1913年3月21日。

阐述税制与经济发展的关系，“商业之发达与否，视租税负担之轻重为转移。租税负担之轻重，因税则之良否与国民经济之发展与否而决定”，民国成立后，沿袭前清旧制，税则紊乱，金融停塞，货物滞销，亦即税则不良，国民经济不发展，“国民对于现有租税之负担，已无不觉其过重，徒以国家财政亦已处于万难之地，商人不得不忍一时之苦痛，故静俟政府速定财政计划，编制租税统系，以为新制颁布后，必有富国惠商之一日”。而整理税制，必须就各种租税通盘筹划，而后能推行尽利。“处此国民经济沉滞之际，商民对于固有租税之负担已属勉力，骤添新税，势实难于推行”，希望政府首先改定税则、废除恶税，然后再实行印花税，否则恶税不除，新税难行。其时，财政部开征印花税的决心已定，税法已经完备，“《印花税法》业经参议院议决公布，已生法律上之效力”，断无停征之理，且印花税率甚微，亦无强迫性质，近今文明各国均称为最良之税，“该代表等素顾大局，自应对于一般商民负解释劝导之义务，是则本部所厚望者耳”，至于裁厘加税，“事关国际交涉，一时碍难提议”，但表示：厘金“决无存在之理由”，“断不长留此不良之税为商民累”，[①]似乎是给商会代表们吃一颗定心丸，但印花税的开征是刻不容缓的。

天津商会依然是反对开征印花税的主力。1913 年 5 月，天津商会即以全国临时工商会议代表上财政部的呈文，几乎没做任何更动地呈递工商部及直隶民政长，并一再强调：“非不知国民有担负纳税之义务，然时势艰难，商民已有奄奄待毙之虑。若不废除恶税，骤增印花税法，非特津埠一隅民力不支，其影响于各省而关系民国前途者，更非浅鲜”，请求缓行印花税。时任工商总长的刘揆一在批文中称：“所请应毋庸议。”[②]按理说，印花税“税率极轻，不过千分之一二，而人民因贴用印花，一切凭证可受法律之保护，是国家之所取者甚微，而人民之受益也甚巨。有补于国，无损于民，诚属最良之税法”，天津商会对于印花税理应剖析利害，晓示商民，以尽提倡推行之职，但却常常置身于政府体制之外，反其道而行之。就在工商部的批文下达之后，天津商会仍然不时

① 江苏省中华民国工商税收史编写组、中国第二历史档案馆编：《中华民国工商税收史料选编》第四辑（下），南京大学出版社 1994 年版，第 2563—2564 页。

② 天津市档案馆等编：《天津商会档案汇编（1912—1928）》（四），天津人民出版社 1992 年版，第 3873—3876 页。

召集会议,商议抵制之策,甚至“拟请本省商会联合会转请全国商会联合会即请中央暂缓施行”,执着之中不无逃避义务之嫌。[①]

在河南,当印花税定于1913年5月实行时,河南商务总会极力反对,“初则开会集议,继则电致全省分会取决”,5月9日,河南商会召开特别大会,各县代表30余人到会集议,决议全省反对,并议定办法四条:全省会电致财政部恳请缓办;联合各商界全体不用印花;公举代表谒见都督,请其维持大局;如政界用强迫手段,则全省商界罢市。至6月份,河南商会还组织了大型的请愿示威活动。[②] 一系列活动虽然没能阻止印花税在河南的推行,但其后的征收效果也可想而知,难以畅旺。

在江苏,苏州关监督于1913年6月16日奉到财政部发寄的印花税票后,即布告劝导商民自7月15日起,财物成交,凡应贴花之件,须一律依法贴用印花。苏商总会于开征的前一天即7月14日,分别致函苏州关监督和江苏省民政长,申述贴用印花的种种窒碍。从其内容看,系属转呈苏州钱业公会等请求缓办印花税的呈文,但从实际看,未必不是苏商总会的意见,其手法与晚清时期并无二致,无非以商业凋敝、民生艰难为据,以市场混乱、金融恐慌为吓,申述窒碍情形,要求缓办。钱业公会在致苏州关监督的呈文中,提出请求缓办印花税的十大理由,大意为:大局未定,人心惶惑,阻滞愈深,凋敝愈甚,生气即穷,立毙可待;“司法积害,万商诟病,税律空有足为凭证之例言,法庭仍无实行保护之效力”;钱业亏累已甚,“昔有二三十家,目前所存仅十一二家”,闭歇若是,衰落可知;税收负担已较他省为偏枯,倘复苦以印花税,势必各业始蒙直接之耗,钱业终承间接之殃;行印花税,若出自庄家,则无所沾润,若出自用户,则人情惜小,必断往来,左右支绌,殊形艰困等等。总之是希望暂缓实行印花税,并声言:“前清末造欲行印花税,尚准商民请缓,断无民国肇兴,疮痍未复转有不容缓之理。”[③]这种似乎并非是请求的语气并没有使当局慑于压力而缓

① 《印税难缓》,《大公报》1913年6月5日;《商会开会纪闻》,《大公报》1913年6月15日;《印税议请从缓》,《大公报》1913年6月18日;《商会纪事》,《大公报》1913年9月14日。

② 河南省税务局编:《河南省税务大事记》,中州古籍出版社1996年版,第26页;《汴商会反对印花税》,《申报》1913年6月13日。

③ 马敏,祖苏主编:《苏州商会档案丛编》第二辑,华中师范大学出版社2004年版,第508—512页。

办，此时的北京政府已非前清可比，有关的请求大多是在“应毋庸议”的解释中予以回绝。

尽管反对之声不断，但到1914年时，全国各地均已开征印花税。

二、“旧税就是好税”

西方有一个说法：旧有的赋税是良好的赋税。所谓旧税就是指过去已经批准并现存的为公共产品筹资的税收；新税则是指课征之前并不存在的为公共产品筹资的税，税目的增加和税率的提高也往往被视为一种新税。旧税之所以是好税，是因为：一是要在一段时间内实现税收决策成本最小化，就要求征税活动程序化，保持原有的制度和规则，重复过去的行为；二是旧税同新税相比，纳税人的负担较轻；三是旧税比新税引起的社会反响较小；四是一种税收存在的时间愈长，纳税愈是成为例行公事，这种税就愈易被人们接受，它持续存在下去的可能性就愈大。[①] 这与“现行法是恶法”是一个道理，一种赋税制度一旦建立，人们的思维方式和行为习惯便会逐渐地适应这种制度，在适应的过程中，“理性道德上如何更好”和“现实法律应该怎样”之间的深刻价值冲突将会渐趋一致。

北京政府以强硬的态度，依照法定程序开征印花税，虽然也遭到了时人的反对和抵制，但从整体看，已非昔日取消、缓办的强烈主张，商民不得不做出适应性的调整，税收抵制较多地是限于对税法条文的个别要求，或者是对印花税征收过程中弊端的抨击。

税率的调整和税目的增减都会对征纳双方产生影响，尤其是在税率提高、税目扩大的情况下，常常令纳税人产生强烈的厌恶情绪。同时，由于税法在制定之初，并不能预见到未来一个时期内税收的发展状况，因此，税法常常利用行政命令或者规范性文件进行部分调整，而这种现象在北京政府时期印花税的征收过程中较多存在，而这一时期正是人们追求法制化较为热闹的时期，对印花税法的这种不断更动颇为反感，抵制较多，人们纷纷对印花税“民二法案”表示了前所未有的眷恋，其实也正是对“旧税就是好税”的验证。

---

① 许建国、蒋晓惠：《西方税收思想》，中国财政经济出版社1996年版，第322页。

(一)反对药品香类印花税

1915 年 1 月 16 日,财政部公布《药品及香类贴用印花办法》,对用药材制成丹膏丸散等确定分量、附有名称的成药和用沉檀、降速等香木,切成香块或香末及配合他项材料制成的香枝,采用贴花的方法征收特种印花税。该办法一出台,便立刻遭到香药两业的反对。

京师药行商会与香行商会即于 3 月初禀呈财政部,认为此系"重征病民,惩罚扰商,势难公认",碍难允可,并函知各省,一律进行拒绝,其理由有四:一是所配之丸散膏丹,纯为祛病卫生之用,迥非消费奢华品类可比;二是贴用手续复杂,稍有遗忘,惩罚必将随之于后,尤为窒碍难行;三是药材税率以及铺捐印花等税,比年以来,层层递加,已属担负匪轻,若再增以香药印花,于力实有未逮;四是"药品与贫寒之家,隐有间接之关系者,良非浅鲜,政府关心民瘼,胞与为怀,都会省会以及热闹商埠均设立医院,拯灾救危,若将药品复征重税,是保民适所以病民也"。商民们的期望是能够按照普通印花章程办理,并拟出了"药品及香类贴用印花办法"七条以供财政部决策参考。[①] 显然,这里已经提到了遵照普通印花税章程纳税的请求。

苏州商会档案载:苏州香业曾联名上书苏商总会,请其转呈缓办香类印花特税。据苏州香业同业的调查,该境内线棒香一业,统计城厢内外及附郭近镇共有 33 家,其基本金总计不足 2 万元之数,通年生意亦不过钱码 4 万串左右,其中除杂项钱粮蜡烛约计二成,及批发转运四成外,所余门市应行贴用印花者,实不过四成而已,为数无多,"若仅以纤微之利,而徒增担负于商业,则其苦有不胜言者矣。敝业之困已达极点,尽人而知,设再遽令贴用印花,商力实有未逮"。吴县公署的批文则是:"事关通案,未便以一隅致碍全局",[②]基本没有转圜的余地。从中也不难发现,商民对于印花税并无异议,反对的只是特种印花税——财政部认为可以征收的药品及香类印花特税。

① 天津市档案馆等编:《天津商会档案汇编(1912—1928)》(四),天津人民出版社 1992 年版,第 3879—3880 页。

② 马敏、祖苏主编:《苏州商会档案丛编》第二辑,华中师范大学出版社 2004 年版,第 531—532 页。

(二)反对税目税率调整

《印花税法》最初列举的应税项目,第二条第一类15种税目,十元以上贴用印花一分或二分,十元以下免贴,自1915年起,所有各种契约簿据,除价值银元十元以上者仍依法定税额贴用印花外,其在十元以下者,无论属于第一类或二类,均一律贴用印花一分。按照财政部的解释,契约、簿据价值在十元以下者,本系准其免贴,但是"我国社会经济程度较低,寻常财物成交多在十元以下,且恐商民不明立法本意,即价及十元者亦或取巧分割,希图规避,于税务固有影响,更非国家保护契据之本旨",为酌拟推广印花税,以资辅助而策进行,对一元以上十元以下的契约簿据征收印花税一分。[①] 这一规定降低了起征点,实际上等于扩大了征税范围,引起众多商民的反对。

1915年3月,天津商会就发货票、当票、免税单照等票据贴用印花问题致函天津县公署,对印花税法规定的第一类十元以上贴用印花改为一元以上贴用,认为商力不足,碍难担负,恳请核准发货票一项免贴印花,当票一项仍照旧章办理,即凡十元以上者照粘印花,免税单照一项,为顾全民生起见,请将进出境米麦免照印花一律豁免,以保民食而恤商情。天津商务总会得到的答复是:"发货票一项,凡无货价者,应准查照前案免贴印花。当票一项,已据情详请财政部核示遵办,一俟奉到部批,再行饬遵。至免税单照……凡单照内货价在一百元以下者贴印花二分;价满一百元不满五百元者贴印花一角;价满五百元不满一千元者贴印花五角;价满一千元不满一千五百元者贴印花一元;价满一千五百元者贴印花一元五角。"[②]从其复函看,似乎也没照天津商会所请办理。

两年之后,1917年9月,天津商会仍就发货票一事呈书直隶省长,恳求免征。据该函所称,财政部所掌握的信息是:发货票等项,"天津总商会屡以习惯、天灾为词,要求免贴印花,迭与交涉,坚不承认",直隶印花税分处对津埠发货票曾进行抽查,"多有未贴",可见印花税已推行数年,而该地并未认真照章贴用。财政部印花税处据此要求天津各商,此后必须依法贴用,如再发现"有不贴印花之发货票,应即依法处罚"。天津商会遂以"国家屡遭变故,商民

---

① 《中华民国工商税收史料选编》第四辑(下),第1900页。

② 《天津商会档案汇编(1912—1928)》(四),第3881—3882页。

无形受损,营业致多停滞,担负之力实有未逮”为由,继续申诉,请求豁免。直隶督军兼署省长曹锟于10月17日申斥天津商会,“此事关系税法,断难稍事通融。且各省早经通行,津埠一隅尤未便办法独异”。除要求直隶印花分处劝令贴用外,并请警察厅协同办理,务令按照税法实行贴用,以重税务。① 从中我们可以看出专政工具对税务的保障作用,这也说明,北京政府时期之所以能够引进一些新税,如营业税、印花税、所得税等,是由于国家机器尚处于正常运转状态,尽管反对者不少。

而这一起征点的降低,使众多本属免税范围的契据也需纳税,尤其对于小本生意者来说,影响较大,除了纳税的损失之外,还要随时接受可恶的税务检查,预防漏贴印花而导致的额外罚款等,这就是为什么十元以下契据仅贴用一分印花即招来更多抵制的原因,特别是典当业和银钱业,所使用的票据较多,对此更是反对强烈。许多地方的典当业纷纷上书省长、财政部、农商部、副总统,陈述利弊,呼吁减免,甚至公举代表赴京运动,以求减免。1915年9月以后,杭州、宁波、京师、上海、奉天、南昌、山东、安徽、武昌等商务总会禀陈当业困难情形,京师、直隶、奉天、黑龙江、江苏、全浙、全滇、湖南、湖北、河南、江西、安徽、山东、山西、陕西等省典当公会联名禀请,财政部决定变通当票贴花办法,“据京兆财政分厅详称,转据京师当行商会,及各省来京典业代表公同拟请,凡当本在四元以上,遵贴印花一分,仍由各该典铺担负缴纳,不向民人索取纸费”,其一元以上、未满四元之当票,如当商照章贴用,仍准查照前案,酌收票纸费,以资弥补。经财政部核准,但称:“此临时救济办法,以截至民国五年六月底为限。满即应一律自一元起实行贴用。其余各行商之契约簿据当票,情形不同,均不得援以为例。”②此变通之法,此后在商民们的一再呼吁下,屡经展缓。先是以1916年6月为限,期限届满,各地商会再次上书求免,再展至12月。③ 1917年1月,“金融仍复异常支绌,当业既关贫民生计,不得不格外

① 《天津商会档案汇编(1912-1928)》(四),第3899—3900页。

② 《苏州商会档案丛编》第二辑,第536页;《变通当票印花之部饬》,《益世报》1915年12月22日。

③ 《当商对于印税之陈请》,《益世报》1916年6月20日;《典商请免印花税苛章》,《益世报》1916年6月25日;《财政部体恤商艰》,《益世报》1916年6月27日。

通融，以示体恤”，再次展缓半年。[①] 直到1921年7月，仍见财政部为催办当票贴用印花而发的咨文。

这期间，1916年9月，临榆、乐亭、抚宁、昌黎等11县当商代表联名致函天津商会，以当业困顿、当票印花税过重等，请其据情转详农商部、财政部，仍照民国二年成例贴花，不然负担过重，损折定多，竭蹶之余，继以倒闭。[②] 天津商会据此上书参、众两院及财政部：印花税法前经两院公决，依法公布，自当发生法律效力，但政府于国会中断期间，往往以命令擅行变更法律，强制施行，致令人民增多负担，商民受种种痛苦，当此两院恢复，民国再造之际，请依法恢复民二两院公决之印花税法，是属全国商民之便利，共应维持立法之尊严。天津商会为了扩大影响，又函请各省总商会联名上书，一致进行，以成声势，以达目的。但其后的事实证明，印花税处所谓的“共和回复，一切关于印花税务仍应照旧办理”，实系恢复被张勋复辟时废除的印花税法，而非民二税法，并且语气生硬地要求遵照办理，“如有借词阻挠，并即严行惩办，以维税法”。[③] 这可能与“共和回复”刚刚完成后中央政府为树立新形象有关，所有请求均未得到财政部的认可和支持。

这其中至少反映出三个方面的问题：一是商民对参政议政的倾心，但参政议政意识的提高并不代表纳税意识的增强，商会组织及商民往往在急于表达参政思想、行使议政权利之时忽略了作为纳税人所应尽的纳税义务。二是对旧税的被动适应。其时的社会已开始逐渐陷入混乱状态，税收制度已趋紊乱，纳税人最直观的减负愿望便是恢复原来已经认可的税制，也是对“旧税就是好税”的最直接陈述与证明。三是对法制化的朴素追求。可以说，北京政府时期是我国近代法制的奠基时代，影响所及，人们较多地拥有一种朦胧的法制观念，这种观念使人们较为容易地接受法定程序下产生的“民二税法”。

（三）反对账簿加贴印花

有关商事凭证，原税法规定不贴印花或税额较轻，财政部以印花税为收入

① 《当票贴用印花又展限》，《益世报》1917年1月6日。

② 《天津商会档案汇编（1912—1928）》（四），第3883—3884页。

③ 《商会请愿恢复民二印花案》，《益世报》1917年4月23日；《商会关于印花税上政府书》，《益世报》1917年4月26日、28日。

大宗,亟宜实行推广,认为"现时各商埠银号林立,所有往来支票均须加贴印花二分",此项印花由存户自行贴用,或由银行代为粘贴均可,营业簿折原规定每本每年贴花2分,财政部认为税额过轻,决定提高为每本每年贴花1角,银钱支票及类似支票的凭证,原不贴印花,也改为按件贴花1角,并定于1921年1月1日起实行。①

此项调整,又是一例用行政命令改变税法的做法,立即引起了各地商会的群起反对。山海关商会迅即呈书农商部、财政部及国务院,认为印花税经此调整后,税额较前"骤增四倍多",众商已无力负担,一致反对新增苛税。② 天津商会于1920年11月12日呈书大总统、国务院和财政、农商等部,认为如此变更印花税法,比附广泛,易滋纷扰请仍予循旧办理,以免流弊,而恤商艰。③

1921年1月,天津商会甚至贴出布告称:"印花税法,施行未久,无故加征,仅以命令代替法律,实多未合",无论其推展与否,根本上已不成立,不能承认,商会将继续呈请收回成命,以苏商困,而符法治,"本会深恐各商误会,单独缴纳,致予收税者以口实,于力争前途生出反响"。④ 对于似此有组织的煽动,一般都能收到最佳效果。津埠各县商会,如正定、赵县、保定、盐山、固安等县商会迅速予以响应,并致电天津商会表示赞同,协力抗争,一致否认。⑤

自此,各地商会反对账簿、凭折加贴印花的函件不断地涌往国务院和农商、财政等部。京师商界公推京师总商会会长袁宝三向各主管机关请将各账簿增贴印花税票暂缓实行。⑥ 江西南昌总商会根据该地区同业公会反映意见,于1920年11月13日呈报财政部,以印花税系经国会通过,账簿加贴印花,是修正税法问题,必须经过法定程序,不能以命令代替法律,要求收回加贴印花成命。汉口总商会亦于同年11月17日分电大总统、国务院、财政部、农商部:"定章辄改,变态愈多,不惟重失大部之初心,且恐迫商民于绝地",反对

① 《印花税率增加消息》,《益世报》1920年10月12日。
② 《山海关商会反对苛税》,《益世报》1920年11月19日。
③ 《商会反对印花新章》,《益世报》1920年11月13日。
④ 《商会反对苛税之文告》,《益世报》1921年1月11日。
⑤ 《各县商会协争印花税》,《益世报》1921年7月5日。
⑥ 《商家反对增贴印花税》,《益世报》1921年1月14日。

随意变更税法。[①] 其他如山西太原总商会、上海各团体、吉林总商会等等,纷纷上书请缓或要求取消。[②]

商会之间的联络函电交驰,群情激奋,大有对抗到底、不达目的决不罢休之势。仅从《益世报》的报道来看,这次税率调整所产生的影响很大:长春商会、保定商会、当业公会、滦县商会、唐山商会、南宁总商会等致函天津商会,吉林省议会、商会、农会、工会、教育会等14团体联衔致电天津商会:政府既不以民命为重,人民难以政府命令是遵,且南北不统一,国会不通过,亦决无服从之必要,希望各地能够相互声援,协力抗争,[③]隐约之中体现出当时民意之不可违,但这种呼吁是否合法也是一个颇耐寻味的话题,因为税收本身就有一个适应过程,而政府也有随时调整税收政策的非常爱好,在国家统治力薄弱的情况下,征纳双方在这个适应过程就存在着无限循环的争议互动关系。

天津商会致电各省总商会及津埠各县商会,指出印花税实行不久即复加税,而商民受政治影响,凋敝不堪,生产为税所累,痛苦益深,天灾人祸,接踵而起,加之政府无故变更税例,"民官权义悬殊",实难承认加贴一事。希望采取一致行动,对抗政府以命令代替法律,随意修改税法的错误做法。[④] 这一电文产生的普遍感染性非常明显,受其影响的各地商会纷纷附和。南京总商会和吴桥县、河间县、盐山县、丰润县、玉田县、蔚县、曲阳县、平山县等商会在回复天津商会的函电中明确表示,一致赞同,坚决否认,并由天津商会主持其事,共同抵制。[⑤] 其他如太原总商会、南昌总商会和高阳、正定、定县、宣化、武清、获鹿、房山等县商会不断函电询问进展情况,并一致声援,表示坚决抗争到底。

1921年9月,直隶印花税分处致函天津商会,账簿改贴1角一案,"本处

---

① 国家税务总局主编:《中华民国工商税收史——直接税卷》,中国财政经济出版社1996年版,第281页。

② 《关于反对印花之文电》,《益世报》1921年3月3日;《上海各团体反对新税》,《益世报》1921年3月9日;《全国商会之反对新税》,《益世报》1921年3月14日。

③ 《长春商会来函》,《益世报》1921年1月11日;《反对两税实行之呼吁》,《益世报》1921年1月20日;《反对增加新税之来电》,《益世报》1921年3月17日;《反对增加新税响应声》,《益世报》1921年4月7日;《关于印花税要讯》,《益世报》1921年6月24日;《唐山否认加贴印花》,《益世报》1921年7月1日。

④ 《否认加贴印花两要讯》,《益世报》1921年6月26日。

⑤ 《否认加贴印花之响应声》,《益世报》1921年7月7日;《否认加贴印花续闻》,《益世报》1921年7月9日;《否认加贴印花响应声》,《益世报》1921年7月10日。

为体恤商请起见,暂未迫切催办",但财政部不断催令遵照办理,"现距实行之期,已历半年",势难再事延宕,致干诘责,因此,"未便听其推阻"。[①] 言外之意,不能再缓。奈何商民反对如故,财部催促有加,致使直隶印花税处完全陷入两难境地。

1921年10月,全国商会联合会驻京16省区评议员因施行所得税与凭折、账簿加贴印花集议,公推杨明僧、王瑞莆等7位评议员前往总统府陈述意见,请缓施行所得税,取消凭折、账簿加贴印花,并至财政部、农商部交涉,经商谈,财政当局允将所得税暂缓进行,加贴印花须与印花税处磋商后再议。[②]

如此庞大的抵制队伍,如此长时间的请愿抗议,似将酿成风潮一般,应该对财政当局有所震动。但从财政部1922年初对各省印花税处的电文要求看,似乎请愿结果并未如其想象:加贴印花一案,"关系税收甚巨,各省已指定此税作为军饷,即解部者,亦关国库需要,设法推行,亟不容缓",要求各地切实劝谕商民遵照办理,并明确表示:"如有不遵者,即饬警厅照章处罚,以重法令而维税收",[③]仍坚持要加贴印花,可见财政部的态度是相当坚决的。

在具体的执行中,在反对之声较大的通商大埠,政府则以睁只眼、闭只眼的方法,并不强求,但对于势力弱小之区,往往采取强硬手段对待。如直隶印花税处检查员樊某到博野县检查,要求所有账簿凭折须加贴印花一角,不得有违,商民稍有不遵,立施罚办,商民"势小力微","抵抗不能"。虽然该检查员不久即被撤差,但却透漏出势力弱小的地方被强制贴用的事实。[④]

这其中反映出一个问题,即此时的中央政府已渐趋稳定,国会恢复,宪法修正,似乎中央政府所拥有的权威已达足以能够向各省发号施令之地步。否则,倘中央政府处于自身难保之时,那些上层军阀头头们是不会过于关注如此些微的税种是否实行,中间的执行者也不会甘冒众怒,强制推行的。只有当社会处于稳定的时候,当局才会拿起早已淡忘的法律武器,用强权推行自己所需要的某种意志。这就应验了黄仁宇所说的那句话:"谁有能力征税,谁就能掌

① 《关于加贴印花之文件》,《益世报》1921年9月10日。
② 《全国商会反对新税之京讯》,《益世报》1921年10月16日。
③ 《加贴印花势在必行》,《益世报》1922年4月18日。
④ 《印花调查员骚扰商民》,《益世报》1923年11月8日。

握税收所及的地区",[①]反之亦然,谁掌权,谁征税。此后的历史表明,那种不稳定的平衡转瞬即逝,动荡的政府并没能使加贴印花的主张顺利实施,征税能力并没有扩大到军阀头头们理想的区域,同时,各地商会及商界仍在法律的边缘盼望着回复民二印花税法。

事实上,商会及商界的反对,除了税收负担过重之外,还有税目、税率调整的法律程序问题,商民们对于以行政命令代替法律的做法深恶痛绝,而这种做法是许多政府任性征税的惯常伎俩和恶习,也是依法治税的最大障碍,一直无法消除。1923 年初,全国商会联合会第四届常会认为:人民有依法纳税义务,"现行印花税法系民国元年国会通过之法案,人民自应遵守。惟政府于国会中断期间,往往以命令变更,致令人民增多负担"。会议议决,一致否认以政令变更印花税法,"对于印花税一项,遵照元年印花税法办理,凡属以命令变更法律者,概予否认",并由天津商会以快邮代电致众议院,"请愿贵院质问政府,务乞迅速议决取消加贴,仍以元年颁布印花税法办理"。[②] 此后的抗议还在继续,甚至到 1926 年 10 月,北京商联会还发出代电,控告京兆印花税处长左权勒令各县商家于账簿、折据上加贴印花,并控诉左权无理,呈请通缉京兆商联会长王建中。可见,商民的态度是坚决的,但效果如何须看政府统治力的强弱,在社会动荡不安的年代,征税,往往是靠强权和枪,而非法律。

对于印花税的抵制,还有其他众多的理由和内容。

如 1914 年 6 月,天津三津磨房各商对印花税施行规则内发货票、出入货物单据及预定买卖货物票据贴用印花的规定提出反对意见,并函请天津商会转请直隶财政厅予以取消。[③] 一年之后,三津磨房各商 300 余家再次以"磨商利微,印花税实难尽行",联名上书商务总会请求豁免。[④] 该请求最终没得核准,看来对付晚清政府的那套办法已失去效力。

又如,1919 年北京政府经过反复交涉,决定实施《租界内华人贴用印花办法》,由于治外法权的丧失,政府采用变通之法,将印花税的检查权、处罚权委

① 黄仁宇:《中国大历史》,三联书店 2005 年版,第 123 页。

② 《回复元年印花税之呼吁》,《申报》1923 年 1 月 13 日。

③ 《粮商否认印税》,《大公报》1914 年 6 月 16 日。

④ 《磨商请免印花》,《大公报》1915 年 5 月 4 日。

托外国警察办理,即招来更多的反对,如上海各路商家总联合会电呈中央,“租界内征收印花税,委托工部局办理,授权外人,无异太阿倒持”,会议议决万难承认。[①] 由于各有关地方商会及商界的反对与抵制,该办法最终未能实行,直到国民政府时期才得以解决。

再如加盖县戳一事。袁世凯之后,云南、四川、浙江、福建等省先后自制印花税票,并在印花税票上镌刻声明,以示与中央脱离关系,此乃国家政令不一的主要特征。没有脱离中央的地方,受税收比额的限制,考虑到各自的利益,相继使用加印省名、加盖本地政府戳记的办法,以杜绝外地税票流入,争相折扣销售,而影响当地印花的销售。“四川省制印花约有四百万,银行运回者有,各军将领陆续领回者亦有百余万元,统计在四川印花,实不下七八百万之数,以互相竞销之结果,而价格竟低至一二折,印花税处收入遂大受影响”。[②] 尤其是在当时考成制尚未完善之际,各地方官担心完不成任务而被罚俸或撤职,才生出此不得已之法。1923 年后,这种现象更为普遍,但却遭到各该地商会商号的反对。直隶印花税处决定于 1923 年 9 月 1 日起,将各县发行的印花税票加盖行销县份的县戳,以示限制。[③] 津埠商会及商家人士即认为,印花税票系属国税,印花税票加戳变制,权在财部,加盖县戳,与部章显有违背,如各省区随意加戳,其紊乱程度不堪设想。更多的反对者则是来自对税票安全的担忧,印花加戳就有可能使尚未用尽的旧存印花“势必变成废纸”,使商人蒙受不必要的损失,若事前到县署加盖县戳,手续繁杂,商民实感不便,因此对加盖戳记持异议者较多。[④] 多数反对者认为,加盖县戳之后,在甲地贴用的印花至乙地便视为无效,贴用乙地的印花至甲地便不被承认,彼此不通用,即生许多弊端,并且,“一方寸之印花,既盖省戳,又盖县戳,再加盖‘稽征’二字,殊属紊乱”,并据此幽默地认为:“官厅既能随意加戳,则商号人民又何得不能随意加盖姓名、铺号之戳记?”同时指出:加盖戳记“不免使各国谓中国印花为无信

① 《沪商反对工部局征收印花税》,《申报》1919 年 12 月 4 日。

② 经济讨论处:《中外经济周刊》第 150 号,1926 年 2 月,第 59 页。

③ 《印花盖县戳之实行期》,《益世报》1923 年 8 月 18 日。

④ 《印花盖县戳之反对声》,《益世报》1923 年 8 月 22 日;《印花加盖县戳之反响》,《益世报》8 月 26 日;《印花加盖县戳之反对声》,《益世报》9 月 20 日。

用之税票”，总之，加盖县戳一事，无论如何，不能承认，并请津埠商会一致反对，资以收回成命。①

在此后一年多的时间内，各地商会及商界人士不断地上书要求取消该制度，请免盖戳记，此间来往函电的花费已属不菲，据不完全统计，1923 年 8 月 14 日至 1924 年 5 月 26 日，仅直隶各县镇商会为抵制印花票加盖县戳一事致天津商会函电的，先后有 15 家，所陈理由与采取的行动大致相同，即“损失甚重”“层层限制，烦累殊甚”“划县为界，有损于商”，因此主张“一致否认，以利商民”。② 其实，倘事前到县署加盖戳记，或许并不十分繁杂？所谓的“手续繁杂，商民实感不便”不知因何而来。姑妄推测：堵塞了折扣购买廉价税票的漏洞，商民因此而受到了相应的经济损失？商会等团体常以抵制税收为能事，是否在专做抵制生意？

除此之外，还有因税吏检查不合程序而激起众怒者以及因罚款过于苛细引起争端的，③凡此种种，不一而足。似此征税不多矛盾不小的案例时有发生，实与税收经济原则不符。

从上述的情况看，有两点是值得关注的：一是所有的反对和抵制几乎都与商会的联络与组织有关，至少是通过函电声援等形式进行；二是这些反对与抵制都是针对印花税法第二条所列举的第一类凭折簿据而产生的，而对第二类所列举的十余种应税契据反对较少，至于有关人事证凭贴用印花等问题基本不见动静。究其原因，后者较多地与个人发生联系，而处于零散状态的单个人能量毕竟有限，还不足以对政府说不，虽然间有提出异议者，但终不见有什么效果。因此可以说，在印花税的实施过程中，作为民间组织的代表——商会等团体始终处在与国家互动的前沿，并初步显现出其较强的组织动员能力。

总之，从形式上看，商民们的反对与抵制，其手法、途径与晚清相比，变化不大，基本不外乎上书呈请，有时可能会触动当局的某根神经，取得一定的成

① 《印花盖县戳之反对声》，《益世报》1923 年 8 月 27 日；《反对盖县戳之又一声》，《益世报》1923 年 9 月 6 日。

② 《天津商会档案汇编（1912—1928）》（四），第 3907—3909 页。

③ 《苏州商会档案丛编》第二辑，第 537—539 页；《查印花激成罢市》，《盛京时报》1923 年 7 月 22 日。

效,部分地或完全达到预期的目的,但大多则是徒劳无果,这是与国家抗衡的基本结果,胳膊扭不过大腿。但在这一过程中,政府并非总处于被动地位,在必要之时,甚至于动用国家机器来解决那些较为突出的事件,这就是印花税在众多抵制声中仍得以推行的原因之一。

小　结

印花税的开征本已极其艰难,在推行的过程中,又遇到来自各方面的阻力,使其难上加难。从晚清试办到北京政府结束,人们对印花税的抵制从未间断。由此也可以看出国家与社会在征税方面的互动关系。国家开征任何一项税种,都会与商民发生矛盾,这就需要一个磨合期,只不过印花税在近代中国推行时,这一磨合期显得分外漫长。

如此微小的税种,相当轻微的税率,何以会引起众多的反对与抵制呢？这里仅就以下四个方面做以简要分析:

一是纳税人本身税收负担较重。近代以来,面对千古未有之大剧变,历届政府需要举办的各种近代化尝试使其国家职能急速扩张,急需强有力的财政支持,在经济尚不发达的情况下,这种财力支持便需要转嫁到每个国民身上,国民纳税负担不断加重便可想而知,尤其是民国时期的军阀混战,更加重了这种趋势。杜赞奇对此的描述是:“大多数商税是从清末开始征收的,其急剧增加的原因与大量摊款一样,是出于‘自强建国’的需要。”[①]旧有的赋税不断加重,新的税种又接踵产生,这就自然要引起纳税人的抵制。近代以来国家收入的迅猛增长,也证明着取之于民的税收的增长趋势,更反映着国民税收负担的加重趋势。有学者曾对纳税人负担做以微观描述,大致为:以子口税为例,1906 年新税则与 1903 年以后的两年相比,不同货物的税额增幅都在 33.3%—66.7%之间。[②] 姑且不论其方法与统计口径如何,但晚清以来纳税

① [美]杜赞奇:《文化、权力与国家——1900—1942 年的华北农村》,王福明译,江苏人民出版社 2004 年版,第 167 页。

② 李金铮、吴志国:《清末官方与民间社会互动之一瞥——以 1908—1911 年天津商会反对印花税为中心》,《江海学刊》2006 年第 6 期。

人税收负担呈增长趋势却是不容否认的事实。这里无需考察纳税人税收负担绝对量的多寡，作为纳税人来讲，总希望在横向攀比的同时，做纵向比较，只要现时的负担超过以往，就有反对租税过重的理由，遑论无休止的新税开征。

二是贴用印花的有偿性概念距纳税人的感觉相当遥远。所有贴用印花的契约簿据被视为合法凭据，官为保护，但中国自古崇尚礼仪，崇尚信用，在商业交往中，商人素重信用，口头订约每与书面订约无异，“可资依据”。[①] 订立合同并非商事交易的要件，加之人们并不十分信任政府的法律制约，诉讼也非解决纠纷的首选途径，从而使印花税的保护作用并不像其宣扬的那样必需和实在，在此基础上产生的权利与义务并不相等，纳税义务履行之后看不到应享有的权利，倒不如缴纳路灯捐就能享受到市政提供的路灯照明那样来得直接。因此，《印花税法》仅以遇诉讼时，不作为合法凭证这一点作为贴花的要求，似不足以激发纳税人的纳税欲望。如果强制推行那种让人们感觉不到受益所在的税种，尤其是在开征这类新税之时，更易让人产生敌意，纳税人的敷衍甚至抵制实出本能，也在情理之中。

三是税收公平原则为古今中外税收理论界所公认。税收不公极易引起纳税人的抵触情绪，此乃纳税人的自然愿望，并且具有极强的感染性。当人们看到与自己富裕程度相同甚或远比自己富裕的人纳税很少甚至无故不纳税，如果人们认为现存税制存在着偷逃税和避税现象，纳税人的纳税信心和自觉性就会降低，并很可能因此而千方百计地逃税甚至抗税。当征税者不依法行事或用税者随意挥霍时，也极易导致上述偷逃税和抗税行为。印花税的推行，并不能依照属地原则课征于中外商民，华商反对自属必然；租界内华人贴用印花，而一路之隔的洋商甚或挂靠洋商名义的华商不贴印花，此种不公平更让纳税人不能容忍（其中还有主权一类的政治色彩）；通商大埠与穷乡僻壤之间也存在着纳税差异，此种差异反是都市税额较轻，甚或在商会等组织的支持下而免税（因乡间销数不多，穷人好欺负，常有违规推销、检查、苛罚等现象）；政府随意用行政命令修改税法，扩大征税范围，提高税率等，都是使纳税人发泄不满的原因。此外，通过商会间的联络，相互之间竞相攀比和援例，也成为抵制

① 严谔声：《上海商事惯例》，上海新声通讯社出版部 1933 年版，第 148 页。

的原因之一。无论是历史上,还是现实中,无论是印花税抑或其他税种,税收不公作为一种现象一直存在,消弭税收不公是消除社会不公的路径之一。税收公平是社会发展的需要,更是公平正义的一种理性追求。

四是民间社会力量的变化及对法理精神的追求,强化了人们对依法治税的渴望。晚清时期特别是20世纪初的中国,与传统的强国家、弱社会的状况相比较,社会与国家两方面均已出现了明显的变化,相互之间开始建构一种新型互动关系。可以说,清末民初是中国新型民间社会获得长足发展的重要历史时期。政府对民间社会的发展给予了某些扶植,却将其发展到自身的体制之外,有时国家尚可得到这些民间力量正面支持性的积极回应,但当其力量达到一定程度时,对政府的制衡作用就可能加强。所以,当印花税稍作调整,那种制衡作用便立时而现,抗议、请愿等合法形式依靠其巨大的社会能量,迫使政府改变决策,而这种形式也颇具感染性,各地商会对印花税的抵制足以说明这一问题,也体现了当时各地商民的一种普遍心理要求,尽管其中并不能排除个别带有盲目性和娱乐性的追风现象。

本章谨依朱英教授的话结尾:

当国家能力下降,未能建立起强有力的集权统治时,民间社会往往能够获得发展;而当国家能力增强,政府的统治比较稳固时,民间社会的发展反而受到削弱,不仅对国家的制衡作用更为有限,而且其原有的独立自主性也难以继续维持。1927年国民党创立南京国民政府,建立了比较稳固的统治地位之后,不久即取消地方自治,并对各类民间社会团体实施新的控制政策,民间社会随之丧失了清末民初那样的有利客观环境,其发展也开始面临新的困境。[①]

① 朱英:《论清末民初社会与国家的发展演变》,《理论月刊》2005年第4期。

余　　论

历史与现实的思考

一、纳税痛苦

采菱辛苦废犁锄,血指流丹鬼质枯。
无力买田聊种水,近来湖面亦收租。

在“政府活动扩张法则”的支配下,公共收入和公共支出同步增长,且具有无限扩大的趋势。公共收入的增长无论在整理旧税抑或是开征新税上,最终有赖于征税面的扩大,造成的结果是无论是“买田”还是“种水”,随时随地都能感觉到税收的存在,从而在人们心灵中撒下厌恶的种子,所以租税在文人的笔下备受谴责,发展到一定程度便会产生“苛政猛于虎”的传统认识,其中还隐藏着载舟覆舟的周期性危险。

随着社会的发展,公共行政在机构设置上,永远膨胀得最快,在公共政策上,在收费方面永远发育得最快。晚清以来,尤其是北京政府培养出来的大大小小的军阀们,各立山头,各自为政,税收便无规矩可言,苛捐杂税多如牛毛,举其主要者如:木捐、升斗捐、猪捐、羊捐、鸡鸭捐、牛捐、花布捐、房捐、车捐、船捐、米粮捐、码头捐、商捐、货捐、戏捐、花捐、道士捐、和尚捐、轿捐、瓜子捐、花生捐等上百种,几乎无物不捐。[①] 更有甚者,家里供的先祖堂,要纳祠堂捐或

① 陆仰渊、方庆秋:《民国社会经济史》,中国经济出版社1991年版,第94页。

大厅捐,女子出阁要纳“出阁捐”,讨老婆要纳“新婚捐”,走路要交“过路捐”“过河捐”,救济难民要纳“难民捐”,倒粪缸要纳“粪捐”或“屎桶捐”,难怪当时有人撰联予以讽刺:“自古未闻粪有税,如今只剩屁无捐。”“尽敲榨假充公用,遍设关税卡税田税屋税人头税,税到民不聊生将腹税;竭搜罗大饱私囊,勤抽盐捐米捐猪捐柴捐屎尿捐,捐得人无活计把躯捐。”[①]这两副对联的确是“民国万税”的真实写照,简直无异于竭泽而渔的自掘坟墓之举,老百姓的纳税痛苦可以想见,而当局者完全不顾忌自己拔毛的技术和拔毛数量,要知道超过了一定的限度必然引起鹅叫,虽然这叫声里更多的是鹅们的无奈和无助,但假以时日和某种机会与条件,这种叫声必将演奏出新时代的凯歌。

在社会福利极度匮乏的时代,所有的税款都可以看作是纳税人财富的一种损失,不能给人们带来看得见的利益和享受,所以纳税常被人们所憎恨,其产生的副作用就是人们的不满和避税。而逃避税收只是某些“能人”所能享受的特权,普通百姓在没有关系的情况下很难找到可以避税的门路,这种逃避纳税义务的路径往往与权力的设租寻租密切相关。从税收征管的角度看,权力寻租现象从古到今一直延续着,杜甫笔下的“三吏”早为人们所熟知,而今的“工商税务、吃喝队伍”也成了人们对税收寻租行为的无奈调侃。过去人们在评价印花税时,认为是一“良好之中央税”,“对于人们之行为,可与以法律上之效力,故人们在纳税上所受之痛苦少”。[②] 但在实际的征管过程中,已如前述,各种违法现象的存在,使这一良税已成恶税,尤其是在法制不健全、执法监督乏力的情况下,征税过程中的种种苛索和不照章办事现象始终存在,委实让人愤懑,只不过纳税痛苦在当时尚未成为一个正式的命题。

每年,《福布斯》根据各地的公司税率、个人所得税率、富人税率、销售税率、增值税率,以及雇主和雇员的社会保障贡献等编制和出版“全球税负痛苦指数排行榜(Tax Misery Index)”,指数越高意味痛苦程度越高。从 2000 年进入《福布斯》的统计开始,中国内地的税收负担指数便一直居高不下,2005 年更是以 160 的指数“跃升”全球第二,仅在几乎年年位居榜首、具有着过于慷

① 陈光焱:《中国赋税发展研究》,中国财政经济出版社 1996 年版,第 146 页。

② 胡己任:《中国财政整理策》,(北京)民国大学印刷部 1927 年版,第 350 页。

慨的社会福利制度的法国之后(税负指数 174),[①]其后得分一直高居排行榜的前列,并多次高居亚军之位,继续是亚洲经济体中税负最重的国家。

《福布斯》结果一出炉,照例,国家权威机构的权威人士要对痛苦指数进行一番批驳:国家税务总局称,《福布斯》税负指数计算缺乏科学性,所用的指标体系不是国际公认的客观指标,娱乐性太强。有专家则称:"中国宏观税负在发展中国家中算是偏低的",比发达国家低约 12 个百分点。[②] 时任国家税务总局局长的肖捷于 2010 年 10 月撰文指出,"中国税负痛苦指数全球排行第二"论存在评价方法的常识性错误,并称:随着公共产品和服务需求的快速上升以及经济的不断发展,今后一个时期中国宏观税负不仅有上升的需要,也有提升空间。这一论断无异于在发送增税的信号。

自 2014 年下半年以来,当国际油价持续走低近乎腰斩之际,财政部、国家税务总局在短短的一个半月内,先后于 2014 年 11 月 29 日、12 月 12 日和 2015 年 1 月 13 日分三次上调燃油消费税,将汽油、石脑油、溶剂油和润滑油的消费税由原来的 1 元/升提升至 1.52 元/升;将柴油、航空煤油和燃料油的消费税由原来的 0.8 元/升提升至 1.2 元/升,增幅达 50% 以上,引起了消费者的强烈不满,也引来了众多网友的围观和吐槽。按照官方的解释是"兼顾了宏观调控需要和社会承受能力",是"为促进环境治理和节能减排",燃油税上调新增收入继续统筹用于治理环境污染、应对气候变化、促进节约能源、鼓励新能源发展等方面。诚然,面对如此严重的空气污染和环境恶化,增税也不失为一种治理措施,但这种温水煮青蛙式的增税之举虽然能够降低公众的抵触情绪,在"不增加纳税人负担"的情况下实现税收的宏观调控,但今后公众是否会因燃油税的提高而改变用车习惯,所征税款能否完全用于环境的治理、新能源的开发等不可预知。这其实就是一种想当然的主观判断,也未必不是服务意识缺失的拔鹅毛行为。在依法治税的背景下,财税部门仍不经任何法律程序甚至"听涨程序",用一个通知便决定了纳税人口袋里钱的去向,这种以行政行为代替法律的做法无论其解释如何儒雅都难以服众,公众深感愤怒

---

① 齐雁冰:《〈福布斯〉发表 2005 年度"税负痛苦指数",中国内地居全球第二——中国税负现状调查》,《北京青年报》2005 年 6 月 5 日。

② 熊园、王瑞:《中国税负属国际低水平》,《人民日报》海外版 2007 年 5 月 26 日。

的不仅是税收负担的提升,而且还有增税背后财税部门如此任性的奇妙逻辑及其对纳税人权利的全然藐视。公众没看到蓝天却真切地感受到了税收的提升,在公众眼里,纳税的福利表现极为微弱,但其“痛苦”却是实实在在的。

二、税收不公

税收公平原则是现代税收最高原则之一,但税收不公作为一种社会现象一直存在,并且呈现出区域差别、群体差别、征管差别和税种差别的趋向,直接诱导着公众“纳税痛苦指数”的提升和对税收的痛恨。消除税收不公的应对路径不仅在于税收的“法制化”,更需要“法治化”,即税收入宪、税收法定、执法公正,其中执法公正最为重要。

(一)税收不公的区域差别

税收不公的区域差别主要表现在城乡差别和东西部差别两方面。由于我国东部与中西部经济发展水平不同,其税收不公的差别化更加严重,这里从历史的角度分析税收不公的城乡差别的表现及其原因。

近代以来,税收不公的城乡差别一直存在,不公平的程度与距离核心城市的远近成正比关系,即离城市距离愈远,税收不公的程度愈烈。

随着近代城市化步伐的加快,城里的各种社会团体、组织逐渐兴起,并聚集了相当的活动能量,敢于和能够同政府的权威相抗衡,并极有可能改变政府的某种决策。已如前述,在清末民初推行印花税的过程中,各地商会就做出了许多让政府极为难堪的举动,尤其是上海总商会、天津商会等大都市的社会团体的坚决抵制,几乎让印花税的开征胎死腹中。[①] 其他税种如营业税、遗产税等的开征,都曾遇到过类似的抵制和抗议,虽然最终有的仍得以推行,但至少对政府决策起到了一定的限制和修正作用。正是由于这种团体、组织的存在,城里的纳税人才有了自身利益的代言人;正是由于这种限制和修正作用,城市里的纳税人才得以维护自己的权益。而这恰是乡村社会所缺少的东西,在“保护型经纪人”渐次退出农村社会后,乡村民众的代言人便不复存在,那种“赢利型经纪人”的上台,一个主要工作目标就是完成上级下达的各项任

① 李金铮、吴志国:《清末官方与民间社会互动之一瞥》,《江海学刊》2006 年第 6 期。

务——甚至是超额完成——尤其是在征税方面,在指标任务的驱使下,摊派成为常态,如民国时期的直隶、河南等省,乡民们根本不明白什么是印花税,就将被迫摊购的无用的印花税票贴在大门上,“以避官吏差役之诛求”,[①]根本没有税收公平的概念。更令人生厌的是税吏的检查,由于众多乡民对税收概念并不十分清楚,于是闹剧经常上演,已如前述,湖南有一家娶亲,一班税吏将新娘从轿中扶出,满贴印花于新娘身上,并说:“国家之印花税法,凡途遇迎亲者,必贴印花百分多,收洋一元多,以为国用。”[②]这种大胆的恶作剧,正是利用了乡民们对税法的模糊认识和对公权力的胆怯心理。在农民朴素的认识里,“上边说的”要么是正确的,要么就是法律,没人敢违抗。

(二)税收不公的群体差别

税收不公的群体差别主要指具体税法在具体的纳税人身上的不公平。

就企业而言,国有垄断企业与民间私营企业根本不在一个起跑线上。自晚清工业化起步开始,国有企业就以国家名义拥有诸多特权,不仅压制民营资本的发展,而且垄断着更多的资源,享受着无与伦比的税收优惠,就连缴纳的税款,其实质也只是从左口袋装入右口袋。而近代以来的民营企业,从一开始就是在夹缝中挣扎生存,绝无能力与国有企业相抗衡,税收对于他们而言几等于雪上霜,这种不公平是显而易见的。

就人而言,由于传统社会“熟人”规则的存在,无形之中,人就被分为三六九等,一些“能人”往往通过各种渠道,为其不缴税或少缴税谋取保障,给人的感觉是:有能耐的不缴税或少缴税,没能耐的多缴税。而税收优惠更乐于向名流权贵献媚,如前述印花税票的摊派,绝不可能轮到达官显贵头上,其他税种亦如此,比如个人所得税、遗产税等,基本绕开了权贵们。上述情况表明,在某些时候,税收扮演的并不是维护社会正义和调节贫富差距的角色。

另一种情况是:涉外税收严重不公。在不平等条约的制约下,近代中国的涉外税务一直处于极度尴尬状态,外国在华商民享有诸多税收优惠政策,制造出明显的中外差别,直到新中国成立后,在“打扫干净屋子再请客”的外交政

① 国家税务总局主编:《中华民国工商税收史纲》,中国财政经济出版社2001年版,第63页。
② 《新娘身上贴印花的奇闻》,长沙《大公报》1922年2月27日。

策下,这种不公得到了根本改善。自改革开放以后,我国内外资企业的税收也走过了一个相当长时间的不平之路,但那是主动的。

(三)税收不公的征管差别

税收不公在很大程度上表现为税收征管的不确定性,在上述两种不公平现象中已有所体现,这里再就具体的税收征管的不公平现象做一归类:

一是征管水平造成的差别。受税源监控能力和征收手段的制约,税收往往呈现出"欺负弱者"的外在形象,如民国《关于人事证凭贴用印花条例》中,将结婚证书和各类学生的毕业证书纳入征税范围即属此类。对易于监控到的对象征税可以有效地降低征税成本,是在征管水平较低的情况下税务部门乐于采取的办法。其他税种也有眷顾弱者的偏好,如我国现行的个人所得税,基本等同于针对工薪阶层设置的税种,不公平现象更加突出。因为富人收入越高,越有资源和关系偷逃税款,由此进一步增加其财富集聚的速度,甚至出现劫贫济富的"逆向调节"的副作用。①

二是管理理念形成的差别。税收的本质要求是"取之于民,用之于民",然而事实却远非如此,用之于谁很难说,只要我们关注一下民国时期的战争耗费或者当下令人愤恨的"三公消费"数字,就可以理解税收不公在人们心中造成的伤痛。因此,把好"用税关"已成为依法治税的关键所在。

三是税政执法产生的差别。税收最大的不公来自于税收行政执法的不确定性,税务稽查背后的潜台词往往与选择性执法相关,并常以国家的名义对"不听话者"施以法律苛责,给纳税人带来了无尽的烦恼。

在税收现代化的进程中,由于始终没有完成人的现代化,税收自近代以来,执法者的自由裁量空间较大,许多乱象来自于税收管理者,执法者的人为因素是导致人们纳税痛苦的直接根源。

(四)税收不公的税种差别

与前三个问题不同,税收不公的税种差别实际上是税制设置不合理造成的,属于"税制"范畴,而非"税治"问题。税收不公的税种差别表现在多个方面,最为严重的是重复课税。

---

① 杨玉华等:《税收监管逆调节加剧收入分配不公》,《经济参考报》2010年5月17日。

税收公平原则要求:同一征税主体或不同征税主体对同一种征税对象只能征税一次,重复征税被认为是对税收公平原则和效率原则的一种侵害,不利于经济的发展,但这一现象一直存在,如民国时期的印花税、厘金等,几近于不限次数的征收。而在我国现行的税制之中,重复征税的现象仍较普遍。如我国现行的印花税就存在着重复课征的弊端,再如证券交易印花税,其性质俨然是一种规费,对交易双方而言,在已经出让了交易过程中的手续费后,再被课以印花税,无论如何都是对纳税人权利的重复侵占,因此,要么取消印花税,要么取消手续费才是符合公众利益的选择。

其他税种如增值税与消费税、增值税与个人所得税、个人所得税与企业所得税之间都存在着重复征税的问题,其根源在于国家税收调控理念的偏差。[①] 政府一方面借设立税种不断增加财政收入,另一方面则以调节社会经济为借口,堂而皇之地扩税源、增税负,质言之,政府往往根据自己的需要征税,从而加大了税收增设的随意性和行政性,于是,重复征税的现象便不可避免。

(五)税收不公的应对

上述税收不公的表现,既是历史现象,也是现实问题,归根结底来自于两个方面,即人为因素和制度性缺陷。在应对税收不公的差别化问题方面,"法治"的公平是第一位的,期许的解决思路在于"法制"严峻。

一是税收入宪。税收宪政是国家税权合法性的制度保障,缺乏宪法的指导和保障,公共财政制度和体现宪政精神的现代税制就不可能真正建立。在根本法的指导下,税收法制得以确立,税收的公平原则得以贯彻,纳税人的权利义务得以明确,社会公众才能依照宪法的精神,享受国家提供的公共产品,并为这种公共产品和服务支出必需的费用。

二是税收法定。税收法定是国家税权合法性的形式标准,其价值不仅仅是指程序上的法律制度,更重要的是"独立于法律之外的诸如尊重法律权威、税法面前人人平等、规范和限制征税权力,以保障纳税人基本权利等正义和法治的价值判断和观念"。[②] 其内容应包括征税内容法定和程序法定等。在我

① 陈熹:《我国重复征税现象与根源浅析》,《法制与社会》2012 年第 7 期。

② 张晓君:《国家税权的合法性问题研究》,人民出版社 2010 年版,第 98 页。

国古代税制思想中,“有常原则”即为税收法定原则的一种体现,但恰恰是由于“有常”的稀有,导致了税收历史上的乱象横生。就我国现行税制看,首先是税法级次较低,除了宪法规定的模糊之外,目前仅有一部程序法《税收征管法》和三个实体法《企业所得税法》《个人所得税法》和《车船税法》,其他均以国务院“条例”的形式执行,与社会经济的发展不协调。其次,在税法级次较低的情况下,有关部门就可以绕开立法程序,开拓税源,开征新税,从而导致税制的紊乱,如现行的做法就有:借助消费税的外壳开征燃油税,借助印花税的名义拓展电子商务类税目等。税收立法权长期控制在行政部门,极易形成部门立法之便,肆意扩张。这两种情况所造成的税收不公不仅是经济方面的,而且是心理方面的。规范税收立法势在必行,不但要严格限制授权事项,而且要提升税法规范的效力等级。

税收的依据必须是法律,一切税收活动必须全部纳入法律规定的框架之内,法无明确规定的,财税部门不得滥用公权随意征税,纳税人有权拒绝任何纳税要求。

三是执法公正。“依法行政”是税收公平的根本保障。事实上,税收不公在很大程度上就来自于税务执法的随意性。本来,税收法定就包含着程序法定的基本要求,税收程序法定原则不但要求立法者在立法过程中对征收的程序加以明确,而且要求征税机关及其工作人员在征税过程中必须依照法定程序行使职权,其终极目标即在于税收征管必须以法律为依据,充分尊重纳税人的各项权利,维护社会公平正义,促进经济和谐发展。我们虽不能以道德的标准要求每个税务执法者都做到公正执法,但可以通过立法的形式减少和杜绝违法事件的发生。

总之,随着我国法制化进程的日益加快,税收法制也得到了较快的发展,但税收不公的趋向并未因法制的确立而消失,究其原因,更多的是与人的因素有关,亦即“法治”过程中自由裁量权的相对宽泛。虽然税制体系本身存在着一定的缺陷,但人为因素才是导致“纳税痛苦”的深层根源。依法治税是依法治国的重要组成部分,是对涉税各方(包括征税人、纳税人和用税人)的共同要求,法律制度的完备是依法治税的基础,而对税收法律的遵信和对税收契约精神的追求无疑是实现税收公平的最基本要求。在依法治税的框架内,不容法制的缺陷,更不容诚信的缺失!依法诚信纳税是每个公民应尽的义务,依法诚信征管则是税务机关及其工作人员的基本职业品德,而过去我们一直忽略的"用税"法定问题,已经成为今后再也绕不过去的话题,对于"依法用税"的法律界定亟待出台,以期能够给纳税人以"感觉公平"的制度体现,并最终实现税收的"法治化"目标。

三、百年印花

印花税自引入中国以来,百年沧桑,风雨飘摇,方寸之间演绎着诸多的苦痛和忧伤,经过民国北京政府、南京国民政府的数度整合,印花税跨入新中国。1950 年,政务院制定颁布了《印花税暂行条例》,此后,几经调整简并,1988 年 10 月,国务院正式公布实施《中华人民共和国印花税暂行条例》,并沿用至今,虽然已没有了当年难产的阵痛,但其间的故事依然很多。

(一)职能转变

一般来讲,税收最主要的职能包括组织收入和调节经济两大功能。税收在满足国家财政需要的同时,还肩负着社会财富再分配、促进资源配置和稳定经济等重任。但在理论描述与税收实践的差距中总有一种难以说明的苦涩。

早在晚清拟议开征印花税时,其理由多为"经费不充""财政竭蹶",开征印花税可"渐集成数",可纾解财政告匮、筹款维艰的困境,其核心只有筹款一项;进入民国之后,虽然解决财政困境的目的十分明确,但也提出了一些有益于社会发展的命题,如民国时期婚书贴用印花,其字面理由是"早婚之害,足以弱种,与国家民族有密切关系",[①]亟应设法禁止,乃有限制早婚的印花税,不管其背后隐藏多少集聚财富的愿望与渴求,也不论其究竟在多大程度上达到这一目的,其贯彻社会政策的调节职能得以体现。

有学者曾建议借鉴民国初年的做法,开征人事凭证印花税,理由是:我国目前每年有大专院校毕业生 700 多万人,高中毕业生 3000 多万人(系 2001 年时的数字),若毕业证书按件贴花 5 元,仅此一项就可增加财政收入近 2 亿元,还能为普及税法做出贡献,并断言"其宣传教育的效果和意义是其他任何形

① 《限制早婚之印花税》,《益世报》1925 年 7 月 31 日。

式都不可比拟的”;我国目前正值结婚及生育高峰期,出国观光、考察也呈上升趋势,如对婚书、居民身份证登记表及出国护照征税,其收入尤为可观,还可以“使少年在迈向公民时先接受税法洗礼,其教育意义也是深远和重大的”。[①]其建议似无不可,但已如前人之言:毕业证书是学生“以数年之学费、数年之心力购换而来”,无价值可言,也不能拍卖抵押,贴用印花,“实不可解”。[②]从现时角度看,这种纯粹为征税而征税的聚敛之举似乎很难行得通。这里需要特别强调的是,税制改革需要路径依赖,但切不可过分依赖。

印花税的调控职能在社会实践中日渐突出,尤其是证券交易印花税更是如此。1990 年 6 月 28 日,深圳市开征股票交易印花税,当时主要是为了稳定初创的股市及适度调节炒股收益,由卖出股票者按成交金额的 6‰缴纳。同年 11 月 23 日,深圳市对股票买方也开征 6‰的印花税,以平抑暴涨的股价,开始了对交易双方征税的历史。1991 年 10 月,鉴于股市持续低迷,深圳市又将印花税税率下调为 3‰。在随后几年的股市中,股票交易印花税成为最重要的市场调控工具。从收入看,1993 年我国股票交易印花税收入 22 亿元,占全国财政收入的 0. 51% ,2000 年此项收入达 478 亿元,[③]其后,由于税率调整,收入有所降低,到 2005 年,收入仅为 66. 35 亿元,2006 年猛增至 179. 46 亿元,成为当年税收收入增幅最大的税种,[④]并仍以强劲势头继续增长,2007 年上半年完成 624 亿元,仅 6 月份就完成 318 亿元,增收 296 亿元,其中由于税率调整增加近 200 亿元。[⑤]

2007 年 5 月 29 日晚,财政部宣布,自 5 月 30 日起,证券交易印花税税率由 1‰上调为 3‰,意图给滚烫的股市降温。上调首日所产生的印花税收入近 24. 44 亿元[⑥],但却跌停个股近千只,市值损失 1. 2 万亿。有人称此为“5 · 30 事件”,此次上调税率的合法性遭到质疑,至少没有给广大股民留下法治的印

---

① 饶立新:《人事证凭开征印花税之探讨》,《税务研究》2001 年第 3 期。
② 《印花税之苛细扰民》,《益世报》1915 年 12 月 11 日。
③ 《何谓股票交易印花税》,《华商报》2007 年 5 月 31 日。
④ 《2006 年证券交易印花税收入近 180 亿元》,《中国税务报》2007 年 1 月 26 日。
⑤ 《6 月份证券交易印花税增 296 亿元》,《中国税务报》2007 年 7 月 13 日。
⑥ 《财政部为何深夜宣布调高印花税》,《华西都市报》2007 年 6 月 1 日。

象,财政部的行为没有给纳税人起码的尊敬。[①] 也有人称是印花税拦住了疯牛,[②]但从其后的情况看,虽然印花税税率再度下调为1‰,但至今的股市依然“大好河山一片绿”,很难说是印花税调控的结果。

(二)现行税制

我国现行印花税法20多年的实践证明,印花税在提高经济合同履约率、配合国家有关经济法规的贯彻实施、建立社会主义市场经济新秩序方面发挥了一定的作用。与此同时,印花税在征收管理过程中也存在着一些问题和不足,亟待改进。

1. 税法层次较低,并呈现明显的滞后性。《印花税暂行条例》系1988年国务院制定颁布,这期间经历了由计划经济向市场经济的过渡,姑且不论其制定之初立法者的前瞻程度如何,在税收实践中,印花税制远远落后于社会经济发展形势的需要,税收法律级次较低,常常依赖行政命令的手段补充、变通,维系着20多年的暂行规格,而这种现象在北京政府时期即已遭到各方面的反对与抵制,以史为鉴,不能不考虑税收的法制化问题。

2. 税目设计老化,缺乏必要的伸缩性。由于印花税税目采用正列举方式,凡是列举的征税,未列举的不征税,而现行印花税列举的税目主要有五大类:合同或具有合同性质的凭证,产权转移书据,营业账簿,权利许可证照,其他凭证。列举应税范围过于狭窄,税收的弹性不足。尤其是随着电子商务的迅速发展,印花税的管理缺位现象更加突出,极易造成税款流失。

3. 税法体系衔接上的不完整性。一是与《合同法》衔接不够,合同是确定印花税税目的重要基础之一。《印花税暂行条例》1988年10月开始实施,其依据的《经济合同法》已于1999年9月修改,而现行印花税目并未作任何调整,与《合同法》在内容上产生矛盾,不利于规范合同关系。二是与《税收征管法》部分条文不衔接。印花税的特点是轻税重罚,《印花税暂行条例》规定可处以30倍以下的罚款,但《税收征管法》对于纳税人偷逃税或违规的处罚,最高定为5倍的罚款。国家税务总局因此下文,对此做了适应性修改,由于印花

① 《印花税夜半上调部门诚信受质疑》,《华西都市报》2007年6月1日。

② 蔡京瑞:《股市暴跌,印花税拦住疯牛》,《华商报》2007年5月31日。

税税额较轻,5 倍以下的罚款起不到相应的惩戒作用。

综之,对印花税的简要建议为:

1. 尽快修订《印花税暂行条例》,提高法律层次,并与相关法律相配套,避免规范性文件的个别调整,完善税法体系。基本的价值取向为简化税制,便于征管,方便纳税。

2. 以商事凭证为重点,调整征税范围。一是将《合同法》列举的合同全部纳入征税范围,且对应税凭证不再采取正列举方式,仅对免税凭证进行列举。二是扩大权利许可证照的征税范围,将主管部门如文化、旅游、卫生、公安、消防、烟草、林业、安检等发放的证照列为征税范围。三是为平衡税负,对虽未签订合同、协议,但通过电子商务等方式进行网上经营活动的,比照征税。四是适当调整征税标准,除权利许可证照、营业账本实行定额税率外,对合同、凭证等实行比例税率的税目税率进行简并,以提高征管效率,降低征税成本。

3. 完善征管办法,堵塞税收漏洞。可考虑将印花税"三自纳税"方法进行改革,实行纳税申报、自行贴花与核定征收相结合的征管模式,具体为:对按件贴花的实行自行贴花;对实行比例税率的应税凭证实行纳税申报、自行贴花与汇总缴纳相结合;对买卖合同等一些签订频繁、不易控管的合同可由税务机关核定征收。对于按件征收的权利许可证照等,可委托其发证机关和合同签证、公证部门等代扣代缴,实行源泉控管。

4. 一种设想是:鉴于目前我国税负较重和国家财政相对富裕,完全取消这个似税似费的印花税,对国家而言,应该不是一个极为痛苦的抉择!

四、税收文化

税收与文化的结合形成税收文化,是社会意识形态在税收领域的反映和体现,它是围绕税收征收管理活动而形成或体现出来的精神理念。税收文化具有一般文化的功能与作用,包括导向功能、约束功能、激励功能、辐射功能等,许多专家学者对此多有研究,[①]这里仅从税收宣传的角度来探讨税收文化建设的重要性。

税收宣传的目的就是把政府的税收法规、纳税程序、方法及税额计算等明白地告诉纳税人,以提高税收的征管效率。随着社会的发展,税收宣传的形式与手段也不断发展变化。

古代的税收宣传,较多地采用口头说教式训导。征税之前,税吏走街串户进行"宣传动员",在传统的文艺表现手法中,鸣锣吆喝的方式最为常见。较为严肃的方式则是将税法刊刻于碑,立于各商埠市镇、交通要津,通令士民各业照章纳税,亦有警示税吏遵章征收之意,"课税物件,刊刻木榜于关口,使商旅周知,征收溢额者罪之"。[②] 后逐渐为露布(亦称露板或露版,不加检封的文书,常通过张榜公布等形式予以公开宣布,其中包括木榜、纸榜甚至路旁墙壁、崖壁等)形式所代替,并沿用至今,仍在发挥其便捷的公告作用。如在众多地方道路两房的建筑墙壁或岩石上,常可见"依法诚信纳税、共建和谐社会""依法纳税是每个公民应尽的义务"等类似标语,即属此类。随着社会的发展,报刊、影视、网络等媒体出现,税收宣传形式更加多样化,影音录像的宣传效果更加直观地反映出政府的征税意愿。

彭南生教授通过对江南地区工商业会馆、公所大量碑刻资料的研究分析,将"勒刻石碑"分为"奉宪勒碑"和"自主勒碑"两种类型,并将其具有的功能分为传承后世的记忆功能、惩戒违规的警示功能、颂扬美德的激励功能和公布官府法令的告示功能等多种,尤其是"奉宪勒碑"类的碑刻里,对那些扰商累

---

① 如:湖北省宜昌市国家税务局:《中国现代税收文化概论》,湖北人民出版社 2002 年版;马学思:《中西税收文化纲论》,新华出版社 2007 年版;郑仲兵:《话说我国税收文化传统》,《中国税务》2000 年第 8 期;万德利:《税收文化的要素及作用》,《税务研究》2001 年第 3 期;陈兰:《中国税收文化要素分析》,《西南民族大学学报》2004 年第 1 期;吴旭东:《论我国税收文化的构建》,《东北财经大学学报》2005 年第 6 期;宋维刚:《税务文化建设的实践与思考》,《中国税务》2009 年第 7 期;梁洪武:《加强税收文化建设的思路及对策》,《税务研究》2009 年第 9 期;方伟忠等:《传承与嬗变——中国税收民生文化简述》,《涉外税务》2012 年第 6 期;谷成:《税收发展中的文化思考》,《财政研究》2012 年第 12 期;桑林:《加强税务文化建设的几点看法》,《中国税务》2013 年第 9 期;袁红兵:《关于先进税收文化建设的思考》,《财政研究》2013 年第 10 期;等等。

② 徐式圭:《中国财政史略》,商务印书馆 1926 年版,第 99 页。

商、欺行霸市等不法行为,往往给予明文规定,立碑永禁。[1] 其中,必然存在着一定数量的有关税收方面的碑文记载,对于那些"无益于国课,有害于商民"的重大社会问题起着一定的规范作用,其中蕴含着相当的税收宣传的意味。

碑刻资料散见于全国各地,但由于刊刻不易,立碑仅限于商贸云集之处,且往往伴有较烦琐的手续和仪式,故数量有限,传布范围有限。随着近代媒体的发展,通过报刊进行税收宣传的方法至今通行。近年来信息技术突飞猛进,为税收宣传提供了更为便利的条件,影视、互联网技术使税收宣传从单一的图像资料到 flash 动画、从小品到影视剧,多角度地体现着税收文化的内涵,丰富多彩的宣传方式正改变着征纳双方的思维模式。但是,就当前的税收宣传形式看,许多地方仍仅限于每年 4 月份的宣传月活动,且多是走上街头,散发些花花绿绿的传单,甚至个别地方还搞些街头半裸美女歌舞之类的低俗表演,悬挂那些"严厉惩处""重拳出击"之类威慑力极强的标语,缺乏的是真诚之心、文明之辞、肺腑之言和温馨之语,它体现的不仅是一种官本位思想,透露出的还有对纳税人的不信任,而征税和用税的依法诚信在宣传中则极度缺失,使人们不能不对税收宣传提出质疑。

值得欣慰的是,新的税收宣传途径正在兴起。

税务工作开始"触电",《税务局长》《马斌说税》《税务所的故事》等影视作品出现,对于贯彻依法治税、提高税收法律遵从度无疑具有十分重要的作用,这种宣传形式应得到重视和大力推广。2013 年 4 月,河南省国税局、地税局等多家单位联合制作的 30 集税收动漫系列剧《税事春秋》及其依此举办的"我看《税事春秋》有感"征文大赛活动,取得了较好的宣传效果,这既是税收宣传的手段创新,也是税收文化建设的一种路径尝试。

"税亭春晓早,税桥古韵浓"。江苏泰州拥有一座我国古代唯一以"税务"二字命名的桥梁,叫"税务桥"。该桥始建于宋代淳熙年间,明朝初年重建,因靠近当时的泰坝衙门即税务衙门,纳税人到泰坝衙门完税都要经过此桥,或将船只停靠在桥下,然后上岸完税,因此被载入《泰州地方志》。泰州还有用"税"字命名的街巷和商店,如税务饼店、税务超市、税务小吃,有"税务"命名

[1] 彭南生:《近代江南地区工商业会馆、公所碑刻述论》,《安徽史学》2005 年第 3 期。

的居委会等等。江苏省和泰州市正在利用泰州这一独特的税文化,努力打造一个集税收宣传、法制教育、旅游观赏三位一体的税文化基地。早在1985年,泰州市政府就将泰州税务桥遗址列为市级文物保护单位;1990年为保护税务告示碑(林则徐任江苏巡抚时,于1835年在泰州滕坝所立),专门建造了滕坝税碑亭,并且在1997年在全国最早提出了筹建税文化博物馆的设想;2004年开办了"泰州税文化展",把泰州乃至江苏的税文化建设提高到了一个新的阶段,也为建设税文化博物馆拉开了序幕。

全国首个税收文化教育基地——南京税收文化教育基地于2004年4月1日正式向社会免费开放。该基地设在南京市地税局,内容分为"税收文化的历史足迹""税收、国家、文明""国际税收""参与互动"四部分,融税收文化熏陶、爱国主义教育、税法普及等多种宣传教育功能于一体,采用现代高科技手段,通过实物、模型、场景再现税收历史,展示税收文化,每位参观者都可在此看到从夏商到现代的税收文化历史足迹。[①] 浙江省杭州市中国财税博物馆于2004年11月建成开馆;由黄山市地税局兴建的我国首座税文化博物馆——中国徽州税文化博物馆于2005年9月28日正式开馆,馆藏几十万件徽州文书实物,被学术界公认为"中国历史文化的第五大发现",其中相当一部分是徽州税务文书,主要包括黄册、鱼鳞册、实征册、税收票据、税收告示、账簿账单、税契等。[②] 2007年5月16日,北京税务博物馆正式建成开馆。[③] 此外,广东、辽宁、宁波、潮州等省、市相继建立了各种税收宣传教育基地。

上述博物馆和教育基地,大都收藏有为数众多的原始税收凭证,印花税票即为其中之一。印花税票的收藏在海外一直十分火热,其史料价值甚至高于邮票。1991年11月,国际集邮联合会将税票类展品作为一个专门类别,集辑印花税票成为研究印花税史、弘扬税收文化的一个重要手段,于是很多集邮家开始从事印花税票的收藏和研究,印花税票作为税票中的王子更是受到众多收藏家的青睐。

清代的印花税票以双龙戏珠图和云龙风景图为主,图案古朴大方,有帝王

---

① 韶静:《领略税收文化历史,税收教育基地免费开放》,《江苏商报》2004年3月26日。

② 吴江海:《我国首座税文化博物馆在黄山市开馆》,《安徽日报》2005年9月30日。

③ 《北京税务博物馆开馆》,《人民日报·海外版》2007年5月17日。

气势。民国时期税票图案繁多,最早期有雄伟的长城图,后来又出现了版旗图、宝塔图、联运图、农工图、天坛图、复兴关图、双囍鸳鸯图;陕甘宁边区印花税票、晋察冀边区印花税票、华北人民政府印花税票,以及东北解放区的江桥图、帆船图、工厂图和山东解放区的工厂图、运输图印花税票等,各具特色。

1988 年恢复征收印花税后,国家税务总局监制发行了新中国成立以后第三套印花税票,其票面金额分为 1 角、2 角、5 角、1 元、2 元、5 元、10 元、50 元和 100 元 9 种。为了促进我国税务事业发展和满足广大收藏爱好者的需求,国家税务总局决定自 2001 年起,每两年重新发行一套印花税票,更换其图案。当年即印制发行了第三套第二版印花税票——社会主义现代化建设图印花税票一套 9 枚。图案选用了改革开放以来的国家重点经济建设和文化体育建设项目等建筑精品,图名分别是新疆风力发电总厂、秦山核电站、二滩水电站、九江长江大桥、广州港集装箱码头、上海浦东国际机场、上海体育场、上海国际会议中心、北京中华世纪坛。2003 年,国家税务总局印制发行了第三套第三版印花税票——中国世界文化遗产图印花税票一套 9 枚,图案选用了中国世界文化遗产天坛、故宫、长城、云冈石窟、苏州古典园林和皖南古村落等,图案雕刻精美,更具有我国古老传统特色。

2005 年,为迎接 2008 年第 29 届奥运会在北京的召开,经国家税务总局批准,北京市地方税务局印制发行了新中国成立以来全国第一套地方印花税票——北京胡同,图名分别是砖塔胡同、南锣鼓巷、大栅栏街、国子监街、烟袋斜街、帽儿胡同、丰富胡同、白塔寺东夹道和钱市胡同,图案更加古朴精美。2007 年 4 月 1 日,《北京印花税票之三 · 北京园林》正式印制发行,是继《北京胡同》《北京城门》后又一套具有浓郁京味特点的印花税票,这套印刷税票将风华绝代的北京园林搬入方寸之间,对传承古都文化、宣传税收法制、促进经济和税收收入的增长起着积极的推进作用。设计精美的北京印花税票作为税票集藏领域的一支奇葩,得到了市民的喜爱和收藏。[①] 其他地方也摩拳擦掌准备发行具有地方特色的印花税票,无疑,印花税票品种将会更加丰富多彩。

---

① 《北京市地方税务局正式发行〈北京印花税票之三 · 北京园林〉》,《中国税务报》2007 年 4 月 2 日。

印花税票更应像邮票的设计那样,除了城市风景外,应对古今中外税收发展史上的历史人物、历史事件进行发掘整理,正如民国时期曾设想印制纪念恢复法统印花税票那样,不妨发行些纪念印花税票,既能增加税收收入,又能起到宣传税收知识和地方文化的积极作用,更能为广大收藏爱好者提供娱乐的空间。这不只是印花税票式样的翻新,更是治税理念的转变。

附　录

附录1

清外务部户部遵议试行印花税并原拟办法七条疏[①]

光绪二十八年四月二十一日(1902年5月28日)

光绪二十八年二月初八日,准军机出交片,本日军机大臣面奉谕旨:外务部代奏直隶试用道陆树藩条陈一折,所拟开办印花税一条,着外务部会同户部核议具奏。钦此。臣等公同会议,查阅原折称:各省遵筹赔款,或筹丁税、或议房捐,孤寡小民骤加租税,不惟窒碍难行,并恐民心涣散,莫若改行印花税,如民间之婚帖、借券、合同、执照、发票、收条、银票、钞票等类,凡有关银钱,无一不可逐项收税,胜房捐、亩捐远甚等语。臣等查印花税法,自近岁库帑支绌,条陈拟议已阅数年。光绪二十二年(1896)御史陈璧奏请于前,二十五年(1899)出使大臣伍廷芳奏请于后,经总理衙门请旨,咨由各出使大臣采访章程,会同户部复奏,先于通商口岸试办,俟有成效,群情帖然,再行推广。奉旨依议在案。去年,两江总督刘坤一、湖广总督张之洞会奏变法折内亦以西法印花税为当采用,是此税为利多害少固不待言。第创办之始,仍不可不博访兼咨,以期推行尽利。札行总税务司赫德令议办法,据赫德申称:印花税计有两端,一系

① 《外务部会同户部议定开办印花税章程》,《光绪政要》卷28,《近代中国史料丛刊》第35辑,第1746—1747页。

赴官署当堂领票粘贴；一系在官准之局所、铺户买票粘贴，买取之价，即是完税之款。英国章程头绪太繁，中国欲立印花税，入手基础，应一面将各衙署所办之事实力整顿，化私为公；一面将民间必行之事，择其便而要者增定印花税章程，并拟呈开办大略七条前来。所称英国章程周密与其民情风俗相准，易地而行，即恐不相浃洽。刘坤一、张之洞会奏亦称初办时隐匿必多，推敲太细，不免纷扰，只可稍为从宽，不求算无遗策。臣等伏惟理财之要者，务在取民之不扰，尤在行法之得人。印花税诚为各国通行，不妨仿办。而在今日，民情尚隔，元气未纾，揆度情形，只可视为筹款之一端，不能期以丰财之速效。凡事起于简要者，其终必达于精详；始以苛细者，其究必成为丛脞。昔年江楚厘金创办时不过大宗货物数项，简而易行，积日累时，渐推渐广，遂为国帑岁入巨款，其明证也。至于试办之地，臣等拟请仍照总理衙门原议，先从沿江沿海各省试办。其有应商税务司之处，即由各关道妥与商酌，逐渐推广，以冀畅行无阻。一面先由户部审定印花式样，购置机器造制印纸，数月之后，即议开办。至印花名色，赫德申呈酌拟婚帖、借券、合同、发票、收条、钞票、银票、当票等项。内婚帖一项，中国与东西洋礼俗不同，势难尽人而取，恐滋纷扰，应从缓办。其余各项应增、应减及价目等差，应由沿江沿海各省督抚会商，妥定划一章程，先行奏咨立案。总之，章程务须简明核实，果使各省通行，一切杂捐次第裁除，庶几国用既纾而民情亦无不顺矣。

谨将总税司原拟开办印花税大略七条，缮成清单，恭呈御览。

一、拟由户部先定一通行印花票之式样，每张注明定价十文，发交刻印。印妥后，由户部分发各地方官，照章领卖粘用。

一、拟由户部订定册簿两项，每簿每页分存根、正照两截。此两项册簿，一为买卖房屋，一为买卖田地之用。订妥后，分发各地方官领用。凡有房地交易者，应赴该管衙署内报明，领取此项印照，注明卖价若干、完税若干，将正照交本人粘于契上，其存根亦均照填。俟每簿用完，即将存根仍还户部，所有经征之银，报部听拨。此印花照应有定价，即如房地价在百两以内者，照费一两；五百两以内者，照费五两；千两以内者，照费十两，依此类推，此则亲赴官署当堂领票之印花税也。房地之外，如欲添何项事业，须用当堂印花者，即由部随时随事照上法办理。

一、拟由各地方官于属境内,择殷实可靠便于民之铺户,发给部颁之印花若干张,作为官准售卖之局所。每月底由该局将所领之印花、所卖之价银,开单报明交价。凡民间应用印花而不必当堂领办者,即可任便赴此等局所买取粘用。

一、拟于开办时应用通行印花各项事由列后:一、婚帖,一、借券,一、合同,一、发票,一、收条,一、银票,一、钞票,一、当票,一、照帖,一、考卷,一、禀帖,一、民局寄送信函,一、报关单。以上所列,每件均须粘通行印花一张方为合例。不粘者以犯法论。若遇有争讼者,无印花之单不能视为凭据。此则开办通行印花之条目,俟办理有绪,随时酌添。

一、拟将当堂领用之专项印花照上,亦再加用通行之印花一张。

一、拟凡贴用印花者,须再注明事由、月日,其事迹须在印花暨原纸之骑缝处填写。未注明者与无印花同。若复用已经注过字迹之印花,以犯法论。

一、拟奏准先在顺天所属各州县开办,由府尹专管。俟有端倪,再行次第推广。如此择地试办,与户部相距不远,一切事宜可以随时妥定,不致与地方无益与百姓有损。

附录 2

印花税则[①]

光绪三十三年十一月初四日(1907 年 12 月 8 日)

第一条　凡人民之财产货物,当授受买卖借贷之时,所有各种契据、帐簿可用为凭证者,均须遵章贴用印花,方为合例之凭证。

第二条　各种契据、帐簿,分为二类。税额如下:

第一类　二十一种

提货单	价值合制钱十千文以上	贴印花二十文
发货单	同上	同上
银钱收据	同上	同上
收存货件文契之凭据	价值合制钱十千文以上	贴印花二十文
租赁各种物料铺底生财之凭据	同上	同上
承顶各种铺底生财之凭据	同上	同上
租赁地址房屋之字据	同上	同上
抵押货物字据	同上	同上
预定买卖货物之字据	同上	同上
镳局包运货物银钱揽票	同上	同上
佃户承种地亩字据	同上	同上
当票	票面银钱数合十千文以上	同上
保险单	单面银钱数合十千文以上	同上
收存款项之凭据	款在十千文以上	同上
公司股票	票面银钱数合十千文以上	同上
延聘人员雇用工匠之合同	每纸	贴印花二十文

① 《度支部为仿行各国印花税预为研究办法奏折奉旨允准事致会议政务处咨呈·附件》,中国第一历史档案馆:《清代两次试办印花税史料》,《历史档案》1997 年第 4 期。

各项承揽字据	每纸	同上
各项保单	每纸	同上
铺户所出各项货物凭票	每纸	同上
支取银钱货物之凭折	每个每年	贴印花二十文
各种贸易所用之帐簿	每册每年	同上

第二类　八种

汇票;期票;借款字据;田地、房屋典押契据;铺户或公司议订合资营业之合同

以上五种纸面银数不满一千两者贴印花二十文;一万两以下贴印花一百文;一万两或一万两以上贴印花一千文。至此为止,不再加贴。

田地、房屋买卖契据

以上一种,除向例税契之外,照上五种贴法。

析产字据

以上一种,照立据时产业之市价估计,二百两以下贴印花二十文;一千两以下贴印花一百文;一万两以下贴印花一千文,以上每加一万两加贴一千文。

承嗣字据

以上一种,每纸贴印花一千文。

第三条　凡关系国家或地方公益善举事业所用之契据、帐簿,均可不贴印花。

第四条　凡契据应贴之印花,责成立契据人于授受前贴用,加盖图章或画押于印花票与纸面骑缝之间。如系合同,两造各缮一纸,照章各贴印花盖章画押,然后交换收执。

第五条　凡帐簿、凭折应贴之印花,责成立帐簿凭折人于使用前贴在开首向写年份之处。将某年字样半写于印花票面,再行照第四条加盖图章或画押。每本每个以一年为限,如过一年仍旧接写,应再贴印花,使为新立帐簿凭折。

第六条　凡开明应贴印花之件,如立契据凭折人并不照章贴用印花或不盖章画押者,受者应即退还,责令照章办理,倘任意收受,遇有讼案牵涉,官为不理。如受者临时自愿遵照第八条罚章补贴印花盖章画押者,不在此例。

第七条　凡应贴印花之帐簿,如不照章贴写盖章画押者,遇有讼案牵涉呈

官查验时,不足为凭。如立帐簿人临时自愿遵照第八条罚章补贴印花盖章画押者,不在此例。

第八条　凡开明应贴印花之件,如不遵章贴用或贴用之时未曾盖章画押者,遇讼经官查出,按照偷漏数目加罚五十倍补贴印花,帐簿则加罚百倍补贴印花。倘前项应贴印花簿件已贴印花盖章画押,而所贴之票不足定数者,照应补之数加罚三十倍补贴印花。

第九条　印花票种类如下:

一赭色　二十文

二绿色　一百文

三红色　一千文

第十条　业经贴用之印花票,不准揭下再贴。违者照偷贴之数加罚二百倍补贴印花。

第十一条　伪造或改造印花票者,照私铸制钱例从严惩办。

第十二条　应贴印花之件如不遵章贴用,遇讼经官,自宜照第八条惩罚。但不准旁人挟嫌告发,地方官亦毋庸派人查验,以免骚扰。

附则

第十三条　此项税则奏定后,由部制造印花颁发各省行用。各省地方以奉到部发印花后三个月为施行日期。

第十四条　财物成交在此次定章开办日期以前者,从宽免贴印花。

第十五条　现拟贴用印花各项,俟后如须改用印花官纸,应随时斟酌办理。

印花税办事章程

第一条　由部设立印花税局,派员管理印花税事务。

第二条　印花票花纹式样,由部审定后,交印制局印造。

第三条　各直省藩署或相当局所,附设管理印花税处,责成藩司遴派妥员,专司本省发售印花事宜。遇有报部公件,一面呈由督抚转咨,一面径呈臣部。京畿地面,由顺天府办理。

第四条 各直省每一州县,应招总发卖若干人,承办发售印花。由总发卖人发卖予各分售人,由分售人发售予需用者。

第五条 总发卖人须殷实商家,取具地方绅士或地方商会保结,由地方官查明,禀请藩司核准,发给承受印花执照。

第六条 各分售人须殷实铺户,由总发售人承招,呈报地方官存案。

第七条 发售印花,照票面价值提百分之七作经售人费用。此百分之七费用,总发卖人应得百分之三,分售人应得百分之四。

第八条 凡经售印花,除照第九条外,无论总发卖人、分售人,除支经售费用外,概应先缴票价。

第九条 领售印花一次在二千元以上者,如有确实担保,准其限至六个月为缴款之期。

第十条 总发卖人或分售人缴价领取印花票后,六个月内如未能售罄,不愿接续经售者,准其将余票缴官,领还原缴之价不准有丝毫折扣。倘遇印花式样更改,旧式印花归于无用,亦准其于改用新式印花后一年之内将旧式印花缴官,领还原缴之价,或换取新式印花,亦不准有丝毫折扣。倘经售人误将未售印花票破损污染,票面尚可认识,并无弊混,准其随时缴官,照票面价值减去百分之十领还票价,或折合换取新票。

第十一条 各州县之城镇村市所招总发售人及分售人之人数多寡及如何分配区域,随时由地方官核定,呈报臣部存案。

第十二条 各省地方以地方官奉到部发印花后三个月为施行之期。未施行之前,应先由地方官将印花税办法、税则及种类、式样、开办日期于各府州县之城镇村市详细出示晓谕。

附录 3

印花税法①

中华民国北京政府参议院议决

民国元年(1912)十月二十一日

第一条　凡财物成交所有各种契约、簿据可用为凭证者,均须遵照本法贴用印花,方为适法之凭证。

第二条　各种契约、簿据分为二类,税额如左:

第一类　十五种

发货票	价值银元十元以上	贴印花一分。
寄存货物文契之凭据	价值银元十元以上	贴印花一分。
租赁各种物件之凭据	价值银元十元以上	贴印花一分。
抵押货物字样	价值银元十元以上	贴印花一分。
承种地亩字样	价值银元十元以上	贴印花一分。
当票	价值银元十元以上	贴印花一分。
延聘或雇用人员之契约	价值银元十元以上	贴印花一分。
铺户所出各项货物凭单	价值银元十元以上	贴印花二分。
租赁及承顶各种铺底之凭据	价值银元十元以上	贴印花二分。
预定买卖货物之单据	价值银元十元以上	贴印花二分。
租赁土地房屋之字据	价值银元十元以上	贴印花二分。
各项包单	价值银元十元以上	贴印花二分。
银钱收据	价值银元十元以上	贴印花二分。
支取银钱货物之凭折	每个每年	贴印花二分。
各种贸易所用之帐簿	每册每年	贴印花二分。

① 中国第二历史档案馆编:《中华民国史档案资料汇编》第三辑,财政,江苏古籍出版社 1991 年版,第 1493—1496 页;江苏省中华民国工商税收史编写组、中国第二历史档案馆编:《中华民国工商税收史料选编》第四辑(下),南京大学出版社 1994 年版,第 1888—1889 页。

第二类　十一种

提货单;各项承揽字据;保险单;各项保单;存款凭单;公司股票;汇票;期票;遗产及析产字据;借款字据;铺户或公司议定合资营业之合同。

以上十一种,纸面银数十元以上未满一百元者,贴印花二分;百元以上未满五百元者,贴印花四分;五百元以上未满一千元者,贴印花一角;一千元以上未满五千元者,贴印花二角;五千元以上未满一万元者,贴印花五角;一万元以上未满五万元者,贴印花一元;五万元以上贴印花一元五角,至此为止,不再加贴。

第三条　国家所用之契约簿据不贴印花。但有营业性质之各种官业,仍依本法贴用。

第四条　契据应贴之印花,由立契据人于授受前贴用,加盖图章或画押于印花票与纸面骑缝之间。如系合同,两造各缮一纸,依本法各贴花盖章画押,然后交换收执。

第五条　帐簿、凭折应贴之印花,由立帐簿、凭折人于使用前,贴在开首向写年份之处,将某年字样,半写于印花票面,再依第四条规定,加盖图章或画押。每本每个以一年为限,如过一年仍旧接写,应再贴印花,作为新立帐簿、凭折。

第六条　应贴印花之契据、凭折,如不依本法贴用,或不盖图章画押者,对手人须即退还,责令照章办理。若任意收受该契据及凭折,于法庭上无合法凭证之效力。但对手人愿依本法第八条规定补贴印花盖章画押者,不在此限。

第七条　应贴印花之帐簿,如不依本法贴写盖章画押者,该帐簿于法庭上无合法凭证之效力。但立帐簿人愿依本法第八条规定补贴印花盖章画押者,不在此限。

第八条　应贴印花之件,如不依本法贴用,或贴用时未曾盖章画押者,按照应贴数目,罚贴印花百倍。如已贴印花盖章画押,而所贴不足定数者,照应补之数,罚贴印花五十倍。

第九条　印花票种类如左:

一、赭色 一分。

二、绿色 二分。

三、红色 一角。

四、紫色 五角。

五、蓝色 一元。

第十条 业经贴用之印花票,不准揭下再贴,违者照偷贴之数,罚贴印花三百倍。

第十一条 伪造或改造印花票者,按照刑律伪造纸币例处罚。

第十二条 印花由财政部颁发各省行用。各地方以奉到部发印花后三十日,为本法施行之期。京师施行本法时期,由财政部定之。

第十三条 财物成交,在本法所定印花施行以前者,免贴印花。但遇有诉讼时,仍应按照第二条税额补贴印花。

附录 4

印花税法施行细则[①]

1912 年 12 月 12 日

第一条 财政部于署内设立印花税票总发行所。

第二条 左列各处,认为分发行所:

一、中国总银行。

二、邮政总局。

三、电报总局。

四、京师及各省会商务总会。

第三条 具有左列之资格者,得由分发行所认为支发行所:

一、中国分银行及分号,由中国总银行认定之。

二、邮政分局及支局,由邮政总局认定之。

三、电报分局及支局,由电报总局认定之。

四、各商务分会,由商务总会认定。

第四条 具有左列之资格者,得由支发行所认为代发行所:

一、各种商店。

二、邮政信柜,但邮政信柜应由邮政分局或支局认定之。

第五条 总发行所认为应行增设支发行所或代发行所时,得令分发行所遵照办理。

第六条 支发行所及代发行所字号及所在地,应由分发行所随时报明总发行所查核。

第七条 各发行所发卖印花于需用人,应照票面价额不得增减。

第八条 各发行所发卖印花于需用人,应于印花中央加盖该发行所字号

① 江苏省中华民国工商税收史编写组、中国第二历史档案馆编:《中华民国工商税收史料选编》第四辑(下),南京大学出版社 1994 年版,第 1892—1894 页。

戳记。

第九条　各支发行所承售印花需用经费，得由分发行所按照实售印花票面价额扣提百分之七，自行分别开支。

第十条　代发行所请领印花除邮政信柜得按照向售邮票章程办理外，其各种商店应先缴清票价方准发给。

第十一条　各发行所所收票价，应于每月终截数限于次月内报解于原认之发行所，以次转解财政部核收，但代发行所应依前条之规定。

第十二条　支发行所如有拖欠票价情事，由原认之分发行所负连带责任。

第十三条　各发行所每年自一月至十二月分为四期，每三个月将承领印花及已发行、未发行各数目造册呈报，其呈报期如左：

一、支发行所每年第一期册报限于本年四月内到分发行所，其第二、三、四期照此递推（本年七月、十月、次年一月）。

二、分发行所每年第一期册报限于本年五月内到总发行所，其第二、三、四期照此递推（本年八月、十一月、次年二月）。

第十四条　各分发行所承售印花如有特别情形者，由财政部另定专则，以不抵触本细则为限。

第十五条　各发行所所领印花因损伤或污坏不能贩卖者，得声明理由，缴由原认之发行所转缴总发行所，但须按照票面价额缴价十分之一。

第十六条　关于请领及发行印花之详细程序及招牌式样，由总发行所定之，但以不抵触本细则为限。

第十七条　各发行所依《印花税法》第十二条之规定，以奉到部发印花后三十日为施行之期，应于奉到印花之次日，请由该地方官将施行时期于所管区域内详细出示晓谕，京师施行时期由财政部定之，函知内务部、步军统领衙门、顺天府出示晓谕。

第十八条　本细则施行时，事实上如有窒碍，得由总发行所呈请财政部修正之。

参考文献

(一)档案、汇编、报刊、工具书类

1. 徐寿朋:《光绪朝东华录》,中华书局,1958 年。

2. 沈桐生:《光绪政要》,《近代中国史料丛刊》第 35 辑。

3. 刘锦藻:《清朝续文献通考》,浙江古籍出版社,1988 年。

4.《清实录》,中华书局,1987 年。

5. 王树楠:《张文襄公(之洞)全集》,《近代中国史料丛刊》第 43 辑。

6. 苑书义等编:《张之洞全集》,河北人民出版社,1998 年。

7. 吴汝纶:《李文忠公(鸿章)全集》,《近代中国史料丛刊续编》第 70 辑。

8. 盛宣怀:《愚斋存稿》,《近代中国史料丛刊续编》第 13 辑。

9. 席裕福,沈师徐:《皇朝政典类纂》,《近代中国史料丛刊续编》第 89 辑。

10. 陈璧:《望岩堂奏稿》,《近代中国史料丛刊》第 10 辑。

11. 邵之棠:《皇朝经世文统编》,《近代中国史料丛刊续编》第 72 辑。

12. 盛康:《皇朝经世文编续编》,《近代中国史料丛刊》第 84 辑。

13. 陈忠倚:《皇朝经世文三编》,《近代中国史料丛刊》第 76 辑。

14. 杨凤藻:《皇朝经世文新编续集》,《近代中国史料丛刊》第 79 辑。

15. 中国第一历史档案馆:《光绪朝朱批奏折》,中华书局,1995 年。

16. 王延熙,王树敏:《皇清道咸同光奏议》,《近代中国史料丛刊》第 34 辑。

17. 朱斯煌:《民国经济史》,《近代中国史料丛刊三编》第 47 辑。

18. 吴鼎昌:《花溪闲笔》、《花溪闲笔》(续编),《近代中国史料丛刊》第 73 辑。

19. 中国通商银行:《五十年来之中国经济》,《近代中国史料丛刊续编》第9辑。

20. 胡己任:《中国财政整理策》,(北京)民国大学印刷部,1927年。

21. 翁同龢:《翁文恭公日记》,顾廷龙主编:《续修四库全书》,上海古籍出版社,1995年。

22. 载振:《英轺日记》,顾廷龙主编:《续修四库全书》,上海古籍出版社,1995年。

23. 天津图书馆、天津社会科学院历史研究所编:《袁世凯奏议》,天津古籍出版社,1987年。

24. 丁贤俊、喻作凤:《伍廷芳集》,中华书局,1993年。

25. 赵丰田:《晚清五十年经济思想史》,《民国丛书》第一编,上海书店,1989年。

26.《张季子九录·政闻录》《近代中国史料丛刊续编》第97辑。

27. 许啸天:《谭嗣同集》续编,上海群学社,1927年。

28. 北京图书馆出版社影印室辑:《清末民国财政史料辑刊》,北京图书馆出版社,2007年。

29. 经济学会编:《直隶全省财政说明书》《湖北财政说明书》《湖南全省财政说明书》《江苏财政说明书》《山西全省财政说明书》《云南全省财政说明书》等,版记不详。

※ ※ ※ ※

1. 中国第一历史档案馆馆藏会议政务处档。

2. 中国第二历史档案馆馆藏财政部档。

3. 台湾"中央研究院"近代史研究所藏清外务部、中华民国外交部印花税档案。

4. 中国第二历史档案馆编:《中华民国史档案资料汇编》第三辑,江苏古籍出版社,1991年。

5. 中国第二历史档案馆编:《中华民国史档案资料汇编》第五辑,江苏古籍出版社,1995年。

6. 江苏省中华民国工商税收史编写组、中国第二历史档案馆编:《中华民国工商税收史料选编》第一辑，南京大学出版社，1996 年。

7. 江苏省中华民国工商税收史编写组、中国第二历史档案馆编：《中华民国工商税收史料选编》第四辑，南京大学出版社，1994 年。

8. 江苏省中华民国工商税收史编写组、中国第二历史档案馆编：《中华民国工商税收史料选编》第五辑，南京大学出版社，1999 年。

9. 陈霞飞主编：《中国海关密档》（1—9 卷），中华书局。

10. 章开沅，刘望龄，叶万忠编：《苏州商会档案丛编》第一辑（1905—1911），华中师范大学出版社，1991 年。

11. 马敏、祖苏主编：《苏州商会档案丛编》第二辑（1912—1919），华中师范大学出版社，2004 年。

12. 天津市档案馆编：《北洋军阀天津档案史料选编》，天津古籍出版社，1990 年。

13. 天津市档案馆等编：《天津商会档案汇编（1903—1911）》，天津人民出版社，1989 年。

14. 天津市档案馆等编：《天津商会档案汇编（1912—1928）》，天津人民出版社，1992 年。

15. 天津市档案馆等编：《天津商会档案汇编（1929—1937）》，天津人民出版社，1996 年。

16. 上海市工商业联合会编：《上海总商会议事录》（1—5 卷），上海古籍出版社，2006 年。

17. 财政整理会编：《关盐烟酒印花铁路邮政收入表》，1925 年。

18. 京师税务监督公署编：《京师税务实收实支报告书》，1926 年。

19. 财政部赋税司：《国民政府财政部赋税司章制汇编》，1928 年。

20. 财政部税务署编印：《财政部税务署章则汇编》，1933 年。

21. 左治生主编：《中国财政历史资料选编》（第 11 辑），中国财政经济出版社，1987 年。

22. 陈昭桐主编：《中国财政历史资料选编》（第 12 辑），中国财政经济出版社，1990 年。

23. 严中平：《中国近代经济史统计资料选辑》，科学出版社，1955 年。

24. 魏湜如:《中国税务大辞典》,中国经济出版社,1991 年。

25.《河南省税务志》编辑室编:《河南省税务志(1840—1990)》,中州古籍出版社,1995 年。

26. 河南省税务局编:《河南省税务大事记(1840—1990)》,中州古籍出版社,1996 年。

※ ※ ※ ※

《申报》《盛京时报》、天津《益世报》、天津《大公报》、长沙《大公报》《东方杂志》《银行周报》《国闻周报》《财政评论》《财政公报》《直接税月报》。

(二)专著类

1. 贾士毅:《民国财政史》(上、下册),商务印书馆,1934 年。

2. 贾士毅:《民国续财政史》(1—7 册),商务印书馆,1932—1934 年。

3. 贾德怀:《民国财政简史》(上、下册),商务印书馆,1946 年。

4. 胡钧:《中国财政史》,商务印书馆,1920 年。

5. 吴兆莘:《中国税制史》(上、下册),上海书店,1984 年。

6. 朱偰:《中国租税问题》,商务印书馆,1936 年。

7. 朱偰:《中国财政问题》,国立编译馆,1934 年。

8. 罗介夫:《中国财政问题》,上海太平洋书店,1933 年。

9. 王云五、李圣五:《中国财政问题》,商务印书馆,1933 年。

10. 叶元龙:《中国财政问题》,商务印书馆,1937 年。

11. 金国珍:《中国财政论》,商务印书馆,1931 年。

12. 曹国卿:《中国财政问题与立法》,正中书局,1947 年。

13. 李权时:《中国税制论》,上海世界书局,1930 年。

14. 李权时:《国地财政划分问题》,上海世界书局,1930 年。

15. 李权时:《现行商税》,商务印书馆,1930 年。

16. 马寅初:《财政学与中国财政——理论与现实》,商务印书馆,2001 年。

17. 何廉、李锐:《财政学》,商务印书馆,1940 年。

18. 杨汝梅:《民国财政论》,商务印书馆,1927 年。

19. 杨汝梅:《国民政府财政概况论》,中华书局,1938 年。

20. 孙怀仁:《中国财政之病态及批判》,生活书店,1937 年。

21. 卫挺生:《中国今日之财政》,世界书局,1931 年。

22. 黄孝庚:《最近财政概论》,成都四川印刷局,1937 年。

23. 李超英:《比较财政制度》,商务印书馆,1943 年。

24. 李景铭:《修改税则始末记》,商务印书馆,1919 年。

25. 李景铭:《中国财政史》,北平出版社,1931 年。

26. 徐式圭:《中国财政史略》,商务印书馆,1926 年。

27. 徐祖绳:《比较租税》,商务印书馆,1930 年。

28. 胡善恒:《赋税论》,商务印书馆,1934 年。

29. 周伯棣:《租税论》,文化供应社,1944 年。

30. 王首春:《租税》,商务印书馆,1930 年。

31. 周棠:《中国财政论纲》,政治经济学社,1910 年。

32. 陈汉杰:《最近中国财政与借款》,华丰印刷局,1918 年。

33. 晏才杰:《租税论》,出版地不详,1922 年。

34. 关吉玉:《中国税制》,经济研究社,1945 年。

35. 丘东旭:《我国租税政策之研究与批判》,福建合作印刷工厂,1945 年。

36. 严谔声:《上海商事惯例》,上海新声通讯社出版部,1933 年。

※ ※ ※ ※

1. 汪敬虞:《中国近代经济史(1895—1927)》(上、下册),人民出版社,2000 年。

2. 吴申元:《中国近代经济史》,上海人民出版社,2003 年。

3. 贺耀敏:《中国近现代经济史》,中国财政经济出版社,2000 年。

4. 左治生:《中国近代财政史丛稿》,西南财政大学出版社,1987 年。

5. 杨荫溥:《民国财政史》,中国财政经济出版社,1985 年。

6. 胡寄窗、谈敏:《中国财政思想史》,中国财政经济出版社,1989 年。

7. 孙文学:《中国近代财政史》,东北财经大学出版社,1990 年。

8. 陆仰渊、方庆秋:《民国社会经济史》,中国经济出版社,1991 年。

9. 董长芝:《民国财政经济史》,辽宁师范大学出版社,1997 年。

10. 董孟雄:《中国近代财政金融史》(下),云南大学出版社,2001 年。

11. 孙翊刚、董庆铮:《中国赋税史》,中国财政经济出版社,1987 年。

12. 郑学檬:《中国赋役制度史》,上海人民出版社,2000 年。

13. 黄天华:《中国税收制度史》,华东师范大学出版社,2007 年。

14. 北京经济学院财政教研室编:《中国近代税制概述》,北京经济学院出版社,1988 年。

15. 国家税务总局主编:《中华民国工商税收史——直接税卷》,中国财政经济出版社,1996 年。

16. 国家税务总局主编:《中华民国工商税收史——税务管理卷》,中国财政经济出版社,1998 年。

17. 国家税务总局主编:《中华民国工商税收史——货物税卷》,中国财政经济出版社,2001 年。

18. 国家税务总局主编:《中华民国工商税收史纲》,中国财政经济出版社,2001 年。

※　　※　　※　　※

1. 章开沅:《辛亥革命与近代社会》,天津人民出版社,1985 年。

2. 章开沅等:《中国近代民族资产阶级研究》,华中师范大学出版社,2000 年。

3. 马敏、朱英:《传统与近代的二重变奏——晚清苏州商会个案研究》,巴蜀书社,1993 年。

4. 朱英:《辛亥革命时期的新式商人社团研究》,中国人民大学出版社,1991 年。

5. 朱英:《中国早期资产阶级概论》,河南大学出版社,1992 年。

6. 朱英:《晚清经济政策与改革措施》,华中师范大学出版社,1996 年。

7. 朱英:《转型时期的社会与国家——以近代中国商会为主体的历史透视》,华中师范大学出版社,1997 年。

8. 朱英:《近代中国商人与社会》,湖北教育出版社,2002 年。

9. 朱英:《近代中国经济发展与社会变迁》,湖北人民出版社,2008 年。

10. 彭南生:《传承与变动:近代转型时期的城乡经济与社会》,湖北人民出版社,2008 年。

11. 彭南生:《中间经济:传统与现代之间的中国近代手工业(1840—1936)》,高等教育出版社,2002 年。

12. 彭南生:《半工业化:近代乡村手工业的发展与社会变迁》,中华书局,2007年。

13. 叶振鹏、陈锋:《20世纪中国财政史研究概要》,湖南人民出版社,2005年。

14. 虞和平:《商会与中国早期现代化》,上海人民出版社,1993年。

15. 罗荣渠等:《中国现代化历程的探索》,北京大学出版社,1992年。

16. 黄逸峰等:《旧中国民族资产阶级》,江苏古籍出版社,1990年。

17. 彭泽益:《中国社会经济变迁》,中国财政经济出版社,1990年。

18. 张九洲:《中国旧民主主义时期的经济变迁》,河南大学出版社,1999年。

19. 杨立强:《清末民初资产阶级与社会变动》,上海人民出版社,2003年。

20. 黄逸平、虞保棠主编:《北洋政府时期经济》,上海社会科学院出版社,1995年。

21. 刘增合:《鸦片烟税与清末新政》,三联书店,2005年。

22. 张连红:《整合与互动:民国时期中央与地方财政关系研究》,南京师范大学出版社,1999年。

23. 张生:《南京国民政府的税收(1927—1937)》,南京出版社,2001年。

24. 周育民:《晚清财政与社会变迁》,上海人民出版社,2000年。

25. 周志初:《晚清财政经济研究》,齐鲁书社,2002年。

26. 崔敬伯:《财税存稿选》,中国财政经济出版社,1987年。

27. 邓绍辉:《晚清财政与中国近代化》,四川人民出版社,1998年。

28. 丛者伟:《印花税票收藏指南》,科学普及出版社,1999年。

29. 饶立新、曾耀辉:《中国印花税与印花税票》,中国税务出版社,1999年。

30. 饶立新:《中国印花税研究》,中国税务出版社,2009年。

31. 李宁勇:《中国西北地区印花税票图录》,宁夏人民出版社,1999年。

32. 王平武:《中国印花税票总目录》,中国税务出版社,2001年。

33. 包明伟:《民国时期版图旗印花税票图录》,学林出版社,2001年。

34. 游振杰:《民国交通联运图印花税票》,社会科学文献出版社,2006年。

35. 段志清、潘寿民:《中国印花税史稿》,上海古籍出版社,2007年。

36. 戴丽华:《民国时期印花税制研究》,江西人民出版社,2014年。

37. 刘澄:《税收概论》,经济管理出版社,2004 年。

38. 赵云旗:《中国分税制财政体制研究》,中国财政经济出版社,2005 年。

39. 陈光焱:《中国赋税发展研究》,中国财政经济出版社,1996 年。

40. 袁振宇:《税收经济学》,中国人民大学出版社,1995 年。

41. 许建国:《税收与社会》,中国财政经济出版社,1990 年。

42. 许建国:《西方税收思想》,中国财政经济出版社,1996 年。

43. 陆建华:《财政与税收》,复旦大学出版社,2005 年。

44. 苏明:《财政理论研究》,中国时代经济出版社,2005 年。

45. 贺卫:《寻租经济学》,中国发展出版社,1999 年。

46. 强以华:《经济伦理学》,湖北人民出版社,2001 年。

47. 李留澜:《契约时代——中国社会关系现代化研究》,社会科学文献出版社,2006 年。

48. 夏国祥:《近代中国税制改革思想研究(1900—1949)》,上海财经大学出版社,2006 年。

49. 付志宇:《近代中国税收现代化进程的思想史考察》,西南财经大学出版社,2010 年。

50. 孙丽娟:《清代商业社会的规则与秩序——从碑刻资料解读清代中国商事习惯法》,中国社会科学出版社,2005 年。

51. 张晓君:《国家税权的合法性问题研究》,人民出版社,2010 年。

52. 林美莉:《西洋税制在近代中国的发展》,台湾"中央研究院"近代史研究所专刊之 88,2005 年。

(三)论文类

1. 薛光前:《改良中国印花税刍议》,《财政评论》1940 年第 3 卷第 4 期。

2. 杜岩双:《我国印花税制史之研究》,《直接税月报》1941 年第 1 卷第 4 期。

3. 中国第一历史档案馆:《清代两次试办印花税史料》,《历史档案》1997 年第 4 期。

4. 中国第一历史档案馆:《民国初年实行印花税的几件史料》,《历史档案》1990 年第 1 期。

5. 马敏:《商事裁判与商会——论晚清苏州商事纠纷的调处》,《历史研究》1996 年第 1 期。

6. 朱英:《论清末民初社会与国家的发展演变》,《理论月刊》2005 年第 4 期。

7. 朱英:《二十世纪二十年代商会法的修订及其影响》,《历史研究》2014 年第 2 期。

8. 朱英:《晚清收回利权运动新论》,《史学集刊》2013 年第 3 期。

9. 陈锋:《20 世纪的晚清财政史研究》,《近代史研究》2004 年第 1 期。

10. 陈锋:《清代财政支出政策与支出结构的变动》,《江汉论坛》2000 年第 5 期。

11. 彭南生:《欺诈行为与近代乡村手工业经济的衰变》,《江汉论坛》2006 年第 10 期。

12. 彭南生:《近代江南地区工商业会馆、公所碑刻述论》,《安徽史学》2005 年第 3 期。

13. 彭南生:《抗捐与争权:市民权运动与上海马路商界联合会的兴起》,《江汉论坛》2009 年第 5 期。

14. 张九洲:《论清末财政制度的改革及其作用》,《河南大学学报》2002 年第 4 期。

15. 张神根:《清末国家财政、地方财政划分评析》,《史学月刊》1996 年第 1 期。

16. 龚汝富:《近代中国国家税与地方税划分之检讨》,《当代财经》1998 年第 1 期。

17. 刘增合:《清末禁烟时期的印花税》,《中国经济史研究》2006 年第 2 期。

18. 刘增合:《清末财税制度转型中的困境——以印花税的推行波折为中心》,“近代中国的知识与制度转型”学术研讨会论文,广州,2004 年 12 月。

19. 刘增合:《清末印花税的筹议与实施》,《安徽史学》2004 年第 5 期。

20. 刘增合:《西方预算制度与清季财政改制》,《历史研究》2009 年第 2 期。

21. 刘增合:《由脱序到整合:清季外省财政机构的变动》,《近代史研究》2008 年第 5 期。

22. 刘增合:《制度嫁接:西式税制与清季国地两税划分》,《中山大学学报》2008 年第 3 期。

23. 刘增合:《清季财政改革研究疏论》,《安徽史学》2011 年第 2 期。

24. 李金铮:《20 世纪上半期中国乡村经济交易的中保人》,《近代史研究》2003 年第 6 期。

25. 李金铮,吴志国:《清末官方与民间社会互动之一瞥——以 1908—1911 年天津商会反对印花税为中心》,《江海学刊》2006 年第 6 期。

26. 纪宗安,陈勇:《赫德与晚清印花税》,《学术研究》2004 年第 6 期。

27. 陈勇:《晚清印花税探析》,《江苏商论》2004 年第 10 期。

28. 李玉:《晚清印花税创行源流考》,《湖湘论坛》1998 年第 2 期。

29. 项定才:《清末仿行印花税管窥》,《税务与经济》1997 年第 3 期。

30. 吴家俊:《印花税起源趣谈》,《涉外税务》1998 年第 9 期。

31. 蔡焕钦:《清代何时开征印花税》,《收藏》2001 年第 2 期。

32. 丁进军:《从档案看清政府两次批准试办印花税的时间》,《集邮》1995 年第 9 期。

33. 王建都:《中华民国时期的印花税》,《文史精华》2000 年第 4 期。

34. 金克:《上海版民国交通联运图"印花税缴款书"研究》,《上海集邮》2005 年第 12 期。

35. 任哮岗:《馆藏民国时期印花税票》,《档案天地》2000 年增刊。

36. 饶立新:《新中国印花税票概览与评析》,《税务研究》2004 年第 11 期。

37. 饶立新:《人事凭证开征印花税之探讨》,《税务研究》2001 年第 3 期。

38. 饶立新:《完善我国现行印花税制的历史借鉴》,《税务研究》2001 年第 12 期。

39. 饶立新:《印花税面面观——纪念中国开征印花税 100 周年》,《中国税务》2009 年第 3 期。

40. 饶立新:《印花税国际比较》,《涉外税务》2009 年第 12 期。

41. 饶立新:《中国清代印花税票版本简考》,《江西财经大学学报》2010 年第 6 期。

42. 饶立新、曾耀辉:《中国现行印花税票评析与建议》,《江西财经大学学报》2011 年第 6 期。

43. 王益武:《从印花税的起源看税种设计》,《涉外税务》1998 年第 3 期。

44. 董颖:《现行印花税存在的问题及对策研究》,《税务与经济》2001 年第 1 期。

45. 董光呈:《清代印花税票史实的再补充》,《上海集邮》1995 年第 1 期。

46. 方耀成:《红印花原票的印制量和存世量》,《集邮博览》2004 年第 9 期。

47. 吴水:《印花税在中国》,《税收与社会》1997 年第 12 期。

48. 戴丽华:《清末试办印花税失败的原因分析及启示》,《江西财经大学学报》2013 年第 3 期。

49. 柳建明:《中国近代印花税法研究》,湘潭大学硕士论文,2013 年。

50. 于兵:《民国时期印花税法制变迁刍议》,西南政法大学硕士论文,2013 年。

(四)外文译著类

1. [美]道格拉斯·C. 诺思:《经济史中的结构与变迁》,陈郁、罗华平等译,上海三联书店、上海人民出版社,1994 年。

2. [英]约翰·希克斯:《经济史理论》,厉以平译,商务印书馆,2005 年。

3. [美]杜赞奇:《文化、权力与国家——1900—1942 年的华北农村》,王福明译,江苏人民出版社,2004 年。

4. [英]亚当·斯密:《国富论》,唐日松等译,华夏出版社,2005 年。

5. [英]大卫·李嘉图:《政治经济学及赋税原理》,周洁译,华夏出版社,2005 年。

6. [英]理查德·琼斯:《论财富的分配和赋税的来源》,于树生译,商务印书馆,1999 年。

7. [英]乔治·拉姆赛:《论财富的分配》,李任初译,商务印书馆,1997 年。

8. [法]卢梭:《社会契约论》,何兆武译,商务印书馆,2003 年。

9. [法]白吉尔:《中国资产阶级的黄金时代(1911—1937)》,张富强、许世芬译,上海人民出版社,1994 年。

10. [美]吉尔伯特·罗兹曼:《中国的现代化》,江苏人民出版社,2005 年。

11. [美]阿瑟·恩·杨格:《1927—1937 年中国财政经济情况》,陈泽宪、陈霞飞译,中国社会科学出版社,1981 年。

12. [美]黄宗智:《清代的法律、社会与文化:民法的表达与实践》,上海书店,2001 年。

13.［美］黄宗智:《法典、习俗与司法实践:清代与民国的比较》,上海书店,2003 年。

14.［美］施坚雅:《中国农村的市场和社会结构》,中国社会科学出版社,1998 年。

15.［美］张信:《二十世纪初期中国社会之演变——国家与河南地方精英,1900—1937》,岳谦厚、张玮译,中华书局,2004 年。

后 记

蹉跎半生,第一本书。苦乐并存,喜憾同在。按惯例,后记数语。

本书是在我的博士学位论文的基础上修改而成的,感谢我的导师朱英教授的悉心指导和深切关怀。

2005 年,承蒙恩师不弃,得忝列门墙。丹桂飘香之时,重归学生生活,奢望遂愿,并得在华中师范大学近代史所尽享诸位导师的风采和教诲,终生感念!一并感谢暨南大学刘增合教授及华师诸同窗的深情厚谊,其间的幸福终生珍藏!

转瞬十年,问学从业的困顿无需道明。思过来之路,弱冠之年,慌为人师,倏忽八载,终难理清世事,亦难养家糊口;而立之年,弃教从吏,延宕九年,青春悄然不再,无以慰藉我心;不惑之年,再入府学,惶惶终日,深恐误人子弟,常以昏眼伏案。漂泊楚天,为觅生刍,未来之路,将复何求?

难忘的建西口散落着曾经的杂乱迷梦,长留着难舍的暖暖友情。求学期间同事的诸多关照将永远铭记。遗憾那栋小楼已不在,稀释了诸多念想。

求学期间,养老教幼重任全由内子承担,伊之任劳任怨,至为钦佩。如今先父已驾鹤三年,当年求学时父亲的教诲依旧历历,常感愧疚。儿子已读大二,但愿别再如我般坎坎坷坷,停停走走。

2012 年,幸获教育部人文社科研究项目资助,使得小著粗成模样,深致谢意,并诚请方家批评。须明确:有益之处尽在前辈,舛误之处纯属作者。

李向东

2015 年 4 月 28 日

图书在版编目(CIP)数据

清末民初印花税研究 ：1903～1927 / 李向东著．—
郑州 ：河南人民出版社，2015.9(2019.1 重印)
ISBN 978－7－215－09619－6

Ⅰ．①清… Ⅱ．①李… Ⅲ．①印花税－经济史－
研究－中国－1903～1927 Ⅳ．①F812.95

中国版本图书馆 CIP 数据核字(2015)第 197558 号

河南人民出版社出版发行
（地址：郑州市经五路66号　邮政编码：450002　电话：65788028）
新华书店经销　　河南新华印刷集团有限公司印刷
开本　710 毫米×1000 毫米　1/16　　印张　22.75
字数　360 千字
2015 年 9 月第 1 版　　　2019 年 1 月第 2 次印刷

定价：52.00 元